Oskar Maria Graf
Wir sind Gefangene

Oskar Maria Graf
Wir sind Gefangene

Ein Bekenntnis aus diesem Jahrzehnt

Büchergilde Gutenberg

Oskar Maria Graf Werkausgabe Band I
Herausgegeben von Wilfried F. Schoeller

Die vorliegende Fassung folgt der 1927 publizierten Erstausgabe.

Ausstattung Hans Peter Willberg. Satz Dörlemann-Satz, Lemförde. Schrift Borgis Century Schoolbook Lichtsatz-System (Digiset 200 T). Druck Paul Robert Wilk, Friedrichsdorf/Seulberg. Buchbinderei Klemme & Bleimund, Bielefeld. Printed in Germany 1983. ISBN 3 7632 2745 8

Inhaltsverzeichnis

Zweiter Teil: Schritt für Schritt

Vorbemerkung

Die nachfolgenden Aufzeichnungen umspannen die Zeit von meinem 11. bis zu meinem 25. Lebensjahre, beginnen 1905 und schließen Ende 1919 ab. Die Niederschrift des ersten Teiles wurde im April 1920 beendet, die des zweiten in den Jahren 1924 bis 26 beschlossen.
Nichts in diesen Blättern ist erfunden, beschönigt oder zugunsten einer Tendenz niedergeschrieben.
Erinnerung und nochmalige Vergegenwärtigung reihten Wort an Wort. Dieses Buch soll nichts anderes sein als ein menschliches Dokument dieser Zeit.

München, Ende Juli 1926 — Oskar Maria Graf

Erster Teil
Frühzeit

I
Verändertes Leben

An jenem Mainachmittag, da der Lehrer plötzlich zur Türe hereinkam, auf mich und meine Schwester Anna zuging und uns sagte, wir dürften heimgehen, weil unser Vater sehr krank sei, empfand ich gar nichts. Auf der Straße redeten wir wenig und machten ernste Gesichter. Im Grunde waren wir froh, daß wir den langweiligen Rechenunterricht hinter uns hatten. Wir lernten gut und gingen gern in die Schule, aber das Rechnen mochte ich nicht. Es überraschte nicht, es lief immer klar und glatt ab.
Der Tag war wunderbar sonnig und weit, die Wiesen rundum standen in saftigem Grün und waren blumengesprenkelt, die Apfelbäume links und rechts von der Straße blühten.
Am Dorfanfang traf uns eine Bäuerin und sagte stehenbleibend: »Geht heim, euer Vater ist schwer krank. Arg ist er dran.« Wir beeilten uns. Zu Hause war es irgendwie still. Wir kamen in die Küche, die zugleich als Wohnzimmer diente, und sahen die Mutter am Herd mit Flaschen hantieren. Sie sagte bloß: »Geht hinauf zum Vater« und brach in ein Weinen aus. Wir legten unsere Schulranzen hin und gingen hinauf. Als wir eintraten, begannen wir zu weinen. Warum wußten wir nicht. Ich empfand keinen Schmerz, nur ein leises Grauen. Im Zimmer roch es sehr stark nach Medikamenten und Schweiß. Vor dem Bett saß in Uniform mein Bruder Eugen und sah den Vater unablässig an. Hinter ihm standen Theres und Emma. Beide weinten ganz leise. Max, mein ältester Bruder, stand an der Wand und starrte uns an. Maurus lehnte am Fenster, und Lorenz lispelte uns zu: »Geht hin.« Sein Gesicht war ganz verweint.
Wir traten etwas zögernd ans Bett und sagten zugleich: »Vater!« Der Kranke lag regungslos und röchelte schon. Sein Gesicht war unheimlich gelb und eingefallen. Meine jüngere Schwester schmiegte sich ans Bett und wimmerte nochmal: »Vater!« Da be-

wegte er den Kopf ein wenig und starrte sie schweigend an. Alle sahen auf ihn und begannen jetzt laut zu weinen. Eugen wollte den Arm unter Vaters Nacken legen, um ihm aufzuhelfen. In diesem Augenblick aber stieß der Sterbende einen hüstelnden Laut heraus, der Körper streckte sich, das Gesicht zuckte und das Weiße der Augen trat ungeheuer stark hervor. Der Tod war eingetreten. Lorenz rannte zur Tür und schrie, sie öffnend: »Mutter!« Wir alle standen schluchzend am Bett und falteten die Hände. Nur Max bewahrte seine Ruhe. Unsere Mutter kam herein und trat ans Bett, bekreuzigte sich, warf einen schmerzhaften Blick gen Himmel, faltete die Hände und wisperte leise ein Gebet. Dabei rannen ihr die Tränen über die verfalteten Wangen. Nach einer Weile bekreuzigte sie sich wieder, beugte sich über den Toten und drückte ihm die Augen zu. Unterdessen zündeten Emma und Theres die beiden Kerzen an, die noch von der letzten Ölung dastanden, holten Weihwasser und besprengten den Toten. Mit schwerer Stimme fing meine Mutter das Vaterunser zu beten an, und wir alle fielen nacheinander ein. Darauf verließen wir das Zimmer und gingen schweigend in die Küche hinunter. Das Begräbnis wurde besprochen, die Leichenfrau bestellt und der Geistliche zur Aussegnung. Um sechs Uhr abends schon stand der Leichenwagen vor dem Haus, und unter lautem Wehgeklage wurde der Sarg aufgeladen und zum Pfarrort gefahren. Hinterdrein schritten wir und viele Dorfleute gebeugten Hauptes und beteten einen Rosenkranz. Als der Sarg im Leichenhaus lag, kamen die Leute zur Mutter und zu den ältesten Geschwistern und reichten ihnen die Hände. Uns Kinder sahen sie mitleidig an und sagten: »Arme Kinder« oder so was. –

Am andern Tag weckten uns feierliche Glocken, die den ganzen Vormittag läuteten. Ins Grab senkte man dreimal die Fahne des Veteranenvereins, und Böller wurden in der Nähe abgeschossen, denn mein Vater war Kriegsteilnehmer von 1870/71.

Mittags aßen wir in der Wirtschaft, und alle Verwandten und Basen nahmen an dem Mahl teil. Es wurden allerhand Geschichten vom Vater erzählt und was er zu dieser und jener Zeit noch gesagt hatte. Nachmittags ging die ganze Familie mit der Verwandtschaft an den See hinunter und trank gemeinsam im Restaurant Kaffee. Das alles kam uns vor wie ein Sonntag und gefiel uns Kindern eigentlich ganz gut – nur eben kamen uns ab und zu die Gedanken an den Vater dazwischen und wir wurden flüchtig traurig. –

Von da ab änderte sich alles im Hause. Wir hatten eine gutgehende Bäckerei, dazu eine Spezereiwarenhandlung und eine Konditorei, zirka zwanzig Tagwerk Wiesenland, etwas Wald, vier Kühe, ein Pferd und meistens vier bis fünf Schweine im Stall. Meine Mutter kam aus einem großen Bauernhof, und mein Vater war Bäcker gewesen. Als sie heirateten, war das Haus sehr klein, jetzt – durch Vaters Lust am Bauen – war ein stattlicher Koloß daraus geworden.

Mein Großvater selig, der Rechenmacher Lorenz Graf, träumte sein Leben lang von einem solchen Haus. Da er aber mit der kärglichen Arbeit nie weiterkam, fing er an, sich auf das jähe Glück zu verlassen. Mit größter Leidenschaft spielte er in einer damaligen Lotterie und verwandte zum Schaden der kinderreichen Familie oft noch die letzten Spargroschen dafür. Aber er wurde nur immer ärmer, und als er starb, war das Anwesen verschuldet und baufällig. –

In seinen letzten Lebensjahren kränkelte mein Vater, und Max übernahm nach seiner Militärentlassung gewissermaßen den Befehl. Seine Art zu kommandieren war kurz, grob und barsch und rief bei Lebzeiten meines Vaters wütende Streite hervor. Der alte Mann griff einmal sogar zum Messer und wollte fluchend auf den Jüngeren losgehen. Meine Mutter warf sich dazwischen.

Seitdem redeten sich die beiden nicht mehr an, und Vater ergab sich dem Trunke. Er bestellte sich Affenthaler Faßwein, saß den ganzen Tag murrend im Kanapee und goß langsam Glas um Glas hinunter. Er aß allein in der Stube, um Max nicht sehen zu müssen. Die beiden wichen einander aus, wo es ging, und wenn sie spre-

chen mußten, gab es sogleich wieder verbissenen Streit, daß wir Kinder immer laut aufheulten und davonliefen. Nach solchen Auftritten trafen wir meistens unsere Mutter verweint und gebrochen. Der Vater verließ das Haus, betrank sich in irgendeinem Wirtshaus und kam spät in der Nacht heim.
Wir alle haßten Max. Mit ihm war irgend etwas Fremdes ins Haus gekommen. Er trieb uns mit schneidend-scharfen Worten an. Kannte keine Milde, schlug sofort zu. Mit der Hand, mit einem Teigspachtel, mit allem, was gerade nah war. Eugen, der einzige, der ihm an Kraft gleichstand, war damals beim Militär. Lorenz, der Lenz, arbeitete nachts mit den Gesellen, Maurus lernte in Karlsruhe das Konditorhandwerk und Emma in München die Damenschneiderei. Theres, die im Alter gleich nach Max kam, stand eigentlich ganz für sich. Sie fuhr vormittags mit dem Pferd das Brot aus und arbeitete untertags sonstig im Hause. Ihr redete Max nichts drein, denn sie wußte zu antworten. Die beiden kümmerten sich nicht umeinander, waren aber harte Feinde. –
Nach Vaters Tod schlossen wir jüngsten Geschwister uns mehr und mehr zusammen. Lenz las sehr viel Karl-May-Bücher, bestellte heimlich Teschings und schoß während des vormittägigen Brotaustragens Fasanen, Hasen und Eichhörnchen, stecke sie in den Brotkorb und briet sie nachts unter Beihilfe der Gesellen. Anfangs wurde ich nicht in dieses Geheimnis eingeweiht. Erst als ich einmal mit Lenz mitgehen mußte, zog er mich in den Wald, holte seinen Stutzen aus einem Felsloch und sagte mir alles. Ich war begeistert. Sofort wurde für mich ein neues Tesching in Solingen bestellt. Solche Sachen kamen stets per Nachnahme zum Schuster unseres Dorfes. Der bekam als Schweigegeld Brot.
Mit der Zeit genügte uns dieses einzelne Wildern nicht mehr. Es wurden alle Altersgenossen des Dorfes eingeweiht, und sonntags pirschten wir die Wälder ab. Alles, was uns in den Weg lief, wurde niedergeknallt. Wer auf den ersten Schuß ein Wild zur Strecke brachte, bekam den ›Jägerpreis‹, das hieß, daß das gemeinsam ge-

kaufte Tesching sein alleiniges Eigentum wurde. Die Sache wurde allmählich ruchbar. Der Gendarm kam ins Haus. Wir logen zwar grundsätzlich, aber es gab eine furchtbare Rauferei zwischen Lenz und Max, die damit endete, daß Lenz in die Stadt fuhr, sich eine Stelle als Gehilfe suchte und nie mehr etwas hören ließ. Später, nach einem echt romantischen Walzen durch Deutschland, schiffte er sich in Hamburg nach Amerika ein.
Um diese Zeit kam ich aus der Werktagsschule. Ich mußte nunmehr auch nachts mithelfen. Max sah mir scharf auf die Finger. Sehr eingeschüchtert, unternahm ich lange nichts. Sonntags jedoch zerstörten wir die neuen Bänke des eben gegründeten Verschönerungsvereins, dessen Vorstand Max war, rissen junge Pflanzbäume aus oder zündeten einen Heuhaufen an. Es war irgend etwas in uns, das uns dazu drängte. Wir sahen das förmlich als unsere Aufgabe an und konnten nicht ruhig sein. »Lenz muß gerächt werden«, sagte ich stets. Es mußte etwas geschehen. Wir haßten die Dörfler. Damals lasen wir das Indianerbuch ›Der Untergang der Seminolen‹. Schön, unsäglich schön war der Schluß: ›Der letzte Seminole beugt sich über den toten Häuptling, schlitzt ihm die Ader auf und trinkt das Blut, das nach Rache schreit. Dann geht er zu den Sioux und zieht gegen die Weißen . . .‹
Wir waren zu dritt; Martin, ein Schulfreund von mir, Anna, meine Schwester, und ich. Vor dem Dorf, tief im Kornfeld, trafen wir uns eines Tages. Ich entwarf den Racheplan, die beiden anderen knieten nieder, erhoben feierlich den Arm und sagten: »Ich schwöre!« Wir hatten ausgemacht, daß demjenigen, der etwas verrate, das Schlimmste geschehen müsse. Dann kamen die Wirkungen. Der Müller hatte seinen eisernen Pflug mitten im Acker stehen gelassen. Er wurde auseinandergeschraubt und die Teile wurden in alle Windrichtungen geworfen. Der Wirt am See baute auf der sogenannten Etztalhöhe ein Almhäuschen aus Holz. Wir schufteten vier Sonntage – immer wieder gestört von harmlosen Spaziergängern – bis wir es vom Erdboden losbrachten, dann flog es krachend

den Hügelrücken hinunter. Das war direkt gigantisch; die im Wege stehenden Bäume brachen ab, das Geröll sauste nieder und der hölzerne Koloß wälzte sich drohend weiter. Drunten liefen die Leute zusammen wie bei einem Brand und konnten nichts tun. Einen furchtbaren Krach tat es und das ganze Haus zerschellte. Wir waren längst weg und spielten ganz harmlos daheim in unserem Hof mit leeren Kisten Hausbauen.

Der Bürgermeister ließ seine Füllen auf die Weide. Wir leiteten Wasser aus dem nahen Bach in die Wiesenfläche, machten in der Mitte Feuer und hetzten die Tiere, bis sie dampften, immer über Feuer und Wasser. Dann machten wir die Weidenstangen weg und die Füllen rannten verwirrt davon. Erst spät in der Nacht fand man sie schlotternd und furchtsam auf einem engen Felsweg im Schloßpark.

Wir stahlen von den gedeckten Gartentischen der Wirtschaft die Tischtücher und verbrannten sie, wir ruinierten die schönsten Buchen- und Eichenbäume, daß sie abdorrten. Es hieß wohl immer: »Das sind die Bäckerbazin!« Doch wenn die Leute wirklich einmal zur Mutter was sagten, meinte diese: »Geh! Sowas gibt's doch gar nicht! Geh, wie werden denn so kleine Kinder das machen können!« Max erfuhr merkwürdigerweise wenig oder gar nichts.

Es mußte was geschehen! Die Rache war viel zu klein. Sie tat nach unserem Dafürhalten niemandem weh.

Abermals wurden Teschings bestellt. Die Jagd ging von vorne an, nur daß wir dieses Mal alles Erschossene einfach liegen ließen. Ein Geselle hatte drei Tage Gefängnis bekommen wegen der Geschichte mit Lenz. Er wollte nichts mehr wissen von solchen Dingen und drohte mir nachts stets mit Prügeln. Was blieb anderes übrig, als alles geheim zu halten. Wir erneuerten, nachdem wir allmählich überall die uns umlauernden Gefahren witterten, jeden Sonntag unseren Schwur. Das Zeremoniell wurde mit der Zeit ein wenig romantischer. Ich war der Häuptling, und nachdem meine Schwester und der Martl geschworen hatten, aßen wir zusammen

eine Stange ›Andreas Hofer-Feigenkaffee‹, den wir aus dem Laden gestohlen hatten. Der schmeckte furchtbar bitter, wir bekamen Magengrimmen davon, aber gerade weil das Zeug so schlecht war, galt es für uns als eine Art Verschwörermahl. Wir hießen den Feigenkaffee aus einem unerfindlichen Grunde ›Claro‹, weil das fremdländisch und indianisch klang und immer auf den Zigarrenschachteln in unserem Laden stand. Trafen wir uns werktags manchmal und wußte einer halbwegs von einer drohenden Gefahr, so raunten wir uns zu: »Wir müssen wieder Claro essen!« Der also Angesprochene verstand und fragte nicht weiter. –
Wir mußten schwer arbeiten. Ich wurde abends (im Winter um 11 Uhr, im Sommer um 9 Uhr) vom Gesellen geweckt. Die ganze Nacht ging es. Um sechs Uhr früh zählte mir Mutter das Brot in den Korb, legte Wecken obenauf, füllte den Rucksack für Anna, die bereits schläfrig gähnend in der Küche wartete. Und hinaus ging es in die frische Morgenluft bis zwölf Uhr mittags. Anna machte auch noch den ganzen Nachmittag Gänge. Ich mußte in der Konditorei mithelfen. Schneeschlagen neben Max, Sandtorte einrühren, Mürbteig kneten. Um fünf Uhr abends konnte ich schlafen gehen. Das war der normale Taglauf. Oster-, Pfingst- und Weihnachtszeit wurde es oft viel später. Nebenbei galt es Holz zu spalten oder Häcksel zu schneiden. Und immer dieses peitschende, drohende: »Loslos! Los! Marschmarsch!« Dafür gab mir Mutter im Sommer wöchentlich fünf Mark und im Winter jeden Sonntag drei. Weihnachten und zu meinem Geburtstag bekam ich etwas auf die Sparkasse, und dann durfte ich die Summe im Buch lesen. Aber das durfte Max nicht wissen. Der hatte überhaupt so seine eigenen Ideen mit mir. Als er heimkam vom Militär, sagte er kurzerhand: »Der muß Schiffsjunge werden!« Er schnitzte mir eine Armbrust und wollte mir das Schießen beibringen, aber die Konstruktion stimmte nicht und die Armbrustübungen hörten schnell auf. Hierauf mußte ich das Zitherspielen lernen. Kaum kam ich von der Schule heim, ging das Üben an. Immer das gleiche, die Noten und

dann endlich die Melodie ›Rosenstock, Holderblüht!‹ Aber ich lernte nichts, wenngleich alle Strenge angewendet wurde. Den Schneider, bei dem ich die Zitherstunden nahm, bestach ich mit Brot und Biergeld. Er gab sich keine Mühe mehr. Mir wurde die Zither so verhaßt wie eine Marter. Eines Tages, als Max abends fortging und ich zum Schneider gehen sollte, lauerte ich hinter dem Nachbarzaun sehr lange, bis ich von meinem Bruder nichts mehr hörte. Dann öffnete ich den Zitherkasten, tat Sand und Steine hinein und versenkte das verhaßte Instrument im Weiher beim Nachbarn. Am andern Tag, als ich spielen sollte, fand sich die Zither nicht mehr. Ich log und log und bekam schließlich furchtbare Prügel, aber ich war erlöst. Seit dieser Zeit hielt die strengste Zucht an. Es war bloß gut, daß ich bald darauf aus der Schule kam und nachts arbeitete.
So ging es beinahe zwei Jahre. Langsam hörten unsere indianischen Rachefeldzüge auf. Ein Geselle hatte ein Buch: ›Wie werde ich Erfinder‹. Ich las es, und mein Leben bekam eine andere Kurve. Durch eben denselben Schuster, der für uns immer die Nachnahmen einlöste, bestellte ich mir technische Schriften. Ich begann zu zeichnen. Alle Schriftsachen wurden im Dachboden versteckt. Ich erfand. – Es war ein Stiefelzieher. Die Zeichnung schickte ich an ein Patentbüro in Kassel. Ein sehr ermunternder Brief, der mir große Aussichten versprach, war die Antwort. Aber man müsse, hieß es, fünfundsiebzig Mark einschicken.
Fünfundsiebzig Mark! Mein Herz schlug höher. Mit einer solchen Summe konnte man nach Patentierung Tausende gewinnen. Ich zeigte den Brief ganz insgeheim Theres. Sie war Feuer und Flamme. Mutter wurde eingeweiht. Ich bekam das Geld und sandte es ab. In fünf Wochen war ich Inhaber eines deutschen Reichspatents, versandte gedruckte Prospekte in alle Himmelsrichtungen und wartete siegessicher. Alle Tage kam ich zum Schuster. Lauter Absagen.
Ein Modell wurde von einer Firma verlangt. Verflucht! Ein Modell!

Ein Modell! Weitere sechzig Mark waren dazu nötig, und wieder gaben mir Mutter und Theres das Geld heimlich. Das Modell kam beim Schuster an und – funktionierte nicht. Absage auf Absage kam. Theres lächelte schon. Ich tröstete mich. Edison ist auch nicht von heute auf morgen ein Millionär geworden. Zäh muß man sein. Unermüdlich!
Ein neuer Plan! Aus Mecklenburg schrieb ein biederer Mann, daß alle Patentbüros und Anwälte Schwindel seien. Er mache es für – und eine genaue, grundehrliche Aufstellung lag bei – den niederen Preis von achtzig Mark und verspreche bei Nichtverkauf der Erfindung Rückvergütung. Es gibt eben doch noch ehrliche Leute auf der Welt, sagte ich mir.
Die zweite Erfindung wurde losgelassen. Eingeschrieben gingen die Zeichnungen nach Mecklenburg, und wieder binnen fünf Wochen war das zweite Patent erworben. Ein selbstsichziehender Flaschenkork. Ein Massenartikel, eine Millionensache! –
Jetzt schrieb ich persönliche Briefe an die Herren Fabrikanten. Ich schrieb ganz kollegial. Absagen. Ich schrieb noch kollegialer: ›Sehr verehrter Herr Direktor oder Werter Herr Bayer! Ich habe eine Erfindung, die Sie in Ihrer Fabrik sicher verwerten können. Ich trete mit Vergnügen alle Rechte an Sie ab um den geringen Preis von 1000 Mark. Mit den besten Grüßen oder Hochachtungsvollst oder herzliche Grüße, Oskar Graf, Erfinder.‹ Absage! Ich formulierte: ›P. P. Ich habe eben eine sehr geschäftstüchtige Erfindung gemacht. Hier lege ich sie bei. Ich gebe Ihnen alle Rechte für 500 Mark, bin aber auch mit weniger zufrieden. Bitte nehmen Sie mir die Sache ab. Ich könnte schließlich auch mit dreihundert Mark zufrieden sein. Mit Gruß Oskar Graf, Erfinder.‹ Absage. Oder gar keine Antwort. Nicht einmal fünfzig, nicht einmal dreißig Mark zahlten die Schufte. Die Welt erkannte eben mein Genie nicht. –
Um diese Zeit kam Maurus von Karlsruhe nach Hause. Er brachte Bücher mit. Eine Unmasse ›Jugend‹-Hefte, einen Band Heine, Re-

clam-Bücher von Stifter, einen Band Uhland, Lessings dramatische Meisterwerke, Napoleons Liebschaften und Freundinnen, Ibsens ›Volksfeind‹, ›Die Frau vom Meer‹ und Viktor Scheffels Novellen. Er sprach auf eine gewisse schwäbelnde Art hochdeutsch, erzählte mir von einem Buch über den Kaiser Wilhelm II., das ›Er‹ hieß und las mir aus Shakespeare vor. Er tat dies mit einer Glut, mit einem Antrieb, der in mir den Ehrgeiz entflammte. Ich fing an, die Bücher zu lesen. Aber Maurus geriet schon in den ersten Wochen mit Max in Streit und warf die Sache hin. Nach einer Rauferei mit Blut, Weinen und Gebrüll packte er seinen Koffer und ging nach Bamberg.

Was nun?

Eine Kuh wurde krank. Vier Schweine krepierten. Das Pferd endete an Kolik. Der Bürgermeister lieh Max ein Buch: ›Der Haustierarzt‹. Ich las es in den Nachtstunden. Langsam wachte ein regeres Interesse auf. Auch überlegte ich, was ich nun eigentlich für einen Beruf ergreifen wollte. Wieder wurde eine Kuh krank. Der Herr Bezirkstierarzt kam und hielt im Stall einen Vortrag. Das war der Anstoß. Die Sache war für mich beschlossen: Ich werde Tierarzt.

Die Kuh ging kaputt. »Infektion«, sagte der Herr Bezirkstierarzt.

Infektion? Was ist das?

Ich bestellte bei Parey in Berlin als erstes Buch für meine zukünftige Praxis: ›Die Kuhseuchen‹. Es war ein dunkelblaues, elegantes, schlankes Büchlein mit vornehmem Goldaufdruck. Also!

Ich las und las. Plötzlich kam der Riß. Da stand mitten unter anderen Worten, genau so wie alle anderen: ›Immun‹.

Ja, was heißt das? Was heißt das?

Sofort schrieb ich um ein Tierarztfremdwörterbuch. Und nun ging es ans Auswendiglernen. Von A bis Z. Jeder Brotaustraggang war erfüllt mit lautem Hersagen der unerhört gedrechselten Wörter. Wenn zufällig der Herr Bezirkstierarzt vorbeifuhr, zog ich schon ganz gleichgestellt die Mütze und rannte klopfenden Herzens in

weitem Abstand hinter dem Fuhrwerk her. Denn dieser Mann war für mich eine Art Gott, einer, der undenkbar viel Auswendiggelerntes in seinem Hirn haben mußte.
Nach den Kuhseuchen kamen die Pferdezuchtbücher, die Hundekrankheiten und die Geflügelsorten, dann die Schafräude und endlich sogar die Fischzuchtwerke. Ehrgeizig waren wir Geschwister alle, und eine undefinierbare Sucht, über den anderen, über die Umgebung zu herrschen, trieb jeden von uns. Vor allem konnte es keiner von uns ertragen, weniger zu können als der andere. Was du gelernt hast, hast du, dachte ich, und vielleicht erstaunen deine späteren Lehrer über dich. Ich erinnere mich deutlich, als ich mit Maurus das Bücherlesen anfing. Wir lasen um die Wette, und es war für mich ein wohliges Triumphgefühl, wenn ich sagen konnte: »Ha, aber das hast du noch nicht gelesen! . . . Das ist ganz was andres.«
In der Zeitung standen die Semesterankündigungen der Landwirtschaftlichen Hochschule Pfarrkirchen. Ich kalkulierte: Da den Anfang und in der ›Veterinär-Universität‹ in München den Schluß. Veterinärschule paßte mir nicht. Das war zu wenig. Es mußte irgend etwas mit Universität darin vorkommen. Auf dem Gang zu Kundschaften, vor dem Einschlafen, las ich laut meine Kompendien, und es war seltsam, daß mir selbst das Nüchternste zum Pathos wurde. Eine stattliche Zahl Bücher lag droben unterm Blechdach, wohlverwahrt und in eine große Pappschachtel verpackt. Immer vor dem Schlafengehen stieg ich auf den Boden, horchte herzklopfend, ob niemand die Stiege heraufkäme, zog langsam die Schachtel heraus, strich meine Bücher glatt und suchte mir eines heraus. Nie kam es vor, daß ich einschlief, ohne vorher das teure Kleinod unter die Matratze gesteckt zu haben, denn wenn so was aufgekommen wäre, hätte ich Prügel bekommen, daß ich nicht mehr hätte stehen können. Die Bücher kosteten erstens ein Heidengeld, und zweitens hatte ich seit dem mißlungenen Zitherunterricht laut Befehl Bäcker zu werden. Fertig.

Die Wochen schlichen hin. Es nagte, es bohrte. Ich mußte etwas sagen. Um 4 Uhr früh kam Mutter die Stiege herunter, stellte in der Küche das Kaffeewasser auf. Immer wiederholte ich die gleiche Klage. Die Gesellen waren roh, verprügelten mich, weil ich öfters einschlief. Einer warf mir einmal einen Zweizentnersack auf den Kopf, daß mein ganzer Körper krachte. Nichts half. Max durfte es nicht erfahren. Meine Mutter weinte stets auf meine Lamentationen und sagte verdrossen: »Wenn bloß ein einziges Mal Ruhe wär'.«

Aber – es mußte doch etwas geschehen! Es mußte was geschehen!

»Also heut' sag' ich's dem Maxl, daß ich nach Pfarrkirchen möchte. *Du* mußt es ihm sagen. Ich will ganz einfach kein Bäcker werden! Ich mag einfach nicht! Jeder hat was lernen dürfen: Der Eugen ist auf die Handelsschule geschickt worden, der Maurus ist nach Karlsruhe gekommen und ist jetzt Konditor, der Lenz, den hat er einfach hinausgeworfen, und mich will er eines Tages auch los haben«, jammerte ich. Jeden Tag die gleiche Sache, zäh und verbissen.

Meine Mutter wurde ganz mürbe davon. Sie machte ein immer trübseligeres Gesicht und blickte mich hilflos an.

»Hm ... ich weiß nicht! Tierarzt! ... Das ist doch nichts! ... Als Bäcker hast immer Verdienst ... Das Fresserts geht immer«, wollte sie auf mich einreden, aber es half nichts. Bockstarr war ich. Pfarrkirchen begann am 15. September. Es war August. Ich drängte immer mehr, und Tag auf Tag verlief ergebnislos.

»Der haut dich bloß recht durch, dann hast es«, sagte meine Mutter in bezug auf Max.

»Und wenn er mich erschlägt, ich mag einfach nimmer anders«, antwortete ich starr. Indessen es geschah nichts. Mir kam ein Gedanke. Ich schrieb an Eugen. Dem konnte der Gewaltige nichts tun. Es konnte auch keine Rauferei und kein aufregender Skandal werden, denn Eugen war in Augsburg beim Militär.

Ich schrieb: ›Lieber Eugen! Weil mich keiner daheim hören will, und weil ich glaube, daß ich ein Talent habe, wenn ich studieren darf, so komme ich heute zu Dir mit der Bitte, die nur Du möglich machen kannst. Ich gehe sonst daheim unter, wenn Du mir nicht hilfst. Ich möchte nämlich am 15. September nach Pfarrkirchen in die Landwirtschaftliche Hochschule und dann nach München in die Tierarzt-Universität, weil ich Tierarzt werden will. Aber dem Max kann ich nichts sagen, das weißt Du ja. Der schlagt mich bloß recht, der Grobian. Aber ich muß Tierarzt werden, sonst gehe ich unter. Also hilf mir. Schreibe nur dem Max einen anständig gesalzenen Brief. Dich fürchtet er ja doch, aber mich schlagt er bloß. Aber sag in Deinem Brief an Max nichts, daß ich Dir geschrieben habe, sonst krieg ich wieder Schläge. Ich schicke Dir schon was zu essen, wenn Du mir hilfst. Es grüßt Dich Dein Dich liebender Bruder Oskar.‹

Etliche Wochen später – es war schon der 8. September – kam ich vom Brotaustragen heim und fragte die Mutter leise und unauffällig am Herd: »Hast Du was gesehen? Hat denn der Eugen noch nicht geschrieben?«

Mutter sagte laut, daß ich sie beschwichtigen mußte: »Wenn bloß ein einzig's Mal Ruhe wär'! . . . Bleib doch ein Bäcker, da verdienst du doch dein Geld viel besser.«

Das hatte Max gehört. Er saß um diese Zeit gewöhnlich in der nebenanliegenden Stube am Schreibtisch, und die Türe war offen.

»Was ist da?« fragte er barsch herein.

»Der Oskar möcht' Tierarzt werden, und das geht jetzt an, sagt er«, antwortete meine Mutter klagevoll. Ich bebte am ganzen Körper. Eine furchtbare Spannung hatte mich erfaßt. Mein Herz klopfte laut. Wartend stand ich da, denn jetzt mußte sich etwas abspielen, das entscheidend für mein ganzes Leben war. Dazwischen malte ich mir flüchtig die Zeit in Pfarrkirchen aus, ganz deutlich, fast als ob ich mich schon dort befände, alle Tage in Sonntagskleidern von meinem Logis in die Schule ging.

Da stand auf einmal Max im Türrahmen und sagte: »Was willst

du?«, machte eine drohende Geste mit dem Gesicht und schrie: »Blöder Kerl, blöder, paß mal auf! ... Was hast denn davon? Der Schatzlpeter studiert heuer schon das achte Jahr umeinander und ist heut noch nichts! ... Ich werd' dir die Sachen gleich austreiben!«

Und damit war alles fertig. Ich war im letzten Grunde ja froh, daß diese Anfrage so leicht verlaufen war, ohne Prügel und Krach. Aber die Wut gegen Max packte mich zuinnerst, und ich schwor bitterste Rache.

Ich arbeitete nach wie vor wieder nachts in der Bäckerstube, schuftete am Tag und gab ganz langsam meine Tierarztinteressen auf. Sonderbar, jedes Mal nach einer solchen überstandenen Hochspannung ließ meine Energie unvermerkt nach und verflachte. Ein neues Suchen begann. Die Erfindungen lagen unterm Dachboden und verstaubten, die Tierarztbücher verloren den Reiz und vermoderten unterm Blechdach. –

II
Ereignisse

Die Zeit verfloß. Winter überschüttete die Dächer der Dorfhäuser mit Schnee. Weihnachten kam näher. Ungeheuer viel Arbeit gab es. Den ganzen Tag mußte ich neben Max Mürbteig ausrollen und die Teigflächen ausstechen, auf die geschmierten Bleche richten und herausbacken. Ganze Körbe voll Zimtsterne, Nußstangen und Marzipanstücke standen abends da. Um 10 Uhr konnte ich zu Bett gehen; um 12 Uhr weckte mich der Geselle zur Nachtarbeit. Wie im Traum, mit dumpfem Kopf fuhr ich mit den nackten Armen in den Teig und walkte ihn. Wenn ich einschlief, gab es Stöße und Prügel. So ging es jede Nacht. Um 6 Uhr früh stampfte ich mit dem gefüllten Brotkorb durch die schneeige Dunkelheit und brachte das Brot in die entfernten Dörfer. Gegen Mittag kam ich heim, vollkommen durchnäßt. Ich aß, zog mich um und mußte wieder mit Max Christbaumgebäck herstellen. So haspelten sich die Wochen ab. Einmal in der Nacht sank ich einschlafend in den Teig. Der Geselle fiel über mich her, schlug mich mit seinen knochigen Fäusten. Ich riß die Arme aus dem Teig und rannte heulend zu Max hinauf, um mich zu beklagen. Vom Schlaf aufgeschreckt, stürzte dieser aus dem Bett und schlug blindlings auf mich ein, daß ich entsetzt wieder hinunterrannte und weinend weiterarbeitete.

»Gell, der zeigt dir die Sache!« höhnte der Geselle und puffte bei der geringsten Gelegenheit weiter auf mich ein, daß ich wie ein Tier blind und verbissen weiterwalkte. So kann es dir nirgends gehen, dachte ich jede Nacht und sann auf einen Ausweg.

Am Weihnachtstag selber ruhte die Arbeit. Der Geselle fuhr in die Stadt. Punsch gab es in der Stube, und jeder bekam ein kleines Geschenk. Und schlafen konnte man die ganze Nacht.

Nach Neujahr endlich hörten die Christbaumfeiern auf. In der Konditorei gab es nicht mehr so viel zu tun. Die Tagarbeit wurde weniger. Ich mußte nun mit Max jeden Nachmittag zum Holzfällen in den Wald. Es lag überall tiefer Schnee, auf Boden und Bäumen. Max sprach wenig, aber er stieg auf die Bäume und sägte dicke Äste ab. Bei solcher Gelegenheit machte es ihm großen Spaß, wenn mir der ganze Schnee vom geschüttelten Baum hinauffiel. Er lachte dann mitunter ein wenig, wenn ich mich schlotternd schüttelte.

Ende Februar kam Maurus von Bamberg. Er übernahm nun die wenigen Konditoreiarbeiten, und ich mußte ihm helfen. Max wich ihm aus irgendeinem Grunde aus. Die beiden sprachen wenig miteinander.

So hatte ich denn am Tage einen anderen Vorgesetzten. Wir verstanden uns anfangs gut. Maurus erzählte mir wieder von Büchern, von der Fremde und ließ sich sogar manchmal herab, mit mir Dummheiten zu machen. Ich schloß mich ihm enger an.

War Max aus dem Haus, so arbeiteten wir hastiger, machten eilig alles fertig, setzten uns auf die Backstubenbank, und Maurus begann mir den ›Heinrich IV.‹ vorzulesen. Aber ich begriff diese Verse nur schwer, trotzdem er mir den Witz oft ziemlich drastisch und deutlich ausmalte und mich zeitweilig ermunterte. Um nicht Prügel zu bekommen, lachte ich oft gewaltsam, was ihn sehr freute.

Die Nachtarbeit war jetzt wenig. Der andere Geselle, welcher sehr mürrisch gewesen war, ging. Er hatte zu viel Brot gestohlen. Ein alter, grauer Gehilfe war aus der Stadt gekommen, der die meiste Zeit betrunken war. Aber er buk gutes Brot, und weil er mich sehr selten anrührte, ging ich ihm gut zur Hand. Er nannte mich jeden Tag anders und trieb allerhand Späße mit mir. Wenn er einen Rausch hatte, begann er alte Reservistenlieder zu singen. Oft lag er in der Ofengrube und grölte, als spräche er einem Pferd gut zu: »E-e-eha! E-eha! . . . Langsam, Vogl, ganz langsam!« Dann half ich ihm auf, und er küßte mich, sein rußiges Gesicht zeichnete sich auf meinen Wangen ab, und wankend stand er da und rief laut und heiser: »Hier steh' ich! . . . Major Vogl! General Vogl! Ritter hoher Orden! Inhaber des Max-Rindvieh-Ordens! Hoch! Hoch! Hoch!« Das Haus erdröhnte davon. Er umschlang mich gerührt und dankte mir, weil ich so gut zu ihm war.

»Oskarl« oder »Siegfriedl« oder »Aloisl« sagte er stets: »Ich vergeß dich nie! Du bist ein braver Bursch!« Und das berührte mich menschlich. Ich arbeitete alsdann wie ein Wilder und tat alles, was ich für Vogel nur tun konnte. Es waren schöne Nächte. Während der Vesper- und Gärpausen schnarchte der Geselle auf der Bank, und ich las Indianergeschichten und Reisebeschreibungen und weckte ihn, wenn es Zeit war. So gegen vier Uhr, wenn die Mutter kam, waren wir meistens fertig. Die Magd kam herunter und besorgte die Stallarbeit. Wir tranken Kaffee, und um sechs Uhr mußte ich mit Anna fort zum Brotaustragen.

Dieses Beisammensein auf der freien Landstraße war unsere

schönste Zeit. Auf dem Heimweg erzählten wir uns erfundene Geschichten, in denen wir – die Hauptfiguren – auf einem Riesenschiff auf dem Großen Ozean lebten, umgeben von märchenhaftem Reichtum und einer unausdenklichen Bequemlichkeit. Die Erzählungen wurden auch manchmal dramatisch. Es gab Kampf mit feindlichen Seeräubern, die wir sodann besiegten und mit einer rätselhaften Grausamkeit bestraften. Haßten wir im Dorf wen, so wurde er in die Geschichte hineinverwoben und auf irgendeine Weise gefangen. Dann kam ein entsetzliches Rachegericht.
An den schönen Sonntagnachmittagen fuhr Maurus mit mir auf dem Rad fort, suchte ein ungestörtes Sonnenplätzchen im Walde auf und las mir aus Büchern vor. Ibsens Dramen, Kleists Novellen und vor allem immer wieder Shakespeare lernte ich dadurch immer genauer kennen. Dann kamen die Russen, Tolstoi hauptsächlich, und Heine und Lessing. Maurus brachte die Stücke warm heraus, und meine Begeisterung, das Wettlesen und das Triumphieren über den anderen, wenn man etwas kannte, was dieser noch nicht gelesen hatte, begann von neuem. Nunmehr bewog ich auch Anna dazu, Bücher zu lesen, und unsere Brotgänge wurden immer länger. Sehr oft gab es dann Prügel von Max.
Als wir einmal heimkamen, stritten sich Maurus und Max. Warum, wußten wir nicht. Immer lauter schrien sie und kamen auf einmal in ein Handgemenge. Ein furchtbares Raufen begann, und erst als Maurus blutig an der Wand lehnte, ließ Max von ihm, ging hinauf und zog sich an, denn es war Dienstag, und er mußte in die Gesangstunde des Gesangvereins. Gesiegt hatte trotzdem keiner. Anna und ich gingen zu Maurus, sahen ihn vielsagend an und ballten die Fäuste: »Das muß er büßen, der Hund!«
Vor Wut schluchzte Maurus laut auf, faßte sich dann und wusch sich am Brunnen. Am selben Abend noch fuhr er zur Stadt, und lange kam keine Nachricht von ihm. Max war nun wieder Alleinherrscher und verstand es, alle unbequemen Geschwister aus dem Haus zu drängen. Eugen fuhr nach seiner Militärentlassung nach

Amerika, und meine Schwester Theres machte es wie Emma. Sie erlernte ebenfalls in der Stadt den Modistinnenberuf.
Das Hausbild hatte sich geändert. Außer Mutter, Anna und mir war eine Magd da, der Geselle Vogel und Max, dessen Befehle fast willenlos vollzogen wurden.
Auch den General Vogel erreichte eines Tages das Schicksal. Einmal fuhr er in die Stadt, betrank sich derart, daß er im Zuge einschlief und bis nach Tutzing fuhr. Dort mietete er spät nachts eine Kutsche und kam früh um zwei Uhr bei uns an. Er war nicht imstande, noch zu arbeiten, und ich allein konnte nicht alles bewältigen. Er lag da und schlief schnarchend. Ab und zu stieß er einen keuchenden Schrei aus. Ich mußte Max wecken, und wir buken das Brot. Am andern Tag wurde Vogel entlassen. Er weinte wie ein Kind, denn er war gerne bei uns. Aber es ging nicht mehr. Ein anderer Geselle wurde eingestellt. Der schlug mich wieder mehr als alle vorhergegangenen. Ich hatte keine Hilfe mehr, keinen Menschen, dem ich meine nächtlichen Qualen klagen konnte. Max durfte überhaupt nichts hören davon, Mutter antwortete auf mein Jammern mit einem leisen, hilflosen Weinen, und Anna konnte nicht helfen. Nur ein Mensch war im ganzen Hause, der manchmal auf mich einging, wenn auch fast unvermerkt, so doch fühlbar: die Magd Leni.
Einmal in der Frühe lehnte ich mit blutigem Kopf an der Anrichte in der Küche und weinte leise in mich hinein. Mutter sagte nur: »Wenn bloß ein einzig's Mal eine Ruh' wär'«, und ging in den Laden. Dies knickte mich noch mehr. Leni kam zur Türe herein, wollte an den Herd gehen und sah mich.
»Was hast denn, Oskar? Du blutest ja?« fragte sie nähertretend.
»Geschlagen hat er mich, daß ich ganz dumm bin«, sagte ich. Leni ging kopfschüttelnd an den Herd und sagte, mir den Rücken zugewendet: »Der Grobian!« Nur ein Wort war es. Aber es kam etwas bis dahin vollkommen Fremdes aus dem Tonfall, etwas anheimelnd Tröstendes. Als sie aus der Küche treten wollte, blieb sie

wieder vor mir stehen und sagte ebenso: »Bei uns ist's der Vater gewesen«, und verschwand. Ich ging an den Brunnen und wusch mich. Dieser letzte, kurze Satz hatte das ganze Leben eines Gleichleidenden und Begreifenden aufgedeckt. Als träte wer aus dem Dunkel der Verschwiegenheit an mich heran und sagte: »Siehe, ich hab' auch so gelitten!« Ein Glück sprang auf in mir, eine unsägliche Tröstung.
Ich mußte täglich, wenn ich vom Brotaustragen heimkam, mit Leni Häcksel schneiden. Sie legte ein und ich trieb das Schwungrad der Maschine. Wir freuten uns jedesmal, wenn wir allein in der Tenne standen, fanden uns im Gespräch ineinander und erzählten uns gegenseitig mit einem Anflug von fühlbarer Wärme in den Worten Erlebnisse. Wir sahen uns in die Augen und schlugen sie nieder, ohne zu wissen warum. Und einmal wieder – ich weiß nicht wie – fiel ich vollkommen willenlos an Lenis Brust und umschlang sie, stöhnte unablässig: »Leni! Leni!« Und küßte sie heiß. Sie stemmte sich erschrocken und tiefernst dagegen, war aber nicht böse. Ich sah ihr rotes Gesicht, ihre Brust ging auf und nieder. Ich wollte mich am liebsten ganz in ihr verbergen, sie indessen drückte mich zurück und sagte: »Oskar? Aber Oskar?! ... Was ist's denn? ... Was hast denn?« Ich ließ sie los, riß mich hastig zusammen, stand beschämt und verwirrt da und atmete tief. Sie strich mir leicht über die Stirn und sagte ruhig wie eine Mutter: »Das geht doch nicht.« Ich wußte im Augenblick nicht, was ich tun sollte und sprang auf einmal hastig an den Häckselmaschinenhebel, drehte mit noch viel größerer Schnelligkeit das Schwungrad im Kreise. Als wir fertig waren, lief ich, ohne Leni noch einmal anzusehen, eilig in die Backstube hinunter. Mittags, als wir uns am Tische gegenübersaßen, schlugen wir wieder die Augen nieder, und hernach schlich ich schleunigst hinaus. Es ereignete sich nichts mehr zwischen uns. Wir blieben gute Freunde bis zuletzt, und wenn Leni auch dreißig Jahre alt war und ein fleißiges, nüchternes, sehr frommes Wesen an sich hatte, so wußte sie doch stets um

alle meine Streiche und half mir oft über die Gefahren, die mich durch Max bedrohten. Oft, nachdem ich zu Bett gehen durfte, schaute ich noch stundenlang heimlich zum Fenster hinunter, weil Leni drunten wusch. Das war meine ganze Liebe.

III
Die Flucht

Maurus war fort. Er hatte seine Bücher hinterlassen. Ich las mich tiefer in sie hinein. Er schrieb um sie, und nun war mir auch diese Herrlichkeit genommen. Auch Anna oder, wie man sie hieß, ›Nanndl‹ las alles, was ich ihr gab. Es wuchs ein Drang nach jenen Welten in uns auf. Was tun?
In der Zeitung lag ein Verlagsprospekt von Bongs Klassikerausgaben. Die Bücher waren darauf abgebildet und sahen sehr bedeutend aus. Wir überlegten. Etliche Brotgänge reiften den Entschluß. Wir scharrten Geld zusammen, Nanndl ihre Trinkgelder und ich meine Wochenlöhne. Dann bestellten wir wieder an die Adresse unseres Schusters Schillers Werke, dann Lessing, Petöfi, Mörike, Lenau und Grabbe.
Alle diese Ausgaben waren rot gebunden und hatten goldene Rükken. Das zog uns an. Da wir aber fürchteten, daß Max unser Geheimnis entdecken könnte, ließen wir die Bücher vorläufig beim Schustermeister. Dort jedoch verschmierten sie die kleinen Kinder. Wir sannen auf eine Änderung und waren todunglücklich darüber.
Ich dachte an Leni. Aber Nanndl, die von all dem, was zwischen uns beiden vorgefallen, wie alle sonstigen Hausangehörigen nichts wußte, war dagegen.
Meine Erfinderader regte sich. Wie, wenn wir meinen Schrank, der in der Gesellenkammer stand, so konstruierten, daß nur wir hineinkönnten?

Das war eine Idee, die mir keine Ruhe mehr ließ. Sie mußte durchgeführt werden. Es handelte sich bloß darum, die Arbeit zu machen, wenn niemand sie bemerkte.
Am Sonntagnachmittag war der Geselle meistens weg. Auch Max mußte die verschiedenen Gastwirtschaftskundschaften aufsuchen und dort Zechen machen. Mutter saß meistens im Gartenhaus und strickte, nickte aber bald ein, und Leni ging zur Andacht. Wir machten uns ans Konstruieren. Die Schranktüre wurde genau abgezeichnet, das Fachbrett zugeschnitten und in der Mitte auseinandergespalten, so daß zwischen Tür und Brett ein ziemlich breiter hohler Raum frei wurde, fast die Hälfte also. Nun zimmerten wir mit aller Kunstfertigkeit eine neue Türe für das Innere des Kastens, versahen sie mit einem Schloß und brachten sie an. Darauf fertigten wir ein Scheinfachbrett an, genau nach dem Muster des eigentlichen, nagelten es an die Scheintüre, so daß also beim Öffnen der ursprünglichen Schranktüre das Innere scheinbar unverändert war, obwohl dahinter ein geheimer Raum lag. In den vorderen Scheinraum wurde nun alles wieder so hineingerichtet, wie es vordem gewesen war, im hinteren brachten wir – schön aneinandergereiht – unsere Bücher unter. Unverändert stand der geheimnisvolle Schrank da. Der Schlüssel steckte wie immer, man konnte öffnen und gewahrte nichts weiter als die uninteressanten Kleider, die Kragen auf dem Fachbrett, etliche Krawatten und den Hut.
Das war eine Arbeit von drei Sonntagnachmittagen gewesen, gefährlich und erregend. Wir hüpften vor Triumphgefühl und Übermut, als alles aufs beste funktionierte, schlichen zum Schuhmacher und holten nacheinander unsere Klassiker, richteten sie schön nebeneinander in unser Geheimfach, die goldenen Rücken strahlend nach vorne.
Während wir bis dahin meistens brummige Gesichter schnitten, wenn wir unverhofft noch einen Brotgang machen mußten, waren wir jetzt auf einmal sehr zugänglich, ja sogar erfreut. Schnell

schlich einer von uns hinauf, holte heimlich ein Buch heraus, versteckte es unter den Kleidern, und rasch entfernten wir uns. Erst am Dorfausgang, wenn kein Mensch mehr zu sehen war, ging das Lesen an. Meistens lasen wir uns laut vor, wenn es Verse waren. Bei Prosa trennten wir uns und verabredeten einen Platz, wo wir uns wieder trafen. Ob das, was wir lasen, verstanden wurde, war gleichgültig. Maßgebend war, *daß* wir es gelesen hatten und alles kannten. Die Fülle machte es.

Wir begeisterten uns. Der Klang der Worte berauschte uns. Viele, viele Verse konnte ich zuletzt auswendig, Schillers Glocke rann mir bloß so von den Lippen. Und eines Tages las ich Nanndl mein erstes Gedicht vor. Selbstverständlich sagte ich es mit einem solchen Pathos, daß alle anderen Dichtwerke dagegen nur noch wie klägliche Versuche waren, und natürlich wirkte das. Nanndl lobte es sehr. Ich verglich es mit Uhland, mit Schiller und fand es mindestens so schön. Der Herbst kam. Wir mußten Kühe auf den Wiesen hüten. Die Tage waren klar und lau, der Himmel hing träumerisch über uns. Wir lagen auf dem Rücken und schauten ins Hohe. Wohlig war uns zumute. Ich dichtete Balladen zu jener Zeit, und Anna war jedesmal hingerissen davon. Ich verfolgte eifrig die verschiedenen Werdegänge der Dichter und malte mir meine Zukunft demgemäß aus. Meistens, wenn ich wieder eine Dichtung fertig hatte, leitete ich sie mit einer romantischen Erzählung über einen Dichter ein und unterließ es nicht, Vergleiche zu machen. Dabei wurden mir – glaube ich – die Gestalten klarer, als wenn mir's einer geschildert hätte. Meine Erzählungen klangen, als hätte ich Grabbe, Schiller und all diese großen Leute persönlich gekannt. Einmal, so dachte ich, werde auch ich aus der Verkanntheit aufsteigen, und die ganze Welt wird mich bestaunen.

Allmählich wurde mein Dichten im Hause ruchbar. Emma war wieder daheim und bekam etwas zu hören. Sie hatte immer ein geduldiges Ohr und war die heiterste von uns. Sie lachte zwar über mich, fand aber Gefallen an dem Gedichteten. Leni sagte eines

Sonntags, als ich mich nicht mehr halten konnte und einen Vers mit ungeheurem Pathos vortrug: »Goethe wirst du doch noch.« Nur Max durfte nichts wissen. Meine Mutter interessierte sich nicht, sie las nichts als das Gebetbuch und im Starnberger ›Land- und Seeboten‹ den Kirchenanzeiger.
Unsere Bibliothek wuchs und mit ihr die Gefahr des Entdecktwerdens. Aber uns hatte eine schier fanatische Kaufwut erfaßt. Wir vergaßen oft sogar alle Vorsicht, aber dann kamen wieder qualvolle Stunden der Angst vor Max.
»Wenn ich diesmal aufkomme, muß ich fort, sonst erschlagt mich der Maxl«, sagte ich oft zu Nanndl. Die nickte und sagte mechanisch und ratlos: »Ja, das schon.« Über das Weitere dachten wir nicht nach. Trotz aller Vorsichtsmaßregeln kamen wir von der ewigen Angst nicht los, und jedes kleinste Gefahrzeichen brachte mir Schlaflosigkeit. Ich dachte und dachte. Ebenso Nanndl.
Mutter hatte mir einmal erzählt, daß sie als junges Mädchen zur Mutter Gottes betete um Erfüllung eines Wunsches innerhalb einer bestimmten Zeit. Sie dachte aber immer an den Wunsch, und deshalb ging er nicht in Erfüllung. Marie, ihre Schwester, hingegen, erzählte sie, hätte bloß einmal eine Einbildung gehabt und nie daran gedacht, und siehe da, ihr ging die Sache hinaus.
Das war ein Wink für uns. Wir dachten also immer an die Gefahr und hofften, sie so am besten zu bannen.
»Du«, berichtete mir Nanndl eines Tages sehr aufgeregt in der Holzhütte, »der Postbot' hat den Schuster gefragt, warum er sich denn immer so viel Nachnahmen schicken lasse und was in den Paketen eigentlich drinn' wär' . . .«
Der Postbote! Unser ärgster Feind! Der als schwatzhafter, eitler Klatscher weit und breit bekannt war! Den wir nie grüßten, weil uns sein Gesicht so an Max erinnerte.
Der Postbote! Der ob seiner Erscheinung und seines adrett-soldatischen Benehmens von allen möglichen heiratslustigen Töchtern umschwärmt wurde und im Bewußtsein dessen überall den großen

Mann spielte, sich in alles mischte und sozusagen die läufige Moral der Jahreszeit war. Dieser Wicht von einem entlassenen Unteroffizier, den wir schon hundertmal in unseren früheren, selbsterfundenen Geschichten gefangen genommen, gehängt, erschossen, gerädert und gevierteilt hatten?! *Der* hatte das gesagt? *Der* lebte immer noch?! –

Ich rannte zum Schuster.

»Was hat der Postbote gesagt?«

Der alte Mann wollte ausweichen. Ich drang in ihn. Endlich gab er zu: »Gefragt hat er, der Schnüffler, was ich mir da in einem fort schicken lass' ... Ich war baff und sag', ich weiß nicht, was drinnen ist in den Packerln ...«

Jetzt spukte es. Ich rannte wieder nach Hause. Erzählte Nanndl. Kalkulierte: So oder so! Aufkommen tut es doch einmal! Ich muß fort! Fort!

Also Flucht – aber wie?

Ich überlegte hin und her.

Wie schon gesagt, hatten wir nebenher einen ausgedehnten Spezereiladen, verkauften Spiritus, Hosenträger, Hülsenfrüchte, Bänder, Schokolade, Zigarren und Zigaretten usw. Da gab es also allerhand, was man brauchen konnte, wenn man flieht.

Ich suchte in der Rumpelkammer den Reservistenkoffer Eugens, steckte ihn auf den Heuboden und füllte ihn langsam. Ich stahl etliche Seifen aus dem Laden, zwei Flaschen Spiritus, Kerzen, eine Unmasse Maggiwürfel, Tee, ein Pfund Salz, ein Paket Zucker, Kragenknöpfe, Briefpapier, Federn und Tinte. Die erste Hälfte des Koffers war voll. Sodann suchte ich mir meine Hemden, holte einen alten Spirituskocher aus der Anrichte in der Küche, Zündhölzer, ein paar Handtücher, ließ zwei Büchsen Kakao verschwinden und packte das ganze mit meinen Schuhen und etlichen Kleidungsstücken in die andere Hälfte, sperrte ab und verdeckte den Koffer mit Heu.

Jetzt war mir leichter. Immerhin war ich fluchtbereit.

Ja – aber du dummer Teufel, dachte ich plötzlich im Hinunterschleichen, zu einer Flucht braucht man doch vor allem Geld! Geld! Und eine furchtbare Angst erfaßte mich abermals.
Wo Geld herbekommen?
Im fliehenden Gedankenhinundher erinnerte ich mich plötzlich an das Sparkassenbuch, das mir meine Mutter am Geburtstag zum letztenmal gezeigt hatte. Dreihundert Mark hatte ich schon.
Mit einer solchen Summe ist man Herr der ganzen Welt, dachte ich. Sofort schlich ich in die Kammer der Mutter, schnüffelte alles aus. Nichts war zu finden. Weder im Schrank noch im Nachtkasten lag das ersehnte Kleinod.
Aber das Mauerkästchen mit der Madonna darüber war abgeschlossen. Das war so viel wie eine stumme Gewißheit. Hier mußten die Sparkassenbücher verborgen sein.
Wo aber war der Schlüssel? Ich suchte und suchte. Nichts war zu finden. Wie verloren schlich ich an mein Bett zurück und wartete, bis Mutter die Stiege heraufkam. Der Geselle war zum Glück ins Wirtshaus gegangen. Kaum hatte Mutter die Tür ihrer Schlafkammer zugemacht, war ich am Schlüsselloch. Und richtig: Sie betete ihr Abendgebet, ging an die Wand, hob die Madonna etwas an die Seite und holte einen kleinen Schlüssel heraus. Dann schloß sie das Kästchen auf. Ich wußte alles und war zufrieden. Befreit kehrte ich in mein Bett zurück. Höchste Zeit. Der Geselle hüstelte bereits über die Stiege herauf.
Am andern Tag hatte ich das Sparkassenbuch. Nichts ereignete sich. Tag auf Tag verrann. Meine Nerven waren überreizt. Ich schlief schlecht. Wieder stürzte ich mich in die Bücher, aber alle Sammlung war fort. Täglich, stündlich konnte die Katastrophe kommen. Nichts geschah.
Es mochte wohl drei Uhr nachmittags sein. Fertig mit dem Backstubenaufräumen, setzte ich mich auf die Bank und nickte langsam ein. Auf einmal ging die Türe auf, und Max stand drohend vor mir, packte mich.

Nur »Du!« hörte ich noch und etwas von Briefbote, Nachnahme und Schuster. Schon sausten die eisernen Fäuste auf mich nieder. Max schleppte mich hinauf an den Schrank, griff meine Taschen aus, sperrte auf, dann die Geheimtüre und riß die Bücher heraus. Ohne Unterlaß schlug er dabei auf mich ein. Das Blut floß mir schon vom Schädel. Ich biß die Zähne zusammen und schloß die Augen. Ich bekam Schweiß und Eiseskälte, immerzu hämmerten die Hiebe. Plötzlich fiel ich lang hin. Als ich aufwachte und mich umsah, war es still. Die Uhr zeigte Viertel nach vier. Ich stand auf, putzte mich sorgsam ab, schlich in den Stall hinunter, ließ kaltes Wasser über meinen brummenden Kopf rinnen und wusch mich frisch. Wieder in der Gesellenkammer, zog ich meine Sonntagskleider an, holte mein Sparkassenbuch aus der Matratze des Gesellenbettes und machte mich auf den Weg nach Aufkirchen, denn dort war die Sparkasse.
Mein Entschluß war gefaßt: Ich gehe.
Aber erst das Geld. Auf dem ganzen Weg grübelte ich genau darüber nach, wie ich es von der Buchhalterin am besten und harmlosesten herausbringen könnte. Es schlug schon fünf Uhr. Ich beeilte mich. Um sechs Uhr konnte das Fräulein schon nicht mehr da sein. Am Ende hat es auch jetzt schon zugemacht und ist spazieren gegangen. Eine furchtbare Angst erfaßte mich abermals. Ich schleuderte meine Füße nach vorne. Keuchend lief ich die Anhöhe hinauf. Von da aus konnte man weit über die Felder sehen. Ein klarer Spätherbsttag war. Düngergespanne hockten mitten in den Stoppelfeldern. Über braune Äcker krümmten sich Pflüge, mit langsam dahintrottenden Ochsen bespannt. Eine sanfte Stille war ringsum.
Wenn sie mir aber das Geld nicht gibt? schoß jäh durch mein Gehirn. Ich überlegte bereits, ob ich nicht im Wald schlafen und am andern Tag einfach losgehen sollte. Aber trotzdem schritt ich straffer voran.
Auf der Sparkasse traf ich wirklich das Fräulein noch. Es schaute

mich mit seinen alten, wässerigen Augen durch die Brille an, fragte nach meinem Begehren und schnupfte. Die Buchhalterin nämlich war eine sechzigjährige alte Jungfrau mit den Allüren einer milden Oberlehrersgattin. Ich spielte den braven, schüchternen Schulbuben und sagte sehr gesittet: »Grüß Gott, Fräulein Waschmitzius, einen schönen Gruß von meiner Mutter, ich soll das Geld abholen, weil ich einen Anzug kriege.«
Die Waschmitzius sah mich etwas mißtrauisch an, aber weil ich furchtbar unschuldig dreinsah, lichtete sich ihr verrunzeltes Gesicht auf. »Soso ... jaja ... vom Bäcker Graf bist du ... Der Oskar? ... Jaja, aber da mußt du unterschreiben«, sagte sie und fragte mit ihrem Blick.
»Jaja«, sagte ich noch scheinheiliger, »das weiß ich schon, das hat mir meine Mutter schon gesagt ... Es hat sonst keiner Zeit zum Kommen ... Es gilt schon.«
Sie trippelte mit dem hingereichten Sparbuch zur Kasse, zählte mir das Geld her, und ich unterschrieb.
»Zähl's nochmal nach«, sagte sie.
Ich tat es. Dreihundert Mark. Zehn Zwanzigerscheine und eine Hundertmarkbanknote. »Jaja, stimmt ganz genau, Fräulein Waschmitzius«, sagte ich abermals sehr verbindlich und versuchte sogar zu lächeln. Dann steckte ich das Geld ein, sagte »Dank schön« und ging. Auf der Straße erfaßte mich ein großes Triumphgefühl. Ich ging sehr schnell aus dem Pfarrdorf und fing auf einmal laut zu lachen an. Eine Hitze lief körperauf und körperab. Ich freute mich schon auf die Bahnfahrt, denn jetzt war alles abgemacht und fest in mir.
Zu Hause schlich ich durch die Scheune auf mein Zimmer und horchte eine Zeitlang. Niemand ließ sich hören. Ich hatte meinen Koffer vom Heuboden heruntergenommen und ging, nachdem ich fertig war, ganz laut – wußte ich doch, daß Max Mist aufs Feld fuhr – die Stiege herunter. Mutter kam aus der Küche heraus. Sie blieb stehen und sah mich hilflos an: »Was tust denn?«

»Ich geh!« schrie ich sie an und war schon wieder dem Weinen nahe. Schnell schlüpfte ich zur hinteren Tür hinaus. Eine harte Kugel steckte in meiner Kehle. Kaum atmen konnte ich.
Leni lud Dünger auf. Als ich vorbeikam, sah sie mich stumm an. Ich wollte etwas sagen, schämte mich aber und sah weg, dann lief ich schnell weiter.
Ich ging ins Etztal hinunter zum Dampfschiffsteg. Auf dem Wege traf ich Nanndl. Sie sagte: »Gehst jetzt?«
Ich nickte bloß und sah sie schmerzlich an. Noch lange winkte sie mir. Ich hatte ihr noch hastig gesagt, sie sollte mir die Bücher heimlich nachschicken und manchmal was zu essen. Schreiben würde ich ihr zum Schuhmacher hin.
Erst als ich keinen Menschen mehr sah, wurde mir leichter. Es war gleichsam, als würde mir jetzt erst klar, daß ich mich nun nur mehr auf mich zu verlassen habe.
Ich schaute noch einmal über die Pferdeweide, die inmitten des Talkessels lag, erinnerte mich an alles, an das Schießen, Indianerspielen, Zerstören und Pferdejagen, und mir wurde jämmerlich weich zumute. Aber zwischen diese Gedanken rannen andere von der Stadt, von der Zukunft, alles unklar durcheinander. Ich schluckte fest und ging entschlossener weiter. –

IV
In der Stadt

Im Zug, unter den vielen fremden Leuten, versuchte ich ein möglichst bedeutsames Gesicht zu machen. Es war mir sehr unbehaglich. Dreimal in meinem ganzen bisherigen Leben war ich in die Stadt gekommen. Einmal mit meinem Vater als siebenjähriger Bub, einmal mit meinem Firmpaten und einmal zum Oktoberfest mit meinem Bruder Lenz.
Was mich momentan beunruhigte, war eine Unterkunft. Ich hatte

in den letzten Tagen meines Daheimseins fortwährend die Zeitungen nach möblierten Zimmern durchgesehen. Auch in der Bahn saß ich nun, in die Zeitung vertieft, und verfolgte aufmerksam die Rubrik: ›Zimmer zu vermieten‹. Immer fing ich wieder von vorne an, teils aus Nervosität, teils aus Angst. Aber wenn ich an mein Geld und an meine mitgenommenen Habseligkeiten dachte, wurde mir wohler zumute. Ich malte mir ein gemütliches Dichterdasein aus. So ungefähr: Ein Zimmer mit Diwan. Schön warm. Ich koche mir selbst und dichte. In kurzer Zeit erscheinen meine Werke. Die daheim hören von mir, staunen und kommen zum großen Sohn.
Dreihundert Mark! Das war für mich ein unerschöpfliches Quantum Geld. Damit konnte man Jahre hindurch leben.
Die Bäume peitschten vorbei. Die Felder kreisten. Abendnebel stieg bereits aus den Tälern. Der Zug brauste.
Am Bahnhof stieg ich aus, ging an einen Mann heran, der eine rote Mütze auf hatte und fragte, wo man sein Gepäck transportieren lassen könnte.
»Ich kann es Ihnen schon machen«, sagte der und musterte meine Last.
Ich sagte, in die Zeitung blickend: »Führen Sie mich Augustenstraße 59 II.«
»Haben Sie das Zimmer schon gemietet?« fragte mich der Mann.
»Nein, das nicht, aber da steht es ja«, sagte ich unsicher und sah den Mann an, der jetzt meinen Koffer nahm: »Sehn Sie, das Zimmer kann man jederzeit haben . . .«
Der Mann lächelte. Offenbar merkte er, daß ich vom Lande kam. Das entwaffnete mich vollständig. Ganz hilflos sagte ich: »Ja, aber was soll ich denn jetzt tun?«
Der Mann faßte mich gutmütig am Arm, nahm meinen Koffer und sagte gemütlich: »Kommen Sie . . ., sehn Sie, da stellen Sie jetzt den Koffer auf der Gepäckaufbewahrung ein, dann gehn Sie in die Stadt und schauen die Häuser an. Wo eine Tafel hängt: ›Zimmer zu vermieten‹, da gehn Sie hinein und fragen dort, ob Sie mieten kön-

nen. Haben Sie dann ein Zimmer, dann kommen Sie wieder daher und sagen es mir. Dann bringe ich Ihnen die Sachen hin ... So, jetzt ... Hier sind die Zettel ... verlieren Sie sie nicht ... Adieu.«
Ich sah in stummer Ehrfurcht auf zu diesem Menschen, gab ihm fünf Mark Trinkgeld und ging in die Stadt.
Es war mir furchtbar unheimlich zumute. Zum ersten Male in meinem Leben empfand ich so etwas wie Obdachlosigkeit. Eine peinigende Unruhe trieb mich eiligen Schrittes durch die Straßen und Gassen. Mit wahrer Gier suchte ich nach einer Vermietungstafel. In der Zweigstraße fand ich eine. Hastig las ich, rannte die Treppen hinauf, klingelte. Auf einer Emailtafel stand: ›Hotelpension Kronprinz‹. Ein kleiner, befrackter Kellner öffnete, maß mich musternd und fragte nach meinem Begehren.
»Bittschön, sind hier Zimmer zu vermieten? Ich möchte eines«, sagte ich befangen.
»Ja, bitte«, sagte der Kellner und bat mich mit einer Geste, ihm zu folgen. Wir gingen einen langen Gang hinter, dann etliche Treppen höher, schritten wieder einen dunklen, schmalen Korridor entlang, und endlich öffnete der Mann eine Türe, trat in die Mitte eines ziemlich kahlen, kalten Zimmers.
»Hier wäre eins für Sie ... 's ist einfach und nicht zu teuer«, sagte er.
»Was kostet das?« fragte ich und griff schon nach meiner Geldtasche.
»Dreißig Mark im Monat«, war die Antwort.
»So – ja, das nehm' ich dann«, sagte ich ohne alles Bedenken und gab ihm eine Hundertmarkbanknote.
»Wie lange will der Herr das Zimmer?« fragte der Kellner, den Schein nehmend, offiziell, nahm einen Block aus seiner Brusttasche und schrieb etwas darauf.
»Ja ... Auf drei Monate ... Ich weiß aber nichts Genaues ...«, stotterte ich verwirrt.
»So! ... Gut, also für längere Zeit, nicht wahr?«

»Ja, ziehn Sie nur gleich die drei Monate ab«, sagte ich und atmete auf.
»Wie Sie meinen«, meinte der Kellner beflissen und sah mich merkwürdig glotzend an, daß ich unsicher wurde.
»Da wird aber doch geheizt? ... Und mein Koffer ist noch am Bahnhof«, sagte ich benommen.
»Jaja, der wird schon geholt ... Das macht unser Hausbursche schon«, sagte der Kellner beschwichtigend und fuhr etwas anheimelnder fort: »Geheizt wird auch, wenn Sie es wünschen. Das kostet halt immer eine Mark, und dann – was ich sagen wollte – man gibt natürlich dem Zimmermädchen alle Monat ein kleines Trinkgeld für die Bedienung und mir fürs Servieren ... Je nachdem eben und wie es dem Herrn paßt ...« Er linste auf mich und machte ein zerschlissenes Gesicht. Er lächelte servil.
»Was kostet das?« fragte ich und zog schon wieder mein Geld heraus, »ich kann es Ihnen ja gleich geben und Sie machen dann alles mit den anderen ab.«
Das hinwiederum frappierte den scheinbar weltgewandten Kellner so sehr, daß er schnell wieder zum Wort überging.
»Ja, mein Gott, man gibt halt immer so drei bis vier Mark jeder Person«, redete er unentwegt weiter und lächelte zuvorkommend, wollte ein Zehnmarkstück als Rest von den hundert Mark zurückgeben.
»So, da sind nochmal zwanzig Mark, dann habe ich also für die drei Monate alles bezahlt«, sagte ich und gab ihm abermals einen Zwanzigerschein mit dem Zehnmarkstück zurück. Der Mann verbeugte sich elegant und dankte gelassen, sagte sofort wieder sachlich: »Ich sag' es dann gleich dem Hausburschen, daß er Ihren Koffer holt ... Die Zettel, bitte ... Und – und dann ... dem gibt man halt dann auch noch hie und da für dies und das ein kleines Trinkgeld.«
»So, dankschön«, sagte ich und setzte hinzu: »Ja, wenn er mir den Koffer bringt, geb' ich ihm schon was.«

Der Kellner sagte: »'s ist recht, Herr!«, verbeugte sich noch einmal und ließ mich allein. Ich setzte mich, ohne meinen Mantel abzulegen, auf einen Stuhl und ließ mich gehen.
Nach einer Weile klopfte es. Der Hausknecht brachte mir den Koffer, nahm die Mütze ab und blieb stehen, als ob er auf etwas warte. Ich gab ihm fünf Mark. Er dankte sehr aufmerksam und verließ mich. Als ich mitten im Auspacken war, klopfte es abermals. Das Zimmermädchen kam lächelnd herein, gab mir bedruckte Anmeldezettel, stellte Tinte und Feder hin und sagte mit fadendünner Stimme: »Der Herr möchten das ausfüllen«, und ging auf den Zehenspitzen wieder hinaus. Ich hängte meine Kleidungsstücke in den Schrank, legte die Maggiwürfel in die Tischschublade, stellte den Spirituskocher in die Ofendurchsicht, die Flaschen an die Wand, legte die paar Hemden in die Kommodenschublade und richtete mich ein wenig häuslich ein.
Wieder klopfte es. Nach meinem Hereinruf kam der Kellner zum Vorschein und fragte lächelnd: »Will der Herr bei uns Abendessen oder geht er auswärts?« Er wollte mir die Speisekarte reichen.
Ich sagte: »Nein.« Er sagte: »So« und schloß die Türe wieder.
Ich ging unbehaglich auf und ab. Es wurde dunkel. Ich drehte das elektrische Licht auf, entkleidete mich und legte mich zu Bett. Lange lag ich vollkommen gedankenlos da und schlief endlich ein.
Am andern Morgen klopfte es sehr früh – glaube ich –, und als ich aufschreckte und fragte, sagte das Zimmermädchen: »Wollen der Herr das Frühstück aufs Zimmer?«
»J-ja«, antwortete ich schlaftrunken, »aber ich bin noch im Bett . . . Gleich nachher!«
»Bitte läuten Sie dann«, sagte das Mädchen, und ich hörte seine Schritte im Korridor verhallen. Ich schlief wieder ein und erwachte, als die Sonne schon sehr hoch stand. Das Geräusch der Stadt trug eine merkwürdige Stimmung in den Raum. Ich sprang eilig aus dem Bett, wusch mich und kleidete mich an. Ich wollte so schnell wie möglich hinaus auf die Straßen. Es war widerwärtig

fremd hier. Ich wußte nicht recht, was ich anfangen sollte. Ich klingelte. Das Frühstück wurde gebracht. Ich schlang alles mit aufgeregter Hast hinunter und ging weg.
Die Straßen waren menschenübersät. Mein erster Gang war ins Warenhaus. Ich schnüffelte bei den Büchern herum. Als die Ladnerin kam, bestellte ich eine Unmasse davon, sagte, sie sollten ins ›Hotel Kronprinz‹ geschickt werden und ging weiter.
An der Ecke Augustenstraße trat ich in ein Café, setzte mich unbeholfen hin. Die Kellnerin kam, stellte eine Tasse hin und fragte: »Einen Kaffee, bitte?« Ich nickte. Sie goß ein, fragte wieder: »Kuchen?«
Ich sagte: »Ja«, rührte den Kaffee um, trank ihn aus und aß den Kuchen dazu. Ich überlegte. Was sollte ich nun tun? So schnell geht man doch nicht. Der Wirt auf dem Lande macht da gewöhnlich ein schiefes Gesicht, wenn ein Gast wegen eines Glases Bier den Platz versitzt.
Ich bestellte also abermals Kaffee. Mit Kuchen. Selbstverständlich. Immer sah ich dabei auf die umhersitzenden Gäste, um zu sehen, wie man sich verhält. Die saßen lesend oder Karten spielend um die Tische.
Komisch, dachte ich, komisch, wieviel Kaffee die Leute trinken! Den ganzen Nachmittag sitzen sie da und verschlingen eine Tasse um die andere. Und ich trank aus, bestellte abermals. Schon begann die Kellnerin leise zu lächeln. Aber was sollte ich denn tun? Man kann doch wegen einer Tasse Kaffee nicht stundenlang dasitzen! Und nochmal und nochmal, nochmal bestellte ich Kaffee und Kuchen, verzehrte das Vorgesetzte mit eisigem Ernst. Die Kellnerin lachte schon. Mir wurde es peinlich. Ich sagte sehr laut: »Zahlen!«
»Fünf Tassen Kaffee und fünf Kuchen – macht eine Mark und fünfzig und eine Mark fünfundsiebzig, sind drei Mark und fünfundzwanzig«, rechnete die Kellnerin mit unterdrücktem Lächeln.
Ich machte mich schleunigst aus dem Staube. Draußen auf der

Straße kam mir plötzlich ein Gedanke. Ich ging auf und ab vor dem Café und schielte unausgesetzt durch das Fenster. Da auf einmal bemerkte ich, daß das Wassermädchen Gläser Wasser auf einen Tisch stellte. Beruhigt ging ich ins Hotel zurück. Aha, dachte ich, man kann also auch Wasser trinken.
Am andern Tag kam ich wieder und bestellte Wasser.
»Wasser gibt's nur zum Kaffee«, war die Antwort. Über und über rot, bestellte ich Kaffee und ging, sobald ich ausgetrunken hatte, weg. Ich habe aus diesem Grunde lange kein Kaffeehaus mehr besucht, und erst viel später lernte ich, wie man das alles macht.
Eines aber war zu damaliger Zeit für mich eine der größten Errungenschaften. Kaum war ich richtig warm in der Stadt, ließ ich mir Visitenkarten drucken mit der Aufschrift: ›Oskar Graf, Schriftsteller, München‹. Das war mir soviel wie ein Ausweis und ein Schritt in ein neues Leben. Ich war, was ich sein wollte. Hier stand es schwarz auf weiß in unverwischbaren, ewig gleichen Buchstaben.
Ich ging ins Hotel und brachte meine Karte sehr sichtbar an der Türe an. Sofort schenkte ich dem Kellner eine und sagte jovial und biedermännisch zutraulich: »Das wäre gemacht.«

V
Arbeiten

Entsetzlich schnell vertat sich das Geld. Immer weniger wurde es. Obwohl ich fast nie – und das nicht etwa aus Sparsamkeit, sondern eben wegen dieser peinlichen Kaffeehausgeschichte – ins Wirtshaus ging zum Mittagessen. Obwohl ich fast dauernd Maggiwürfelsuppe kochte auf meinem Spiritusapparat und Kakao oder Tee mit Brot verzehrte. Es war unheimlich. Nach zwei Wochen waren es nur mehr zirka achtzig Mark. Aber immer, wenn ich sehr Angst hatte um das weitere Leben, kam mir, daß ich ja drei Monate

untergebracht war. Drei Monate also keinen Pfennig brauchte, nur Maggiwürfel, Brot und Spiritus.
Nach Hause schrieb ich nicht. Nur Nanndl bekam schon den zweiten Brief durch den Schuhmacher. Dem zweiten hatte ich eine Visitenkarte beigelegt. Sie mußte als erstes gedrucktes Wort imponieren. Der erste Antwortbrief von Nanndl war auch demgemäß. Sie versprach außerdem, heimlich Eßwaren und Geld zu schicken. Also schon eine Aussicht. Ich kaufte mir Schopenhauers ›Aphorismen zur Lebensweisheit‹, setzte mich alle Nächte an den Tisch und las sie mir laut vor. Mit einem Eifer und einer verbissenen Überzeugung tat ich das, daß ich bald alles auswendig konnte. Nebenher schrieb ich zwei Dramen. Das erste hieß ›Die Furcht vor dem andern‹ und das zweite ›Die Ruinen der Gesellschaft‹. Die Furcht vor dem andern war der Ehrbegriff im jetzigen Gesellschaftsleben, und der Ruin der Gesellschaft war das Mißtrauen. Mittlerweile hatte ich mich auch schon etwas an das Stadtleben gewöhnt.
»Schreiben Sie ein Schauspiel ab, wenn ich es Ihnen vorlese?« fragte ich eines Tages, in ein Schreibbüro am Sendlingertorplatz eintretend.
»Ja, Diktat, die Stunde 1,50 Mark«, sagte die Dame mit dem hochgeschlossenen Stäbchenkragen und geleitete mich in ein Kabinett. Und in zwei Wochen – jeden Tag etliche Stunden – hatte ich glücklich meine zwei ersten Dramenmanuskripte fertig daliegen. Jetzt ging es an. Täglich schrieb ich zwanzig Briefe. Ich kaufte alle Zeitungen, Zeitschriften und Sonntagsblätter und suchte Verlegeradressen aus Büchern usw.
Ich schrieb: ›P. P. Ich habe ein Drama fertig und bin bereit, es Ihnen zum Verlag zu geben. Es ist eine Tragödie. Ich bin zufrieden mit tausend Mark. Wenn Sie weniger bezahlen, können wir noch reden. Es müßte schnell herauskommen und wird sicher sofort aufgeführt, denn es ist sehr dramatisch. Hochachtungsvoll Oskar Graf, Schriftsteller, Hotel Kronprinz, München, Zweigstraße.‹

An große Verleger wie Bong, Cotta, Fischer schrieb ich vertraulicher: ›Werter und hochwohlgeborener Herr Verleger! In tiefster Not wendet sich ein junges Talent an Sie. Ich, Unterzeichneter, habe ein Drama geschrieben, das vielleicht sofort nach Erscheinen einen Riesenerfolg hat und viel gekauft wird. Helfen Sie mir. Ich lebe in großer Armut und gebe Ihnen mein Werk zu jedem Preis. Ich hoffe, daß ich bald Antwort und Geld von Ihnen bekomme. Ich schicke dann das Werk sofort an Sie ab. Es grüßt Sie, dankend im voraus, Oskar Graf, Schriftsteller, München, Hotel Kronprinz.‹

An andere wieder schrieb ich fragend: ›Werter Herr oder Beste Firma! Haben Sie Raum in Ihrem Verlag für ein zugkräftiges Drama aus der Jetztzeit? Ich kann Ihnen sofort nach Antwort zwei Stück Dramen in vier Akten schicken. Was Sie mir vorschlagen, auf das gehe ich ein, aber es muß schnell gedruckt werden. Rückporto liegt bei. Gruß und Dank im voraus Oskar Graf‹ usw.

Gedruckte, schreibmaschinengeschriebene und handschriftliche Absagen regnete es. Es war unerhört. Ich schickte einfach die Dramen selber ein. Bekam sie sehr schnell oder gar nicht mehr zurück, bis ich schrieb, was es denn eigentlich sei. Diese Anfragebriefe waren meistens grob: ›P. P. Ich habe geglaubt, Sie müßten der einzige Verlag sein, der alles liest und einem jungen Talent aus der Not hilft. Ich hoffe, daß ich morgen Antwort habe. Andere Verleger warten schon. Ich muß Sie sonst bitten, daß Sie das Werk schicken. Es ist schade, aber ich muß Ihnen so schreiben. Gruß Oskar‹ usw.

Dann kam meistens das Manuskript ohne Brief zurück. Ich schüttelte den Kopf. Es half nichts. Ja, dachte ich, sie haben eben das Stück nicht gelesen. Sonst stünde ich heute vielleicht schon auf dem Theaterzettel.

Trostlos.

Ich sah mich in den Auslagenfenstern der Bücherläden um. Was war jetzt gerade neu und wurde angepriesen? Schnurren von Georg Queri. Ich schrieb sofort einen Band oberbayrischer Schnurren und bot sie allen möglichen Verlegern an. Nichts von Annahme, nicht einmal das Manuskript erbat man sich. Einer schrieb, nachdem ich einfach das Manuskript geschickt hatte: ›Wer wird denn so etwas drucken und verlegen?‹ Ich pries wieder meine Dramen.

Das Geld ging zu Ende. Verflucht.

Ich schrieb an Nanndl. Zwanzig Mark kamen. Sie versprach weiter. Gott sei Dank! Ich stürzte mich in die Arbeit. Immer Briefe. Und in der Nacht – Arthur Schopenhauer: ›Aphorismen zur Lebensweisheit‹.

Kein Geld mehr. Nanndl sandte fünf Mark und schrieb: ›Ich kann Dir nichts mehr schicken. Es geht nicht mehr. Sende auch keine Briefe mehr an den Schuster. Der mag nicht mehr.‹

Was nun?

Meine Ruhe war weg.

Nächte hindurch las ich Schopenhauer. Meine Zimmernachbarin, eine Frau Baronin, legte mir einen Brief herein: ›Sehr geehrter Herr Graf! Als Ihre Zimmernachbarin möchte ich Ihnen mit einer Bitte näher treten, die Sie mir sicher nicht übelnehmen werden. Soviel ich fleißiges Studieren schätze, so bäte ich Sie doch ebenso dringend wie höflich, etwas leiser zu lesen. Zu Ihrer Arbeit besten Erfolg wünschend, zeichnet in vorzüglicher Hochachtung Frau Baronin soundso.‹

Was tun? Verflucht! Verflucht! Verfluchter Hosenknopf!

Ich schickte mein Drama ›Die Furcht vor dem andern‹ wieder ein. Einen langen, flehenden Brief hatte ich beigefügt. Sogar Eingeschrieben-Schicken hatte ich mittlerweile schon gut gelernt. Das mußte ziehen. Ich wartete.

Plötzlich kam ein Brief von diesem Verleger. Er antwortete, daß er das Drama mit großem Interesse gelesen habe, und daß ein sehr großes Talent daraus spräche. Er wolle das Stück verlegen. Die Kosten betrügen 450 Mark. Dafür käme das Buch schnellstens heraus und sehr gut aufgemacht in einer Auflage von 1000 oder 2000

Stück. Ich bekäme vom Stück ausnahmsweise 25 Prozent vom Verkaufspreis. Ich rechnete schon. Der Sieg war da. Ganz selbstbewußt sagte ich zum Kellner, als er mir am andern Tag einen Brief von einem anderen Verleger gab: »Jetzt kommen sie, weil ich mein Werk losgebracht habe! Zuerst besinnen sie sich immer.« Der sah mich nur maliziös lächelnd an. Mit bedeutender Geste ging ich weg.

Ja, aber wo bringe ich die vierhundertundfünfzig Mark her?

Sofort schrieb ich an Nanndl einen ungeheuer langen Brief und zugleich an den Schuster einen, daß er mir diesen letzten Gefallen noch tun solle. Ich würde ihm, sobald mein Werk heraus wäre, Freibillette schicken und Geld, daß er sich die Aufführung ansehen könne.

Und wieder schrieb Nanndl: ›Ich habe kein Geld nicht mehr. Ich kann nicht.‹ Was jetzt?

Vier Mark hatte ich noch. Kaum sechs Wochen war ich von zu Hause weg. Was tun? Ich war am Rande der Verzweiflung und auf der Höhe des Beglücktseins. Immer wieder las ich des Verlegers Brief. Dann kam der Vertrag und ein drängender Brief, ich sollte entscheidende Antwort geben. Ich schrieb vertraulich: ›Hochwohlgeborener Herr Verleger! Ich freute mich über alle Maßen, daß Sie mich entdeckten. Das Geld schicke ich, sobald ich kann. Ich bekomme es nämlich von meinen Schwestern, und die müssen es erst bei der Sparkasse kündigen. Ich bitte Sie herzlich, mir noch ein wenig Zeit zu lassen. Ich verspreche sicher, das Geld bald zu schicken. Recht herzlichen Vertrauensgruß Ihr dankbarer Oskar Graf, Schriftsteller.‹

Und nun mußte der entscheidende Schritt getan werden.

Damals war zugleich Theres, meine älteste Schwester, in der Stadt und lernte das Damenhutmachen. Ich wußte durch Nanndl ihre Adresse. Da ich mich aber schämte, zu ihr zu kommen, mußte ich es so einrichten, als ob wir uns ganz zufällig und ohne meinen Willen träfen. Ich schlich also in den Abendstunden an den Ausgang

des Geschäftes, wo Theres lernte. Um sieben Uhr mußte sie kommen. Ich ging eine ziemliche Strecke weg vom Ausgang und beobachtete jeden Menschen, der aus dem Tor kam. Eine quälende Spannung trieb mich hin und her.
Punkt sieben Uhr kam Theres mit mehreren Kolleginnen aus dem Tor heraus. Nach einer kurzen Verabschiedung kam sie das Trottoir entlang auf mich zu, ohne mich zu sehen. Ich ging ihr entgegen, als ob ich es sehr eilig hätte. Plötzlich, fünf Schritte weit entfernt von ihr, erkannte sie mich. Sie blieb einen Moment stehen und sagte erschrocken: »Ja, Oskar!« Ich reichte ihr trotzig die Hand und versuchte mit Gewalt, Gleichgültigkeit zu spielen. Und nun ging das Fragen los: »Was machst du denn? Hast du eine Stelle? Wo wohnst du denn? Wie geht's dir denn?«
Ich wich überall aus und tat sehr geheimnisvoll, sagte nur immer: »Schreiben tu ich.«
»So ... Was schreibst du denn?«
»Zwei Dramen habe ich geschrieben.«
Sie schüttelte den Kopf: »Ja, verdienst du denn was?«
Ich sagte: »Das werdet ihr ja sehen in einem Monat.«
Sie wurde neugierig: »Was ist denn das?«
»Naja, in einem Monat kommt ein Buch von mir heraus.«
»Kriegst du denn da so viel Geld, daß du leben kannst?« fragte Theres eindringlich und fuhr, mich messend, fragend fort: »Und wo wohnst du denn?«
»In der Zweigstraße, im zweiten Stock«, sagte ich knapp.
»Was zahlst du denn Miete?« drang sie weiter in mich, und ihr Blick wurde immer unruhiger.
»Dreißig Mark im Monat«, antwortete ich trocken.
»Wo hast du denn das Geld her? Und wie lebst du denn? Wo ißt du denn?«
»Ich? ... ich koch mir meistens selber«, sagte ich etwas stotternd.
Sie wurde immer unruhiger. Von einem Erstaunen in das andere fiel ihr Gesicht.

»Kann man jetzt noch zu dir gehen, ich möcht' es gern heut noch tun«, bat sie mich.
Wir gingen ins Hotel. Allmählich wurde ich immer trauriger und kam kleinweise mit der Wahrheit heraus, erzählte ihr das mit dem Verleger, und daß ich kein Geld mehr hätte, klagte über Max und über alles und sagte pathetisch: »Mein Talent darf doch nicht untergehen! Ihr wißt ja gar nicht, was ihr für einen Bruder habt.«
Als wir am Haustor standen, erschrak Theres ordentlich und sagte: »Was? Im Hotel wohnst du? Das geht doch nicht! Das kannst du doch gar nicht bezahlen! Das muß ja riesig teuer sein.«
»Ist schon alles bezahlt«, sagte ich wieder trocken und trotzig.
»Wieso denn?« fragte sie.
»Naja, drei Monate Miete sind schon bezahlt«, erwiderte ich wie vorhin. Dann gingen wir hinauf auf mein Zimmer. Theres stand wie geistesabwesend da und sagte nur immerzu: »Dreißig Mark! Dreißig Mark, ja Bub, ja Bub!«
Dann zeigte ich ihr den Brief vom Verleger und drang so lange in sie, bis sie und ich zusammen weinten und sie versprach, daß sie mir mit Emma das Geld für den Verleger geben wolle. Ich wurde sofort wieder munter und sagte feierlich: »Das wird dir einmal einen stillen Ruhm bringen, wenn ich tot bin.«
Ich begleitete sie nach Hause. Sie gab mir etwas Geld, und in weiteren vier Tagen wußte Emma alles daheim und schickte fünfhundert Mark. Ich sandte sofort davon den Betrag an den Verleger und schickte den unterschriebenen Vertrag.
Jeden zweiten Tag schrieb ich einen ellenlangen Brief an meinen ›Verleger‹ und fühlte mich schon ganz als großer Dichter.
Drei Wochen nachher kamen etliche Korrekturbogen und ein Schreiben des Konkursverwalters des Verlages, der mir eröffnete, daß die Firma pleite sei und ich meine Ansprüche angeben solle. Ich war wie erschlagen, rannte zu Theres und klagte ihr mein Leid. Ich fand dabei Töne, die selbst den verstocktesten Griesgram erweichen mußten, aber Theres war unerbittlich.

»Du mußt raus aus dem Hotel«, sagte sie resolut und versprach mir, ein Zimmer zu suchen. »Du mußt dir eine richtige Arbeit suchen«, war ihr zweites Wort, »die Dichterei bringt dich um.«
Am andern Tag, unter der Mittagszeit, kam sie angerannt und sagte entschlossen: »Komm, ich hab ein Zimmer für dich.« Wir gingen die Schillerstraße hinunter. Im zweiten Rückgebäude auf Numero 16, zweiter Stock, zog ich sodann in etlichen Tagen ein. Theres hatte das Zimmer schon bezahlt. Es kostete 16 Mark monatlich. Wir versuchten vom Hotel noch den letzten halben Monat herauszubringen, wurden aber abgewiesen. Mir war dieses Hin- und Herschachern zuwider, weil ich immer annahm, der Kellner könnte den Respekt vor mir verlieren und mich nicht mehr für einen vermögenden, vornehmen Herrn Schriftsteller halten, und weil, wenn schon einmal das Geld weg war, es mich nicht mehr genierte. Vielleicht gerade deshalb, weil Theres von meiner Seite in ihrem beharrlichen Zurückverlangen des Mietgeldes nicht im geringsten unterstützt wurde, scheiterte ihre Anstrengung.
Das Zimmer in der Schillerstraße war etwas düster und mit imitierten altdeutschen Möbeln vollgestellt. Die Hausfrau hatte ein listiges Luchsgesicht, und ihre emsige Beflissenheit machte mich von vornherein mißtrauisch gegen sie. Es kam mir auch vor, als ob Theres vorher mit ihr über mich gesprochen hätte, denn ich brachte den Eindruck nicht los, als sei ich hier ungefähr wie ein Zögling in eine Beobachterstation gegeben.
»So, das ist alles, was wir noch tun können, und jetzt mußt du dir eine Arbeit suchen oder wieder heim«, sagte meine Schwester, als wir allein im Zimmer waren, und war halb am Weinen. Dann ging sie.
Mein Trotz bäumte sich wieder. Ich schrieb an Nanndl einen flehenden Brief, sie solle mir doch helfen. Es kamen noch etliche Eßpakete, aber kein Geld. Ich begann mich um Arbeit umzusehen.
In der Zeitung stand: ›Lift wird per sofort gesucht, Tal 2 bei Rökkenschuß.‹ Ich ging hin. Es war ein großes Tuchgeschäft.

»Was wollen Sie?« sagte ein ältlicher Herr und musterte mich.
»Bittschön, in der Zeitung hat gestanden, daß Sie einen Lift suchen«, sagte ich kleinlaut.
Der Mann lächelte: »Ja . . . Aber«, und er sah auf die Visitenkarte, die ich ihm gereicht hatte, »Sie sind doch Schriftsteller?« . . . Wollen Sie denn jetzt einen Lift machen?«
Ich nickte unbeholfen und sagte bittend: »Nehmen Sie mich doch, ich will schon alles recht gut machen.«
Nach allerhand Fragen, wo ich her sei und welche Schulen ich besucht hätte, bat mich der Mann, mit dem Hausmeister zu gehen. Der führte mich etliche Häuser weiter in einen Gang und zeigte mir meinen Tätigkeitsort. Es war ein vierstöckiges Geschäftshaus am Marienplatz. Ich fuhr etliche Male auf und ab und wurde dann am andern Tag angestellt. Pro Woche bekam ich sieben Mark.
Am selben Abend noch ging ich zu Theres und sagte ihr das. Sie wurde wieder weich und versprach, mir in jeder Art behilflich zu sein. Eigentlich fühlte ich mich tief gekränkt, machte aber doch eine gute Miene. Heimlich dachte ich mir, einmal komme ich schon hoch, dann werde ich Rache nehmen, Rache für all diese Erniedrigungen und Beleidigungen meines Talentes. Ich rechnete immerzu, wie ich schnell Geld ersparen könnte, aber mit den sieben Mark kam ich auf keinen grünen Zweig.
Theres ließ durch Emma daheim verbreiten, ich hätte eine gute Stelle in einer Hofbäckerei, damit Max nichts gegen mich unternehmen konnte. Des öfteren kamen noch heimliche Eßpakete. –
Als ich die Liftstelle antrat, war es Februar. Ich mußte den ganzen Tag von früh sieben Uhr bis abends um sechs mit einer zweistündigen Mittagspause in einem offenen, gepflasterten Hausgang stehen. Es war grausam kalt diesen Winter. Nach kaum sechs Wochen bekam ich starken Rheumatismus und konnte eines Morgens nicht mehr aufstehen. Ich blieb, ohne Theres zu verständigen, einfach im Bett liegen und sagte der Hausfrau, ich sei krank, sie solle mir Tee machen. Nach drei Tagen – zufällig – kam Theres abends

zu mir. Ich lag gemütlich im Bett und las. »Was ist denn mit dir?« fragte sie.
»Ich lieg' schon drei Tage im Bett, ich hab Rheumatismus, glaub ich. Alles tut mir weh«, sagte ich.
»Hast du denn im Geschäft was gesagt, daß du krank bist?« fragte Theres.
»Nein – ich konnte doch nicht«, war meine Antwort.
»Wenn du krank bist, mußt du ins Krankenhaus ... Da gehst du zugrunde!« stöhnte meine Schwester enttäuscht: »Und außerdem, wenn du im Geschäft nichts gesagt hast, dann ist's auch aus mit deiner Stellung.«
»Ich bin einfach krank!« zischte ich wütend und schimpfte fort: »Was geht ihr mich alle an! Laßt mich allein! Ich pfeife auf solche Arbeiten, wo ich nur krank werde! Ich werde mich schon anders durchbringen.«
Eine Zeitlang saß Theres schweigend da und fing auf einmal leise zu weinen an: »Aber Oskar! ... Das kann doch nicht so weitergehen ... Entweder du suchst dir eine richtige Arbeit oder du gehst wieder heim! Du verkommst ja ganz und gar! ... Dieses Dichten können sich bloß Leute mit Geld leisten! ... Das ist doch Unsinn!«
»Was liegt denn dran, wenn ich verkomm'!« murrte ich boshaft und drehte mich um. Ich bekam plötzlich einen namenlosen Haß auf meine ganzen Geschwister und schwor mir, nie mehr etwas hören zu lassen.
»Du! ... Du, Oskar!« jammerte Theres auf einmal und rüttelte mich: »Sei doch vernünftig! Es wird schon wieder werden.«
Ich drehte mich um und streckte ihr kalt die Hand hin. Sie war ganz zermürbt und ging schließlich.
Ungefähr nach einer Woche konnte ich wieder aufstehen. Ich begann wieder zu lesen, schrieb und verbummelte die Tage auf irgendeine Weise. Eine Unzufriedenheit, ein Ekel vor mir selber erfaßte mich. Verzweifelt und zerrissen dämmerte ich dahin. –
Jetzt kam mir eine neue Idee. Ich schrieb Witze und schickte sie

ein. So was kann Geld bringen, dachte ich. Etliche Mark hatte ich noch und Theres gab mir vor dem Weggehen etwas. Eßzeug war noch vorhanden. Es ging also. –
Überall, wo ich hinkam und was ich auch las, wollte ich nun nach Witz ausbeuten. Ich erinnerte mich an meine Schulzeit. Da war einer, der aus dem Wort ›Hut‹ einmal folgenden Satz bildete: ›Der Hut ist zu klein, weil der Kopf zu groß ist‹ und ein anderes Mal schrieb er in einem Aufsatz über den Hahn: ›Der Hahn springt auf die Henne und zwickt sie hinein.‹ –
Sobald ich einen solchen Witz hatte, lief ich eilends zum Sendlingertorplatz ins Schreibbüro und diktierte ihn dem Fräulein mit dem Stäbchenkragen, ließ zugleich einen Brief dazu schreiben und sandte beides an die ›Meggendorfer Blätter‹ oder an die ›Fliegenden‹ ein. Andauernd. Ich bat immer gleich stürmisch: ›Werte Redaktion! Hier habe ich einen Witz. Nehmen Sie ihn. Er ist schlagend und bringt sicherlich viele Leser zum Lachen. Ich gebe Ihnen denselben für nur fünf Mark. Achtungsvoll Oskar Graf‹ usw.
Ohne jemals die Antwort abzuwarten, sandte ich ein, immerzu. Und rechnete genau die Summe zusammen, die ich dafür bekäme.
Zufällig traf ich einmal Theres.
»Hast du schon eine Stelle?« war ihre sofortige Frage.
»Ha, ich brauche keine Stelle! Ich verdien' jetzt genug«, sagte ich selbstsicher.
»Durch was denn?« fragte sie wieder.
»Ich bin jetzt Mitarbeiter bei den ›Fliegenden‹ und bei den ›Meggendorfer Blättern‹. Von den ersten bekomm' ich in kurzer Zeit für vierzig Witze 200 Mark und von den anderen zirka 120 Mark«, erzählte ich fast von oben herab.
»Ja, ist denn das auch bestimmt? Haben sie dir das schon zugesagt?« drang meine Schwester mit ihrer verbohrten Gründlichkeit in mich.
»Das nicht, aber ich hab sie doch hingeschickt und da muß ich eben jetzt warten«, antwortete ich ruhig.

»Meinetwegen«, stieß sie zuletzt heraus, »ich helf' dir nimmer! Mach, was du willst! Einmal wirst du schon sehen, daß du ohne richtige Arbeit nicht weiterkommst!« Dann ging sie.
Ich konnte nicht begreifen, daß man die einfachsten Dinge, wie so etwas mit der Mitarbeit, nicht fassen konnte, und schüttelte den Kopf.

VI
Eine sehr schiefe Sache

Zu jener Zeit ereignete sich etwas, das mich mehr als zehn Jahre wahrhaft peinigend verfolgte, wenngleich ich darüber hinwegging wie über alles Selbstverschuldete, Sinnlose und Dumme in meinem weiteren Leben.
Damals nämlich bekam ich plötzlich einen Brief von meinem Bruder Maurus aus Kassel, der mich in höchste Aufregung versetzte. ›Lieber Oskar‹, hieß es ungefähr darin, ›ich komme jetzt auch nach München, will mir eine Stelle suchen und freue mich schon sehr auf dich.‹ Über zu Hause wurde geschimpft, und ›nun wollen aber wir zwei zusammenhelfen und sparen. Wir machen dann eine Reise und kaufen uns Bücher. Es wird sehr schön‹, schlug mir mein Bruder vor. Ich aber freute mich gar nicht über diese Nachricht, im Gegenteil, ein wahrer Schrecken durchfuhr mich. Nun kommt alles auf, dachte ich argwöhnisch. Er wird gleich hinter alles kommen, wird heimschreiben, was ich für ein Leben führe. Max wird kommen, mich furchtbar verprügeln und wieder in seine Zucht nach Hause nehmen.
Ich las den Brief immer wieder. Er war aufrichtig rührend und treuherzig. Aber ich glaubte kein Wort. Ich erwartete nur Schlechtes von diesem Kommen. Ein geprügelter Hund ist auch gegen den wohlmeinendsten Streichler mißtrauisch.
›Vielleicht können wir zusammenwohnen und ich finde in Deinem Geschäft eine Stelle‹, lautete ein weiterer Satz in dem Brief. Herr-

gott! Herrgott, was war da bloß zu tun! Ich wollte sofort zu Theres gehen, unterließ es aber doch. Nein, ich mag nicht, redete ich mir mit dummer Beharrlichkeit ein, sie kommt bloß wieder mit dem Arbeitannehmen daher, und genau so wird's auch mit Maurus sein. »Du mußt eine Stelle nehmen, unbedingt! Sonst mußt du einfach heim!« wird er ebenfalls sagen.

Hin und her überlegte ich. Auf einmal ging ich zur verhaßten Logisfrau und erzählte ihr einen wahren Roman von mißlichen Verwickelungen.

»Sie müssen denken, Frau Ulitsch, ich bin heimlich Student! ... Bloß meine Schwestern helfen mir ... Wenn es aufkommt, muß ich wieder heim, samt meinem Talent ... Mein ältester Bruder ist ein Grobian, überhaupt alle Brüder! Jetzt kommt einer aus Kassel ... Der hat keine Stellung und kein Geld und will bei mir wohnen ...«

Frau Ulitsch begriff sofort. Gleich wurde sie hart im Gesicht und sagte mit ihrer emsigen Fistelstimme: »Neinnein, Herr Graf, das gibt's nicht! ... Das geht nicht ... Nein, Sie sind ein so netter, ruhiger Mensch ... Aber Ihr Bruder kann nicht bei Ihnen übernachten ...«

»Ja – ja, natürlich, sehn Sie«, sagte ich, »ich will's ja auch nicht, aber ...« Ich rang buchstäblich nach Luft und fühlte den Schweiß unter den Achselhöhlen: »Aber ... Helfen Sie mir doch! ... Wissen Sie was, Frau Ulitsch, wir helfen zusammen ... Ich – ich zeig' mich schon erkenntlich ... Ich zahl' auch mehr ...«

Ich war ganz verwirrt. Frau Ulitsch lugte flüchtig auf mich und beteuerte, so was, daß sie von einem Logisherrn mehr verlange, das mache sie nicht. Nein, das nicht, aber die Herren haben so gern bei ihr logiert und jedes Jahr selber was gegeben.

»Ein anständiger Herr, wenn's soweit ist, der weiß sowieso, was sich gehört, Herr Graf ... Und ich hab Sie auch gern, ich tu gewiß meine Logisfrauenpflicht. Hab ich recht oder nicht?« fistelte sie.

»Ja ... Ich hab's ja gleich gekannt, wie ich bei Ihnen eingezogen bin«, log ich mit aller Treuherzigkeit und rechnete schon angstvoll

im geheimen aus, was sie verlangen würde. Zum Schlusse waren wir einig. Ich sagte ihr alles und sie war auf meiner Seite. »Um vier Markl Mietzins mehr, Herr Graf ... das ist gewiß nicht unverschämt«, meinte sie, und ich ging auf alles ein. Bloß einen Verbündeten, dachte ich, bloß wen, der mitlügen hilft, und war ein wenig erleichtert nach dieser Sitzung.
Zwei Tage darauf kam Maurus. Ich empfing ihn mit der bestgespielten Freude. Nur fiel ihm auf, daß ich so ängstlich gegenüber meiner Logisfrau war. Ich hörte seine Erzählungen. Er war so herzlich zu mir. Ich schwankte immer und immer wieder, ob ich's denn nicht sagen sollte, drückte es aber stets wieder zurück und schimpfte furchtbar auf meine Logisfrau. Sie sei so widerwärtig, so ekelhaft, Besuche möge sie nicht, auf alles müsse man so aufpassen, was im Zimmer stünde und überhaupt, hier sei es ärgerlich zu wohnen.
In der Frühe war mein Bruder gekommen. Wir saßen bis zur Mittagszeit auf meinem Zimmer beisammen, ich wie auf Kohlen und er arglos und hocherfreut. Er entwickelte seine Pläne.
»Du sparst und ich such mir eine Stelle und spare, wir legen das Geld zusammen und sind gemachte Menschen«, war immer der Refrain.
Draußen im Korridor schlurfte Frau Ulitsch in einem fort auf und ab. Hin und wieder merkte Maurus meine nervöse Zerstreutheit, und endlich brachen wir auf zum Mittagessen.
»Ich kann doch heut nacht bei dir schlafen ... Du gehst ja sowieso ins Geschäft?« fragte mein Bruder.
»Ja«, sagte ich stirnrunzelnd, »ich weiß nicht, ob sie nicht Krach macht ... Wirst du sehen, daß sie nicht will, wenn du bei mir bleibst, aber das ist mir ganz und gar gleich ... Jetzt sind wir schon einmal beieinander ... Und morgen suchst du dir halt vorläufig ein eigenes Zimmer ... Wenns geht, ziehn wir zusammen.«
Schnell und hastig stand ich auf, ging hinaus zur Logisfrau und zog sie in die Küche. Ich erzählte.

»Und – und Frau Ulitsch, bitte, bitte, können Sie mir nicht etliche Mark geben ... fünf vielleicht ... Ich muß ihm doch das Essen bezahlen ... Meine Schwester kommt morgen vorbei und zahlt alles«, bestürmte ich sie flehend. Sie gab mir das Geld nach einigem Sträuben.
»Du kannst schon bei mir bleiben ... Gott sei Dank! ... Mensch, dieses Vieh!« sagte ich, wieder zu Maurus kommend.
»Da bleibst du nicht mehr lang!« meinte der im Weggehen. Er fragte mich, was ich wöchentlich verdiene, wie lang ich nachts arbeite und ob ich schon Erfolg mit meiner Dichterei gehabt hätte.
»So ... zweiundzwanzig Mark in der Woche«, sagte er respektvoll.
»Mensch, fein! ... und sonntags frei? ... Herrgott, hast du Glück gehabt!« Er lächelte und meinte gutmütig: »Noja, nachher hältst du mich heut doch zum Essen frei?«
»Jaja, selbstverständlich ... Ich hab mir zwar noch gar nichts sparen können, aber in einem Jahr hab ich hübsch was zusammen«, antwortete ich so nebenher.
Er lächelte spöttisch und meinte: »No, wenn du's zahlst ... Da komm ich heut zu einem billigen Mittagessen.«
Nach dem Essen gingen wir spazieren. Er spottete über mein Dichten und fing dann wieder breit und kräftig zu lachen an. Er war bester Dinge und redete unablässig. Abends endlich kamen wir wieder auf mein Zimmer zurück und ich legte mich ins Bett bis um acht Uhr. Er setzte sich hin und las einstweilen Heine. Ich erhob mich um die angegebene Zeit und tat so, als hätte ich es schon sehr eilig ins Geschäft. Er wollte mich begleiten, ich redete es ihm aus, aber er war nicht davon abzubringen. Also begaben wir uns in die Marsstraße zur Hofbäckerei Seidl. Auf dem ganzen Weg kochte ich vor Argwohn und Angst und überlegte in einem fort, wie ich die Täuschung durchführen könnte. Vor dem Geschäft, das einen kleinen Vorgarten hatte, verabschiedeten wir uns. Ich ging rasch in den Hausgang und wartete gut eine halbe Stunde. Wenn wer vorbeikam, zündete ich mir eine Zigarette an und richtete irgend et-

was an meiner Kleidung. Schließlich schlüpfte ich vorsichtig aus dem Tor, spähte nach allen Seiten und ging Schwabing zu, setzte mich in ein Kaffeehaus bis zum Schluß und ging wieder durch die Straßen. In der Bahnhofshalle hockte ich mich auf eine Bank, wurde aber von einem Schutzmann aufgestöbert, in der Wartehalle verbrachte ich einige Zeit, dann ging ich wieder durch die Stadt. Es fror mich. Es war mir hundeelend zumute. Ich schimpfte mich selber laut, ich bekam einen Ekel vor meiner Lügenhaftigkeit. Schon fing es langsam zu dämmern an. Ich ging in den Englischen Garten, die verlassenen Wege kreuz und quer und hörte auf jeden Uhrenschlag. Um mir die Zeit zu vertreiben, rezitierte ich ab und zu ein Gedicht und kam dann selber ins Reimen. Nahe am Monopteros wollte ich Wasser lassen und fand hinter einem Gebüsch einen schlafenden Mann. Er wachte auf und glotzte mich schwermütig an. Ich stand da und wußte nichts anzufangen. Der Schlafende richtete sich lahm auf und musterte mich genauer.
»'n Morgn«, lallte er endlich heraus und rieb sich die Augen.
»'n Morgn«, sagte auch ich.
»Auch kein Dach überm Kopf?« fragte er etwas berlinernd, und anscheinend verdrießlich über mein dummes Dreinschauen setzte er hinzu: »Na, Mensch, wat kiekste denn so! . . . Leg dich bloß man her! . . . Kuschel dich ran, da wird's wärmer!« Das klang so befehlsmäßig überlegen, daß es mich einschüchterte. Ich zögerte immer noch. Er bog sich bereits wieder brummend igelhaft zusammen, winkte mit dem Kopf, als wollte er sagen: »So komm schon, Grünschnabel!« und legte sich wieder hin. Ich wußte nicht gleich, was ich tun sollte. Benommen glotzte ich, abenteuerliche Gedanken verwirrten mich, und auf einmal legte ich mich neben ihn. Er bewegte sich, hüstelte ein wenig, drückte alsdann seinen Rücken fest auf meine Brust und preßte seinen Hintern in meine Körpermitte. Wohlig graunzte er dabei. Ich wollte zurückweichen, aber er rückte sofort nach und brümmelte aufmunternd: »Na, so bleib doch, Kleener! . . . Nur nich soviel Géne! . . . Immer ran!« Und auf

einmal griff er mit seinem Arm rückwärts nach mir. »Kuscheln! Kuscheln!« lispelte er kichernd und wollte mich noch mehr zu sich heranziehen. Mir wurde furchtbar unheimlich, ich zitterte, es überrieselte mich. Das Wort Kuscheln hatte ich noch nie gehört, und hinter diesem ganzen Gehaben witterte ich weiß Gott was. Ekel stieg in mir auf, ich wollte aufspringen und wagte es doch wieder nicht. Als er jetzt einen Augenblick ausließ und abermals graunzte, drückte ich vorsichtig meine beiden Handflächen auf den taunassen Boden, stemmte mich hastig auf und lief wie ein Verfolgter über die Wiesen, der Stadt zu. Mein Herz klopfte und mein Blut jagte.

Auf den Straßen war erster Morgen, dicker Nebel lag zwischen den Häusern, die Trambahnen fuhren schon, die Straßenfeger kehrten gleichmäßig, und da und dort wurden Rolläden aufgezogen. Die Turmuhren schlugen sieben. Ich ging langsam, um mich zu beruhigen, und jetzt erst dachte ich wieder an Maurus und das Kommende. Ich wartete noch, bis ich den ersten offenen Bäckerladen entdeckte, kaufte frische Semmeln und kam ganz so wie ein müder Nachtarbeiter auf meinem Zimmer an. »Mensch, war das heut wieder ein Schuften«, erzählte ich scheinheilig und tat sehr schläfrig. Mein Bruder stand auf und ich legte mich ins Bett.

»Ich geh zur Konditorstellenvermittlung und komm am Nachmittag wieder«, sagte Maurus und ging weg. Ich atmete auf wie ein Erlöster. Schlimmste Unruhe peinigte mich. Alles wirbelte in mir. Ich sprang aus dem Bett, kleidete mich an, ging auf und ab und fand mich nicht zurecht.

Er muß weg! Er *muß* fort, sonst bin ich verloren! Er *muß* fort! surrte es immerzu durch meinen Kopf. Ganz verzweifelt war ich zuletzt. Plötzlich kam ich auf einen ganz sonderbaren Gedanken. Ich blieb stehen, dachte ihn noch einmal, noch einmal – und schrieb an meinen Todfeind Max nach Hause einen Brief: ›Lieber Max! Ich habe hier eine schöne Stelle in der Hofbäckerei Seidl und verdiene gut. Ich bin auch bereits dem katholischen Gesellenverein beigetreten und er gefällt mir. Ich möchte Dich bitten, daß Du dem Maurus schreibst, er soll sofort heimkommen. Er ist gestern von Kassel zu mir gekommen, hat kein Geld und keine Stelle und ist sehr heruntergekommen. Auch nicht gesund ist er. Ich kann mich nicht um ihn kümmern, er muß heim. Hier wird er auch nicht so schnell eine Stelle bekommen. Gruß Oskar.‹

Als ich vom Briefkasten zurückkam, war ich mir selber widerlich. Ich schämte mich zuinnerst. Am liebsten hätte ich mich anspeien, verprügeln mögen, den Schädel einrennen. Ich dachte furchtsam an die nächste Zukunft, nichts als Sackgassen sah ich vor mir. Ganz verwirrt legte ich mich wieder zu Bett und erwachte erst, als Maurus vor mir stand.

»Mensch, ich hab schon eine Stelle, und vorläufig wohn ich in der Sendlingerstraße . . . Es ist eine Schlafstelle, aber es geht einstweilen schon«, erzählte er und war sehr erfreut darüber. Mir gab es einen Stich.

»Morgen geht's an mit der Arbeit!« sagte er aufgefrischt: »Aber heute wollen wir noch einmal gemütlich sein, geh weiter!«

Ich stand auf, wusch mich, zog mich an und wir gingen spazieren. Wir sprachen von Büchern und Dichtern und wurden ganz warm zueinander, Zukunftspläne machten wir und lachten viel. Wir gingen in ein Caféhaus und verabschiedeten uns so gegen sieben Uhr abends.

»Also am Sonntag nachmittag wieder«, sagte mein Bruder. Ich nickte und ging. Im Gegensatz zu mir war Maurus sehr sparsam, ja beinahe knauserig. Er gönnte sich nicht das geringste, kaufte höchstens einmal ein Reclambuch und legte alles Geld beiseite. Trotz seines angeborenen Mißtrauens brachte er mir jeden Sonntag sein schwererarbeitetes Wochengeld zum Aufbewahren und ich schrieb die Summe in ein Notizbuch. Jedes Mal fragte er: »Wieviel haben wir jetzt schon?«, und ich zeigte ihm das Buch.

Er blieb aber nicht lange in München. Max schrieb ihm tatsächlich, er müßte sofort heimkommen, es sei viel Arbeit da. Er war verwundert und ich tat ebenso. Ich riet zu und ab, wie es gerade kam. Schließlich kündigte Maurus und fuhr heim. Er versprach auch von zu Hause alles Geld, das er zusammenbrächte, zu schicken und sein romantischer Entschluß war fest gefaßt: Nach einer ausreichenden Summe gehen wir miteinander los.

»Ja«, sagte ich und wieder »Ja.« Die erste Zeit hielt ich das Geld fest zusammen. Aber Frau Ulitsch kam um die Miete, die Diktatstunden mußten bezahlt werden, kein Eßpaket kam mehr. Ich fing langsam an, das Geld zu verbrauchen. Anfangs mit schweren Gewissensbissen, allmählich aber unbedenklich, und wenn es schon einmal so weit ist, geht es weiter.

Oft und oft verfluchte ich das Geld, das ganze Geld und das unglückselige Zusammenkommen mit Maurus. Auf und davon wollte ich dann wieder, zu Theres wollte ich gehen und sie um Rat und Hilfe bitten, ließ aber alles laufen wie es lief. Ich verbrachte faul die Tage und – dichtete.

Ach was, sagte ich mir ab und zu, vorläufig weiß er ja noch nichts. Es wird schon werden. Du nimmst einfach eine Arbeit und machst heimlich wieder alles gut. Ich tat aber nichts dergleichen und machte nicht die geringsten Anstalten, mir eine Stelle zu suchen. Willenlos zerrann mir das Geld.

Oft dann wieder befiel mich eine wahre Rachsucht gegen mich selber. ›Du Dieb! Du Verbrecher! Du ganz schäbiger Schuft!‹ knurrte ich in mir, und um mich von meinen nagenden Gewissensbissen etwas zu erleichtern, ging ich plötzlich auf der Straße auf einen Bettler zu und gab ihm fünf Mark, bezahlte vollkommen fremden Arbeitern in einer Wirtschaft Bier oder warf in den Opferstock einer Kirche einige Mark.

»Er erschlägt dich ja doch, ist ja alles gleich, ganz gleich!« sagte ich mir: »Verloren bist du jetzt schon! Ist alles ganz gleich!«

Hin und wieder bäumte sich ein dummdreister Trotz in mir. Ich traf Theres und prahlte, wie gut es mir ginge. Ich sagte nichts von Maurus.

»Ich bin ganz einfach ein Genie! Ich bin ein Dichter, fertig!« rechtfertigte ich mich ihr gegenüber, wenn sie wieder mit dem Arbeitnehmen anfing: »Ich brauch Euch alle nicht!«
Ich redete mich selber in eine Wut über meine Verkanntheit hinein und lebte gleichgültig. Zwecklose Tage verrannen, Wochen um Wochen. Damals empfand ich zum ersten Mal meinen verworrenen, schäbigen Charakter.
Maurus schickte weniger. Ich hatte oft nicht einen roten Heller. Ich war froh darüber, und wenn ich hungerte, empfand ich das als eine Art gerechte Strafe. Es wurde Herbst, und Maurus sandte gar nichts mehr. In dumpfer Angst verbrachte ich die Zeit. Ich las viel, ich schrieb und dichtete, aber eigentlich wartete ich bloß auf die Katastrophe. –

VII
Auf der Suche

Eine illustrierte Zeitung brachte unerwartet einmal acht Aphorismen von mir und bezahlte fünf Mark. Ich war wie betrunken. Hoffnungen stiegen auf. Pläne wurden wild. Ich schrieb sofort eine Anzahl Gedankensplitter, Aphorismen, Gedichte und schickte sie an alle möglichen Redaktionen. Nichts wurde genommen. Auch das Essen wurde jetzt immer knapper. Maurus' Geld war völlig dahin.
Theres erklärte offene Feindschaft. Ich schrieb, ich schrieb. Ich muß etwas auf Lager haben, dachte ich, wenn die Redaktionen um weitere Einsendungen bitten. Auswahl, Stoff!
Nächte hindurch schrieb ich. Unruhige Tage voll Verzweiflung und Hunger. Und voll Verlassensein. Ich schrieb. Eine ungeheure Fremde stieg in mir auf.
Sobald ich Theres traf, fing das Gejammer an: »Du bist doch ein junger, gesunder Mensch! Arbeiten müssen wir alle.«
Ich ging allein. Keinen Menschen kannte ich, keine Wirtschaft be-

suchte ich. Scheu durchstreifte ich die Warenhäuser, die Museen, Ausstellungen, saß auf Anlagenbänken und wartete auf einen Menschen. Aber niemand sprach mit mir.

Also arbeiten.

Und wieder ging ich auf mein Zimmer und schrieb. Unmögliche Aufsätze häuften sich, Skizzen, Betrachtungen, ein großes Buch über Erziehung wollte ich schreiben. Dann wieder schrieb ich Briefe an namhafte Schriftsteller, jammerte.

Maggiwürfel, Tee, Brot!

Aber man muß zäh sein und aushalten, dachte ich.

Ich las Tolstoi und all die Bücher, die mir Nanndl heimlich nachgeschickt hatte. Der Magen knurrte. Ich deklamierte laut im Zimmer und ging auf und ab. Arbeiten! Arbeiten! –

Unter mir war eine Großbuchbinderei. Arbeiten! Ja, was denn? Was denn? Etwa Bäcker? Das ging auf keinen Fall. Schon wegen der Frau Ulitsch nicht, und außerdem hatte ich noch nicht einmal die Gesellenprüfung gemacht, mußte also als Lehrling wo eintreten. Nein, das ging nicht für einen angehenden Schriftsteller.

Jeden Tag gingen die Buchbinder und Hefterinnen aus dem surrenden Haus, lachten und waren guter Dinge. Sie waren geborgen. Sie hatten was gelernt, verdienten Geld. Was tun? Was tun?

Wenn ich wenigstens einen Menschen fände, der mich irgendwie in die Hand nehmen wollte! –

Neben mir wohnte ein Buchbinder namens Schmocker. Er kam jeden Abend vom Geschäft nach Hause, kochte Kakao, trällerte ein Lied und ging hie und da wieder weg. Ich stellte es so an, daß ich mit ihm ins Gespräch kam. Ich klopfte bei ihm und erbat mir die Zeitung. Er öffnete die Tür, grüßte freundlich und lächelte mich einnehmend an: »O bitte!«

»Man möchte doch wissen, was es für Neuigkeiten gibt«, sagte ich ganz gewandt, daß ich mich selber darüber wunderte.

»Jaja, für Sie als Schriftsteller ist so was doch unbedingt notwendig«, redete der kleingewachsene, schnauzbärtige Mann weiter.

Er suchte die Zeitungsblätter zusammen und sagte wieder, was da drinnen stehe, sei lauter Schwindel: »Aber man muß eben zwischen den Zeilen lesen können.«
»Jaja, Schwindel ist genug auf der Welt«, sagte ich mechanisch und bezog es heimlich auch auf mich.
Der Buchbinder griff nach einer Broschüre, die auf seinem Tisch lag, und hielt sie mir hin. Es war Tolstois ›Sklaverei unserer Zeit‹. Er fuhr viel eingenommener und in einem auffälligen Schweizer Dialekt fort: »Sehen Sie, *der* sagt schon die Wahrheit, darum wird er von der Welt als ein Wahnsinniger angesehen. Aber die, die nichts haben, wissen schon, daß er recht hat.«
Ich wurde rot. Das war irgendein bekannter Ton, irgend etwas Verwandtes. Ich kannte das Büchlein und fühlte instinktiv, daß der andere mich noch gerne länger ins Gespräch ziehen wollte. Zugleich packte mich Neugier und Interesse. »Ja«, sagte ich auf einmal leichter: »Wer aber glaubt denn an Tolstoi heute? Ein paar Leute, und die können gar nichts machen gegen eine ganze Welt.«
Der Buchbinder sah mich vielsagend an und meinte eindringlich: »Es müssen aber mehr werden, und wenn nur erst einmal ein paar Menschen anfangen und vertreten diese Grundsätze und bringen es den anderen bei, was da drinnen steht, dann werden es viele, und wir haben die Änderung der Welt!«
Das verstand ich nicht. Dumm stand ich da und fragte verlegen: »Gibt es denn hier solche Menschen?«
Auf das schien mein Nachbar nur gewartet zu haben.
»Jawohl«, sagte er jetzt gedämpft gewichtig, »Wir sind schon ziemlich viele hier. Auch die Syndikalisten sind bei uns. Wollen Sie einmal mitkommen? Es wird Sie sicher interessieren.«
Ich war vollkommen dumm.
»Wie heißt denn dieser Verein?« fragte ich nach einem Augenblick.
Der Buchbinder lächelte: »Das ist kein Verein. Das sind Anarchisten. Wir kommen alle Freitage zusammen im Restaurant ›Glok-

kenbach‹. Es ist da ein Diskussionsabend. Bald wird wieder eine größere öffentliche Versammlung sein. Wir wollen mit den Sozialdemokraten abrechnen. Das sind nur Bremser und Bürokraten, die die ganzen Arbeiter verdummen.«
Als er sah, daß ich staunend und blöd dastand, ging er wieder an den Tisch und nahm aus der Schublade eine zweite Broschüre, die er mir reichte.
»Da ist eigentlich alles drinnen, was wir wollen. Lesen Sie doch die Sache mal durch und wenn Sie dann Lust haben, dann kommen Sie am Freitagabend mit«, sagte er und verabschiedete sich von mir. Ich ging in mein Zimmer zurück und las Landauers ›Aufruf zum Sozialismus‹. Das war die zweite Broschüre, die mir mein Nachbar gegeben hatte. Auf den letzten Seiten standen die ›Zwölf Artikel des Sozialistischen Bundes‹, und darunter war ein blauer Stempel: ›Gruppe Tat, München‹.
Aber da stand doch gar nichts von Anarchisten.
Anarchisten, dachte ich und erinnerte mich undeutlich an Luccheni, den Mörder der Kaiserin Elisabeth von Österreich, an Bombenattentate und furchtbare Verbrecherverbindungen. Ich malte mir im Geiste schon einen dunklen, verborgenen Keller aus, sah vermummte Gestalten, die um das Schicksal dieses und jenes Fürsten würfelten. Eine ungeheure Spannung erfaßte mich, eine Neugier ließ mich nicht einschlafen, Landauers Auseinandersetzungen waren wie weggeflogen. Das mußte ich sehen. Da muß ich hin, das sind Verbrecher, man kriegt einen anderen Namen und verschwindet sozusagen für die übrige Welt. Was konnte mir, wenn ich an Maurus dachte, besser gelegen kommen. Nichts wie los!
Sehr früh am andern Tage stand ich auf, ging auf die Straße und suchte das Restaurant ›Glockenbach‹. Während des Dahingehens erstanden schaurige Bilder in meiner Phantasie: Bombenkeller, verwegene Gestalten, Geheimtüren . . .
Das war etwas gewaltig Neues, etwas undenkbar Unerhörtes. Das mußte ich kennen lernen. Los! Los! Ich war ganz heiß. Mit wahrer

Tollwut suchte ich. Verflucht, wo war denn dieser verfemte ›Glokkenbach‹? Ich schritt einen Bach entlang. Die Sonne fiel schimmernd auf die gekräuselten Wellen. Drüben war eine kleine Anhöhe. Eine Friedhofmauer zog sich lang hin. Ich sah ringsum. Nichts war zu sehen von einem Restaurant ›Glockenbach‹. Ein Schutzmann kam gemächlich des Weges. Ich ging auf ihn zu, nahm schüchtern meinen Hut ab und fragte harmlos: »Bittschön, können Sie mir sagen, wo hier die Anarchisten zusammenkommen?«

»Wie?« sagte der, »die Artisten?«

»Nein, die Anarchisten«, sagte ich.

Das Gesicht des Schutzmanns verwichtigte sich, wurde steinern amtsmäßig. Er maß mich einige Sekunden scharf und sagte auf einmal schroff: »Kommen Sie mal mit!«

So, da hatte ich nun die Soße! Das Herz fiel mir in die Hosen. Beinahe hätte ich aufgeweint. Ich wurde zur Wache geführt. –

Es roch in der Wachstube sehr nach Tabak. Etliche Schutzleute saßen leger an einem Tisch, wandten sich phlegmatisch um, als wir eintraten, und einer sagte zu meinem Polizisten: »Was ist denn mit dem?«

Der Befragte lispelte ihm was ins Ohr und ging wieder fort. Ich stand verschüchtert da.

»Kommen Sie mal her«, sagte der Wachhabende, »setzen Sie sich dahin«. Hierauf nahm er einen Schreibblock aus der Schublade und begann zu fragen: »Wie heißen Sie?« Ich antwortete verdattert. Wann ich geboren wäre, woher ich sei, was mein Vater sei und was ich für einen Beruf hätte. Ich gab Antwort auf Antwort und sah mich schon im tiefsten Kerker. Der Mann schrieb alles auf. Als er mit dem Fragen zu Ende war, sah er mich scharf an, drehte sich breit zu mir her, stützte seine Arme in die Hüften und begann mich zu belehren.

»Wie sind Sie denn zu den Leuten gekommen?« fragte er zwischendurch. Ich erzählte ihm alles und begann schon zu wimmern. Als er

mich so hilflos sah, wurde sein Gesicht milder. Er klopfte mir sogar auf die Schulter, was mich ungemein sympathisch berührte.
»Junger Mann«, sagte er, «Sie sind noch jung. Schauen Sie sich um eine Stelle und halten Sie sich von dem lichtscheuen Gesindel fern. Das sind lauter Leute, die nichts arbeiten wollen und von allerhand unlauteren Geschichten leben.«
Ich hatte ihm von meiner Schwester Theres erzählt, und daß ich einen furchtbar groben Bruder zu Hause hätte und davongelaufen wäre und nun nicht wüßte, was ich tun sollte. Er schrieb mir die Adresse des nächsten Arbeitsamtes auf und riet mir, dort hinzugehen, da bekäme ich sicher eine kleine Bürostelle oder sonst einen Posten usw.
»So«, schloß er dann, »jetzt dürfen Sie wieder gehen. Merken Sie sich das, was ich Ihnen gesagt habe und lassen Sie die Finger von solchen Sachen.«
Ich sagte immerzu kleinlaut: »Ja-ja, jaja« und »Dankschön« und ging wie betäubt zur Tür hinaus. Wie ein Stein fiel die Bedrückung von meinem Herzen. Aber daß meine Mutmaßungen von Bombenkellern und Verbrechern also doch richtig gewesen waren, freute mich direkt. Schier eitel war ich über meinen Scharfsinn und trotzdem ich eine furchtbare Angst hatte, konnte ich meine Neugier nicht bezähmen. Diese Kerle, diese Anarchisten, dachte ich, die werden schon ihre Schliche haben, und mein Zimmernachbar weiß da sicher Bescheid, wie sie unbehelligt zusammenkommen. Ich ging eilig nach Hause und erzählte ihm mein Erlebnis. Der kleine, hurtige Mann schnellte vom Stuhl auf und rannte wie irrsinnig im Zimmer herum. »Jaja, aber Herr Graf! Herr Graf! Ja – was haba Sie denn gemacht, bedenka Sie doch! . . . Da kann ich ja jedn Augablick feschtgenomma werda! Viellich schicka sie scho nach mir, die Chaiwasiach! . . . Sakrament, Sakrament, isch das awa ungschickt!« Ich säbelte mit den Händen herum und beteuerte die Sache aufrichtig, aber er überrumpelte mich förmlich mit seinen Worten, fauchte umher und sah mich mit vorwurfsvol-

len Blicken an. Ich war wehrlos und stotterte: »Ja – ja, mein Gott, wenn ich *das* gewußt hätte.«
Als er dann endlich erfuhr, daß ich gar nicht nach ihm gefragt worden war, beruhigte er sich etwas. Schließlich nahm er seinen Überzieher vom Haken, schlüpfte hinein, setzte seinen Hut auf und sagte gehend: »Ich muß das gleich berichta!« Ging. Ich ging ebenfalls kopfschüttelnd in mein Zimmer, fiel auf den Diwan und sann über das Vorgefallene nach.
Im Wortschwall des Schweizers kehrte des öfteren der Ausspruch wieder: »Dias kann Ihna sehr zum Nachteil gereicha. Sie sind von itz ab schon übl angeschrieba bei der Polizei.« Was sollte das bedeuten? Ich ging zu Bett und konnte nicht einschlafen. Spät in der Nacht hörte ich den Buchbinder heimkommen. Was ging da vor? Das war wirklich sehr unheimlich.
Am Freitag sagte der Schweizer flüchtig zu mir: »Erscht am andern Freitig kommen wir wieder zusamma. Da könna Sie mitkomma.« Es wurde immer mysteriöser. Ich war gespannt wie ein Regenschirm. Sehen mußte ich das auf alle Fälle, und wegen dieses einen Males konnte mir doch schließlich der Kopf nicht abgehauen werden. Wenn man mich zum Fürstenmorden heranziehen wollte, so konnte ich ja immer noch sagen, ich wüßte nicht, wie eine Bombe losgelassen wird, oder ich hätte keine Waffe, oder meine Schwester erlaube das nicht oder sonst was.
Die ganze Woche vertiefte ich mich in den ›Aufruf zum Sozialismus‹. Das leuchtete mir etwas ein. Aber was hatte denn das mit Anarchismus zu tun? Da kam doch gar nichts vor von Bomben und von Fürstenmord. Immer hieß es da nur ganz harmlos: ›Der Sozialistische Bund ist eine Gemeinschaft von Menschen, die mit Hilfe eines Ideales eine neue Wirklichkeit schaffen wollen.‹ Es wurde ferner von Gruppen, die diese Gemeinschaft, diese neue Menschengesellschaft allmählich gestalten sollten, geredet, von Aufteilung des Bodens und von Umstellung unserer ganzen Lebensart durch den Geist usw.

Zuletzt, als ich mich gar nicht mehr zurecht fand in meiner Verwirrung, kam ich auf den merkwürdigen Gedanken, daß diese schlauen Füchse von Anarchisten vielleicht eine ganz andere Anwendung der Sprache hätten, damit man ihnen nicht auf die Spur komme. Vielleicht hieß diese ganze Abhandlung und die Sache an sich etwas ganz anderes als das Wort, das dastand. Also Geheimsprache.

Ich war befriedigt und wartete bis zum Freitag mit Spannung.

An diesem Abend kam mein Nachbar, etwas besser gekleidet, zu mir ins Zimmer und sagte freundlich: »Sin' Sie fertig?« Ich nickte. Wir gingen.

Auf dem Weg erzählte mir mein Begleiter von den Verhaftungen und Haussuchungen, die verschiedene Genossen schon erleiden mußten, und riet mir Vorsicht für alle Fälle. Ich sparte sehr mit Worten und machte ein ernstes Gesicht. Je weiter wir uns von unserer Wohnung entfernten, deso mehr Angst bekam ich. Aber ich konnte mich doch nicht mehr zurückziehen. Heimlich dachte ich: Dieses erste Mal mache ich es, dann auf keinen Fall mehr, lieber ziehe ich aus, damit mich dieser verfluchte Schweizer nicht mehr mitziehen kann. Aber meine Neugier war unbezähmbar und gewann schließlich Oberhand.

Wir traten in der Sendlinger Straße in ein Wirtshaus, das ›Gambrinus‹ hieß, tappten durch einen dunklen Durchgang an eine Türe. Der Buchbinder ging voraus und öffnete. Ich folgte ein wenig zitternd. Wir befanden uns in einem rauchigen, schmutzigen Saal, der kahl und ungemütlich aussah. Zirka fünfundzwanzig Leute saßen um die Tische, tranken Bier, sprachen allerhand und rauchten. Wir wurden kaum beachtet. Der Schweizer ging an einen Tisch, redete mit einem bebrillten, zottelhaarigen Mann und stellte mich ihm vor. Schließlich, als der Mann mich anlächelte und mir die Hand drückte, lächelte ich auch. Etliche Männer, die gerade da saßen, musterten mich und dann setzten wir uns hin. An einem Tisch fiel öfters das Wort »Expropriation« oder »Generalstreik«. Dann stand ein Mann mit birnenförmigem Gesicht auf, und es wurde ruhiger. Der Mann dankte uns allen, daß wir so zahlreich erschienen seien und setzte sich wieder. Eine Pause entstand.

Ich war noch immer unklar und gespannter als vorher, denn ich erwartete das richtig Anarchistische erst. Ja, sagte ich mir, schlau, schlau sind sie. Ganz harmlos sitzen sie im Wirtssaal, und auf einmal werden sie irgendeine Bodenluke aufmachen und – nichts wie hinunter in den finsteren Verschwörerkeller. Indessen nichts davon ereignete sich.

»Sprichst du was, Mühsam?« sagte ein Arbeiter zu dem Mann, dem ich vorhin vorgestellt worden war. Andere wieder redeten gleichgültig über dies und das. Man diskutierte über die Sozialdemokratie, über die Polizeispitzel, erzählte Verhaftungsgeschichten, und dann redete Mühsam kurz über die Ziele des ›Sozialistischen Bundes‹. Als er zu Ende war, wurden Flugblätter ausgeteilt. Eine magere, kleine Frau ging von Tisch zu Tisch und verkaufte den ›Sozialist‹, bot allerhand Broschüren von Kropotkin, Landauer, Most und Hervé an. Dann sagte Morax – eben jener birnengesichtige Mann – aufstehend: »Wer würde sich bereit erklären, den ›Sozialist‹ zu verbreiten und sonstige Propaganda zu machen? Auch für schriftliche Arbeiten brauchen wir einen.« Der Schweizer stieß mich: »Se? ... Dias könna doch Se macha als Schriftstella ...?« Ich glotzte ihn ein wenig verdutzt an und hob den Finger wie ein Schulkind. Reden konnte ich da nicht. Morax kam freundlich zu mir: »Wollen Sie die Sache von jetzt ab machen?« Ich sagte: »Ja.« Und nickte. Daraufhin übergab er mir einen Stoß Broschüren, einen Pack ›Sozialist‹ und Flugblätter und gab mir die näheren Anweisungen. Ich sollte sie so unter der Hand den Leuten zustecken und Broschüren auf Versammlungen verkaufen, Flugblätter austeilen und alle Sendungen von jetzt ab in Empfang nehmen. Er händigte mir außerdem einen Stempel aus mit der Aufschrift: ›Gruppe Tat des Sozialistischen Bundes, Treffpunkt: ...‹

Den sollte ich jedem Flugblatt aufdrucken und unser jeweiliges Trefflokal hinschreiben, den Tag und die Stunde. Ich sagte immerzu ja und war sehr erbaut davon, daß man mir sofort einen solchen Posten zuschanzte. Dann wurde die Sitzung geschlossen. Einige gingen durch eine Tür ins Gastzimmer hinauf, andere blieben noch sitzen und tranken ihr Bier aus. Viele zahlten und entfernten sich, einander Gute Nacht wünschend. Mit uns ging ein Trupp von ungefähr fünf Leuten. Darunter waren Morax, Franz Jung, Ida, Theo und Georg, kurzweg Schorsch genannt.
Jung versprach beim Auseinandergehen, mich zu besuchen. Er hatte damals eben sein erstes Buch herausgebracht, und ich errechnete mir von dieser Bekanntschaft größte Vorteile. Jedem drückte ich die Hand. Allein mit dem Schweizer, war ich zwar sehr enttäuscht von dieser Anarchistengruppe. Alles in allem überdenkend, verflogen meine ganzen schönen Illusionen. Trotzdem freute ich mich. Schon weil ich dadurch zu Menschen gekommen war.
»Das ist ja sehr fein«, sagte ich im Treppenhinaufgehen zu meinem Zimmernachbarn und drückte die Pakete fester zusammen: »Dank schön für den feinen Posten.« Ich malte mir eine ungeheure Tätigkeit aus und hielt mich in dieser Bewegung für unentbehrlich wichtig. Mein Talent hatte also doch seinen Entdecker gefunden. Mit Büchervertrieb und Zeitungen was zu tun zu haben, sie direkt vom Verlag geschickt zu bekommen, das eröffnete immerhin Aussichten auf Gedrucktwerden. Sofort setzte ich mich nachts hin und schrieb einen Artikel über die Unterdrückung und die Gerechtigkeit, suchte die Adresse im ›Sozialist‹ und schickte die Sachen ab.
Andern Tages – die Freude und meinen Erfolg mußte ich wem erzählen – holte ich Theres nach langer Zeit wieder vom Geschäft ab. »Ich hab' jetzt eine feine Stelle«, sagte ich strahlend und lächelte siegessicher, »ich bin jetzt Sekretär bei den Anarchisten.«
Theres blieb förmlich erschrocken stehen und sah mich groß an: »Was – bei den Anarchisten?«

»Ja«, sagte ich und erzählte ihr, daß ich von nun an einen großen umfassenden Schriftenvertrieb übertragen bekommen hätte. Es sprudelte alles nur so aus mir vor Freude.
»Schriften- und Zeitungsvertrieb ...?« sagte Theres beinahe fassungslos murmelnd und schüttelte in einem fort den Kopf: »Hm, hm ...«
Aber ich hörte gar nichts.
»Und denk dir nur, wie leicht ich die Stelle bekommen habe. Ich habe meinen Zimmernachbarn näher kennen gelernt, bin mit ihm hingegangen und bin sofort angestellt worden«, plapperte ich weiter.
»So ... Ja, das ist ja sehr schön«, sagte Theres, die die Sache nun wirklich zu begreifen schien, und fragte weiter: »Was bekommst du denn dort Gehalt ...?«
»Gehalt?« sagte ich und sah sie an, denn jetzt erst kam mir in den Sinn, daß die Leute ja davon gar nichts gesagt hatten, »Gehalt? ... Ja, das haben sie mir noch nicht gesagt ... Ich muß erst fragen.«
Schon wurde mir wieder wirr. Verflucht, daß ich aber auch das vergessen hatte.
»Ist das ein Büro?« fragte Theres weiter.
»Nein, gar nichts. Die Sachen kommen alle zu mir per Post, und ich verkaufe sie in Versammlungen, ich versende die Zeitungen und habe die ganzen Briefschaften zu erledigen und alle sonstigen schriftlichen Arbeiten für den Verband«, erzählte ich ihr.
Theres schüttelte immer und immer wieder den Kopf, sagte aber trotzdem: »Na ja, zu wünschen wäre es dir ja.« Und schon wieder fragte sie: »Ja, kannst du dich da nicht morgen schon erkundigen, was du bekommst und wie das alles ist? Das ist doch das erste, wenn ein Geschäft eine neue Kraft anstellt.«
»Das kann ich erst wieder am nächsten Freitag in der Versammlung«, gab ich ihr zur Antwort. »Die Mitglieder sind nicht alle Tage da.«
»Na ja, schauen wir halt einmal«, sagte Theres, als sie sich verab-

schiedete, und sah mich besorgt an. Ich versprach, ihr sofort Bescheid zu geben oder am nächsten Samstag selber zu kommen und ihr alles zu sagen.
Ich verteilte sehr viel Flugblätter, schickte eines an Nanndl und schrieb ihr hocherfreut von meinem neuen Beruf und Glück, und sie sollte ja Maurus nichts sagen. Auf den Anlagenbänken saßen Leute. Ich ging hin und bot ihnen den ›Aufruf zum Sozialismus‹ an. Sie sahen sich träge das Heft an und gaben es mir wieder zurück.
Am andern Freitag abend fragte ich Mühsam schüchtern: »Verzeihung, Herr Mühsam, meine Schwester läßt fragen, was ich da Gehalt bekomme und wie das ist mit meiner Anstellung?«
Morax, der daneben saß, brach in ein Gelächter aus.
Mühsam sah mich beinahe mitleidig an und lächelte, legte mir die ganze Sache dar und fragte nach meiner sonstigen beruflichen Tätigkeit.
Ich stotterte hinum und herum und schwitzte förmlich vor Verlegenheit. Wie ein eingeschüchterter Angeklagter vor einem plärrenden Richter stand ich da. Zuletzt – Morax hatte es den Danebensitzenden schon zugelispelt – lachte der ganze Saal und sah mich spöttisch an. Ich hatte das Gefühl, als öffne sich der Boden unter mir. Furchtbar dumm und über und über rot muß ich dagestanden haben und wartete nur, bis irgendwer sagte: »Setz dich.«
Als ich mich dann endlich neben meinem Zimmernachbarn etwas gesammelt hatte, knirschte ich und dachte wütend: Also wieder alles verpfuscht! Hol alles der Teufel! und sprach kein Wort mehr.
Ich ging nicht zu Theres, ließ überhaupt nichts mehr hören. All mein Mißgeschick kam mir immer deutlicher zum Bewußtsein. Wie schwer das doch war, in der Welt draußen zu sein! Wie gebildet, zungengewandt und abgebrüht man sein muß! dachte ich fort und fort und vor jedem, der sich da zurechtfand, hatte ich einen – wenn auch fast bitteren – maßlosen Respekt. Den Vertrieb gab ich trotzdem nicht auf und schrieb immer wieder neue Artikel,

schickte sie ein und bekam nie Antwort. Meine bis jetzt entstandenen Verse sammelte ich und schickte sie an Mühsam mit einem sehr dummen Brief. Der gab sie mir zurück mit einer Empfehlung an seinen Verleger Steinebach. Ich sollte die Druckkosten bezahlen. Ich war ganz verzweifelt und ließ die Sache sein. Alles und alle verfluchte ich.
Mit meinem Zimmernachbarn wurde ich mehr und mehr bekannt. Wir besuchten die Versammlungen, und ich geriet so allmählich in die politischen Kreise. Es wurde mir halbwegs klar, was Sozialismus heißt, und viel Wissenswertes erntete ich in dieser Zeit. Mein Gesichtskreis erweiterte sich, meine Zunge wurde durch die andauernden Auseinandersetzungen mit Genossen und durch all die Broschüren einigermaßen geschmeidig. Es ging mir sehr schlecht. Und immer jagte mich die Sache mit Maurus' verbrauchten Spargroschen weiter, ich suchte verzweifelt nach irgendeinem Lebensunterhalt.

VIII
Zweimal gehängt . . .

Jung besuchte mich öfter. Er war alles andere als das, was ich mir unter einem Dichter vorstellte. Gleich am ersten Tag, als er kam, wollte ich mich mit ihm, in der Art wie früher mit Maurus, über Dichter und Dichtwerke unterhalten. Das interessierte ihn aber nicht im mindesten, im Gegenteil, erst hörte er kaum hin, und alsdann wurde er förmlich wütend über dieses Gerede. »Quatsch, Mensch!« stieß er mit seiner heiseren Stimme öfters heraus. Alles Literarische schien ihn anzuekeln. Er hatte fast stets ein finsteres Gesicht, und wenn er wirklich lachte, so klang dies mehr wiehernd und herausgestoßen, unfrei und nervös. Er redete stoßweise auf mich ein und schimpfte mich einen Bürger, als ich ihm schüchtern mein Leid klagte.
»Ob Sie ein Buch schreiben oder nicht, ist vollkommen unwichtig!

Sie müssen doch erst mal ein richtiger Kerl werden, Mensch! ... Alles Quatsch!« predigte er mir und nagte dabei unablässig an einem Zündholz. Er kam fast täglich. Mir war er rätselhaft; alles, was er sagte, klang fremdartig für mich, warm wurde ich nie bei ihm. Er sah sich meine Bücher an, wetterte über Schiller und sagte, ich solle mitkommen. Er lächelte ein wenig schief und meinte spöttisch: » Was braucht man heut noch Schiller! ... Alles Blödsinn!« Ich ging mit. Er verkaufte die Bücher, nahm mich in eine Wirtschaft mit und vertrank mit mir das Geld. Ich ließ alles ohne Widerspruch geschehen, denn ›Bürger‹ wollte ich auf keinen Fall sein. Wenn er kein Geld hatte und ich ebenfalls keins, packte er wieder Bücher, stieß irgend etwas heraus, wie etwa: »Ach, dieser Heine! Den Juden liest man heute längst nicht mehr!« oder »Den langweiligen Lenau darf ein Revolutionär überhaupt nicht haben«, nahm die Lessingbände, tobte über das Klassikerlesen, zog mich mit zur Antiquariatsbuchhandlung und verkaufte alles Mitgenommene. Ich getraute mich nie, etwas dagegen zu sagen, und machte alles mit. Er steckte jedesmal das Geld zu sich und sagte finster: »Komm!« Dann gingen wir von einer Kneipe in die andere, und das Geld wurde vertrunken. War viel Geld da, wurde haufenweise Kognak bestellt, war wenig da, gab es nur Bier. Gegen Abend zogen wir dann ins Künstler-Café ›Stephanie‹ und pumpten Bekannte an.

Dieses wilde Leben gefiel mir ganz gut. Es verscheuchte alles Nachdenken. Man lebte gewissermaßen immer in der Verschleierung. Wenn man in der Frühe aufwachte, hatte man einen verdammten Katzenjammer, alles lag wieder eklig und trist vor einem. Dagegen half nur Saufen, Herumlaufen, sich unter andere Leute mischen.

So lernte ich allerhand Literaten, Maler und sonstiges Kaffeehausvolk kennen. Ich saß dumm zwischen ihnen und versuchte ein möglichst bedeutendes Gesicht zu machen. Es wurde philosophiert, gestritten oder psychoanalysiert. Mit aller Anstrengung hörte ich oft hin, verstand aber nicht das mindeste. Da wurden literarische Größen und ewige Werte mit ein paar Worten abgetan, förmlich vernichtet. Ich staunte wie ein junger Spatz und sagte nichts. Das war eine neue Welt. Hier also, dachte ich, fängt dein Weg an.

Als kein Buch mehr da war, lehrte mich Jung das Versetzen. Ich trug alles Entbehrliche aufs Pfandhaus und hielt mich so über Wasser. Ein wildes Bohemeleben hub an. Nächte hindurch wurde auf irgend jemandes Kosten getrunken, gekegelt oder getanzt. Hatte der kein Geld, so hatte ein anderer etwas.

Die Leute waren viel klüger, viel gewandter als ich. Als ich langsam auch ein wenig zu reden anfing, wurde ich verspottet. Schiefe, fast mitleidige Blicke musterten mich.

In der Gruppe ›Tat‹ lernte ich Schorsch näher kennen. Wir kamen auch öfter zusammen und schlossen uns bald aneinander an. Wir lasen Stirner, Nietzsche und Kropotkin, und Schorsch erklärte alles sehr einfach. In kurzer Zeit waren wir die besten Freunde. Ich klagte ihm meine Unsicherheiten, mein Leid und hielt mich an ihn. Er arbeitete stundenweise in Konditoreien und riet mir, da ich ihm sagte, daß ich Bäckerarbeit machen könnte, auf die Bäckerherberge zu gehen.

»Man muß sich irgendwie auf die bequemste Art über Wasser zu halten verstehen«, sagte er, »die andere Zeit kann man dann für sich ausnützen.« In der freien Zeit las er oder war mit Kameraden zusammen. Er war älter als ich und hatte ein viel härteres Leben hinter sich. Wir unterhielten uns oft Stunden und Aberstunden. Er setzte mir auseinander, was das sei, ein individualistischer Mensch. Einer sei das, der alles verneint, den Staat, die Gesellschaft, das Gesetz und die Familie, der sich über die Moralbegriffe hinwegsetzt und über alles, was die Bürger erfunden hätten. Denn diese Hunde hätten das bloß in den Jahrhunderten mit aller Raffiniertheit ausgedacht und sich nutzbar gemacht, damit man ihr Wohlleben nicht angreife, daß sie auf ihrem Besitz hocken könnten und damit die Dummen, die Proleten, für sie arbeiten und sie noch reicher machen. Er sprach dies alles nicht etwa begeistert, sondern trocken und beinahe einfältig. Aber seine Schlußfolgerungen waren für mich immer zwingend. Das alles leuchtete mir vom ersten Moment ein. Was die Literaten, was Jung, was das ganze Kaffeehausgevölke disputierte, verwirrte nur.

»Moral? . . . Was ist das? . . . Ein Sparren!« fing er in der Stilart Stirners an und hieß alles, was den Menschen hemmt, eine ›fixe Idee‹. Gierig hörte ich zu, und viel davon klang mir buchstäblich wie eine Verkündigung. Jetzt wurde mir leichter, jetzt drückte die Schandtat gegen Maurus nicht mehr so auf mich, jetzt fing es bei mir an mit seltsamen Entscheidungen.

Ich ging in jeden Versammlungsabend der Anarchisten. Der Mensch, sagten mir diese Leute, sei ein Opfer der Gesellschaft. Ich merkte bald, daß dies für mich ein sehr nutzbringender Gedanke sei, denn ich legte mir denselben so aus: Du kannst machen, was du willst, schuld ist immer bloß die Gesellschaft, du bist bloß ihr Opfer, dich trifft keine Verantwortung.

Endlich, endlich hatte ich etwas – ja, was denn, was denn? Eine neue Religion, eine ganz nach mir eingerichtete Moral. Ich jubelte innerlich. Ganz frei wurde mir.

Aber samt all diesen Erkenntnissen wurde mein Leben immer wüster. Es wurde mir selber unerträglich. So konnte es nicht weitergehen. Plötzlich war ein Drang in mich gefahren, auf eigenen Füßen zu stehen. Ich beredete alles mit Schorsch. Er gab mir Winke im Stellensuchen. Ich ging auf die Bäckerherberge und ließ mich für Arbeit vormerken. Die Kaffeehausgesellschaft, in die ich geraten war, widerte mich an. Zuletzt verkehrte ich fast nur mehr mit Schmocker, meinem Zimmernachbarn, und mit Schorsch.

Da ich kein so hohes Logisgeld mehr bezahlten konnte, bezog ich mit einem Bekannten Schmockers zusammen ein Zimmer in einer anderen Straße. Der war geizig, ekelhaft und pedantisch. Er sah den ganzen Tag Wanzen, wischte immer die Wände ab und wollte

auch mich dazu zwingen. Ich ließ ihn ruhig spintisieren. Was gingen mich die eingebildeten Wanzen an, die mich nicht bissen!
Die Polizei kam von da ab alle Sonntage in der Frühe um acht Uhr und durchsuchte meine Sachen nach sozialistischen Schriften. Jedesmal waren es zwei Kriminaler. Sie durchschnüffelten alles, rissen die Kleider heraus, die Bücher, durchstöberten meinen Koffer, ließen alles liegen und stehen und gingen mit einigen Flugblättern und Broschüren wieder weg. Mein Mitbewohner wurde wütend, schlug Krach. Ich schwieg, ging zu Schmocker und bat ihn, seinen Freund zu besänftigen. Es half nicht viel.
Ich hatte kaum Brot und hungerte viel. Alle Tage ging ich zur Herberge der Bäcker. Keine Stelle war frei. Schorsch brachte manchmal Brot, Margarine und Kuchenreste. Mein Mitschläfer hatte eine gute Stelle. Er richtete seine ganzen Nahrungsmittel auf den Tisch, rückte diesen in der Frühe, bevor er wegging, ans offene Fenster, damit keine Wanze darankam. Ich hatte Hunger und nahm davon. Er machte Krach. Ich wurde wütend. Ich aß seinen Käse auf und sagte: »Du Hungerleider!« Vom Krach kam's zum Raufen. Ich warf ihn zu Boden. Er gab scheinbar Ruhe, ging weg. Spät in der Nacht kam er heim und fiel über mich her. Ich schlief schon. Das machte mich zu einem Rasenden. Ich sprang wie ein Tiger aus dem Bett, brüllte furchtbar auf und griff ihn an. Ein verbittertes Gehaue begann. Der Logisherr kam und schimpfte. Von unten herauf klopfte es. Wir hörten nicht auf, bis uns der Logisherr gewaltsam auseinanderriß. Beide waren wir blutüberströmt, beide legten wir uns zu Bett. Ich kündigte am andern Tag.
Acht Tage bevor ich auszog, kam plötzlich wie aus den Wolken gefallen ein Brief von Eugen aus dem Hotel. Er war mit seiner Frau aus Amerika gekommen, um seine ledige Tochter zu holen. Ich eilte ins Hotel. Da saß ein fetter, aufgedunsener Mann mit einer hageren Frau und lachte mir breit ins Gesicht. Ich setzte mich hin. Er wußte alles. Emma und Theres, die für ihn seit jeher ein Faible hatten, erteilten ihm heimlich den Auftrag, mich auf den rechten

Weg zu bringen. Er tat überheblich väterlich, gab mir etwas Geld, bestellte Essen für mich und versprach in den nächsten Tagen zu kommen, um mit mir das Weitere zu besprechen. Dann fuhr das Paar nach Hause.

»Wenn du mir folgst, sollst du schon zu deinen Rechten kommen«, hatte er bei der Abfahrt am Bahnhof gesagt. Ich wartete gespannt der Dinge, die da kommen sollten.

Zwei Tage darauf – ich saß allein in meinem Zimmer – kam Maurus bleich und finster daher. Als er die Türe auftat, wußte ich, was kam. Ich wich an die Wand zurück, gewärtig, daß er mich halbtot schlagen würde. Er aber blieb stehen, wutblaß und ein wenig zitternd. Er redete wenig, er sah mich furchtbar an. Ich schlug die Augen nieder.

»Hast du wirklich das ganze Geld verbraucht?« fragte er.

Ich nickte.

»Kerl! Schuft!« zischte er, und seine Stimme zitterte. Er war vor Wut dem Weinen nahe: »Mensch! Warum hast du denn derart hundsgemein gelogen? Warum hast du denn nichts gesagt, du –.« Er machte einen Schritt zu mir her. Jetzt mußte es angehen. Aber nein, ich fühlte den kalten Schweiß in meinen Achselhöhlen, ich schämte mich und war doch wieder froh, daß er es endlich wußte. Dreihundert Mark hatte ich ihm abgestohlen und verbraucht. Er erging sich in bittersten Vorwürfen. Es überwältigte mich, ich war stumm und dumm. Er bekam eine weinende Stimme und nun fing auch ich zu weinen an.

»Weißt du, was du bist! Du bist der niedrigste Verbrecher, der gemeinste Schurke, den es gibt!« sagte er auf einmal. Ich sah auf. Er blickte mich mit aller Verachtung, die ein Mensch aufbringt, an. Dann ging er. Keinen Schlag hatte er mir gegeben, ja, aus seinen wütendsten Worten noch hatte etwas wie ein Weh geklungen. Es war fast so gewesen, als wollte er im Innersten sagen: »Mensch, Oskar! Mensch, warum warst du denn so saudumm! Warum hast du dir denn auch noch diesen Weg verbaut!« Ich saß da. Allein, völ-

lig allein. Es war wirklich momentweise, als wäre alles um mich herum feindliche Finsternis.
Ich schluckte. Ein Geräusch hörte ich draußen. Auf einmal fielen mir wieder die Logisleute ein, mein Mitschläfer, der jeden Augenblick kommen konnte, alles. Ich biß die Zähne fest zusammen, stand schnell auf, ging an das Waschbecken, wischte mir das Gesicht naß ab, kämmte mich und tat so, als sei nichts geschehen. Ich fing zu pfeifen an und merkte, daß ich noch immer zitterte. Ich stieß alle Gedanken an Maurus aus meinem Kopf und ging fort.
Lange durchwanderte ich sinnlos und ohne jedes Ziel die Straßen. Es war tiefe Nacht, als ich heimkam. Diesmal ging ich ganz leise und sacht zu Bett, um meinen Zimmergenossen nicht aufzuwekken.

IX
In der Mühle

Ich packte meine Sachen zum Auszug. Morax und Ida waren da. Es klopfte. Mein Bruder Eugen trat ein. Breit und überheblich blieb er stehen, schaute meine Besucher nicht an und grüßte sie auch nicht. Eine peinliche Pause trat ein.
»Hast du jetzt Zeit?« fragte Eugen plump. Ich nickte. Morax und Ida erhoben sich und gingen schweigend aus dem Zimmer.
»Komm«, sagte Eugen jetzt kurz.
Ich schlüpfte in meinen Überzieher und folgte ihm. Auf der Straße begann er sodann seinen Plan mit mir zu besprechen.
»Du mußt vor allem eine anständige Stelle bekommen. Nebenbei kannst du dann deine Dichterei vervollständigen«, sagte er. Ich nickte abermals.
»Ich war soeben in der Tivolimühle, beim Direktor und hab mit ihm gesprochen. Er will dich gerne anstellen. Du mußt vorläufig etwas praktisch in der Mühle mitarbeiten, dann kommst du ins Büro. In den Abendstunden kannst du dann einen Schreibmaschi-

nenkursus mitmachen und Stenographie lernen. Hast du etliche Jahre im Büro hinter dir, so kannst du austreten und eine bessere Stelle annehmen, wenn es dir nicht mehr paßt. Die Leute in der Mühle verlangen nicht zuviel von dir. Wir beziehen schon Jahre lang das Mehl und sind eine von den besten Kundschaften dort«, sprach er ruhig. Das ging mir ganz gut in den Kopf. Es gefiel mir. Ich war sehr froh darüber. Eugen bat mich, sobald ich mein neues Zimmer bezogen hätte, in die Mühle zu gehen zum Direktor. Nachher könnte ich sofort eintreten. Ich dankte ihm, fragte, wie es zu Hause aussähe und wie es Mutter ginge.

»Max heiratet in den nächsten Wochen«, erzählte er mir, »er hat so allmählich gestanden, daß er schon einen ledigen Sohn habe und ein anderer sei auf dem Weg. Er ist jetzt sehr kleinlaut und spielt den Scheinheiligen. Im Grunde aber spekuliert er bloß darauf, möglichst schnell das Anwesen in die Hand zu bekommen und uns herauszuwerfen. Das soll ihm aber nicht so leicht werden.«

Ich sagte teilnahmslos: »Das geht mich ja schließlich nichts mehr an. Ich bin ja schon herausgeschmissen.« Eugen wurde nachdenklich. Wir gingen in einen Gasthof und aßen zu Mittag.

Nachmittags auf der Straße trafen wir zufällig Schorsch und noch einen Mann aus der Gruppe ›Tat‹. Ich ging mit Schorsch beiseite und sagte ihm, daß ich ihn dieser Tage einmal besuchen würde. Als wir die beiden hinter uns hatten, fragte Eugen: »Was sind denn das für Leute?«

»Anarchisten«, sagte ich.

Eugen schüttelte ironisch den Kopf und lächelte: »Was wollen denn die?«

»Wir wollen den Umsturz des heutigen Staates und die Schaffung eines Gesellschaftslebens auf gemeinschaftlich-kommunistischer Basis. Wir wollen nicht mehr dienen, sondern jeder soll das gleiche Recht haben und den gleichen Besitz. Die Ausbeuterei muß aufhören. Ein Leben von Mensch zu Mensch muß kommen. Das wollen wir«, sagte ich überzeugungslos erläuternd. Ich hatte nun schon

soviel Broschüren und Bücher dieser Art gelesen und soviel Diskussionsreden gehalten, daß ich mich allmählich ausdrücken konnte, wie ich es für richtig hielt.
Eugen lachte: »Ihr seid so Leute ... In Amerika gibt es das alles nicht. Das ist ja der reinste Irrenhausunsinn.«
Ich sagte: »Darüber können wir ja später einmal reden, wenn etwas geschehen ist.« Wir gingen wieder in meine Wohnung zurück. Ich bestellte einen Dienstmann, der meinen Koffer in mein neues Logis bringen sollte, und nahm von der alten Hausfrau, die mir immer gut gesinnt war, Abschied.
»Solche Dinge wie das mit der Weltumstürzlerei mußt du dir aus dem Kopf schlagen«, sagte Eugen, »da kommst du nicht weiter. Sowas kann man sich denken, aber nicht tun. Das ist Unsinn ... Bringt dir bloß Schaden.«
»Wenn keiner es tut, geschieht überhaupt nichts Neues mehr auf der Welt. Dann ist's gleich besser, wenn wir uns sofort, nachdem wir das erkannt haben, eine Kugel durch den Schädel jagen«, gab ich zur Antwort.
Eugen schüttelte immer nur den Kopf: »Du bist total verrückt.«
Ich schwieg darauf.
»Also, demnach kannst du morgen ja schon zur Tivolimühle gehen und dich vorstellen«, sagte er dann auf einmal, »dein Umzug ist doch schon erledigt jetzt?«
Ich sagte: »Ja.«
Am andern Tag ging ich zur Mühle. Im Büro wurde ich dem Direktor vorgestellt. Der kannte mich noch von zu Hause. Er lächelte gutmütig in seinen grauen Vollbart und sagte, daß Eugen mit ihm gesprochen hätte, ich könnte morgen eintreten. Ich nickte.
»Kommen Sie«, sagte er dann und führte mich in die Mühle hinab. Dort empfing uns ein Surren und Sausen von takelnden Maschinen. Der ganze Bau schien zu beben.
Ich wurde einem hageren, alten, gebückten Mann vorgestellt, der furchtbar schrie.

»Der kommt morgen zu uns«, sagte der Direktor ebenfalls sehr laut.
»So! . . . Ist ein schmächtiges Bürschlein«, sagte der Obermüller und lächelte mich spöttisch an. Der Direktor verließ mich dann. Der Obermüller fragte mich noch allerhand und zeigte mir die Mühle. Sie hatte vier Stockwerke. Überall standen Siebmaschinen, Mahlmaschinen, an denen Säcke hingen, die sich langsam füllten. Die Arbeiter standen da, banden die Säcke zu, leerten die Schrottonnen in die Maschinen und hielten alle inne, als sie mich sahen, betrachteten mich fremd und beinahe verwundert. Ihre Kleidung war weiß vom Mehlstaub, ihre Gesichter und Bärte ebenso. Auffiel mir nur, daß sie gleichfalls ungeheuer laut schrien, wenn sie redeten. Aber das mußte man hier.
Wir fuhren alsdann mit dem Mehlaufzug bis in den Dachboden hinauf. Da standen, eng aneinander gepreßt und aufgeschichtet, Hunderte von Säcken.
Als mir der Obermüller alles gezeigt hatte, führte er mich ans Tor und sagte: »Also, morgen dann um sechs Uhr. Nicht verspäten!«
Ich dankte und ging.
Der Tag war herrlich. Die Bäume im Englischen Garten waren noch kahl und auf den kleinen Wiesenstreifen lagen schmächtige Schneekrusten. Der Himmel hatte die heitere Farbe des Frühlings. Die Dächer der letzten Ausläufer der Mühle tropften. Mir war merkwürdig zumute. Eine Sehnsucht zu wandern überkam mich, und plötzlich verlangte mich nach Wiesen, Hügeln und nach unabsehbarem Land . . .
Ich schritt nachdenklich weiter, nicht wissend wohin. Jetzt erst dachte ich daran, Schorsch aufzusuchen. Ich wußte, daß er jetzt sicher anzutreffen sei im Café. Ich wollte mit ihm sprechen. Ich hatte Drang nach einem Menschen.
Sagt er, so dachte ich vollkommen willenlos, das machst du nicht, so gehe ich morgen nicht zur Mühle. Über das Weitere dachte ich nicht nach.

Morgen heißt es die Arbeit antreten, schoß mir durch den Kopf, aber heute, heute soll noch in Freiheit gelebt werden, getobt, gesoffen, Spektakel gemacht, irgend etwas. Es war ja alles so gleichgültig, so entsetzlich gleichgültig! Eine öde Fremde hatte sich ausgedehnt, eine Heimatlosigkeit und ein Alleinsein, ein Abgeschnittensein von allem.
Ich ging schneller. Im Café traf ich auch richtig Schorsch.
»Was ist's jetzt mit deinem amerikanischen Bruder?« fragte er mich.
»Nichts«, antwortete ich niedergeschlagen, »ich soll morgen in der Tivolimühle zu arbeiten anfangen. Zweiundzwanzig Mark bekomm' ich in der Woche.«
»Und wie lang ist die Arbeitszeit?« fragte er weiter.
»Von sechs bis sechs«, sagte ich.
»Ein solcher Mist! Das würde ich nicht tun«, brummte er.
»Ja, schon ... Aber die geben mir kein Geld mehr, und ich weiß nicht, was ich tun soll«, jammerte ich.
»Schließlich, eine Zeitlang tust du es halt mal«, sagte Schorsch dann und fuhr fort: »Wenn du ins Büro kommst, geht's ja.«
Ich war gefestigt und zufrieden und ergab mich in mein Schicksal.
»Herrgott, heute möchte ich noch einmal toben und saufen!« sagte ich dann. Schorsch sah mich an und sagte lächelnd: »Ja, ich eigentlich auch.« Dann auf einmal fragte er: »Hast du Geld bekommen von deinem Bruder?«
»Ja, etwas schon«, gab ich zu.
»Ja, also komm! Dann geht's ja«, sagte er darauf und verließ mit mir das Café.
Eine ekelhafte Stimmung hatte uns beide erfaßt. Keiner wußte recht, was er anfangen sollte mit sich. Wir flegelten entschlußlos weiter. Um uns Luft zu machen, brüllten wir vorbeisausende Autos an, stießen Passanten, schrien unverständliche Laute manchmal plötzlich grell auf, daß Vorbeigänger entsetzt aufschraken.
Im Innern der Stadt suchten wir eine Animierkneipe auf und ver-

tranken unser Geld bis auf etliche Mark. Im Heimgehen begannen wir Stirner auf der Straße laut zu rezitieren, schimpften auf den Bürger und auf die Moral und gingen sehr bedrückt auseinander. Als ich auf meinem Zimmer war, merkte ich plötzlich, daß ich keinen Wecker hatte. Es war zwölf Uhr vorbei. Ich bekam eine unbezähmbare Wut. Laut fing ich zu fluchen an.

Nebenan klopfte es. Ich fluchte noch lauter. Ein Bett knarrte. Dann klopfte es an der Türe: »Herr Graf!«

Es waren die winselnden Stimmen meiner Hausfrauen. Es waren drei alte Jungfern, die furchtbar kriecherisch und bigott taten.

»Ja«, brüllte ich und riß die Tür auf: »Was ist denn das! Ich habe Ihnen doch gesagt, daß ich morgen früh und jeden Tag jetzt um halb fünf Uhr aufstehen muß! . . . Warum haben Sie mir denn keinen Wecker hereingetan?«

»Ja, aber Herr Graf . . . Aber Herr Graf!« wimmerten die Jungfern und wichen zurück: »Unser Wecker geht ja nicht . . . und dann . . . wir wecken Sie doch . . .«

»Ich bin ja neugierig, wer da verschläft«, knirschte ich und schlug polternd die Türe zu. Ich hörte die drei Jungfern winselnd in ihre Kammer zurückschlurfen und warf mich mürrisch aufs Bett. Bald schlief ich ein, ohne mich entkleidet zu haben. So um zwei Uhr wachte ich auf. Angst packte mich. Ich horchte, ob nirgends eine Uhr schlüge. Nichts. Der Tag schien schon zu grauen. Ich sprang aus dem Bett und begann umherzurennen und riß das Fenster auf, um besser zu hören. Nichts. Ich fing wieder zu fluchen an. Drüben regte sich was. Ich polterte lauter. Darf ich nicht schlafen, so sollen diese alten Stangen auch nicht schlafen, dachte ich wütend.

Und richtig. Schon pochte es wieder an die Tür und wimmerte: »Herr Graf, es ist erst zwei Uhr.«

»Ach, hol alles der Teufel!« gab ich den Jungfern mit ins Bett. Ich setzte mich zerstört an den Tisch, um zu warten, bis der Morgen käme. Etliche Wimmerlaute kamen noch, Seufzer hörte ich, dann war's wieder still.

Langsam, unsäglich langsam flossen die Stunden dahin. Mich fror. Aber zum Schlafen war es auch schon zu spät. Als es vier Uhr schlug, machte ich mich auf den Weg. Es war eine weite Strecke, quer durch den Englischen Garten, und da konnte man sich leicht verfehlen. Ich wollte aber am ersten Tag möglichst pünktlich sein. Kalt hing die Luft. Die Bäume griffen geisterhaft in den Mond. Hart klangen meine Schritte. Ich traf richtig ein. Als ich den Park hinter mir hatte, schlug es drei Viertel. Es war noch immer dunkel. Der ungeheure Koloß der surrenden Mühle ragte massig auf. Das Licht der vielen Fenster fiel auf den öligen Fluß und warf schimmernde Reflexe.

Als ich durch das Tor schritt, begegneten mir Arbeiter. Wieder trafen mich merkwürdig staunende Blicke. Ich folgte ihnen. Wir gingen in einen Schuppen. Dort kleidete man sich um. Dann ging's in die Mühle. Der Obermüller stand schon da und sah auf die Uhr. Kaum schlug es sechs, begann er zu rennen. Fast wie aufgezogen. Die Arbeiter fuhren mit dem Aufzug in die verschiedenen Stockwerke. Ich mußte beim Alten bleiben. Er brüllte mich an, als ich so dastand und nicht wußte, was jetzt zu geschehen habe, und drückte mir einen Besen in die Hand. Ich kehrte mechanisch auf, obwohl nichts aufzukehren war. Dann schrie plötzlich der Obermüller und winkte mir.

»Stell dich daher, da kommen jetzt Säcke herunter, fang sie auf und trag sie weg ... Dahinten hin ... Und aufeinanderschichten!« befahl er mir.

Ich mußte nun an die Mündung einer durch die Decke herunterlaufenden Holzrinne und hatte die Säcke, die vom vierten Stock herunterrutschten, aufzufangen. Kaum hatte ich mich richtig versehen, da sauste schon ein Sack daher. Und – plumps, da lag ich hingeschlagen und das Mehl aus dem geplatzten Sack spritzte. Ich hatte weder Übung noch Kraft genug, um so etwas schon zu leisten. Der Obermüller stand da. Ich sah ihn fauchen und fluchen, dann an der Rinne stehen, die Mehlsäcke aufhalten und sie weg-

schwingen. Dienstbeflissen, wie ich war, wollte ich sofort den Besen nehmen und das Mehl aus dem zersprungenen Sack aufkehren. Da, plötzlich, drehte sich der Alte um und rannte auf mich zu: »Daher! Das tut man nachher!«
Und nun zeigte er mir das Auffangen. Das ging den ganzen Vormittag. Die Ballen meiner Hände waren um Mittag wundgerieben und brannten entsetzlich. Ich zeigte sie dem Obermüller. Er lächelte und sagte: »Das vergeht schon mit der Zeit ... Das haben wir alle gehabt.«
Nachmittag mußte ich mit noch etlichen Arbeitern vom Aufzug weg Säcke tragen. Es wurde verladen. Anfangs brach ich zusammen. Als mich alle auslachten, kam mir die Wut. Dann ging es. Ich schleppte atemlos. Abends war mein Rücken wund, und als ich mich auszog, klebte das Hemd an der offenen Haut. Ich weinte in mich und verfluchte meinen Bruder und die ganze Welt. Aber es hieß einfach aushalten. Und so ging es jeden Tag. Die beste Arbeit, das Säckezubinden, verschafften sich die älteren Arbeiter, und ich hätte auch nichts zu sagen gewagt! Mit der Zeit gewöhnte ich mich auch etwas an die schwere Arbeit. Mochte auch alle Tage mein Hemd am blutigen Rücken kleben, einmal, so dachte ich, wird die Haut schon dick und widerstandsfähig. Hol alles der Teufel!
Ich wusch jeden Abend meinen Rücken mit kaltem Wasser und rieb mich mit Borsalbe ein. Einer war in der Mühle, der mir sagte, als ich ihm im Keller meine Schmerzen klagte: »Das ist erst recht schlecht ... Da wird die Haut nicht hart ... Anfangs tut das immer so weh.«
Ich ließ es verzweifelt sein, biß die Zähne aufeinander und schleppte, schleppte. Es mußte eben gehen. Was sollte ich denn anfangen. Ich hatte kein Geld mehr, mußte schon am dritten Tag um Vorschuß bitten. Der Schreiber sah mich verächtlich an, gab mir zehn Mark.
Ich wollte Eugen einen furchtbaren Brief schreiben, aber es ging nicht. Er wäre vielleicht Max in die Hände gekommen. Der wäre

hereingefahren und hätte mich verprügelt. Ich unterließ es, schuftete weiter. Jeden Abend war ich wie tot. Die Glieder waren wie zerschlagen, die Füße hoben sich mühsam, der Rücken schmerzte und das Hirn war leer.

Allmählich wurde ich mit den Arbeitern etwas bekannter. Ich machte Dummheiten, sie lachten. Es gab andere Arbeiten, auch sogenannte Druckposten darunter, wie zum Beispiel das Aufkehren des Kellers oder langes Auf-dem Abort-Sitzen. Ich kam bald hinter diese Schliche. Manchmal, wenn wir im Keller zu viert oder fünft Säcke aufeinander stellten, kamen wir auch ins Gespräch. Allerhand Klagen wurden laut. Es wurde gemurrt.

»Das wird immer so sein, wenn die Arbeiter sich nicht rühren«, sagte ich.

»Ja! . . . Rühren?« warfen die andern ein: »Was soll man denn machen.«

»Kurzen Prozeß«, sagte ich frech.

»Kurzen Prozeß, wieso?« fragten etliche und sahen mich an.

»Einfach den Obermüller und den Direktor niederschlagen und die Mühle selber in die Hand nehmen«, setzte ich ihnen auseinander. Sie lachten, sagten: »Du bist ein ganz Wilder.«

Ich sagte: »Solange die Arbeiter nicht anfangen mit der Revolte, solange wird es nichts.«

Wieder lachten alle, aber einige blickten mich scheel an. Ich scherte mich nicht darum. Lieber hungern und betteln, als noch weiter so schuften, dachte ich.

Aber das war mir nur schädlich. Der Obermüller wurde von dieser Zeit an grob zu mir. Es mußte ihm einer hinterbracht haben, daß ich so schimpfte.

Arbeit gab's immer noch mehr. Vollkommen apathisch stürzte ich mich hinein, ging abends heim und rechnete, wie ich am schnellsten Geld zusammenbringen könnte. Nichts gönnte ich mir. Nur Geld wollte ich, um den ganzen Krempel hinwerfen zu können. Das war mein einziger Gedanke. Was weiter kommen sollte, kümmerte mich nicht. Geld! Schon wieder dieses Geld! Es war etwas Verruchtes damit. Es machte zum Dieb und zum Hund. Es richtete alles an einem zugrunde. –

Schorsch kam öfters. Wenn ich wie totgehetzt in meinem Zimmer kauerte, sagte er: »Das ist ein Mist, was du da tust ... Da mußt du heraus ... Du gehst kaputt dabei.« Ich war ganz blöde und nickte nur immer wieder. Weil ich keine unnütze Ausgabe machen wollte, kaufte ich mir auch keinen Wecker und schlief oft nur etliche Stunden sehr unruhig, stand auf, koche mir Tee und machte mich auf den Weg zur Mühle. Eugen ließ sich nicht mehr sehen. Von daheim kamen etliche Eßpakete, kein Brief lag bei.

Woche um Woche verging. Überreizt, böse auf alles, lebte ich in vollkommener Abgeschlossenheit. Alles brachte mich in Erregung. Der kleine Hund meiner Logisjungfrauen bellte jedes Mal, wenn ich zur Türe hereinkam, die drei Winslerinnen standen in Parade da und lächelten kriecherisch-freundlich, sagten: »Herr Graf, brauchen Sie Milch? ... Sollen wir am Ende heizen, oder legen Sie sich gleich zu Bett?«

Oder sie jammerten, daß ich so schlecht aussähe. So abgehetzt und ruhelos dreinblicke. Was ging das die, ausgerechnet diese drei alten Jungfern an!

Und immer, wenn sie so dastanden, krächzte das Hündchen aus irgendeinem Rock. Ich hätte sie alle anspucken können, so haßte ich all das. Die ganze Welt war mir zuwider. Ich war müde, unendlich müde. Was ging mich das Gejammer an? Und den Hund, den hatte ich schon lange richtig auf dem Strich. Der sollte bei nächster Gelegenheit das Maul gestopft bekommen.

Eines Sonntagsnachmittags, als denn auch die drei alten Jungfern in die Vesper zur Kirche gingen, packte ich das Vieh in mein Handtuch und schmiß es ins Klosett. Furchtbar kreischte es, schnellte heraus und verschmierte den ganzen Gang. Aber von da ab verschwand es jedes Mal, wenn ich kam, und verkroch sich furchtsam in irgendeinem Winkel.

Die drei sagten nichts. Sie zitterten nur.
Eugen kam einmal daher. Schon seine Fettigkeit erregte mich. Er hatte auch so phlegmatisch-amerikanisierende Bewegungen und redete faul daher.
»Du hast mich richtig in den Dreck gebracht!« sagte ich bitter. Er tat fast verwundert, kam aber weiter nicht aus der Ruhe. Er erzählte, was er in Amerika schon alles gemacht habe, und – er wisse genau so wenig weiter wie ich – müsse jetzt auch schauen, wie er Weib und Kinder ernähren sollte.
»Du plagst dich schon nicht zu sehr«, stieß ich abermals grimmig heraus. Er wurde ein wenig weich und sogar vertraulich.
»Mensch, wenn du wissen tätst, wie mir das Wasser am Halse ist ... Ich hab' da eine Vertretung angenommen ... Da könntest du mir eigentlich helfen«, erzählte er. Dann nahm er aus seiner Brusttasche eine rote, längliche Schachtel heraus, öffnete sie und zeigte mir einen kleinen, sehr handlichen, gläsernen Irrigator nebst beigegebenen Spülkugeln, ein neues Patent, das er vom Fabrikanten zum Vertrieb angenommen hatte. Er erklärte mir die Sache und meinte, bei fleißiger Arbeit könnte man ganz guten Absatz erzielen.
»Ja, und was soll ich da?« fragte ich.
Er rückte näher heran und wurde lebendiger: »Das braucht doch jedes Weib, verstehst du ... Hauptsächlich werden es die Huren abnehmen, und du kennst dich doch da aus? ... Du bist doch mit all diesen Leuten zusammen gewesen und weißt die verschiedenen Cafés, wo sie verkehren ... Verstehst du ...? ... Da gehst du so abends ober sonntags hinein und verkaufst die Irrigatoren über den Tisch weg ... Da ist schönes Geld zu machen ...«
Er sah mich an. Ich sah diesen weltgewandten Mann auf einmal klein und hilflos und dachte bissig befriedigt: Ah, also auch im Dreck, gut so. Gut!
Einen Augenblick überkam mich eine Lust, hell und gemein aufzulachen. Ich tat es nicht und sagte nur mürrisch: »Ich kenn' keine

Huren und versteh' auch das ganze Zeug nicht! ... Das mußt du schon allein machen! ... Am liebsten ist's mir, wenn ich überhaupt von keinem mehr was höre und sehe.«
Er war ganz ruhig, stand auf und sagte wieder überlegen: »Gut ... Ich hab' getan, was ich tun konnte für dich ... Wenn du's bleiben lassen willst, meinetwegen.«
Dann ging er.
Ich wühlte weiter in der Mühle und hörte nichts mehr von zu Hause. Ach, wenn nur gleich die ganze verfluchte Welt zur Hölle sauste! Todverdrossen surrte immer dieser eine Gedanke durch meinen Kopf.
In einer solchen Verfassung traf mich eines Sonntags Schorsch.
»Los«, sagte er kurzweg, »wir fahren nach Italien, mach dich bereit.« Ich blickte auf zu ihm.
»Hast du denn Geld?« fragte ich.
»Für die Fahrt bis nach Locarno reicht's schon«, war die Antwort.
Ich stellte mir immer vor, für solche Reisen müßte man Hunderte haben.
Er fragte: »Wieviel Geld hast du?«
»Grade meinen letzten Wochenlohn, und da soll ich heute noch meine drei Hausweiber bezahlen«, erzählte ich ihm.
»Quatsch!« rief er entschlossen und machte eine resolute Bewegung mit dem Arm: »Wir brennen einfach durch.«
Wir gingen auf mein Zimmer und warteten, bis die Jungfern zur Nachmittagsvesper fort waren. Rasch warfen wir alles in meinen Koffer. Schorsch sprang auf den Deckel und stemmte zu. Ich sperrte ab. Dann packten wir das Nötigste in eine Pappschachtel und zogen ab.
»Ich will doch noch schauen, daß wir von mir daheim was zu essen erschnappen«, sagte ich zu Schorsch in der Straßenbahn. Der sah mich groß an: »Was? Jetzt noch! Du bist ja verrückt!« Er empörte sich darüber.
»Ach, was, ich telephoniere einfach auf gut Glück nach Hause,

lasse Nanndl ans Telephon kommen und sage ihr, sie soll mir heimlich ein Eßpaket entgegenbringen. Das geht schon. Kein Mensch ist sonst da jetzt, das klappt, paß auf«, beschwichtigte ich ihn und setzte beruhigend hinzu: »Abends bin ich bestimmt wieder da. Dann haben wir wenigstens was auf der Reise.«
Er schlug die Hände über dem Kopf zusammen und rief: »Herrgott, bist du ein Trottel! Sowas Saudummes!«
Aber ich ließ mich nicht abhalten, führte meinen Plan aus und wirklich gelang alles aufs Beste. Abends kam ich im Café mit zwei riesigen Eßpaketen an. Wir nahmen von ein paar Bekannten Abschied und fuhren zum Bahnhof. Um zehn Uhr dreißig trug uns der Zug in die Nacht.
Schorsch beschrieb mir die Schweiz märchenhaft.
»Da gibt's keinen Schutzmann, alles ist loyal und demokratisch«, erzählte er. Allmählich schliefen wir ein. In Bregenz weckten uns schon schweizerische Zollbeamte. In der hellen Frühe kamen wir in Zürich an, hatten etliche Stunden Aufenthalt und sahen uns ein wenig die Stadt an. Gegen vier Uhr fuhren wir nach Locarno weiter. Nie im Leben war ich soweit gereist und stritt plötzlich mit meinem Begleiter wie irrsinnig über die Richtung.
»Wir fahren verkehrt! Wir fahren bestimmt verkehrt, sag ich!« schrie ich und polterte auf ihn ein.
Erst als wir in Locarno einfuhren, beruhigte ich mich wieder.
»Das ist sowas, mit dir reisen!« atmete Schorsch wie erlöst auf. Wir stiegen aus, nahmen für unser letztes Geld Nachtquartier im Hotel Alpino. Am andern Tag wollten wir Gesinnungsgenossen in der kommunistischen Siedlung in Brione aufsuchen, um dort eine Unterkunft zu finden.

X
Erste Freiheit

Der Himmel war tiefblau und hing ungeheuer nahe, als wir aufwachten. Seltsam still lag der Hof des Hotels, der eher an ein Kloster als an eine Gaststätte für Fremdenbeherbergung erinnerte. In der Mitte bäumte sich ein zerfallener Springbrunnen, der säuselnd und sanft plätscherte. Die Mauern entlang rankten wilde Reben. Rund um die Stockwerke zogen sich Freigänge, die durch ausgetretene Steintreppen verbunden waren. Man mußte also erst in den Hof und gelangte dann ins Hotel. Wir aßen das Übriggebliebene von der Reisekost, gingen hinunter zum Hausdiener, stellten unser Gepäck ein, bezahlten und begaben uns auf die Straßen.
»Jetzt haben wir genau noch vier Franken«, sagte Schorsch. Das störte nicht. Eine unbeschreibliche Friedlichkeit war in uns. –
Das Leben trug eine reichfarbige, anheimelnde Umkleidung. Schöne, braune Italienermädchen huschten vorüber, die plumpe Trambahn surrte gemächlich durch die engen Straßen, vulgäre Männer lehnten breit an den Ecken. Kaufläden machten bunte, offene, selige Gesichter, und über das alles schüttete die Sonne ihren milden, hohen Glanz. –
Schlendernd gingen wir tiefer in die Stadt, setzten uns auf eine Anlagenbank der Piazza grande und dösten. Ein schäbig aussehender Mann kam an uns heran und sagte so etwas wie: »Papiero, Cartonaggia?« Wir dachten an einen Walzbruder, der sich uns anschließen wollte, und sofort redete ich ihn sehr leger in einem Kauderwelsch von Münchner Deutsch und italienischen Brocken an: »Ah! Auch Lazzaroni? Wir niente! Wir bleiben da und gehen nachher nach Brione hinauf zu Bekannten.«
Erst jetzt zog der Mann seine Kriminalistenkarte heraus und sagte: »Polizia.« Das verstanden wir sofort. Er gestikulierte außerdem kreuz und quer in der Luft herum und gab uns zu verstehen, daß wir ihm zu folgen hätten. Wir gingen mit.

»Ah!« sagte ich boshaft lächelnd zu Schorsch: »Ah! So ist's also in der freien Schweiz, aha!«
Mechanisch tappten wir weiter. Die Sonne schien, der Himmel über uns war blau und klar. Alles war bunt, warm, selig, schön und neu, bloß dieser schäbige Hund nicht, der uns da verhaftete. Sowas, dachte ich, trifft man auf der ganzen Welt, sicherlich. Und wird gleich sein, ob in München oder in der Schweiz.
Auf der Polizei mußten wir vor allem unseren Geldbestand vorzeigen. Merkwürdigerweise aber fragte niemand nach Ausweisen, und das war gut, denn in der Eile hatten wir uns darum gar nicht gekümmert. Ich besaß einen sehr oft gestempelten Frachtbrief, einen Heimatschein für Bayern und eine Entlassungsbestätigung aus dem Krankenhaus Karlsruhe, lautend auf meinen Bruder Maurus.
Ich witterte schon Einzelzelle und – weil mir Schorsch das erzählt hatte – Abschubsung über die Grenze. Hingegen die Leute konnten fast durchwegs nur etliche Worte deutsch und schienen auch sonst die Sache nicht weiter wichtig zu nehmen. Ein dicker kleiner Mann auf einem Drehstuhl blätterte ein Lexikon auf, suchte und suchte, sagte endlich, laut lesend: »Un-gefähr?«
Er redete schnell und alles durcheinander und wir antworteten nur immerzu: »Nicht Lazzaroni!« Endlich sagten wir die Wohnungen unserer Kameraden und wurden entlassen.
»Es ist doch ein bißl freier wie bei uns! . . . Das ist ja fein!« äußerte ich mich befriedigt, als wir das dumpfe Gebäude verließen. –
Als wir die Anhöhe von Minusio nach Brione hinangingen, kam uns ein weit ausgreifender Mann entgegen, der aussah wie ein Zigeuner.
»Das ist Theo!« sagte Schorsch und schrie auf einmal diesen Namen laut auf. Der Fremde lachte strahlend und kam uns mit offenen Armen entgegen. Es war tatsächlich unser Genosse aus der Münchner Gruppe ›Tat‹, Theo. Er flüchtete seinerzeit, als man ihn zum Militärdienst einziehen wollte, aus München und führte seit-

dem hier ein Naturleben, das anarchistischen Grundsätzen näherkam.
Außer ihm waren noch drei Kameraden da. Wir freuten uns und erzählten in aller Eile unsere Erlebnisse. Langsam stiegen wir höher und höher. Die flachen Hausdächer von Locarno und Minusio sanken mehr und mehr in die Baumkronen hinab. Der See dehnte sich breit und überstrahlt aus. Ein Dampfboot walkte gemächlich durch die Flut. Fern durch die gläserne Luft stachen die glatten, viereckigen Häuser von Dörfern des anderen Ufers und die weichgeschwungenen Lenden italienischer Vorberge wogten friedlich in den Himmel ...
Theo führte uns in seine Behausung und holte die Kameraden. Grete, seine Freundin, gab uns zu essen. Es wurde beschlossen, zur christlichen Kolonie ›Liebe‹ zu gehen, deren Inhaber Theo bekannt war, und uns dort unterzubringen. Das war ein modern gebautes, villenartiges Haus mit Weinhängen und viel Gemüsebeeten. Eine fromme Gemeinschaft hauste hier nach christlichen Grundsätzen. Der Älteste empfing uns sanft und stellte uns für zehn Franken pro Monat ein Zimmer zur Verfügung. Wir brachten unser Gepäck und richteten uns ein. Mittlerweile war es Abend geworden.
Todmüde und befreit legten wir uns auf die Matratzen. Als wir kurze Zeit so lagen, hörten wir auf einmal ein geschäftiges Wispern an der Bretterwand. Wir lauschten aufmerksamer, sahen uns im Zimmer um, das eigentlich nur ein Verschlag war. An der Bretterwand, die uns vom andern Raum trennte, fing es plötzlich zu kratzen an, so fast, als wolle sich eine Katze festkrallen. Uns wurde merkwürdig zumute. Der volle Mond erleuchtete das Zimmer. Wir sahen oben durch die Wand ein blechbeschlagenes Loch, das wahrscheinlich dazu diente, das Kaminrohr durchzustecken. Ich stieß Schorsch an und raunte ihm leise zu: »Hörst du?« Er nickte. Wir lauschten abermals und richteten aus irgendeinem Grunde unsere Blicke immer aufmerksamer auf das Kaminloch,

denn da herüber kam das Gelispel und Gekratze. Da plötzlich tauchte ein Gesicht im Loch auf. Deutlich sahen wir es. Dann wieder eins und verschwand. Wieder lispelte es, und neuerdings kam ein Gesicht zum Vorschein. Wir blieben ruhig, aber etwas kampfbereit liegen. Unwillkürlich dachte ich an die unheimliche Erzählung vom Wirtshaus im Spessart und an dergleichen Dinge. Und da mir so was Grauenhaftes immer große Anregungen gegeben hatte, konstruierte ich natürlich allerhand für mich zusammen.
Ganz nah an Schorsch heranrückend, hauchte ich ihm ins Ohr: »Schöne Christen, das! Mensch, paß auf, hau nur gleich fest zu! Nicht lang gefragt!«
Was hatten denn diese Kerle da drüben für ein Interesse, uns nächtens so aufmerksam zu bewachen, warum lispelten sie, und was besprachen sie da? Das waren sicher heimliche Verbrecher mit christlichem Schleier, oder – was näher lag, da uns unsere Kameraden von Spiritisten erzählt hatten – sie suchten Geister in uns. Wir waren sehr müde und bekamen allmählich eine furchtbare Wut über diese Schufte, die uns nicht schlafen ließen. Ich stieß Schorsch wieder und raunte leise: »Komm, wir wollen aufstehen und allerhand mysteriöse Gesten machen.« Wir erhoben uns mit einem Satz aus den Betten und fingen einen Heidenlärm an, sagten mystische Gedichte her, schwärmten den Mond an, knieten wie Muselmänner nieder und geisterten umher wie Gespenster. Zuletzt zogen wir uns nackt aus und machten Beschwörungstänze, ohne darauf zu achten, was im Loch geschah. Und richtig – die Geräusche wurden weniger, das Geflüster nahm ab, kein Gesicht erschien mehr. Es wurde ruhig. Lachend stiegen wir auf unsere Matratzen. Aha, dachten wir, wußten aber eigentlich gar nicht warum.
Wir schliefen endlich ein. Anderntags erzählten wir unser Erlebnis unseren Kameraden. Die sagten nur, es wären eben eigenartige, ein bißchen konfuse Leute, diese Kolonisten, und wußten auch nichts Besonderes. Sie berichteten uns weiter, daß sie

manchmal spiritistische Sitzungen abhielten und einer Sekte angehörten. Wir stiegen auf einen Berg und schnitten dicke Prügel, nahmen sie mit ins Bett und lauerten wieder. Und tatsächlich ging das Geflüster und Herumglotzen wieder an. Auf einmal stockte es eine Zeitlang. Wir packten schnell und zugleich unsere Prügel und warfen sie mit aller Gewalt an die Wand, markierten ruhig die tief im Schlaf Schnarchenden und horchten gespannt.
Plumps tat's. Erst war es einen Moment totenstill, dann tauchten die Gesichter wieder im Loch auf, entsetzt bewegten sich die Augen. Wir verbissen das Lachen. Ein aufgeregtes Gezirpe ging drüben, dann hörten wir eine Tür gehen und bei uns klopfte es.
Wir waren zu allem bereit. Trotzdem riefen wir mürrisch, wie aus tiefen Schlaf aufschreckend: »Ja! . . . Was ist denn los?«
»Es ist was passiert«, winselte es. Wir krochen aus den Betten, packten schleunigst unsere Prügel, steckten sie unter die Decken und öffneten dann. Da standen die drei in langen Hemden und schlotterten ängstlich. Einer leuchtete im Gang umher. Sie wollten zu suchen anfangen. Wir sagten mürrisch, sie sollten uns mit solchen Späßen in Ruhe lassen und krochen ins Bett. Heimlich schüttelten wir uns vor Lachen. Lange hörten wir die drei noch herumgespenstern, dann legten sie sich endlich wieder schlafen. Von da ab war aber das Gelispel und Geglotze durch das Kaminloch aus. Manchmal kam es noch vor, aber auch wir gewöhnten uns daran und ließen die Leute machen, was sie wollten.
Wir sahen nun bloß alle Abend einen anderen Geist und versetzten oft das ganze Hausvolk in Aufregung. Eine weiße Katze ging um. Ein nächtliches Gespenst durchwandelte die Weinhänge. Aber nicht das Aufgeregtmachen allein war unsere Absicht. Wir verwirrten mit aller Berechnung. Wir hatten kein Geld und wußten nicht, wie wir das Logis begleichen sollten. Jedesmal, wenn der älteste Kolonist an uns herantrat, zitterten wir heimlich. Wir lasen es in seinen Augen und fingen sofort die unheimlichsten Geschichten zu erzählen an. Der gute Mann kam gar nicht erst zum Wort,

wir waren erfinderisch wie die gewagtesten Dichter. Kopfschüttelnd zog der Hausherr ab.

Kein Geld! Also arbeiten! Mir fiel mit Schaudern die Mühle ein.

Der Zirkel unserer Kameraden bestand außer uns noch aus sechs Leuten: Gobmaier, ein echter Münchner mit seltsam verworrenen Siedlungsideen, seine Frau und ein Bub. Dann Jenke, der Dekorationsmaler aus Sachsen, Giuseppe, ein Münchner Schlosser, gutmütig und martialisch gewachsen, immer ein seltsam linkisches Lächeln auf den Lippen, endlich Theo mit seiner Grete. Jeder hatte sich eine Behausung zurecht gemacht und arbeitete nur zeitweilig, um die Mußestunden seiner freien Entwicklung widmen zu können. Es waren eigentlich alles Leute mit einem geheimen Hang, sogar mit einem leisen künstlerischen Einschlag. Das Innere war das Wesentliche, und die Aufgabe des echten Anarchisten hieß: Sein Äußeres nach dem Gesetz des innersten Dranges zu formen, in größter Freiheit, uneingeschränkt und möglichst unberührt von der ›Kultur‹.

Theo war die leitende Intelligenz. Es wurde viel diskutiert. Pläne wurden entworfen für eine spätere anarchistische Siedlung in Brasilien.

Gobmaier war der praktischste von allen. Von Beruf Tapezierer, konnte er alles und sah darin den größten Fortschritt, wenn ein Mensch sich alles zum eigenen Lebensbedarf selber herstellen konnte, das Haus bauen, die Kleider schneidern, das Land bebauen. Er arbeitete unablässig, und in den Feierstunden schrieb er naive Verse auf den Lago Maggiore, Freiheitsgedichte und Gedanken. Jenke war radikaler Vegetarier, ergab sich mehr der Natur, malte kleine Bildchen und rechtfertigte in Tagebuchnotizen den Vegetarismus. Er war sehr sanft und verbrachte viel Zeit, seine Verdauungstheorie einzuhalten und sie anderen plausibel zu machen. Darin war er, wenn es auch drollig aussah bei ihm, fast fanatisch. Wenn wir zu ihm kamen, las er uns Stellen aus Nietzsche oder aus Forel vor. Aber alles lief dabei auf den Vegetarismus hinaus. Als ich einmal sehr pathetisch das Nachtlied Zarathustras vorlas, sagte er ganz verzückt: »Der Mann war bestimmt ein Vegetarier!«

»Sehr nett«, sagte ich einmal, als er mir seine Bildchen zeigte. Darob wurde er böse, nahm mich und führte mich vor seine Türe, fing an, mir die Natur zu erklären. Dabei hob er seine Hände wie Scheuklappen vor die Augen und sagte, in die Landschaft blikkend: »Ich säh äbn da blau, nich wohr – und mal's äbn so hin. Das is f'r mich Gunst. Ganz so wie äbn die Nadur äs gibt.«

Ich nickte immerzu. Wieder ins Haus tretend, meinte er: »Nur 'n bißl ä Gäschigg muß äbn ibrall dabei sein.«

Giuseppe, der bei ihm wohnte, kümmerte sich nicht um ihn, und es schien mir, als lache er ihn heimlich aus. Er war in allem nüchtern und arbeitete immer an etwas Praktischem.

Das ganze Kameradschaftsverhältnis war lose. Jeder lebte für sich. Nur die Überzeugung schloß zusammen. In Ländern mit Regierungen, in Städten und in dieser Zivilisation war kein rechter Platz für einen Anarchisten. Darum hieß es irgendwo von vorne anfangen. Irgendwo auf der Welt, wo vollkommene Freiheit solches Leben ermöglichte, solche Gemeinschaften schaffen konnte. Deshalb wurde der Plan, nach Brasilien auszuwandern, mit jedem Tag brennender. Man kam Abend für Abend zusammen, las Kropotkin, Landauer, Proudhon und diskutierte darüber. Oft wurde es erregt, aber man verstand sich. Den Tag über arbeiteten alle.

Wir hatten kein Geld. Der Logisherr drängte. Ich verfluchte die ganze Schweiz. In Ascona gab es Arbeit bei Gräser. Aber der bezahlte nichts. Er gab nur Essen und Unterkunft und verweigerte jede Einmischung von ›Kultur‹. Siedlungen dieser Art gab es genug. Das rentierte sich für den, der sich einmal einen Besitz geschaffen hatte, mitunter sehr gut, denn die Deserteure zum Beispiel oder die russischen Revolutionäre waren gezwungen, diesen Drohnen Dienste zu tun ohne Bezahlung.

Es waren alle möglichen Menschensorten da, Revolutionäre, Vegetarier und Maler aus allen Himmelsrichtungen, Freiluftkuranhänger und endlich Literaten und Naturmenschen mit langen Haaren und nur mit einem Hemd aus grobem Sackleinen bekleidet. Die Vollblutpflanzenfresser hatten auf Verità eine große Siedlung, genannt ›Die Heidelbeere‹. Dort wurde Nacktkultur verkündet, neues Menschentum und freie Liebe betrieben. An allen Bäumen klebten Propagandazettel in Versform, die zum Eintritt aufforderten, aber wehe, wer nach Seife roch, solche mitbrachte oder gar rauchte ...

Unsere Geldnot wurde immer drückender. Etliche Tage arbeiteten wir bei Gräser. Dann gab es in Locarno beim Malermeister Schmidt Anstreicherarbeit. Nanndl sandte Geld. Es ging also wieder. »Hol der Teufel dieses Leben«, brummte ich einmal in der Diskussion, »es ist genau wie woanders ...«

Schorsch zog aus und baute sich in einer Mühle ein paar Zimmer aus, pflanzte sich Gemüse und fand endlich als Konditor Arbeit in Locarno. Ich haßte meine Umgebung auf einmal; nannte Jenke einen ›Grasfresser und Verdauungsrevolutionär‹ und schloß mich ab. Dieses geruhsame Leben und Diskutieren gefiel mir nicht. Ich kaufte mir Nahrungsmittelvorrat für meine letzten Franken und ließ mich nicht mehr sehen, lag den ganzen Tag auf meiner Matratze, las oder schrieb. Manchmal durchstrolchte ich allein die Gegend.

Als ich eines Tages in Ascona in den Autobus, der nach Locarno fuhr, einstieg, saß neben mir ein Herr, der mir sehr bekannt vorkam. Zu seinem Geburtstag hatte kürzlich der Leipziger ›Anarchist‹ sein Bild gebracht.

Ein französisch sprechender Begleiter unterhielt sich mit ihm. Ich konnte also in aller Ruhe mein Objekt besehen. Klein war der Mann, trug einen langen, gepflegten Graubart, der die halbe Brust verdeckte. Seine Augen irrten unruhig hinter den Gläsern, das ganze Gesicht war gedrungen, scharf traten die Backenknochen heraus. Nur die Stirn lief ebenmäßig in den Schatten des Hutes.

Die beiden stiegen vor Locarno aus. Ich folgte ihnen. Immer näher kam ich ihnen. Der kleine Graubart wurde nervös. Ich trat ganz an ihn heran, klopfte ihm von hinten auf die Schulter, daß er sich erschreckt umdrehte und mich etwas verwirrt ansah.

»Verzeihung, habe ich vielleicht mit dem Fürsten Peter Kropotkin die Ehre?« sagte ich etwas unbeholfen und lachte ein wenig. Der Mann nickte freundlich und musterte mich flüchtig. Ich trug zu damaliger Zeit nur Hose und Hemd, lief ständig barfuß und hatte lange, wallende Haare.

»Verzeihung«, sagte ich schon wieder etwas hastig, »mein Name ist Graf. Ich bin Sozialist und habe Ihre Photographie im Leipziger ›Anarchist‹ gesehen.«

»Ein junger Genosse«, sagte jetzt Kropotkin zu seinem Begleiter und stellte mich vor. Wir kamen langsam ins Gespräch. Ich lobte Kropotkins Bücher und erzählte von der Bewegung in Deutschland. Interessiert hörten die beiden zu.

»Schreiben Sie auch für sozialistische Blätter?« fragte der Fürst, als ich flüchtig etwas von der Schriftstellerei erwähnte, und sah mich an.

»Nein, nur für Witzblätter«, antwortete ich. Wieder maßen mich die beiden und lächelten ein wenig. Man wußte auf einmal nicht mehr, was man reden sollte. Mir wurde unbehaglich. Ich sprach etwas von meinen deutschen Genossen in Brione und verabschiedete mich an der Straßenbiegung.

»Hoffentlich sehn wir uns jetzt öfter wieder«, sagte ich beim Händedruck und rannte eilig weg. Mit heißem Kopf und atemlos kam ich in Brione an und erzählte meinen Kameraden mein Erlebnis. Alle waren hingerissen. Sofort wollte man eine feierliche Huldigung veranstalten und den Fürsten aufsuchen.

»Das ist deutscher Veteranenverein zu Bismarcks Todestag«, sagte ich und erhob Einspruch. Das traf. Ein Streit entstand. Man fühlte sich irgendwie verletzt und suchte sich verbissen zu rechtfertigen.

»Es ist ganz etwas anderes um die Respektierung einer geistigen Leistung, die der ganzen späteren Menschheit einmal von großem Nutzen sein kann, als um den anerzogenen Fürstenkult, der niemandem dient und nur die Masse verdummt«, nahm Theo immer wieder das Wort und fuhr unentwegt fort: »Wenn es uns drängt, Kropotkin sichtbar zu ehren, so entspringt dieses Vorgehen unsererseits – ich möchte fast sagen – spontan unserem gesunden Menschenverstand.«
»Spontan handelt der deutsche Veteranenverein auch«, sagte ich boshaft.
»Sophist«, schrie Theo und böse Blicke trafen mich.
»Früher hat man seinen Kaiser oder sonst so ein Tier gehabt, jetzt habt ihr euch einen anderen Gott gebaut«, sagte ich aufstehend und fügte lächelnd hinzu: »Es ist eben immer das Gleiche, der Mensch braucht seine Autorität, sonst kommt er um.« Innerlich halb getrennt gingen wir auseinander.
Es ist ein seltsam Ding um einen deutschen Revolutionär, dachte ich, durchs Dunkel schreitend, er ist wie der ewig zerklüftete Zwanzigjährige mit den unverdaulichen Idolen, der leibhaftige Don Quichotte mit dem ewigen Drang, ein Nazarener zu sein.
Schwerer Duft hing in der Nacht. Der Mond durchwuchtete wanderndes Gewölk. In der Tiefe lag das lichtgespickte Locarno und griff in den bleichen Lago. Der dehnte sich friedlich wie eine bläulich-silberne Matte aus, und der Himmel stand hoch und unendlich weit.
Kurz vor dem Einschlafen richtete ich mich plötzlich auf und sagte ganz laut vor mich hin: »Es ist ja Unsinn! Ich muß weg! Das ist ja alles Schleim.«

XI
Der Bruch und die Rückkehr in den Sumpf

Es ist nichts ohne Schlacken. Hol der Teufel die italienische Schweiz! Es gab zu viel Eidechsen da. Diese gruseligen Tiere fürchte ich seit meiner frühesten Jugend. Meilenweit könnte ich laufen, wenn plötzlich ein solches Reptil sich in meiner Nähe bemerkbar macht. Alles, nur das nicht! Und hier waren die Felsen gespickt voll, daß sich alles nur so bewegte wie ein einziger, hängender Schwarm.

Und wenn es regnete, gab es Unmassen Feuersalamander. Die waren noch ekliger. Sie standen regungslos, mit etwas erhobenem Kopf, da und glotzten einen eiskalt an.

Ich wagte kaum mehr allein zu gehen, blieb immer auf der Straße, und zuletzt lag ich trotz des herrlichsten Wetters bis tief in den Nachmittag hinein im Bett und las; abends rannte ich nach Locarno hinunter und holte Schorsch von der Arbeit ab. Meine Schulden stiegen von Tag zu Tag. Der Kolonistenherr stand jedesmal, wenn ich ans Gartentor ging, dort und winselte mich an: »Herr Graf, wie steht's mit dem Bezahlen?« Ich vertröstete ihn und bat um die Rechnung, da ich dieselbe heimschicken müßte. Das war freilich alles gelogen, und es kam nie Geld. Aber was blieb übrig? Postalische Verzögerungen waren am ehesten glaubhaft. Als dann alles nichts mehr half, gab ich ihm die Adresse meiner Angehörigen und sagte, er solle selbst dorthin schreiben. Es kam, wie ich erwartet hatte, wieder nichts. Immer peinlicher, immer brenzliger wurde die Situation. Ich schrieb an Nanndl. Ein Brief kam, daß zwanzig Mark an mich abgegangen seien nach Locarno, poste restante. Jeden Tag zeigte ich meinem Hausherrn den Brief. Jeden Abend ging ich nach Locarno zur Post. Nichts, gar nichts kam an. Immer nahm der Postbeamte ein Bündel Postanweisungen, blätterte phlegmatisch durch und sagte teilnahmslos: »Niente.« Ich wurde wütend, schlug Krach, hieß die ganzen Postleute Diebe,

Idioten und wurde festgenommen. Nach dreistündiger Haft in einem kahlen Zimmer kam ein deutsches Postfräulein und fragte mich aus. Ich erzählte ihr mein Unglück und zeigte den Brief Nanndls. Sie war sehr freundlich und machte selber ein ratloses Gesicht. Plötzlich schien ihr ein Licht aufzugehen. »Das Geld kann am Ende irrtümlicherweise nach Lugano geschickt worden sein,« sagte sie und sah mich einnehmend an.

»Was geht das mich an!« polterte ich.

»Beruhigen Sie sich, Herr Graf, ich werde sofort dort anfragen lassen«, sagte sie höflich. Sie lächelte nur über mein finsteres Gesicht. Ich wurde rot und verlegen, aber plötzlich, um meine Unsicherheit zu verbergen, geriet ich wieder in Wut und brummte: »Ja, warum hat man denn das nicht schon lang getan, ich bin doch schon genug aufgefallen!«

Das Fräulein lächelte wieder: »Aufgefallen sind Sie gewiß.«

»Ich möchte das Beschwerdebuch«, fiel ich ihr ins Wort. Ganz unvermittelt kam mir in den Sinn, daß mein Vater einmal erzählt hatte, daß man sich bei jeder deutschen Post im Beschwerdebuch beklagen könne. Das sei ein Buch, welches an jedem Jahresschluß der Regierung vorgelegt werden müßte. Wartet, dachte ich, als mir dies nun recht bewußt wurde, ich werde euch die Suppe schon richtig versalzen. Ich freute mich über diese plötzliche Waffe und formulierte im Hirn schon meine Beschwerde. Aber das Fräulein war nicht aus der Ruhe zu bringen und lächelte immer noch. Sie erhob sich und gab mir einen Schein, auf den ich die genaue Adresse schreiben mußte.

»So«, sagte sie dann, »ich lasse sofort nachfragen, sicher bekommen Sie in etlichen Tagen Ihr Geld zugestellt.« Sie blieb stehen, musterte mich wieder und sagte mit einer milden, zwingenden Lehrhaftigkeit: »Herr Graf, die Deutschen sind alle so im Ausland, als müßte alles nach ihnen gehen! . . . Das ist ein großer Fehler.«

Ich schaute sie verdutzt an und schwieg benommen. Dann verließ sie mich. Ein Polizist kam und ließ mich hinaus. Ich ging durch die dunkelnden Korridore und kam auf die nachtenden Straßen. Als ich in Brione angekommen war, suchte ich sofort Schorsch auf und schimpfte furchtbar wegen seiner Aufschneidereien über die freie Schweiz.

»Das wär' mir noch das richtige Volk, diese Herrn Schweizer! Lauter Postdiebe und Spitzel sind da, Vegetarianer und Verrückte! Alte Jungfern und ethische Professoren!« räsonierte ich, worauf mein Kamerad nur immer wieder sagte: »Du bist ja ein Idiot!«

Gott sei Dank war es schon spät in der Nacht, als ich heimkam, und meine Hausleute schliefen schon.

Am andern Tag klopfte es sehr früh. Ich sprang aus dem Bett und freute mich schon. Ah, dachte ich, das Beschwerdebuch hat eben doch gewirkt! Da stand der Briefbote und übergab mir eine Zustellung von der Polizei. Ich müßte mich um 11 Uhr melden, hieß es.

»Spitzel! Spitzel hinten und vorn!« knirschte ich und verwünschte Schorsch und die ganze Schweiz. Ich kleidete mich an, kochte mir Tee und ging nach Locarno hinunter. Am Gartentor stand schon wieder der Vermieter und winselte seine ewige Bitte.

»Ich muß jetzt auf die Polizei«, brüllte ich ihn an, daß er direkt zurückschrak.

Auf der Polizei wurde mir ein langer Brief gezeigt, den mein Bruder Max an das hohe Amt geschrieben hatte und in welchem behauptet wurde, daß ich unter die Anarchisten geraten sei und daß meine Mutter sich die Augen ausweine. Meine sofortige Ausweisung wurde verlangt. Der Beamte konnte wieder nur gebrochen deutsch. Er saß vollkommen unbeteiligt auf seinem Drehstuhl, schob mir den Brief hin und beschäftigte sich, ohne sich weiter um mich zu kümmern, mit dem Aufblättern eines dicken Buches. Wahrscheinlich wird man jetzt meine Ausweise verlangen, war mein erster Gedanke, und ich machte mich auch schon mit dem Abschubsen vertraut. Einerseits gut, kalkulierte ich, so kommst du billig wieder aus diesem Mistland. Aber der Herr auf dem Drehstuhl schien überhaupt nichts von mir zu wollen. Er hörte auch gar nicht hin, wenn ich sagte: »Das ist nur Denunziation!« Gemütlich suchte er in seinem Buche weiter. Dann kam ein anderer Herr, sah mich ruhig an und fragte, ob ich arbeite. Ich gab vor, für Zeitungen zu schreiben und freier Schriftsteller zu sein, sagte, daß der Brief nur aus Haß und Rachsucht geschrieben worden sei und begann sofort, als ich sah, daß der Mann mir ruhig zuhörte, meine ganze Lebensgeschichte zu erzählen. Als ich ungefähr so in der Mitte war, legte man mir ein Papier vor, auf dem etwas stand von Fremdensteuer und bat mich, zu unterschreiben. Ich tat's und konnte bald wieder gehen.

Auf der Straße triumphierte ich über Max' fehlgeschlagene Aktion. Ich war schon wieder ganz versöhnt mit der Polizei und mit der Schweiz, suchte Schorsch auf und erzählte ihm alles. Dann gingen wir ins alkoholfreie Restaurant am Bahnhof. Wir waren schon öfter dort gewesen und hatten einen radikalen Grütlianer* kennen gelernt, der uns stets seine Theorien auf Schwyzerdeutsch auseinanderzusetzen beliebte. Es war immer das Gleiche. Wir hörten auch gar nicht mehr, was er erzählte, uns belustigte nur, *wie* er es vorbrachte.

Je mehr er in Hitze geriet, desto mehr stachelten wir ihn an. Seine Theorien liefen darauf hinaus, daß der Arbeiter sich allmählich in den Besitz des Bodens und der Fabriken setze, daß der Komfort immer mehr steige und der Besitz sowieso aufhöre.

»Ob ich daschteh oder da, dasch isch im kommunistischa Staat alles eins, da gehört jedem alles«, eiferte er und machte uns das auf dem Boden vor. Zürich und Bern waren für ihn die fortschrittlichsten Städte der Welt. Locarno aber haßte er. Da gab es keine öffentliche Bedürfnisanstalt. Über dieses Manko konnte er sich derart aufregen, daß er mit dem Auffahren von Kanonen seitens der Arbeiterschaft drohte. Freidenker schied er streng von Sozialisten. »Ja«, sagte er, »die Frydanka! . . . Die Frydanka, dasch' etwasch

* Linker Sozialist.

ganz andres wie die Sozialischta! ... Die Frydanka kempfa gega Gott, aber die Sozialischta, die Sozialischta, die geha aufs Ganza.« Und so weiter. Wir verbissen unser Lachen.
»Und die Schweiz! Die Schweiz, das ist auch etwas ganz andres«, sagte ich todernst, aber das beantwortete er stets nur mit der stereotypen Redewendung: »Dasch mit die Länd'r, dasch klärt sich alles, wenn die Sozialischta einmal am Rudr sind!« –
Zuletzt standen wir, wenigstens ich, im ›Alkoholfreien‹ hoch in der Schuld. Ich sehe heute noch die biedere, dickleibige Wirtin, wie sie mich mustert und sagt: »Abr ich hans doch mit 'rm aständiga Menscha zu tun!«, als ich für mein Schuldenmachen die bewegtesten Worte fand. Ich hinterließ meinen Überzieher und kam nie mehr wieder. Der Boden unter meinen Füßen fing zu brennen an. Ich lief jeden Tag zur Post und machte einen großen Bogen ums ›Alkoholfreie‹. Das Geld ließ auf sich warten. Nichts half. Ich ergab mich schon so halbwegs in mein Schicksal. Ganz niedergeschlagen und empört über diese Langweiligkeit bei der Post, traf ich einmal wieder Kropotkin. Ich erzählte ihm die Sache und zeigte ihm jammernd den Brief von Nanndl. Er wurde verwirrt.
»Ich habe keinen Pfennig mehr. Ich weiß gar nicht, was ich anfangen soll«, sagte ich. Der gute Mann wurde immer noch verwirrter und fauchte nervös umher. Ich wollte beruhigend sagen: »Ich will nichts von Ihnen, ich hab's nicht so gemeint.« Aber er hatte sich plötzlich umgedreht und war weg. Seitdem traf ich ihn nie wieder. Nur von weitem bemerkte ich ihn manchmal noch.
Endlich, endlich kamen die zwanzig Mark. Ich zahlte fünf Franken an meinen Hausherrn und kaufte für den Rest Palmin, Makkaroni und Zucker, Brot und etwas Butter. Dann schloß ich mich wieder völlig ab und lebte davon, so gut es ging. –
Unsere Brioner Gemeinschaft beschloß endgültig, nach Brasilien auszuwandern. Ich war dagegen und hieß das Weltflucht. Erregte Debatten gab es. Ich ließ mich auch da nicht mehr sehr oft sehen. Es kam vor, daß ich oft drei Tage nicht aus meinem Zimmer ging.

Mein Hausherr wartete ja doch überall auf die Restzahlung. Ich wich aus. Meine Vorräte schwanden. Ich aß Sauerampfer und röstete sie zuletzt sogar, übergab mich aber nach der ersten Kostprobe. Wenn meine Hausleute beim Essen saßen, schlich ich heimlich fort, wenn es gar nicht mehr in meinen vier Wänden auszuhalten war. Ziellos und gelangweilt durchstreifte ich die Gegend, ging abends nach Locarno und holte Schorsch ab. Wir diskutierten bis tief in die Nacht hinein in seiner Bude und ich riet ihm, nicht mit nach Brasilien zu gehen. Damals zeichnete er erstmalig nach Michelangelo und zeigte mir diese Versuche. Ich ermunterte ihn, denn die Sachen gefielen mir. Er sollte außerdem bald ein kleines Vermögen bekommen, auf das die Auswanderer warteten.
Ich wetterte: »Was tust du in diesem Sumpf da drüben? Bist du zum Holzhacken auf die Welt gekommen? Bist du Landwirt?«
Er nickte und gab's zu.
»Es wird in der Welt überall so sein: Wir Proleten können die Urwälder ausroden und die Länder kultivieren, wir können schuften und arbeiten, zum Schluß kommt der Staat und besteuert, macht uns zu Untertanen und nimmt uns das, was wir erarbeitet haben ... Überall ist's der gleiche Schwindel! Da bleib ich lieber Vagabund in einem bequemeren Land ...«
Er war ganz auf meiner Seite. Wir gingen zu den Kameraden. Eine gereizte Stimmung empfing uns. Schorsch war schon wieder unschlüssig. Ich ärgerte mich. –
»Geh du nur zurück in deinen Stadtsumpf!« sagte Theo zu mir. Ich nannte ihn einen Feigling wegen des Urwaldgehens.
»Dann könnt ihr doch gleich ein Kloster aufmachen, wenn ihr den Kampf gegen unsere Länder nicht aufnehmen wollt«, wetterte ich. Ein erregtes Hin und Her entstand. Feindselig ging man auseinander.
Drei Tage verrannen, ohne daß ich mein Zimmer verließ. Ich vertiefte mich in alle sozialistischen Schriften, so gut es ging. Ich lernte viel dabei. Es ging mir langsam auf, daß man zu den Massen

gehen müßte. Oft im Lesen entwarf ich gigantische Pläne, heiß und kalt wurde mir dabei.

Schorsch kam nicht. Ich schlich in sein Mulino hinunter, in seine Mühle. Alles war abgesperrt. Ich ging zu Theo hinaus. Nur Grete war da. Sie empfing mich mißtrauisch.

»Wo sind denn die andern?« fragte ich.

»Nach Italien hinein«, antwortete sie kurz.

»Verflucht –«, brummte ich und dachte schon, sie seien auf und davon.

»Warum sagt ihr uns nicht, was ihr im Sinne habt?« fragte Grete gereizt.

»Was sollen wir denn im Sinne haben?«

»Na, allerhand! ... Du willst Schorsch abspenstig machen, damit er mit dir geht«, gab sie wie vorhin zurück.

»Was geht einen Revolutionär Brasilien und der Urwald an«, sagte ich mürrisch.

»Jaja, das ist dein altes Schlagwort«, fuhr sie mich an. Ich hörte nicht darauf.

»Wann kommen sie denn wieder?« fragte ich.

»In zirka acht Tagen«, antwortete Grete.

»Herrgott, hol alles der Teufel!« fluchte ich und ging.

Es vergingen acht Tage, und Theo und Schorsch kamen zurück. Sie hatten eine Fußwanderung bis Mailand gemacht. Mein Freund war schon wieder ganz für Brasilien. Jetzt mußte sich etwas entscheiden. Auf langen Spaziergängen machte ich Schorsch auf sein Malertalent aufmerksam. Wir überlegten hin und her. Die Kameraden waren zu pflanzlich für uns, zu ethisch, zu verworren. Und meine Schulden wurden tagtäglich unerträglicher. Es war auch schon wieder alles so langweilig. Man bekam keine Post, am Ende der Welt war man und wußte nicht, was in den Städten vorging. Es war zu still da, zu gemütlich, zu reizlos. Der blaue Himmel allein machte es auch nicht. Ach – und überhaupt!

»Wir fahren wieder zurück in unseren Sumpf, diese ganze Natur-

trottelei kann mir gestohlen bleiben! ... Das ist was für Verdauungsphilister und Grasfresser! ... Das ist kein Leben!« sagte ich angewidert.
Schorsch nickte. Auch er haßte diese Art Gemütlichkeit. Tranken wir manchmal Schnaps und viel Wein, erhob sich sofort ein Sturm der Entrüstung bei einigen Anarchisten, rauchten wir, hieß man uns dekadent.
Wir wollten leben und die wollten sich, schien es, nur einrichten. Brasilien war nichts. Wir gingen zu Theo.
»So«, sagte auf einmal Schorsch und rülpste seinen letzten Schnaps auf, «jetzt sag ich es: Wir gehen wieder zurück in den Sumpf.« Er brachte es pathetisch heraus und doch wieder so wie ein plötzlich selbstbewußt gewordener Spießbürger. Ich hätte beinahe gelächelt.
Theo wurde blaß vor Wut. Dann lächelte er höhnisch und sah mich an.
»Wir sind ja keine Napoleone! Auch mit dem Kopf nicht«, spöttelte er.
»Ich auch nicht«, erwiderte ich ungetroffen. Von da ab stand man sich ein wenig fremd gegenüber. Es war etwas da, was sich zwischen uns gestellt hatte.
Schorsch schrieb um Geld an seinen Bruder, der sein Vermögen verwaltete. Keiner wußte etwas. Ich packte meine Schachteln und schaffte sie heimlich in den Mulino hinunter. Schon vor zirka vierzehn Tagen hatte Schorsch seine Arbeit bei dem Konditor in Locarno aufgegeben. Nach einem wüsten Trinken in einem Ristorante zogen wir nachts vor das Haus Jenkes, des Verdauungsphilosophen, und sangen grölend Sauflieder. Dann suchten wir Theo auf und sagten ihm Bescheid. Er und Grete kamen am andern Tag mittags nicht zur Bahn. Wir stiegen ein und der Zug fuhr los.
»Ach Mensch, das Leben ist ja noch so lang und so lustig!« sagte ich befreit zu Schorsch und auch der atmete auf. –
Am Pfingsttag kamen wir in München an. Mit der letzten Mark

fuhr ich anderntags nach Hause. Schon in der Stadt gafften die Leute nach mir. Verschlampt, mit langen Haaren, wie ein Wilder kam ich daher. Die zivilisierte Umgebung war mir halbwegs fremd geworden. Herrlich war der Tag. Groß und weit spannte sich der klare Himmel über den Starnberger See. So vertraut und so nahe war mir wieder alles, als wär ich nie weggewesen.
In Leoni stieg ich aus dem Dampfschiff und ging den Berg hinan. Von weitem sah ich zwei sonntäglich gekleidete Jungfern mit einem adrett angezogenen Herrn daherkommen. Sie lachten und schwätzten übermütig. Ich kam näher und näher und auf einmal schrien die drei zugleich: »Um Gottswilln, der Oskar! Der Oskar!« Das Lachen erstarb im Nu, jedes bekam ein peinliches Gesicht, und groß und staunend sahen sie mich an. Sie gingen mit mir ins Dorf und umstellten mich so, daß mich möglichst keiner sehen konnte. Sie schämten sich mit mir.
In ein kleines Häuschen kamen wir. Das hatten Theres und Emma gemietet und Mutter zu sich genommen. Max hatte geheiratet und war in unserm alten Haus. Eugen war wieder nach Amerika zurückgereist, mit Frau und Kindern.
Man empfing mich wie einen verlorenen Sohn. Max ließ wissen, ich sollte ihm nicht unter die Augen treten, sonst verprügle er mich. Am andern Tag fuhr Maurus mit mir nach München und ich nahm eine Stellung als Bäcker an.

XII
Der große Sprung

Arbeiten, sparen und wieder zum Teufel, war mein Grundsatz. Nur fort! Fort, so weit es nur ging. Wohin, ist gleichgültig! München ist ein Nest! Fort! Fort! –
Unklar wußte ich, daß Jung in Berlin war, daß man dort literarisch was machen kann. Also dahin! Eine große, ganz große Verände-

rung mußte kommen, etwas, das mich ganz aus den Geleisen des Jetzigen herausriß.
So begann ich in München meine Arbeit. Sie war mir mehr Nebending, Mittel zum Zweck.
Schorsch besuchte eine Malschule, hatte sich ein Atelier eingerichtet und hielt sich Modelle. Die bestahlen ihn, nützten ihn aus und führten Schlachten in seinem Atelier auf. Ich kam selten. Meine Arbeit dauerte ziemlich lange. Von abends elf bis anderntags zwei Uhr nachmittag und oft noch länger. In meinem Zimmer angekommen, setzte ich mich hin und schrieb Novellen, bis ich einschlief.
Die Verbindung mit den Anarchisten bestand nicht mehr. Ich hatte keine Zeit.
Maurus arbeitete damals ebenfalls in einer Münchner Konditorei und freundete sich mit Schorsch an. Es war ein schiefes Verhältnis. Maurus war zynisch und boshaft. Er las viel und hatte sich die Geste des Altklugen und Welterfahrenen zugelegt. Es ist leicht denkbar, daß er gegen mich selbst in kleinsten Kleinigkeiten mißtrauisch war. Er kam aber dennoch sonntags zu mir und spottete: »Ich hab' mir einen neuen Anzug anmessen lassen, hab' mir neue Krawatten gekauft und mir beinahe schon tausend Mark erspart.« Für ihn war ich ein Mensch ohne Willen und Charakter, mit dem sich einzulassen nicht ratsam war. Bei jeder Gelegenheit warf er mir die Geschichte von den dreihundert Mark vor. »Ich trag' dir weiter nichts nach«, sagte er dann meistens mit einem hämischen Unterton, »du bist mir ganz gleichgültig. Es kann dir gehen, wie dir mag, meinetwegen ... Aber der alte Schopenhauer hat schon recht: Der Charakter eines Menschen ändert sich nicht ... das ist eine sehr gute Erkenntnis ...« Er lächelte dann boshaft in sich hinein und stichelte weiter: »Und das sagt er auch so schön, so ganz richtig ... Wie jetzt gleich ... Ja ... Etwa so ... Einmal von einem Menschen betrogen werden und ihm noch ein einziges Mal Vertrauen zu schenken, hieße sein Geld beim Fenster hinauswer-

fen ... Hahaha, das ist sehr schön, sehr gut!« Er kam in ein breites Gelächter und weidete sich sozusagen daran, daß ich dagegen nicht aufkonnte.

Ich war todmüde. Er begann mir vorzulesen. Mir fielen die Augen zu. Er prahlte damit, was er schon gearbeitet und durchgemacht hätte und sagte hinwiederum: »Jaja, das Arbeiten, ha ... Das Geldverdienen mit seiner eigenen Arbeit ... Jaja, haha ... Das ist nicht so einfach, haha ...« Dann ging er. Ich lieh mir Bücher von ihm. Er gab sie mir. Er war aber sehr erpicht auf seine Bücher. Ich vergaß, sie ihm zur rechten Zeit zurückzugeben. Ich hatte mir ein wenig Geld von ihm geborgt für den Anfang und wollte zurückbezahlen, wenn ich mehr hätte. Er sträubte sich nicht beim Leihen, aber jedesmal drängte er und jedesmal sagte er: »Naja ... es wird ja sowieso verloren sein, wie ich dich kenne ... Darin bist du ja ein sehr freizügiger Mensch, wenn du andere betrügen kannst.« Ich stritt schließlich mit ihm, er drängte mich. Ich wurde wütend und ließ eine Zeitlang nichts mehr hören. Als ich einmal schlief, kam er, schlug mit dem Schirmstock auf mich ein und verschwand schleunigst. Der Krach war wieder fertig. Wir trafen uns nicht mehr. –

Schorsch vertat sein Geld und arbeitete eines Tages wieder als Konditor. Nur sonntags trafen wir uns. Modelle kamen und liehen sich Geld. Wir gingen spazieren und kamen im Café wieder mit einigen Bekannten zusammen.

Der Geselle in der Bäckerei war hinterlistig. Er hatte ein aufgedunsenes Gesicht, kleine, geschlitzte Augen und eine süßliche Fistelstimme. Mit dem Meister tat er sehr kollegial, denn er hatte eine kleine Brotfiliale und trachtete danach, auch bald Bäckermeister zu werden. Er gehörte zu jener Spezies von Menschen, von denen man sagt, sie treten nach unten und kriechen nach oben. Kam der Meister um Mitternacht nach Hause und sah in der Backstube nach, so sagte der beflissene Geselle jedesmal: »Oh, Herr Doll, wir werden leicht fertig. Sie können sich ruhig schlafen legen. Das Zeug ist gleich herausgebacken. Beim Ettaler haben wir

ständig dreimal so viel gehabt und waren bloß zwei – ich und der Lehrling.«
Wie wird so etwas ein Bäckermeister nicht gerne hören. Gleich sagte der Herr Doll: »Soso, jaja, macht's nur!« Er rülpste einige Male, bohrte sich in die Nase und griff in den gärenden Teig, sagte: »Der taugt auch schon, muß schnell rausgearbeitet werden. Lassen Sie ihn nicht vergehen«, fletschte etliche Augenblicke seine Zähne und ging zu Bett. Wenn er dann draußen war, griff der Geselle den Teig an und brummte beleidigt und mürrisch ein paar unverständliche Worte wie ›Immer muß er was zum Kritteln haben‹ und warf den Teig auf die Trogtafel. Dann ging die Hetze los. Ich wog die Stücke aus, der Lehrling legte sie in die Teilmaschine und streute sie dem Obergesellen hin. Dann hieß es Semmelschleifen, Brezendrehen usw.
In der Frühe kam der Meister und half beim Weckenmachen mit. Die verschiedenen Teige hatte ich zu machen. In Gegenwart des Meisters schuftete der Geselle, trieb uns – mich und den Lehrling – an und spielte den Tüchtigen. Oft nachts sagte ich so nebenbei, daß es eine schöne Schinderei sei in dieser Bude, und daß man sich sein Geld sauer verdienen müsse, während sich's der Meister beim Biere gütlich tue und fette Schweinebraten fräße.
»Wissen Sie, was der Oskar heut nacht gesagt hat?« erzählte dann der Geselle meistens beim Weckenmachen dem Meister.
»Ja, was?« fragte dieser neugierig, ohne von der Arbeit aufzusehen und lächelte hämisch in sich hinein.
»Eine schöne Schinderei wär's bei Ihnen, und Meister sein ist leicht«, berichtete der Geselle möglichst harmlos, fuhr überlegen lächelnd und kriecherisch fort: »Der ist eben solche Arbeiten nicht gewohnt und meint, Meister ist man im Handumdrehen . . .«
»Jaja, die jungen Leute heutzutag! . . . Die meinen immer, man könnt' sowas übers Knie abbrechen«, fiel ihm der Meister ins Wort und lachte sein lautes, nasses Lachen: »Zu meiner Zeit hat man noch achtzehn Stunden in den Bäckereien gearbeitet und hat die

Woche einen ganzen Gulden gekriegt. Dagegen ist der heutige Gesell' ja der reinste Privatier!« Und dann folgte meistens die Geschichte seines Werdens. Breit, behäbig und selbstbewußt. Der Geselle nickte hin und wieder, als ob er des Meisters Ausführungen bekräftigen müsse. Ich sah bei solchen Gelegenheiten meistens dumm drein und schwieg meinen Groll in mich hinein. War diese Partie Brot fertig, so hieß es austragen. Bis mittags um zwei Uhr fuhr ich schwerbepackt auf dem Fahrrad zu den verschiedenen Kundschaften. War ich damit zu Ende, ging ich in die Backstube, scharrte meine Tröge aus, schüttete das Mehl hinein und machte das Dampf*. Der Lehrling fegte unterdessen die Backstube aus und war immer um mich. Er war weitläufig zum Meister verwandt und mußte aufpassen, daß ich kein Brot mitnahm. Anfangs legte ich mir ahnungslos im Beisein des Lehrlings meine Brotration beiseite. Gebräuchlich war, daß man täglich ein halbes Pfund mitnehmen durfte. Meine Ration betrug drei Pfund. Der Lehrling verklagte mich. Der Meister machte hämische Andeutungen. Aber warum soll ich nicht essen, wenn ich Hunger hab', dachte ich mir, soll ich viel leisten, muß ich auch viel essen. Die Sticheleien des Meisters hatte ich sehr bald über. Da es offen nicht geduldet wurde, machte ich das Brotwegtun heimlich.
»Komm, hol mir Zigaretten«, sagte ich meistens kurz vor dem Weggehen zum Lehrling, und während er weg war, stopfte ich mir die Taschen voll Brot und kleidete mich an. Ruhig ließ ich seine prüfenden Blicke über mich ergehen und verschwand. »Scheinheiliges Pack!« fluchte ich auf der Straße und rechnete mein Erspartes nach. Auf meinem Zimmer machte ich mir Kakao, aß etliche Semmeln, begann zu lesen oder schrieb, bis ich einschlief. Die Logiswirtin kam herein, rüttelte mich wach und sagte menschlich: »Gehn S' doch ins Bett, Herr Graf.« Ich zog mich aus, legte mich hin und schlief wie ein Sack. Abends um 9 Uhr, bevor sie schlafen

* Gärender Vorteig.

gingen, weckten meine Wirtsleute mich. Ich machte mich fertig und ging wieder ins Geschäft.
Mittlerweile hatte ich mir einen taubenblauen Anzug gekauft, ein paar gelbe Halbschuhe und Hemden. Meine Habe freute mich. Sie war mühsam vom Leibe abgespart und deshalb um so kostbarer.
Eines Sonntags kam ich wieder zu Schorsch. Er wohnte in einem kleinen Atelier im Rückgebäude eines Schwabinger Hauses. Als ich den Durchgang des Vorderhauses durchschritten hatte und vom Hof aus hinaufsah, waren die Fenster offen und zwei Mädchen winkten und schrien sehr laut herunter. Das eine war im Hemd, das andere nackt. Ein Flieger surrte in der Luft und der interessierte sie. Ein fürchterlicher Lärm kam von oben. Ich rannte die Stiege hinauf und trat ein. Da sah es aus wie nach der Schlacht bei Sedan. Heringsbüchsen, Kisten, schmutzige Eimer standen herum, und der Tisch war vollgestellt mit Farbtöpfen. Kämme lagen da, schmutzige Tassen standen herum, und beide Modelle hüpften herum wie toll. Schorsch saß ruhig auf dem Diwan und malte an einer Landschaft, lachte hie und da oder zeterte um Ruhe. Mir gefiel dieses Zigeunerleben ausnehmend. Ich freundete mich mit den Mädchen an. Man ging spazieren. Abends gingen wir in ein Kino und wieder auf Schorschs Atelier. Lollo kochte Tee in einer Heringsbüchse und fragte mich, ob ich auch so zerrissene Hemden anhätte wie mein Freund. Ich lachte. Ich dachte nicht ans Schlafen und wollte gleich von hier aus ins Geschäft.
»Das geht nicht mehr, ihr müßt hinaus«, sagte Schorsch bestimmt zu den Mädchen.
»Ja, zwei dürfen auch bei einem Herrn nicht sein«, meinte Lollo. Schorsch sah hilflos drein.
»Du mußt hinaus«, sagte Lollo dann zu ihrer Rivalin, »ich bin schon länger da.« Schorsch und ich saßen eine Weile stumm da. Die Mädchen keiften. Plötzlich fingen sie zu raufen an, zerrten sich an den Haaren und machten einen ungeheuren Spektakel, bis Schorsch sich erhob und einschritt.

»Packt eure Sachen und macht, daß ihr fortkommt!« drohte er. Die Mädchen fingen zu bitten an. Lollo kam zu mir: »Nicht wahr, Herr Graf, das sagen Sie doch auch, daß die, die wo am längsten da ist, ein Vorrecht hat.« Ich nickte. Schließlich einigte man sich, daß die beiden morgen auszögen. Ich mußte gehen.
»Wie lange machst du den Dreck noch?« fragte mein Kamerad an der Haustür.
»Nicht mehr lange«, gab ich mechanisch zurück.
»Such' dir doch eine Bürostelle«, sagte er wieder.
»Ich muß überhaupt weg von München. Ich will nach Berlin, da ist eher was zu machen«, antwortete ich.
Auf dem Heimweg rechnete ich, wie lange ich es noch aushalten könnte ohne Stelle, forschte nach anderen Erwerbsmöglichkeiten. Alles war so widerlich, so eng!
Es war bereits halb elf Uhr. Ich rannte ins Geschäft. Wochen zerblätterten. Träge und unentschlossen verfloß die Zeit. Ich nahm ein Lotterielos. In einer Woche sollte Ziehung sein. Zehntausend Mark war der Hauptgewinn. Eine Rettung, dachte ich. Nichts.
Ich sandte Skizzen an verschiedene Zeitschriften. Alle kamen zurück. Öfters traf ich Lollo und vertrödelte mit ihr die Nachmittage. Nachts hatte ich Schlaf.
Fort!
Fort, dachte ich, fort, so weit ein Zug geht!
Eines Tages traf ich Morax. Er erzählte mir, daß Jung nach Berlin gefahren sei und dort lebe. Zwei Bücher von ihm seien schon erschienen.
Ja eben, Berlin, sagte ich mir.
Der Lehrling hatte mich neuerdings verklatscht. Jetzt machte sich auf einmal der Meister kurz vor meinem Weggehen in der Backstube zu schaffen und beobachtete mich. Mein Grimm wuchs.
Durch einen unglücklichen Zufall überbrühte ich mir die Hand mit heißer Lauge. Ich mußte zwei Wochen aussetzen und bekam Krankengeld. Aber der Meister schickte jeden dritten Tag zu mir,

wann ich wieder anfangen könnte. Als die Hand geheilt war, spöttelte der Geselle: »Wegen so einer Kleinigkeit zwei Wochen aussetzen!« Der Meister hielt sich etwas zurück und sagte nur manchmal: »Jaja, die jungen Herren heutzutage! Die sind empfindlich!« Oder er fragte unvermittelt: »Von was haben Sie denn die zwei Wochen gelebt?« Daher bläst der Wind, dachte ich und sagte harmlos: »Nun ja, schließlich, ein paar Pfennige erspart man sich doch, wenn man immer arbeitet.«
»So ein paar Laugenspritzer sind leicht zu ertragen, wenn man so lange Feiertag macht«, meinte der Geselle witzig unterm Weckendrehen, und der Meister lachte. Ich arbeitete ruhig weiter. Noch drei bis vier Wochenlöhne, dann werfe ich die Sache hin, war mein Gedanke.
»Ihr seid schöne Kriecher«, sagte ich eines Nachts zum Gesellen und zum Lehrling, »alles hinterbringt ihr dem Meister, und der lacht sich in die Faust über unsere Uneinigkeit. Er zieht den Nutzen davon.«
»Wo? . . . Wer hat was gesagt? . . . Wieso denn?« brauste der Geselle auf und wurde rot, denn ich hatte ihn getroffen.
Mit einer abweisenden Geste sagte ich: »Ich mag nicht weiter reden, ich denk' mir mein' Teil.«
»Jetzt haben wir so lange miteinander gearbeitet, und auf einmal fängst du an zu nörgeln«, jammerte der Geselle scheinheilig und setzte hinzu: »Ich leg' dir doch gewiß nichts in den Weg.«
»Schon gut, schon gut«, sagte ich bitter und schwieg.
Dem Gesellen schwoll der Kopf noch röter an: »Wenn du meinst, wir können's ja aufnehmen.«
»Gut«, sagte ich kampfbereit. Schweigend ging die Arbeit weiter.
Es war in einer Nacht von Samstag auf Sonntag. Da gab's besonders viel zu tun. In der Zeit zwischen Herausbacken der Semmeln und Gärenlassen der Brezen benützte ich meine geringere Beschäftigung dazu, meine Tröge in Ordnung zu bringen. Hastig lief ich in den Mehlkeller hinunter und holte Butte um Butte Mehl und

leerte es in den Trog. Der Lehrling saß unterdessen müßig da und verzehrte seine Nachtvesperration. Die Semmeln waren herausgebacken.
»Oskar! Raus zum Brezenkochen«, schrie der Geselle. Ich rannte in den Mehlkeller und wollte noch die letzte Butte Mehl holen.
»Gleich, bloß einen Kübel noch!« schrie ich im Hinunterrennen. Der Schweiß troff mir vom Leibe.
»Heraus!« schrie der Geselle.
»Soll der Andreas schnell hinausgehen!« gab ich von unten hastig Antwort.
»Raus!« schrie es drohend. Ich kam die Treppe heraufgestürzt mit dem vollen Mehlkübel, rannte an den Trog und schüttete das Mehl hinein.
Da hatten mich Fäuste. Ich ließ den Mehlkübel mit aller Gewalt auf den Gesellen niedersausen, daß es krachte. Der Lehrling schrie entsetzt auf. Jetzt faßte mich das fliegende Gefühl großer Wut. Mein Körper zitterte, und nun gab es kein Halten mehr. Ich raste. Der Geselle stürzte blutüberströmt abermals auf mich. Ich bellte auf, erwischte die Kohlenschaufel, und nun ging es an wie bei Mord und Totschlag. Der Geselle wich in den Backraum zurück. Ich schlug die Lampe herunter, stürzte nach vorn ins Dunkel und schlug unausgesetzt und wahllos auf alles ein. Die Brezenbretter krachten, der Laugenkübel spritzte, der Schragen flog schmetternd auseinander. Die zwei schrien aus Leibeskräften aus dem Baderaum. Ich stemmte mich an die Tür, schlug das Fenster ein. Die zwei plärrten noch mehr. Um mich spritzte Teig und Dreck. Alles mußte hin sein, kaputt gehen! Aber die Tür war verriegelt und doch zu fest. Durch die eingeschlagene Fensterlichtung schrie und brüllte ich: »Schufte! Hunde! Hin müßt ihr sein!« Die beiden wimmerten: »Du bist irrsinnig!« Ich schlug abermals mit der Kohlenschaufel gegen die Tür, daß ein Brett herauskrachte. Die zwei drinnen überbellten mich, und im Haus wurde es lebendig. Auf einmal stand die ganze Bäckermeisterfamilie in Nachthemden da und

wimmerte auf. Sonstige Inwohner standen entsetzt im Gang. Der Bäckermeister hob das Kerzenlicht in die Höhe, überleuchtete den demolierten Backraum und fing, als er seine ganzen Brezen im Dreck liegen sah, vernichtet an zu heulen wie ein Kind: »Ja! Ja, ja! Um Gotteshimmelswillen, Oskar, Sie sind ja irrsinnig! Schaun S' doch hin, alles ist kaputt! . . . Sind's doch ruhig! Ruhig! . . . Alles ist hin, u-u-u-um Gottswilln! . . .«

»Geht einer her! Jeden erschlag' ich maustot!« schrie ich sinnlos und brüllte weiter: »Diese Schufte! Diese elenden Schufte! Ich geh! Ich geh sofort!« Ich rannte abermals gegen die Baderaumtür: »Macht auf, sonst schlag' ich alles kurz und klein! Auf, ich geh sofort, ich geh! Meine Kleider raus!« Der ganze Hof heulte auf. Ich bekam meine Kleider durch die eingeschlagene Fensterlichtung herausgeworfen, fing sie auf und zog mich an. Keiner wagte an mich heranzukommen.

»Er ist irrsinnig geworden! Die Sanitäter müssen ihn abholen!« schrien die zwei Eingeschlossenen immerzu. Niemand hörte sie, alles jammerte und weinte.

»Da-das muß bezahlt werden!« greinte die Bäckermeisterin.

»Meinetwegen!« plärrte ich sie an, warf meine Schürze weg und machte mich fertig zum Gehen. Erschreckt bildete sich ein Gang, durch den ich hastig lief.

Der Morgen dämmerte schon auf den Straßen. Die Häuser reckten sich schläfrig und trist. In Schweiß gebadet, mit Ruß bespritzt und bis obenauf dreckig, rannte ich vorwärts und suchte Schorsch auf. Der lag noch im Bett. Als er öffnete, schrak er beinahe zurück.

»Jetzt hab' ich Schluß gemacht!« sagte ich und brach in einen Stuhl. Dann, nach einer kleinen Pause, erzählte ich ihm den Hergang. Er schüttelte den Kopf und sagte nur: »Das kann dir eine schöne Geschichte eintragen, wenn der Meister ekelhaft ist.« Ich hörte nicht darauf.

»Am besten ist's, du verschwindest eine Zeitlang aus München«, meinte mein Kamerad wieder. Ich nickte dösig.

»Geh doch nach Berlin«, sagte Schorsch wiederum, »dort ist's für Literaten zehnmal besser. Auch Jung ist dort.«
Damit war alles beschlossen. Ich wusch mich, und Schorsch machte sich fertig. Als wir auf die sonnige Straße schritten, war mir sehr frei zumute. Als wäre ich nach langer Mühe einem Schlammeer entronnen, so leicht war alles. Nach einem Spaziergang aßen wir in einer Gastwirtschaft und besorgten alles zur Abfahrt.
Und wieder, wie damals nach Locarno, fuhr ich um zehn Uhr in die schwarze Nacht. Als ich so am Coupéfenster stand und das Rattern und Brausen des Zuges die Flächen auseinanderhämmerte, jubelte ich auf einmal auf, hell auf.
Fort, fort! Weit fort, jagte es durch mich, und mein Blut wallte.
›Berlin! Berlin!‹ trommelten die Schienen, und wie ein fremdes Wunder, ein riesiger Dom erstand diese Stadt in meiner Vorstellung.

XIII
Zu Gast

Mit drei Mark und zwanzig Pfennigen kam ich in Berlin an. Was ich zu tun gedachte, war mir unklar. Da ich Jungs Adresse hatte, suchte ich lange nach ihm. Ich fand ihn schließlich, wohnte bei ihm und ging mit ihm trinken. Allerhand neue Leute lernte ich kennen. Es wurde viel diskutiert in den Kreisen, wo wir verkehrten. Die Psychoanalyse ging um, untermischt von allerhand sozialen Ideen. Ich kam in Berührung mit der jungen Literatur. Schrecklich unbeholfen, wie ich war, wußte man sehr wenig mit mir anzufangen. Es ging mir ziemlich schlecht. Ich suchte diesen und jenen auf, bekam Geld oder zu essen. Nach allmählicher Gewöhnung an diese Umgebung fing ich wieder schriftstellerisch zu arbeiten an, veröffentlichte etliche Verse in Zeitschriften und trank andauernd mit Jung, Öhring und noch verschiedenen, gerade hinzukommenden Leuten herum. Wenn das Geld nicht mehr reichte, wurden große Streifzüge gemacht. Ich wurde jedesmal geschickt, ging zu den Leuten, berief mich auf Jung und gab vor, daß wir irgendwo wegen Zechprellerei festsäßen und borgte für die Zurückgebliebenen Geld. Überall war ich zuletzt bekannt. Man wich mir aus, wo es ging. Wenn ich beispielsweise im Café des Westens auftauchte, sah man nach mir, steckte die Köpfe zusammen, und einmal hörte ich das Wort ›Pumpgenie‹.

Äußerlich kam ich sehr herunter, ging verschlampt und hatte überall ein peinliches Gefühl. Mit Jung und seiner Frau geriet ich bald in Streit und nächtigte bei Öhring, dessen Vater Telegraphendirektor war. Wenn ich dort läutete, kam meistens der alte Herr selber, musterte mich flüchtig und rief, mich stehen lassend: »Richard! Der Verbrecher!«

Dieser Mann haßte mich vom ersten Augenblick an. Als ich einmal wieder bei Richard schlief, begann der Alte plötzlich im Nebenraum zu zetern. Mit pathetischer, zitteriger Stimme polterte er: »Ich bin wie Simson! Ich halte die Säulen des Hauses! Aber einmal! Einmal bin ich nicht mehr imstande, die Säulen zu halten, und dann stürzt der ganze Bau ins Verderben!«

Er hatte es immer aufs Pathos abgesehen. Jung und ich galten ihm als die Verführer seiner beiden Söhne. Wenn wir zugegen waren in Richards Zimmer, heulte drüben die Stimme des Hauses: »Wehrlos der Verführung preisgegeben! Wehrlos! Meine Söhne, mein Glück!«

Er war ein alter, hagerer, grauhaariger Mann, den die langen Dienstjahre völlig nervös gemacht hatten. Seine Frau war lahm und saß den ganzen Tag in einem hohen Lehnstuhl am Fenster. Richard und Fritz studierten, bummelten aber meistens in den Literatenkreisen herum und machten Verse.

Jung half mir überall, wenngleich wir uns nie recht verstanden. Kamen wir ins Diskutieren, so glotzte ich ihn meistens dumm an, weil ich nichts verstand. Dann wurde er wütend und hieß mich

›Trottel‹ und ›Idiot‹. Er spekulierte auf der Börse, leitete Korrespondenzbüros und war Redakteur einer Handelszeitung. Wenn ich mit seiner Frau daheim war, mußte ich ihr bayrische Lieder vorsingen, oder wir gingen ins Café und lauerten auf Leute, die Geld hatten. Es gab oft wüste Auftritte bei Jung. Die beiden schlugen sich. Ich wurde beschimpft als der Schuldige. Meistens nach so einem Krach gingen Jung und ich weg und tranken oft zwei bis drei Tage. Alle Verbindungen mit zu Hause waren zerrissen. Ich hängte mich an Jung. Schließlich gab es Streit zwischen ihm und mir. Ich schlief eine Zeitlang heimlich bei Richard Öhring und ging mit den zwei Brüdern. Nichtsnutzig verfloß die Zeit. Es wurde mir ekelhaft. Ich war unzufrieden. Des öfteren besuchten wir Versammlungen der Anarchisten oder verbrachten die Tage auf Rummelplätzen. Nichts geschah. Ich borgte mir von Richard Geld und ging auf die Zimmersuche. Ich wollte allein sein und mein eigener Herr, irgend etwas anfangen.
Die Nachricht von der Serajewoer Mordaffäre durchschütterte die Welt. Telegramme kündigten die Mobilmachung Rußlands an. Dann die deutsche. Ein ungeheurer Ausbruch von Jubel fieberte über die Straßen. Alles hetzte. Zusammenrottungen entstanden, die Kasernen standen voll von Freiwilligen. Durch die Straßen sausten Autos mit Offizieren, die mit Hochrufen begrüßt wurden. Schwerbepackte Lastautos mit Militärkleidern, Stiefeln und Helmen ratterten daher. Dort mengten sich Menschen zusammen, stürmten gegen ein Café, das einen fremdsprachigen Namen hatte, und schlugen alles kurz und klein. Auf einem Platz jagte eine Rotte einem Menschen brüllend nach, schlug ihn tot, sang ›Deutschland, Deutschland über alles!‹ Durch lange Straßen wälzten sich graue Regimenter, umjubelt vom Volk, von Bürgern, feinen Herren und Damen. Es war ein furchtbares Treiben und Hasten. Tag und Nacht durchdröhnte die Musik patriotischer Lieder und schaudervollster Geschichten von Spionen, von ersten Zusammenstößen mit dem Feinde, die Luft.

»Jetzt geht's los!« sagte ich.
»Alles wird wegrasiert«, sagte Jung.
Die Intellektuellen des Cafés des Westens machten ratlose Gesichter. Auf einmal hatte alles aufgehört, was gestern noch so wichtig gewesen war. Alles hing in der Luft. Unzählige meldeten sich freiwillig. Warum wußte keiner recht.
»Wird eine feine Sache. Man muß mit den Betoneuren gehen«, sagte Jung. Er war ein Verzweifelter. Ich verstand das Wort nicht, verstand ihn nicht und schaute ihn dumm an. Ich ging zu Öhring. Der Herr Telegraphendirektor empfing mich förmlich mit offenen Armen: »Kommen Sie herein! Jetzt, in dieser Stunde, schweige jeder persönliche Zwist. Wir sind Deutsche! Deutsche! Kommen Sie!« Und er führte mich diesmal ins Wohnzimmer, wo Richard und Fritz bei ihrer Mutter saßen. Das war die ganze Zeit noch nie vorgekommen. Der Tisch war zum Biegen gedeckt mit Speisen, dikken Zigarrenschachteln und Zigaretten. Die beiden Brüder sahen mich verdutzt an.
»Ich stehe mit dem letzten Blutstropfen hinter euch, meine Söhne, mein alles!« rief der Telegraphendirektor und deutete auf mich: »Hier, auch Herr Graf meldet sich in dieser ernsten Stunde freiwillig. Das Vaterland ruht tief in unserem Busen.« Er erhob das Weinglas und rief fast singend: »Mit Gott für euch und unseren König, für das Vaterland und unsere Ehre! Wohlan!«
Ich glotzte zuerst, dann konnte ich das Lachen kaum noch halten. Dennoch brachte ich im Innern ein dumpfes Mißbehagen nicht los. Ich wußte nicht, was es war. Es drückte nur auf jeden Entschluß, den man fassen wollte.
Der Telegraphendirektor gab den beiden Söhnen Geld, und wir entfernten uns. Ich war vollkommen verblödet jetzt. Die beiden gingen in die Wrangelkaserne und wollten sich freiwillig melden. Mir wurde die Sache unbehaglich. Was wollte ich da? Ich sah endlose Freiwillige im Kasernenhof stehen. Jedes einzelne Gesicht strahlte. Ich sagte zu Richard: »Weißt du was, das ist mir zu lang-

weilig! Wenn sie mich wollen, werden sie mich schon holen! Nachlaufen tu ich ihnen nicht!«
Wir hatten Fritz im Gedränge verloren. Eine Zeitlang pfiffen wir vergebens, entfernten uns und suchten Jung.
»Was geht mich der ganze Dreck an! Ich werde jetzt wieder Bäcker machen«, sagte ich so im Dahingehen. Richard wußte nicht, was er sagen sollte.
»Und überhaupt! . . . Wenn ich schon zum Militär muß, so möchte ich zu den Bayern«, sagte ich wieder.
»Das geht kaum mehr«, sagte Richard.
»Warum nicht?« fragte ich verdutzt.
»Alle Züge sind für Truppentransporte verwendet worden. Du kommst nicht mehr nach München«, antwortete er.
Ich ging zu Jung und fragte ihn, was ich tun sollte.
»Freiwillig . . . Die Sache wird fein! Lüttich ist schon genommen. Es geht wie mit einer Maschine«, war dessen Antwort. Und wieder sagte er: »Im Nu ist Paris genommen.« Vernichtung wollte er; er und alles sollte zugrunde gehen. Ich kannte ihn nicht mehr.
Die Straßen waren brausend. Sieg auf Sieg schrie aus den fettgedruckten Anschlägen. Mir wurde heiß unter den Füßen. Ich hörte, daß man sich nach auswärts freiwillig melden könnte. Ich ging auf die Wilmersdorfer Polizei und meldete mich freiwillig zum dritten Infanterieregiment nach Augsburg. Man stellte mir einen Zettel, der als Fahrschein galt, aus. Ich sauste zu Jung, packte meine Habe zusammen, fuhr zum Anhalter Bahnhof, stieg auf die Bahn und landete nach viertägiger Fahrt in München. Es kam mir nicht in den Sinn, mich in Augsburg zu melden. Da war immer noch Zeit. Ich wollte nach Hause, wollte Schorsch sehen und abwarten.
Es war eine schöne, beinahe idyllische burschenschaftlerische Fahrt durch das halbe Deutschland. Überall auf den Bahnhöfen warteten Rotkreuzleute und fütterten uns dick. Die ganzen Coupés waren voller Brotreste, Wurststückchen und Käsebrocken.
Jedenfalls, das ist fein, zu fressen gibt's, scheint es, im Krieg im-

mer, dachte ich und erinnerte mich an die Geschichten, die mir mein Vater immer vom Feldzug Anno 70/71 erzählt hatte.
In München war es totenstill. Das tat fast wohl. Da sah man – es war allerdings schon nach Mitte August – keine Rottungen, die Straßenbahnen fuhren wie immer, die Leute gingen dahin, das Kaufhaus Tietz stand noch da und der Justizpalast.
Ich fuhr zu Schorschs Mutter und fragte nach ihm. Der sei nach Augsburg als Koch, liege aber jetzt im Krankenhaus, erfuhr ich. Todmüde suchte ich ein Modell auf und schlief dort. Max, mein ältester Bruder, das wußte ich, war längst eingezogen. Maurus wollte ich gar nicht treffen. Also konnte ich nach Hause. Am dritten Tag stand ich in der offenen Küchentüre unseres Hauses und lachte hellauf: »So, jetzt haben wir wenigstens einmal Spektakel. Das wird ja fein!« Maxens Frau war da, die Kinder lungerten herum und Theres, Emma und Mutter waren auch wieder heruntergezogen ins alte Haus, um zusammenzuhelfen. Alle ließen die Köpfe hängen und meinten, es würde etwas Furchtbares werden. Meine Mutter hatte ein ruhiges Gesicht, dann falteten sich etliche Furchen auf ihrer Stirn, und nicht traurig und nicht freudig sagte sie: »Ja ... Ich weiß, wie die Männer Anno 70 fort sind ... das wird nie nichts Gescheites.«
»Was ist denn mit dir?« fragten meine Schwestern.
»Ich? ... Die werden mich schon holen. Nachlaufen tu ich ihnen nicht«, sagte ich.
Ich mußte mich beim Bürgermeister melden und wurde kurz darauf in München gemustert. ›Train‹, hieß es. Viele im Dorf lachten mich aus.
Am 1. Dezember 1914 mußte ich mich in München in der Trainkaserne melden. Wir wurden auf die Gewandkammer geführt, bekamen unsere Uniform, die Stiefel und das sonstige Zubehör. Damit begann's.

XIV
Soldat

Es war sehr lustig auf unserer Stube. Wir lagen zu fünfundvierzig mit einem Unteroffizier im Saal. Die ersten Tage verliefen sehr wechselvoll. Endlich, nachdem wir vollkommen eingekleidet waren, kamen wir in den Kasernenhof. Exerzierübungen.
Unser Unteroffizier war ein kleines, kugelrundes Männchen und dazu noch Ornithologe, das heißt, ins Praktische übersetzt, Vogelhändler. Er hatte einen schneidigen Ton, und man lernte gut bei ihm. Aber ich mußte bei der geringsten Gelegenheit lachen, was ihn furchtbar alterieren konnte.
»Was lachen Sie denn immer?« schrie er mich an. Ich lachte noch mehr, ohne zu wissen, warum. »Kommen Sie aus dem Narrenhaus?« bebte die Stimme. Ich mußte noch mehr lachen. Er ließ mich wegtreten. Solange exerziert wurde, stand ich da und sah zu. Manchmal traf mich ein drohender Blick des Korporals, aber ich konnte mir nicht helfen, das Männchen war so drollig in seiner Wut. Es sah, wenn man nur den Kopf betrachtete, wie er immer röter wurde, sich an wie eine geschwollene, kinderballonähnliche Wurst. Das zerdetschte Käppchen glänzte und saß droben wie aufgeklebt.
Am andern Tag ging es ans Erlernen von Ehrenbezeigungen. Wir mußten im Gänsemarsch um den Herrn Unteroffizier herummarschieren und ihn – Hand an der Schläfe und den Blick ihm zugewendet – grüßen. Ich lachte schon wieder über die Wurst. Der Korporal schimpfte. Ich lachte lauter. Er fauchte auf mich zu. Ich lachte noch mehr und konnte kaum mehr gerade stehen.
»Nochmal zurück!« brüllte mein Vorgesetzter. Es half nicht. Immer lachte ich. In der Schule mußten wir einmal einen Satz machen, wo das Wort ›prallen‹ drinnen vorkam. Ich sagte einem Deppen ein: »Kleine, dicke Menschen tut man aufs Brett und prallt man in die Höhe.« Ich stellte mir das damals so vor wie ungefähr das bekannte Fröscheprallen, das wir manchmal machten. Jetzt,

während ich so herummarschierte, brachte ich diese Vorstellung aus der Kinderzeit nicht los. Ich sah die runde Kugel des Unteroffiziers förmlich in die Luft geschnellt und auf einmal mit einem Knall platzen.

Und wieder, wieder, immer wieder mußte ich zurück und, die Hand an der Schläfe, das Gesicht dem Korporal zugewendet, vorbeidefilieren. Mein Lachen verstärkte sich zur Salve. Der Unteroffizier sprang, fauchte, piepste. Da auf einmal brach ich zu Boden vor Lachen, hielt noch immer die Hand an der Schläfe und sah den vollkommen ratlosen, wütenden Unteroffizier an. Alle lachten. Der Unteroffizier zog sein Notizbuch und schrieb mich auf.

»Wegtreten!« schrie er. –

Beim Appell wurde ich dem Rittmeister vorgestellt.

»Warum lachen Sie denn immer?« fragte der gebieterisch.

»Verzeihung, Herr Rittmeister, das habe ich schon seit meiner Jugendzeit«, antwortete ich beflissen. Der Rittmeister drohte mit dem Finger und dröhnte mich an: »Warten Sie! Sie mit Ihrem jugendlichen Lachen! Das werden wir Ihnen gleich austreiben im Dunkelarrest.«

»So«, sagte ich dumm. Da fing der Rittmeister zu brüllen an und schimpfte wahrhaft berserkerisch auf mich ein. Räsonierend sagte er zum Wachtmeister: »Den Kerl wollen wir mal auf drei Tage hinüberschicken! Notieren Sie ihn.«

Nach dem Appell, als wir die Stiefel und Kleider putzten, kam der Unteroffizier vom Dienst und schrie zur Tür herein: »Graf! Raus da!« Ich lief auf ihn zu. Er sagte, ich müßte die Schürze ablegen und mit ihm gehen. Ich tat es. Wir gingen sodann in die Küche. Dort bekam ich zwei Kommißwecken, und dann ging es in die Arrestanstalt hinüber. Der Unteroffizier polterte auf dem ganzen Weg, ob ich denn gar nicht wüßte, wie man sich zu benehmen habe, und sagte, ich sei ja geradezu eine Schande für die ganze Rekrutenschaft.

Als ich dem Arrestfeldwebel vorgestellt wurde, musterte derselbe

mich spöttisch und sagte zum Unteroffizier: »Junges Gemüse.« Darauf zog der Unteroffizier ab. Der Feldwebel plapperte mir die Verhaltensmaßregeln im Arrest vor, führte mich in den ersten Stock hinauf und sperrte mich in eine kalte, dunkle Zelle. Drei Tage bei Wasser und Kommißbrot in diesem Loch machten mich etwas nachdenklich. Warum sperren sie mich eigentlich ein, mußte ich immerzu denken, sie brauchen doch die Menschen? Was war denn das für ein Verbrechen mit dem ›So‹? Es war kalt, langweilig und nutzlos, dieses Zellenschmachten. Wenn ich herauskomme, nahm ich mir vor, dann sage ich ganz einfach, sie sollen mich nur gleich ins Feld schicken. Da brauchen sie sicher die Leute zu anderen Dingen als zum Einsperren.
Den Tag nach meiner Arrestabbüßung mußte ich das Zimmer der Unteroffiziere herauswischen und ihr Schuhwerk wichsen. Wenn Kameraden vorüberkamen, lachten sie mich verlegen an. Ich lachte auch, aber ich empfand deutlich, daß mich keiner mehr recht mochte.
Anderntags in der Frühe um fünf Uhr ging es dann in den Stall. Ich bekam alles, was ich in den drei Tagen versäumt hatte, vom Unteroffizier gezeigt und war schon irgendwie abgesondert. Dumm, dachte ich, dumm, jetzt hat man dich schon im Auge und schanzt dir sicherlich die schlechtesten Arbeiten zu. Aber nach wieder etlichen Tagen war die Aufmerksamkeit des Unteroffiziers doch schon wieder verebbt, und ich wurde wie jeder andere behandelt.
Als wir wieder einmal in den Stall kamen und uns im Mittelstall für den Dienst zurecht machten, stieß mich plötzlich einer von den Alten, der anscheinend schon lange Zeit diesen Betrieb kannte, zwinkerte mit dem Auge und sagte: »Komm!« Er nahm mich beim Arm und raunte abermals: »Mensch, sei doch nicht so blödsinnig und plag dich so ab!« Wir standen an der Stiege, die zum Heuboden führte. Der Mittelstall war fast ganz dunkel und diente nur zum An- und Auskleiden. Der Alte machte einen stummen Wink, und ich folgte ihm auf den Heuboden.

»Du bist doch der, der gleich am ersten Tag ins Loch gesteckt worden ist, nicht?« fragte der Alte, als wir droben allein waren. Ich nickte stumm.
»Jetzt paß auf«, gab er mir sodann als Anleitung, »der Unteroffizier ist besonders gut auf die Flinken zu sprechen, und wenn du's jetzt geschickt machst, kannst du dich bei ihm wieder rein machen und hast eine gute Nummer bei ihm. Siehst du, das ist das Heuloch. Schreit der Unteroffizier drunten: »Heu runter!«, so reißt du schnell den Deckel auf und wirfst die hergerichteten Bündel nacheinander in den Stall hinunter, bis er schreit: »Aufhören!« Dann klappst du den Deckel wieder zu und gehst heute wieder in den Stall. Von morgen ab kannst du es dann jeden Tag so machen und hernach hier heroben schlafen, bis es zum Ausreiten geht.«
Das begriff ich sehr schnell und richtig, als es vom Stall heraufrief: »Heu runter!« und meine Kameraden drunten aus ihren Pferdeständen rannten, warf ich bereits die Heubündel hinunter. Drunten stand der erstaunte Unteroffizier und lachte zufrieden, indem er den anderen zurief: »Das laß ich mir gefallen, der hat Schwung und Flinkheit in den Knochen.« Von da ab hatte ich lange eine gute Nummer bei ihm. Aber einmal, als es zur Übung ging, war ich nicht da und wurde entdeckt. Der Unteroffizier sagte zu den anderen: »Ein ganz freches Bürscherl, dieser Kerl!« und behielt mich jetzt stets scharf im Auge. Da ich immer noch lachen mußte, wurde ich zu den beißenden und schlagenden Gäulen gesperrt und mußte sie putzen. Ich ging zum Unteroffizier, stand stramm und sagte unschuldig: »Bitte Herrn Unteroffizier, austreten zu dürfen.«
»Aber schleunigst!« sagte der. Ich rannte hinaus und ging in die Kantine. Auch das kam auf, und von jetzt ab mußte ich jeden Tag nach dem Dienst das Unteroffizierszimmer herauswischen und die ganzen Stiefel der zwanzig Korporale putzen. Nachexerzieren mußte ich, weil ich noch immer lachte, oder nach dem Zimmerwischen in die Küche bis um zwölf Uhr und Kartoffeln schälen. Dort gab es viel zu essen, und ich freundete mich sogleich mit sämtli-

chen Köchen an, bekam deshalb mittags die größten Portionen und hatte auch dort eine gute Nummer.
Beim Reiten bekam ich einen sehr empfindlichen Gaul, der gerne abwarf. Das freute mich. Ich ritt ziemlich gut und bekam beim Reitunterricht nie einen Anrempler. Auch lachte ich jedesmal beim Herabgeworfenwerden hell auf und stieg immer wieder mit doppelter Freude auf den Gaul. Das gefiel dem Unteroffizier, und er sagte zu den Ängstlichen: »Schaut den an! Der schert sich nichts, drum kann er auch was! Beim Reiten muß man frech sein, Kerle!«
Wart nur, dachte ich, du sollst deine Schikanen schon büßen, und kitzelte meinen Gaul stets auf der Kricke, wenn alles aufs Schönste klappte. Und plumps – das Pferd stemmte die Hinterfüße, ging gereizt vorne hoch und warf mich mit einem eleganten Schwung auf den dicken, aufspritzenden Sägespäneboden. Oder es warf mich nach vorne, wie ich es wünschte.
»Kerl! Kerl!« polterte der Unteroffizier und mußte dennoch lachen: »Kerl! Du verpfuschst mir das ganze Paradereiten! Marsch! Schnell hinauf! Marsch!«
Nur sachte, sagte ich mir insgeheim, ich zahle dir dein Stubenwischen und Kartoffelschälen schon noch heim. Dann kam das Schaureiten vor dem Rittmeister. Mitten im schönsten deutschen Trab kitzelte ich meinen Gaul wieder und flog. Alles war verpfuscht. Der Unteroffizier bekam eine Nase, und ich wurde von da ab in den Kohlenkeller geschickt. Dort arbeitete ich mit einem Alten, der mit dem Kellersergeanten sehr intim tat und immer Vesper machte, um neun Uhr früh die erste, um elf Uhr die zweite, dann Mittagessen, um zwei Uhr die dritte und um halb vier Uhr bis zirka fünf Uhr die letzte. Dann hatten wir Ruhe. Das war sehr gemütlich.
»Du kannst nichts Besseres tun, als dich schleunigst ins Feld melden, sag' ich dir«, belehrte mich der Alte, »da gibt's massenhaft so Kolonnen, wo es Druckposten gibt, wenn's einer versteht.« Ich

ging sofort zum Unteroffizier und sagte verkniffen soldatenbrav: »Verzeihung, Herr Unteroffizier, wenn ein Transport ins Feld geht, ich möchte gleich mit.«
Der Korporal maß mich streng und sagte zurückweisend: »Wart nur, Bursche, für dich such' ich schon was, wo dir deine Frechheit vergeht! So gemütlich wie im Keller kriegst du's nimmer, merk' dir's! Du kommst schon an die Reihe, nur Geduld!«
Der Alte im Keller lachte, als ich ihm das berichtete und meinte überlegen: »Halb so schlimm! Da kann dir keiner einen Streich spielen.« Dann gingen wir wieder in die Kantine. So vergingen die Tage.
»Wer hat da neulich gesagt, daß er ins Feld will?« schrie nach etlichen Wochen der Unteroffizier zur Tür herein und hatte mich schon aufs Korn genommen. Gleich trat ich vor. Noch etliche drängten sich heran.
»Ich brauch bloß zwei«, befahl der Korporal, zog mich aus der Reihe und fragte: »Wer will noch?« Er musterte die andern. Noch ein Bäcker namens Dreier kam mit. Ein Oberleutnant von den Pionieren nahm uns im Gang in Empfang.
»Ihr habt euch um drei Uhr in der Schreibstube des Eisenbahnbataillons zu melden«, sagte der.
Wir wurden eingekleidet mit ganz neuen Sachen, begaben uns auf die genannte Schreibstube, mußten zwei Pferde von der Sammelstelle abholen und waren von jetzt ab dem Eisenbahnbataillon unterstellt. Die paar Tage vor dem Abtransport ins Feld ließen wir es uns noch gut gehen, faulenzten viel, tranken in der Stadt herum und spielten vor unseren Stubenkameraden die Überlegenen. Am fünften Tag endlich wurden wir wieder zur Schreibstube der Eisenbahner geholt, einem Major vorgestellt, erhielten den Befehl zum Verladen, und nachts um ein Uhr fuhren wir mit dem Stab der Eisenbahntruppe (das war die Formation, der wir zugeteilt waren) nach Insterburg an die ostpreußische Grenze.
Wir waren acht Leute und zwei Offiziere, der Major und der schon

erwähnte Oberleutnant. In Insterburg wurde ausgeladen. Wir mußten die Bagage des Stabes in die Stadt fahren und kamen in die Kaserne ins Quartier. Es war tiefer Winter und hoher Schnee lag. Zu tun hatten wir sehr wenig. Nur jeden Tag ein wenig Pferdeputzen und Menagefassen. Die andere Zeit streunten wir durch die etwas ramponierte Stadt, die erst vor kurzem von den Russen geräumt worden war. Die Anschläge des feindlichen Befehlshabers, des Generals Rennenkampf, klebten noch an den Wänden der Häuser. Die Bevölkerung war im allgemeinen weder gut noch schlecht auf Soldaten zu sprechen, eher sah es schon aus, als sei ihr dieses ganze Gerummel zuwider. Ganz weißes Brot konnte man kaufen und billige Wurst. Die Kaserne, in der wir unter ostpreußischen Landsturmmännern lagen, war total verlaust.

XV
»Unten durch«

Ich hatte damals die merkwürdige Angewohnheit, jeden Menschen beinahe mechanisch mitten aus dem Gespräch heraus zu fragen: »Sag mal, wie alt bist du eigentlich?« An solchen Unarten leide ich von Kind auf. So zum Beispiel habe ich als Knabe eine Zeitlang bei jeder passenden und unpassenden Gelegenheit den Spruch aus mir heraus gestöhnt: »Ach, vierzigtausend Mark, das wär' jetzt ein Geld!« und bekam darob von meinem Vater, der mich fast nie schlug, einmal heftige Ohrfeigen. Aber immer und immer wieder entkam mir dieser Stoßseufzer, bis ihn eines Tages ein anderer ablöste. Genug davon.

In Insterburg mußten wir jeden dritten Tag zum Appell im Korridor unseres Stabsquartiers antreten. Der Oberleutnant gab uns die nötigen Befehle, dann kam der Major und musterte jeden von oben bis unten mit strengen Blicken, bekrittelte die schlechtgewichsten Stiefel oder die schlechte Haltung, drohte mit Arrest, und Schluß war's damit. Wir gingen in die Küche, aßen und lungerten beschäftigungslos herum in der Stadt, kamen wieder heim und spielten Karten bis tief in die Nacht. Unser Stab bewohnte die Etage eines verlassenen Privathauses, und wir hatten uns während des Tages in der Küche aufzuhalten, mußten hie und da Telegramme auf die Post tragen und verschiedene Gänge machen. Fast jeden Tag fuhren die beiden Offiziere im Auto an die Front vor und kamen erst spät nachts wieder zurück, manchmal sogar erst am andern Tag um die Mittagszeit. Bei ärgstem Schneefall wurde losgefahren, daß die beiden Kraftfahrer murrten und fluchten. Wir Zurückgebliebenen hatten somit freie Hand, trieben allerhand Unfug und wußten oft gar nicht, wie wir die Zeit totschlagen sollten. Da war also Peperl, der Schreiber und unser nachmaliger Unteroffizier, die beiden Offiziersburschen Ginhart und Hartig und wir zwei Trainsoldaten. Peperl, der eigentlich Schwedes hieß, war ein junger Geometergehilfe aus Niederbayern, hatte das Einjährige und war sehr dienstbeflissen. Eigentlich sollte er uns in Abwesenheit der Offiziere regieren, aber es paßte niemand auf ihn auf. Er sah außerdem auch wenig respektierlich aus, hatte aufgeworfene Lippen, rote Pausbäckchen, zählte kaum 22 Jahre, und eine zu lange Zunge hinderte ihn an der guten Aussprache. Wir hießen ihn meistens Hosenscheißer, denn er war sehr ängstlich. Ein robustes Wort, ganz gleich von wem, konnte ihn einschüchtern. Wir lächelten über ihn, und wenn dann doch etwas schief ging, wenn wir von den Offizieren geschimpft wurden, verwünschten wir ihn. Er war stets der Schuldige für uns, und das verwirrte ihn oft völlig. Dann feixte er herum und hinum und fing zu jammern an: »Ich kann doch gar nichts dafür! ... Ich hab's euch gleich gesagt, aber ihr paßt's ja nicht auf auf mich!« Dann aber donnerten wir alle auf ihn ein und schimpften mordsmäßig: »Ganz gleich ... Du bist der Unteroffizier! ... Du hast uns hineingeritten, Depp! ... Das ist eine schöne Kameradschaft! ... Sowas merken wir uns aber! ... Wart nur, es kommt schon wieder was, dann pfeifen wir auch auf die Kameradschaft!« Das machte ihn verzweifelt. Er winselte und weinte schier. Er war windelweich und tat alles, was wir wollten. – Am ungefähr siebzehnten Tag unseres Insterburger Aufenthaltes bekamen wir unverhofft vom Proviantamt einen Ballon Rum zugewiesen. Es waren fünfzehn Liter. Sofort setzten wir uns hin und begannen zu trinken. Immer aus Feldbechern. Das Kartenspiel wurde bewegter. Schon warf der Majorsdiener die Karten hin und ging wankend an die Wasserleitung, ließ das kalte Naß über seinen Kopf rinnen.

»Aha!« spöttelte der Oberleutnantsdiener und warf ebenfalls die Karten hin. Ich machte einen großen Zug, schnaubte auf wie ein Pferd und glotzte stier auf irgend jemand: »Sag mal, wie alt bist du jetzt eigentlich schon?« Meine Zunge war schwer, der Kopf schwankte.

»Ihr seid so Kerle, von dem bißl Schnaps sind sie sternhagelvoll«, polterte der Diener des Adjutanten, goß sich den Feldbecher ein und trank ihn in einem Zug aus. Mein Kamerad Dreier lachte grölend.

»Sa-ag mal, wie-hie alt bist du jetzt ei-ei-eigentlich?« rülpste ich heraus.

»Depp! Was fragst du denn immer so saublöd? Frag doch mal den Major, wie alt er ist, Trottel!« schrie der Diener des Oberleutnants und fuhr fort: »Wir fallen doch nicht mehr herein auf deine Afferei!«

Dreier lachte wieder auf. Der Majorsdiener hing schlaff an der spritzenden Wasserleitung.

»Jetzt hängt er schon«, sagte Dreier gleichgültig. Der andere am Tisch setzte abermals den Feldbecher an den Mund und schluckte krachend. Auf einmal lag er stocksteif am Boden und röchelte wie ein Sterbender. Dreier erhob sich und wankte an die Wasserleitung, ließ seinen Feldbecher vollaufen und schüttete ihn über das Gesicht des Betrunkenen. Der schluckte und zuckte nur, blieb aber liegen.

»Der Sprecher«, keuchte ich heraus und glotzte ins Leere, zog meine Stirn in Falten und riß die Augen plötzlich weit auf, wie um mich zu prüfen. Es ging noch. Alles sah ich noch, Dreier wieder an der Wasserleitung, den Majorsdiener Ginhart am Hahn hängen und den röchelnden Hartig am Boden.
»Geh weiter, dreh den Hahn zu und laß die zwei liegen, sauf, sauf!« grölte ich Dreier zu.
»Sauf«, sagte der jetzt wieder am Tisch und machte einen tüchtigen Zug aus dem Feldbecher. Wir schauten uns mit gläsernen Augen an.
»Aber sag mal, wie alt bist jetzt du eigentlich?« rutschte es wieder aus meinem Schnapsrachen.
»Herrgott, bist du ein verrückter Hund«, stieß Dreier heraus und schüttelte schwer den Kopf, lachte. Hartig erbrach sich, Dreier beugte sich nieder und stieß ihn: »He du! He, steh doch auf, Mensch!« Peperl, der am wenigsten getrunken hatte, stand angstschlotternd da und sagte in einem fort: »Wenn der Major kommt! Wenn der Major kommt!«
»Herrgott! Herrgott, wie man doch besoffen werden kann«, brummte Dreier. Ich saß wie angeklebt und stöhnte in tiefem Baß: »Sauf, Mensch! Sauf!«
»Ich geh! Ich geh!« schrie Peperl und verließ die Küche.
Auf einmal ging die Türe auf und die beiden Offiziere standen da. Ginhart stöhnte, Hartig übergab sich ein ums andere Mal, Dreier stand schwankend am Herd und glotzte. Ich hatte mich aufgerichtet und torkelte auf den Major zu, fiel ihm haltlos an die Brust und grölte betrunken: »A-ah, sagen Sie mal, Herr Major, wie alt sind's jetzt eigentlich schon?« und rülpste.
Ein furchtbares Geschrei peitschte auf mich nieder. Der Major stieß mich angeekelt zurück. Dann nahmen mich die zwei Kraftfahrer in die Mitte.
In der Frühe fand ich mich neben Dreier in meinem Bett in der Kaserne. Verwundert starrten wir uns an. Die zwei Kraftfahrer strit-

ten sehr laut mit dem beinahe weinenden Peperl: »Du hättest es doch wissen müssen! . . . Du bist an allem schuld! Du bist der angehende Unteroffizier!« Sie schimpften furchtbar und erzählten uns das Vorgefallene. Peperl brach auf die Bank nieder und stöhnte: »Ich kann immer alles ausbaden, wenn ich auch gar nichts dafür kann!«

»Sauber, sauber«, sagte Dreier und fing plötzlich zu lachen an. Die Kraftfahrer schnellten empört auf und schimpften auf uns los. Ich lag vollkommen dumm auf meinem Strohsack und sagte gar nichts. Nur, daß wir diesmal feiste Strafen bekämen, leuchtete mir ein.

»Das wird uns teuer zu stehen kommen«, wetterte der kleine Kraftfahrer drohend, »uns allen, nicht bloß euch allein!« Peperl stand auf einmal auf und sagte fast resolut: »Ich laß mich einfach versetzen. Hier werde ich nie Unteroffizier.« Dann verließ er uns.

»Wir sind von jetzt ab alle unten durch, sag ich«, schimpfte der ältere Kraftfahrer in seinem näselnden Wiener Dialekt, »und überhaupt, sowas tut man doch einfach nicht, wenn man weiß, daß die anderen Kameraden auch darunter zu leiden haben!«

Mittags gab es großen Krach, und bei dieser Gelegenheit bezweifelte der Major zum ersten Mal meine geistige Zurechnungsfähigkeit, indem er drohend nahe an mich herantrat und sagte: »Das ist ja, als ob sich ein Irrenhäusler ins deutsche Heer eingeschmuggelt hätte. Da haben wir schon den Rechten mitgenommen!« Jeder der Beteiligten bekam ausgerechnet siebenundzwanzig Tage Mittelarrest. Wie das kam, konnte sich keiner erklären. Wegen einer Kleinigkeit erhielt der Diener des Majors noch drei Tage Strengen dazu. Kurz darauf ging es nach Gumbinnen, dann nach Lötzen ins Hauptquartier Hindenburgs, und endlich landeten wir in Marggrabowa, hart an der Grenze. Schon in Gumbinnen hatte sich unser Stab bedeutend erweitert. Preußische Soldaten kamen hinzu, ein Büro wurde eingerichtet, und in Lötzen waren wir bereits siebzehn Mann. Der Adjutant wurde gewechselt, und ein Leutnant aus

München mit einem neuen Diener kam an. Der Wiener Kraftfahrer wurde abgelöst, und ein biederer Mannheimer trat an seine Stelle. Es war Sommer. Man konnte baden, und Dreier und ich hatten fast nichts zu tun. Da der Leutnant ganz selten ausritt, sattelte ich mir jeden Morgen seinen Fuchs und durchritt bis Mittag die Gegend. Den Offizieren wich ich möglichst aus. Kam es aber trotzdem vor, daß ich ihnen begegnete, so gab es meistens Anrempler. Ich war unten durch, ganz und gar. Ich ließ mich überhaupt nicht mehr sehen. Aus Angst besorgten meine Kameraden den Dienst für mich.

In Marggrabowa erkrankte ich an Ruhr, wurde zur Krankensammelstelle geschafft und von da aus ins Reservelazarett Goldap. Da ich jede Medizin verweigerte, drohte der Arzt mit einem Wieder-an-die-Front-stecken, was mir sehr erwünscht gewesen wäre. Halb gesundet mußte ich mich bei der Etappen-Kommandantur melden. »Wo gehören Sie hin?« fragte der diensttuende Leutnant dort. Ich nannte meine Formation. Der Mann hielt sich die Ohren zu: »Ihre Truppe ist längst in den Karpathen. Wo liegt Ihr Ersatztruppenteil?«

»In München!« Ich bekam einen Schein und fuhr mit dem nächsten Zug der Heimat zu. Die Reise ging durch Berlin. Ich stieg aus und wollte meine Freunde besuchen. Jung war an der Front, die beiden Öhrings ebenfalls. Nur Cläre, die Freundin Richards, traf ich. Sie war hocherfreut und besorgte mir eine Unterkunft. Ich blieb drei Tage. In dieser Zeit suchte ich einmal Öhrings Vater auf. Alt war er geworden, sehr alt. Er öffnete die Tür weit und empfing mich mit einem warmen Händedruck, führte mich ins Wohnzimmer und brachte Essen und Zigarren. Allerhand Neues über meine Freunde erfuhr ich von ihm. Alfred Lichtenstein war gefallen. Fritz Öhring gefangen. Trübselig ließ der Alte den Kopf hängen. Seine lahme Frau hockte noch zusammengeschrumpfter im Lehnstuhl am Fenster. Sie sagte gar nichts und schaute nur immerzu teilnahmslos ins Leere.

»Ja, dieser Krieg«, sagte ich.
»Dieser Krieg«, fiel mir der Alte wieder belebt ins Wort, »er hat das Wesenhafte hervorgeholt. Er wird die deutsche Jugend gesunden.« Und auf einmal stand er groß da und schwang wie einstmals die beschwörenden Arme: »Das Schicksal macht uns groß! Viel Feind, viel Ehr! Unsere Herzen in der Heimat pulsen bis zum letzten Schlag für unsere löwenmutige Jugend, die draußen steht mitten in Schlacht und Sieg!« Er begann zu zittern, Tränen flossen über seine Wangen. Er drückte mir innig die Hand und reichte mir einen Pack bester Havannazigarren.
»Tapferer Krieger«, sagte er, »nehmen Sie diese kleine Liebesgabe als bescheidenen Dank für Ihren Heldenmut«, und seine Stimme floß wieder in ein gerührtes Vibrieren, »ach, einmal – Gott gönne es mir – werden meine Helden wieder in dieser Stube sitzen!« Sein Blick glitt über seine kranke Frau, die bewegungslos dasaß: »Und dankbare Eltern werden ihren Erzählungen lauschen wie einem Quell von Kraft und Jugend!« Jetzt weinte er offen und hemmungslos, drückte mir nochmals zum Abschied die Hand und stöhnte: »Und so wird am deutschen Wesen, hoffen wir, die Welt genesen!«
Ich sah ihn an, ich sah seine Frau an. Seltsam, wirklich seltsam, dachte ich. Das klang wie aus einer anderen Welt, die ich nie begriff. Sehr nachdenklich kam ich auf die Straße.
In München sagte der Wachtmeister auf der Schreibstube ganz verdutzt zu mir: »Sind Sie schon wieder da?«
»Jawohl, Herr Wachtmeister«, sagte ich. Es war zu erkennen, daß der gute Mann Respekt vor mir hatte, denn er hatte nie mehr als München gesehen.
»Gehen Sie zum Oberarzt und lassen Sie sich untersuchen«, befahl er, denn er hatte Angst, daß ich Ruhr einschleppen könnte. Als hinreichend erholungsbedürftig bekam ich sofort Urlaub. Ich fuhr nach Hause. Da hatte sich vieles geändert. Mein Bruder Max war gefallen, meine Schwester Emma lag hoffnungslos an einer

Lungenkrankheit darnieder, und unser altes Haus gehörte jetzt der fremden Frau und den Kindern meines gefallenen Bruders. Die Mutter und die Schwestern erwogen bereits wieder ihre Übersiedelung in das kleinere Anwesen, das sie schon einmal bewohnt hatten.
Maurus war noch nicht eingezogen und hatte in München noch immer die Stellung als Konditor, Nanndl lernte bei einem Friseur in der Stadt. Ich ging zu beiden nicht.
Es war eine Luft von gegenseitiger Feindschaft im Haus. Man sah voraus, lange geht das nicht. Ich wußte nicht recht, was ich hier sollte, und jeder Tag verstärkte mein Unbehagen. Meine Mutter rackerte wie gewöhnlich den ganzen Tag. Sie buk jetzt auch das Brot, denn es gab keinen Gesellen. Ihre Haare waren schon grau meliert. Mitunter hockte sie todmüde da und stöhnte: »Das ist's jetzt mit diesem Scheißkrieg! . . . Der Maxl ist hin und alles geht in andre Hände über . . . Fünfunddreißig Jahr' hab' ich mich geplagt und jetzt kann ich gehn . . .«
Eine bittere Verdrossenheit stand auf ihrem Gesicht. Die junge Frau war faul und machte ewig eine Trauermiene. Jeden Tag wurde sie dicker. –
Nach Ablauf des Urlaubs meldete ich mich wieder auf der Schreibstube meines Truppenteiles, wurde aber auf Drängen des ängstlichen Wachtmeisters abermals untersucht und ins Barackenlazarett Oberwiesenfeld eingeliefert. Magenkatarrh, hieß es. Schorsch, der damals im Bezirkskommando als Garnisondienstfähiger diente, besuchte mich etliche Male. Er verfolgte die Zeitungen und sagte beim Debattieren stets: »Das geht noch jahrelang, wirst du sehen.«
»Dann sind wir alle Landsknechte und Räuber und Mörder . . . Das ist ja auch ganz gut«, meinte ich. Was kümmerte mich das Morgen und das Übermorgen! –
Wieder auf der Schreibstube erscheinend, wurde ich vom Wachtmeister gewichtig empfangen. Er erkundigte sich nach meinem

Gesundheitszustand und fragte: »Wollen Sie wieder zu Ihrer Truppe? Eben hat Ihr Major geschrieben.« Ich freute mich sehr, wieder zu meinen alten Leuten zu kommen, wurde neu eingekleidet und kam noch in derselben Nacht fort. Zum Glück wurde ich einem nach Osten gehenden Transport zugeteilt, der beauftragt worden war, mich in Marggrabowa abzuliefern. Meine Unkenntnis im Bahnfahren hätte mich vielleicht nach einem ganz anderen Ort gebracht. Es war ja schon bei der Hereinfahrt von der Front so gewesen: Ich überließ mich einfach sozusagen auf gut Glück dem Zug und ging stets mit dem Haufen, der ›Berlin‹ oder ›München‹ sagte. –
Trotzdem ereignete sich ein Zwischenfall. In Schwandorf nämlich hatten wir Aufenthalt und ich ging auf den Abort. Inzwischen fuhr der Zug mit den Leuten ab. Ich lief zum Stationsvorstand und meldete mich höchst erregt. Ein Telegraphieren ging an und der ganze Transport mußte mich in Marktredwitz abwarten. Der Zugführer, ein Unterveterinär, machte einen Höllenkrach und drohte mit allen möglichen Strafen. Ich aber wurde davon nicht im mindesten eingeschüchtert, denn meine Ansicht war, daß ich diesem Vorgesetzten gar nicht unterstand und lediglich mitführe. Frech sagte ich: »Ich untersteh' Ihnen überhaupts gar nicht!«
Der Unterveterinär wurde ungeheuer wütend und schrie wie ein Mordbrenner: »Was! ... Na warten Sie! Sie denken noch an mich! Ich melde Sie bei Ihrem Stab! Wir wollen doch sehen.«
Ich schaute ihn dreist an und ging ins Coupé. Auf der ganzen Fahrt wollte er mich schikanieren, indessen schien er tatsächlich den Glauben angenommen zu haben, ich sei mein alleinig Verantwortlicher. Er war zwar mein Todfeind, unternahm aber nichts mehr gegen mich. Ich malte mir freilich genau aus, daß der Major mich bei der Meldung sofort einsperren würde, aber daran lag mir wenig. Komischerweise jedoch vergaß, scheint es, der Herr Unterveterinär alles beim Ankommen. –
Unseren Stab traf ich sehr häuslich eingerichtet und bedeutend

erweitert an. Von den alten Leuten waren nur mehr Dreier, Peperl und der kleine Kraftfahrer da. Auch der Oberleutnant hatte mit dem Major Zwist bekommen, wie ich erfuhr. Er ging mit seinem Diener an die Westfront, und ein sehr geschniegelter Leutnant kam an seine Stelle.

XVI
»Zur besonderen Verwendung«

Die ersten Tage verliefen, ohne daß man richtig Notiz von mir nahm. Dann wurde ich als Ordonnanz verwendet, mußte im Büro sitzen und Telegramme auf die Post tragen. Meistens blieb ich – obwohl die Post höchstens zehn Minuten entfernt war – sehr lange aus. Mich interessierten die Teebuden, die Volkstypen und die verwüsteten Häuser viel mehr. Ich suchte die umgekrempelten Räume durch, schnüffelte nach Büchern und las sie. Es fragte auch kein Mensch nach mir. Ich schien unverwendbar zu sein. Der Diener des Majors wurde krank. Ein anderer war nötig. Jeder machte sich weg. Keiner hatte Lust, den Posten zu übernehmen und sich wegen der geringsten Kleinigkeit einsperren zu lassen.
Peperl kam zu mir und sagte gewichtig: »Graf, du mußt Majorsdiener werden. Mach dich fertig und geh hinauf zum Major. Aber stell dich nicht so dumm, sonst müssen wir uns alle schämen und ich kann wieder die Suppe für alles auslöffeln.« Ich tat, wie mir geheißen, zog mich an und ging also zum Major.
»Zu Befehl, Herr Major – Verzeihung, ich soll Ihr Diener werden«, sagte ich und stellte mich stramm, legte die Hände an die Hosennaht.
Der Major maß mich und sagte sein langgedehntes »Ja-a.« Ich stand einen Augenblick unschlüssig da und sagte alsdann stotternd: »Ich möchte Herrn Major bitten, sagen zu dürfen, daß ich kein Talent dazu habe. Ich habe noch nie eine solche Stelle gehabt.«

»Dann müssen Sie es eben lernen«, sagte der Major kurz und entließ mich. Ich ging hinunter, legte mich auf meine Matratze und las weiter. Peperl kam und fragte: »Bist du sein Diener?«
Ich nickte. Peperl lachte, machte aber sogleich wieder ein ernstes Gesicht und meinte wohlwollend: »Das ist ja nicht so schlimm, wenn man den Major zu nehmen versteht. Ein feiner Posten!... Brauchst den ganzen Tag nichts tun.« Ich hingegen war ganz anderer Meinung. Gleich fing ich zu räsonieren an: »So!... Warum hat's denn dann keiner gemacht, wenn's so schön ist?!... Das mach ich nicht lang, für das garantier' ich. Glaubt ihr vielleicht, ihr könnt mich strichen?«
Das Peperlgesicht wurde zornrot: »Soll ich vielleicht den Diener machen?! Ich kann doch nichts dafür, wenn ich vom Leutnant den Befehl erhalte.«
»Geh-geh-geh!« sagte ich höhnisch und drehte mich um: »Ihr seid lauter falsche Schufte!« Schon sprang Peperl auf und pustete: »Mach's anders! Mich geht's nichts an! Ich will dir nichts!«
»Ist schon gut, schon gut«, höhnte ich und vertiefte mich in mein Buch, »wirst ja sehen, wie schnell ich kein Majorsdiener mehr bin!« Das gab dem Herrn Unteroffizier Peperl den Rest. Er rannte auf und davon und schlug die Türe mit aller Gewalt zu. Der Offizierskoch kam nach einer Weile und sagte, ich müßte ihm helfen. Ich ging mit ihm in die Küche hinauf. Er zeigte mir das Servieren. Dann kamen die Herren zum Essen und die Sache begann. Ich war sehr datterig, vergoß die Suppe, streifte mit dem Ärmel beim Hinüberreichen ins Gemüse und war hilflos dieser diffizilen Arbeit gegenüber.
»Ich bin doch Trainsoldat und Stallknecht!... Den Rössern kann ich das Fressen geben, ja, aber nicht diesen Idioten! Was hab' ich mit solchem Zeug zu tun!« zeterte ich beim Koch. Das war ein biederer Klempnermeister aus Berlin, den nichts aufregte. Er schnitt ein Stück Fleisch ab und stellte es mir hin: »Friß, Mensch! Nur immer mit die Ruhe! Nur die Ruhe!« Ich aß und schwieg.

»Morgen wird verladen«, sagte Peperl, »die Offiziere fahren heut' schon weg. Du mußt mit dem Major ins Auto.«
»Nett! Nett sowas!« brummte ich und ging wieder zum Koch. Der Major sah zur Küchentüre herein und rief mich. Ich folgte ihm in sein Zimmer.
»Packen Sie meine Sachen zusammen und machen Sie sich fertig«, befahl er griesgrämig und sah mir zu. Das machte mich zitterig und ärgerlich, aber was ließ sich dagegen machen. Als ich den Koffer fertig hatte, setzte er sich an den Schreibtisch und schrieb.
»Und dann meine graue Kaffeekanne suchen Sie mir in der Küche«, sagte er, mir den Rücken zugewendet.
»Befehl, Herr Major«, sagte ich beflissen und verschwand in die Küche. Ich hatte nicht verstanden, weil ich überhaupt nicht richtig hinhörte und nur immer gleich ›Befehl, Herr Major‹ sagte. Und nun ging das Suchen an. Endlich hatte ich das, was ich verstanden hatte. Es war eine graue Azetylenlaterne. Ich trat wieder in das Zimmer meines Herrn und sagte, die Laterne hinhaltend: »Befehl, Herr Major!«
Der schlug die Hände über dem Kopf zusammen: »Ich habe doch gesagt, die graue Kaffeekanne!« Er sah mich groß an. Ich stand schweigend und verdummt da.
»Gehn Sie hinunter! Ich kann Sie nicht brauchen«, brummte er sodann. Ich machte eine ungeschlachte Wendung und ging zur Tür hinaus. Damit war meine Dienerschaft erledigt. Ich war wieder das fünfte Rad am Wagen unseres Stabes. –
Wir kamen nach Lyda. Als wir dort einzogen, kam es zu einem wütenden Zusammenstoß zwischen Peperl und mir. Von da ab waren wir lange bittere Feinde. Ich sollte ein Schloß zum Vorhängen suchen, konnte es aber nicht finden. Peperl kam und kam immer wieder und drohte schließlich: »Paß auf! ... Also Graf, wennst das Schloß nicht herbringst, muß ich's melden!« Aufdringlich rückte er mir zu Leibe und da riß mir die Geduld. Ich warf zuletzt dem Herrn Unteroffizier alles hin, was mir in die Hände kam, bedrohte

ihn aufs schimpflichste und rannte ihm mit dem gezogenen Bajonett nach.
»Abstechen tu ich dich, Hund, Schuft, elendiger!« brüllte ich, und er lief wie ein Hase. Gerade noch kam er in den Wagen und schrie aus dem Coupéfenster: »Das kostet dich Festung, paß auf!«
»Meinetwegen stellt ihr mich an die Wand!« brüllte ich wutschlotternd und ging in meinen Viehwagen zurück. –
Wir fuhren durch ödes, schützengrabendurchfurchtes Land und hielten in Waca. Das war ein Schloß und etliche Häuser. Ein Weiher war in der Nähe. Verlassen und idyllisch lag alles da. Es ging schon in den Frühling hinein. Ich schlug mit meinen Pferden ein entferntes Quartier ein. Peperl meldete nichts, dafür sorgten schon die andern.
Es gab schöne, faule Tage und eine drückende Langeweile. Ich lag oft den ganzen Tag in meiner Hängematte, die ich irgendwo aufgetrieben hatte, und las. Damals beschäftigte mich in einem fort der Gedanke, daß in Deutschland jeder Mann nur zwei Jahre zu dienen hatte oder drei bei der Kavallerie. Ich sagte mir jeden Tag, das müßte doch durchzufechten sein, selbst wenn Krieg sei. Ganz einfach seine zwei Jahre abgedient und fertig. Dies wurde direkt mit der Zeit zur fixen Idee bei mir und ich überlegte schon, ob ich nicht einfach zum Major gehen sollte und, wenn's soweit sei, melden sollte: »Verzeihung, Herr Major, meine Dienstzeit ist aus. Ich gehe in die Reserve!«
Ich warb auch bei meinen Kameraden um diese Idee. Die hießen mich verrückt und lachten hellauf. Aber ich beharrte immer wieder auf dem Buchstaben unseres Wehrgesetzes und konnte dabei so überzeugend werden, daß sogar die anderen nachdenklich wurden und sagten: »Jaja ... eigentlich, wenn man's richtig nimmt, machen könnte einem keiner was ... Was gesetzlich ist, ist gesetzlich!« Aber schon im nächsten Augenblick lachten sie höhnisch auf und sagten: »Aber du bist ja irrsinnig! ... Du spinnst ja total, Mensch! Beim Krieg ist das doch ganz was anderes!«

»Was geht mich der Krieg an! ... Hab' ich ihn gemacht? ... Ich folg' nur dem Gesetz!« verteidigte ich mich: »Am ersten Dezember geh ich in die Reserve, aus!«
»Derweil ist ja der Krieg sowieso aus«, tröstete mich der kleine Kraftfahrer Römer.
»Warten wir's ab!« sagte ich ironisch und war zufrieden.
Eines Tages dann mußten wir weiter vor. Ungefähr fünfzig Kilometer vor Kowno. Wir hatten ständiges Wagenquartier. Von fern donnerten die Kanonen, und wenn ein klarer Tag war, hörten wir sogar das dünne Rattern der Maschinengewehre. Vor uns lagen die unserem Stabe unterstellten Eisenbahnbaukompanien, Preußen. Da kam es zu Verlusten. Eine Kompanie, die sehr weit vorne war, litt besonders. Es ging wieder weiter zurück. Dann plötzlich fiel Kowno. Der Major soll als Erster mit dem Auto drinnen gewesen sein und nachher dafür das Eiserne Kreuz erster Klasse erhalten haben.
Kowno war furchtbar mitgenommen. Wir fuhren vor bis zum Memelstrand, luden aus, bewegten uns an leichengefüllten Schützengräben vorbei, durch zerschossene Forts über die Memelbrücke in die Stadt. Am anderen Uferanfang des Flusses lag ein riesiger Schutthaufen. Man sah ungeheuer viel Betrunkene am Rande des Haufens kauern. Polen, Juden, Soldaten, Mädchen, Kinder, Weiber – alles grölte uns entgegen, alles war betrunken. Infanteristen tranken aus Feldbechern und Geschirren, Einheimische aus Eimern, immerzu. Alles lachte, wankte. Man sah die Menschen aus der Erde kriechen mit schäumenden Gefäßen, brüllend scharten sie sich, tranken und lärmten. Es war eine zerstörte Brauerei. Nur die Keller waren verschont geblieben. Wir sprangen hinzu und schlüpften in die Kellerlöcher. Da wurde Unbeschreibliches geleistet. Riesige Bierfässerparaden standen im Zwielicht. Leute hielten Eimer unter, Feldkessel, Konservenbüchsen und grölten besoffen. Ein Infanterist nahm einen Pickel und schlug ein Faß ein. Es krachte und auf einmal spritzte die Flüssigkeit zischend in die

übereinandertorkelnden Menschen. Alles überrumpelte sich, watete auf die Ausgangslöcher zu, denn die Flut stieg und stieg. Patschnaß und bierstinkig kamen wir an die Luft. –

Als wir in unserm Quartier ankamen, waren wir betrunken, ließen alles stehen und liegen und legten uns in die durchwühlten, zerstörten Zimmer. Peperl stand verzweifelt an der Tür und schrie beinahe weinend seine bittenden Befehle: »So spannt doch wenigstens aus! Richtet doch alles! Wir werden ja alle eingesperrt!« Keiner hörte. Alles drehte sich so schön im Kreise.

Am andern Tag kamen der Major und der Leutnant mit dem Auto von der Front zurück. Alles war getan. Peperl hatte es besorgt. Sogar mir, seinem Feinde, hatte er die Pferde untergebracht. Es war gut. Wir lagen fest. Es gab wenig zu tun. Meistens lungerten wir durch die schöne Stadt. Ich durchschnüffelte die verödeten Häuser und brachte alles mögliche Brauchbare für unser Stabsbüro daher, Papier, Mappen, Teppiche und Uhren. Unter anderem fand ich auch ein wunderschönes Briefmarkenalbum. Peperl war scharf darauf und wollte es gerne haben.

»Wem gehört denn das Album?« fragte er schüchtern den Dreier.

»Dem Graf«, sagte der.

»So . . . Gibt er's nicht her?« fragte Peperl abermals.

»Mußt ihn halt fragen,« gab ihm Dreier zurück. –

Das Bier war von der Etappenkommandantur beschlagnahmt worden, der Zutritt in die Brauerei verboten. Am Bahnhof gab es literweise zu kaufen für vierzig Pfennige. Aber wir hatten alle kein Geld.

Dreier kam zu mir: »Du, der Peperl will dein Album.«

»Das ist ein Vermögen wert«, brüstete ich mich, obwohl ich von Briefmarken nichts verstand. Peperl hatte an der Tür gelauscht. Ich merkte es. Er trat plötzlich ein und blieb verlegen stehen. Ich spielte den Feindlichen. Wandte mich ab. Peperl stieß meinen Kameraden.

»Frag ihn doch selber! Was geht das mich an!« knurrte Dreier.

Über und über rot fragte mich Peperl verlegen: »Du Graf, gibst dein Album nicht her?«
»Für dreihundert Mark kannst du's haben«, warf ich ihm hin. Peperl atmete hörbar auf, besah sich gierig das Objekt, ging wieder hinaus und vor ins Büro.
»Paß auf, der Depp muß schwer blechen ... Das gibt einen Suff für den ganzen Stab«, sagte ich zu Dreier und der war gleich auf meiner Seite. Den anderen wurde es gesagt. Peperl wurde indirekt bearbeitet. Es wirkte. Abends erzählte er uns von baldigen Kontributionsgeldern. Wir spitzten schon.
Tiefatmend trat andern Tags Peperl wieder an mich heran und sagte: »Also Graf, 200 Mark kriegst du.«
»Was!« donnerte ich: »Lieber werf' ich das ganze Zeug in den Ofen.«
»Na, sagen wir zweihundert und eine Zeche für den ganzen Stab«, schlug der kleine Kraftfahrer Römer vor. Peperl wand sich, kratzte sich und überlegte hin und her.
»Überhaupt! ... Was ist mit den Kontributionsgeldern?« riefen wir alle zugleich.
Peperl wurde schon wieder wirr und beteuerte: »Ich hab's doch noch nicht!«
»Dann schmeiß wenigstens eine anständige Zeche!« riefen wieder einige. Das Eis war gebrochen.
»Also Graf, zweihundert und eine Zeche? ... Und gut sind wir auch wieder?« gab Peperl zu und streckte mir die Hand hin.
»In Gottes Namen«, sagte ich scheinbar unzufrieden und schlug ein. Dann ging es zum Bahnhof. Ein wüstes Saufen begann. Peperl wurde unruhig.
»Jetzt-jetzt, jetzt ist's aber genug! Genug, genug!« wimmerte er schon. Aber wir hörten nicht. Weiter, immer weitere Runden wurden bestellt. Peperl saß wehrlos und bleich da und bezahlte mechanisch. Zuletzt waren nur Dreier, Römer und ich noch da. Peperl hatte sich heimlich davongemacht und die anderen waren auch

weg. Wir sangen Trinklieder und machten den ganzen Saal toll. Endlich zogen wir, furchtbar auf Peperl schimpfend, ab. Um neun Uhr hieß es daheim sein. Es war schon weit darüber.

An einer Ecke pißten wir.

Auf einmal schrie Dreier davonstürzend und Römer mitziehend: »Mensch, der Major und der Leutnant! Graf, saus!«

Ich zuckte zusammen. Die beiden Offiziere standen schon da. Ich machte, ohne mich vorher in Ordnung gebracht zu haben, erschreckt und verwirrt eine Kehrtbewegung und stand stramm da. Die beiden Offiziere starrten wortlos auf mich und schüttelten bloß die Köpfe. »Der Mann ist doch nicht normal«, sagte der Major und der Leutnant kläffte: »Schauen Sie, daß Sie nach Hause kommen, Sie Trottel!« Ich schloß stumm meine Hosenöffnung und ging bedeppt weiter. Auf einmal fing ich zu laufen an. Die beiden waren in einer Seitenöffnung verschwunden.

Am andern Tage wurde ich dem Leutnant vorgeführt. Es gab einen heftigen Krach. »Der Schandfleck der ganzen bayrischen Armee sind Sie!« brüllte er in einem fort. Ich mußte zehnmal Kehrtbewegungen im Büro machen und bekam vier Tage ›Strengen‹.

Von da ab war ich sozusagen nicht mehr normal. Es wurde schon gemunkelt, daß der Major sich mit dem Gedanken trage, mich auf meinen Geisteszustand untersuchen zu lassen. Aber wir kamen noch weit und die Zeit strich hin. Wilna schwamm wie eine märchenhafte Erinnerung vorbei. Russische Andacht gab sich als ein Erlebnis und die goldenen Kuppeln der Kirchen blieben unvergeßlich.

Die anderen machten Weibergeschichten. Ich las. Es hieß schon: ›Der Narrenhausbruder.‹

XVII
Der Kampf beginnt

Ein Brief kam, daß Jung desertiert sei und nun in einer Irrenanstalt sitze. Es ging die Rede im Stab, vor Kowno habe ein Regiment gemeutert; vor Wilna hätten die Truppen den Befehlshabern die Gewehre und die Kriegsauszeichnungen vor die Füße geworfen und gesagt: ›Für ein Kommißbrot lassen wir uns nicht niederknallen!‹ Die Kraftfahrer erzählten, gefangene Russen würden an der Kampflinie verwendet und streikten, gingen nicht mehr aus den Eisenbahnwagen und erfrören dutzendweise, wollten nichts mehr essen und seien erst durch Prügel wieder zahm gemacht worden. Überall gingen Gerüchte um. Ferner saß in jedem Eisenbahner ein Groll gegen unseren Major. ›Den trifft es bei der nächsten Gelegenheit‹, munkelte man.

Es war entsetzlich kalt. Das Wasser, das von dem nahen Brunnen geholt wurde, hatte bei der Ankunft eine Eiskruste auf der Oberfläche. Meine Füße waren erfroren. Ich stand unbeweglich und starr im Viehwagen und ließ willenlos die Kälte über mich kommen. Weiter ging die Fahrt, durch unendliche Schneefelder. An einer Station sah der Major in unseren Viehwagen. Ich war nicht da und holte Tee in der Küche. Der Pferdebursche schlief. Er bekam Strengen. Am Ende der Fahrt sollte er ihn absitzen. Er saß ganz blöde da und sagte immerzu: »Ich bin ruiniert . . . Ich bin ruiniert! Das kommt in meinen Militärpaß. Meine Existenz ist kaputt. Ich habe eine Familie!« Er war im Zivil schon Pferdediener bei Freiherrn und Grafen gewesen. –

Ich sagte: »Lang mach' ich den Schwindel nicht mehr.«

Der andere jammerte: »Ich bin ruiniert.«

Ich sagte: »Scheiße!«

Endlich waren wir am Ziel. Rakischki hieß das Nest. Es war ein kleines Dorf. Weit in den Schneefeldern hielt unser Bauzug. Ausladen hieß es. Ich war starr gefroren. Die anderen brachten mir

Schnaps und heißen Tee. Es ging wieder. Ich zog meine Pferde aus dem Wagen. Der Pferdebursche meldete sich krank. Ich hatte also auch seinen Krempel noch zu machen. Die anderen halfen mir. Der Bagagewagen wurde herabgehoben. Ich spannte die Pferde vor, hängte die zwei des Majors und den Fuchsen des Leutnants hinten an den Wagen und fuhr los. Die Offiziere waren mit den zwei Kraftfahrern vorausgefahren. Peperl und die anderen fuhren mit einem Lastkraftwagen ins Dorf zum Quartiermachen. Ich setzte mich allein mit meinem Krempel in Bewegung. Trainkolonnen zogen vorüber, Lastkraftwagen ratterten plump, überfrostete Armierungssoldaten schaufelten Schnee weg.

Anfangs sah ich scharf auf die angehängten Offizierspferde. Dann kam wieder die Kälte und eine vollkommene Gleichgültigkeit über mich. Der Weg war weit. Stocksteif saß ich auf dem Bock und ließ die vorgespannten Gäule dahinplempern, kauerte mich in meinen Pelzmantel. Als ich ankam, waren die angehängten Offizierspferde weg.

Der Leutnant kam: »Wo sind die Gäule?«

»Verschwunden«, war meine Antwort.

Der Offizier fing zu kläffen an: »Wenn die Pferde nicht in zwei Stunden da sind, können Sie sich auf Degradierung zum Soldaten zweiter Klasse, strengen Arrest und sofortige Zurückschickung in Ihr Ersatzbataillon gefaßt machen. Stehen Sie stramm, Kerl! . . . Trottel! Was glauben Sie denn!«

Ich stand stramm und steif da. Der Leutnant drehte sich in der ihm eigenen operettenhaften Manier wippend um und ging ins Haus. Ich blieb immer noch stehen. Peperl kam gerannt: »Ja Graf! Graf!«

»Sollen sie machen, was sie wollen. Ich bin erfroren!« brummte ich und biß die Zähne knirschend aufeinander, schlug endlich meine Hände warm, schirrte meine zwei Zugpferde aus, führte sie in ein Zimmer des Hinterhauses und band sie provisorisch an.

Die anderen Kameraden kamen gerannt: »Ja Herrgott, Mensch! Du bist ja irrsinnig.«

»Mich friert!« brüllte ich sie an.
»Zimperlicher Schuft! Weiter, los! Wir helfen dir suchen! Glaubst du vielleicht, wir lassen uns wegen einer solchen Dummheit alle in den Strengen lochen!« zeterten sie alle. Abends hatten wir erst die Pferde wieder. Eine vorbeifahrende Trainkolonne hatte sie abgefangen. Auf dem Majorsgaul ritt bereits ein Feldwebelleutnant.
Nachdem ich auch die wiedergewonnenen Offizierspferde unter Dach und Fach gebracht hatte, ging ich zum Leutnant und meldete es.
»Die Sache soll Ihnen teuer zu stehen kommen, Sie Kerl!« zischte der wieder. Dann ließ er mich wieder etliche Kehrtwendungen machen und abtreten.
Der Kampf beginnt, dachte ich im Hinausgehen. Andern Tages holte mich Peperl. Er sah so komisch drein.
»Was ist denn mit dir? Du zitterst ja und bist blaß wie eine Leiche?« fragte ich ihn.
»Sie hauen dir deine Strafe hinauf«, sagte er raunend.
»So«, sagte ich, »es geht also schon an . . . Auch gut.«
»Der Major ist drei Tage nicht da. Du mußt zum Leutnant hinunter. Der ist Stellvertreter. Aber gemeldet muß es dem Major doch werden«, berichtete Peperl weiter. Ich schaute ihn an. Er wagte mir nicht in die Augen zu schauen.
Ich ging hinunter ins Büro zum Leutnant.
»So, da sind Sie«, fuhr mich der an und verlas einen schreibmaschinengeschriebenen Bogen, daß ich sofort zu drei Tage Strengem verurteilt sei. Ist das alles, mußte ich unwillkürlich denken, blieb stramm stehen und hörte mir die Sache an. »So!« stieß der dünne, elegante Leutnant heraus. Dann kam Peperl und führte mich in ein russisches Gemeindehaus in der Nähe. Dort ließ er sich vom Arrestfeldwebel, einem alten, gemütlichen Erzgebirgler, die Einlieferung bestätigen und verließ mich bedrückt. Ich lächelte ihm ins Gesicht, aber er blieb stumm und furchtsam, wie ein scheues Kind fast.

»So Kamerad, kommen Sie, dahinten ist ein Stübchen ... Ist noch warm, legen Sie nur gleich nach«, sagte der Feldwebel unsoldatisch leger und sperrte mich in einen kleinen, dunklen, warmen Raum, der nur eine hölzerne Pritsche enthielt. Holz lag noch da. Ich begann sofort nachzuheizen, legte mich auf die Pritsche und döste langsam ein. Eine lahme Gleichgültigkeit war in allen meinen Gliedern. –

Hier im Arrest bekamen wir das gleiche Essen wie im Dienst und mußten – es waren ungefähr fünfzehn Sträflinge und ein Polakkenweib, das wegen Unzucht hier untergebracht war – am Tage zirka zwei Stunden das Brennholz für unsere Zellen sägen und spalten. Da kamen kleine Judenknaben und brachten uns Zigaretten und russisches Weißbrot. Der Feldwebel war ein loyaler Mann. Er ließ alles geschehen. Zwei alte Landstürmler, ebenfalls aus dem Erzgebirge, bewachten uns und sahen zu. Einer davon holte mir von unserm Quartier Bücher, die ich an der Fensterluke las.

»Sowas ist ja glänzend«, sagte ich zu dem, »da geh ich überhaupt nicht mehr raus. Was schert mich der Mist vom Stab.«

»Ist alles müd von der langen Kriegszeit«, sagte der alte Mann mit einem gutmütigen Sorgengesicht. Da stand er, gebeugt und wehmütig, so eben wie ein Mensch, mit dem man alles machen konnte.

»Wenn man wüßt', für was«, meinte er, »es wird nicht Schluß, bis alles hin ist ... Ich hab's immer gesagt ... Alte, sag ich, Jung, sag' ich zu meinem Justav, wir sehen nichts, wenn Sieg wird ... Die Jroßen hockn sich wieder zusamm' und saufn ihren Schampanjer wie jewöhnlich, wenn's aus ist, und die Kleenen sind ruiniert ... Schwindel, Kamerad, nichts wie Schwindel ... Die Kleenen uff der Welt wirdn einandr nischt tun, bloß die Jroßn arrangieren das! ... Schwindel, nichts wie Schwindel ...« Er griff in die Tasche, zog einen Strunk Kautabak heraus, schnitt ein Stück ab und steckte es in seinen Mund. Verdrossen spuckte er und schüttelte seinen alten Kopf ...

Am dritten Tag kam ich aus dem Arrest, ging zum Leutnant und

meldete mich. Alle meine Kameraden sahen mich schief, fast furchtsam an.
»Na, hoffentlich hat Ihnen die Sache den Kopf zurechtgedreht«, meinte der Leutnant, »aber das Nachspiel kommt noch. Abtreten.« Und wieder kamen die bekannten Kehrtwendungen.
Ein mysteriöser Brief aus Berlin kam: ›Schreib nicht mehr! Jung aus Dahlem fort. Auf der Flucht. Polizei forscht überall.‹ Die Schrift kannte ich nicht. Ich wußte nur, daß Schorsch unterdessen aus dem Bezirkskommando München entlassen worden war und sich in Berlin niedergelassen hatte. Ich schrieb also nicht mehr und wartete ab. Es kam nichts. Auf Umwegen erfuhr ich, daß Jung tatsächlich aus der Irrenanstalt geflüchtet war und nach seiner Wiedereinlieferung bald entlassen wurde. Man hatte ihn für geisteskrank ausgegeben, weil er desertiert war. Als er das tat, kam er zu Schorsch nach München, bald faßte ihn die Polizei, und Schorsch bekam wegen Begünstigung eine fünfwöchige Untersuchungshaft. Dies alles beunruhigte mich. Ich wollte wissen, was passiert war.
Ich schrieb einen Zettel: ›Trainsoldat Graf bittet Herrn Major um einen zweiwöchigen Urlaub, und zwar hat er eine Woche in Berlin geschäftlich zu tun und eine Woche infolge familiärer Angelegenheiten zu Hause.‹ Ich zögerte und trug den Zettel drei Tage herum.
»Mensch, warum tust du denn nichts?« fragten mich meine Stabskameraden.
»Ich habe Ruhetage nach dem Arrest«, gab ich ihnen zur Antwort. Sie schüttelten bedenklich die Köpfe und schwiegen. Aus Angst besorgten sie meine Pferde. Nachmittags ließ ich die Gäule der Offiziere etwas im Freien herumlaufen, und da lief der Fuchs vom Leutnant wieder weg. Der Leutnant versuchte es mit etwas geduldigeren Worten: »Schämen Sie sich doch!«
»Entschuldigen Sie, Herr Leutnant, es ist halt passiert«, meinte ich ungelenk. Er wurde schon wieder ärgerlich und ließ mich mit der Weisung, den Gaul sofort wieder herbeizuschaffen, abtreten.

Wir suchten alle und wieder wurde das Vieh gefunden. Der Leutnant wollte alles vertuschen, aber der Major erfuhr es trotzdem. Der Leutnant bekam einen leisen Vorwurf und jetzt war es aus. – Eines Abends legte ich auf den Schreibtisch des Majors mein Urlaubsgesuch. Am andern Tag in der Frühe kam Peperl atemlos daher und keuchte: »Du mußt zum Major.« Ich meldete mich bei ihm. »Sie haben da um Urlaub eingegeben«, sagte der, mein Gesuch in der Hand haltend, »Urlaub ist eine Belohnung. Nach Ihrer Führung kann ich Ihnen keinen Urlaub geben ... Und überhaupt«, seine Stimme schwoll drohend, »wollte ich Sie schon längst wieder einsperren lassen wegen des weggelaufenen Fuchsen vom Herrn Leutnant, Sie nachlässiger Kerl, Sie! ... Ich will Sie überhaupt auf Ihren Geisteszustand untersuchen lassen! Machen Sie, daß Sie hinauskommen!«
Ich mußte kehrtmachen und ging hinaus, schritt lächelnd durchs Büro und schrieb oben auf unserer Dachstube abermals einen Zettel: ›Trainsoldat Graf bittet Herrn Major um Bestrafung wegen Weglaufenlassens des Fuchsen‹, wartete den Abend ab und legte den Fetzen abermals auf den Schreibtisch des Majors. Niemand wußte etwas davon. Meine ganzen Kameraden waren weit von mir abgerückt. Sie hatten eine Höllenangst. Nur ein Elsässer ließ sich manchmal mit mir ins Gespräch ein. Zu dem sagte ich: »Der Krieg wird nie aufhören, wenn wir nicht einzeln anfangen zu revoltieren.«
»Was hast du davon, wenn du gegen diesen Block kämpfst? An die Wand stellt man dich und knallt dich nieder, oder du kommst auf Festung und krepierst langsam«, antwortete der.
»So oder so. Es ist mir ganz gleich«, sagte ich und fügte hinzu: »Die Behandlung ist noch viel zu gut. Es muß soweit kommen, daß man uns bloß mehr mit Hundepeitschen traktiert, dann stemmen wir uns dagegen. Die Unterdrückung muß unerträglich werden, dann kommt die Änderung.«
»Da hast du ja recht«, stimmte er mir dann raunend zu, »aber

nimm dich in acht ... Es gibt überall falsche Schufte. Als einzelner was machen ist eine schlimme Sache und hat vor allem keine Wirkung ... Der Schwindel geht doch weiter.«
»Sollen ihn andere weitermachen. Ich mag nicht mehr!« sagte ich.
»Könnt ihr euer Maul nicht halten!« brummten die anderen aus ihrem Stroh. Wir schwiegen. Am Morgen kam wieder Peperl totenbleich und atemlos angestürzt und stieß heraus: »Du mußt zum Major hinunter ... Der schaut hundsgrimmig.« Ich lachte. Auf dem Hof traf mich der Leutnant und sagte verächtlich: »Trottel.« Ich straffte meinen Körper und trat beim Major ein.
»Drei Tage Strengen!« war der Schluß einer großen Schimpferei. Peperl führte mich wieder ins Gemeindehaus. Er tat dies immer mit einer Art bedrückter Förmlichkeit, getraute sich nicht, mich anzuschauen und antwortete auf keine meiner Fragen. Die alten Erzgebirgler empfingen mich mit der gleichen, selbstverständlichen Freundlichkeit. Dies gefiel mir. Immerzu, dachte ich, immer so weiter! Was schert mich eine Eintragung in den Militärpaß! Den zerreiße ich ja doch. Was die Herren Militärs über meinen Leumund aussagen, kann mir schnuppe sein.
Vor Langeweile zeichnete ich die Wände meines Arrestraumes voll und schrieb an alle Ecken und Enden: ›Nieder mit dem Krieg!‹ oder ›Die Masse macht es nicht! Der Einzelne muß es machen!‹
Ich dachte mir, wenn jetzt der inspizierende Herr Offizier kommt und sieht das, dann gibt es sicher großen Krach und neue Strafen, ja ich hoffte schon darauf, denn hier war es viel schöner. Aber es kam keine Razzia.
Nach meiner Entlassung krepierte ein Zuggaul an Kolik. Wir zogen ihn aus dem Stall und ließen ihn liegen. Als ich dem Leutnant das meldete, sagte er zynisch: »Der Gaul muß abgezogen werden! Sie haben ihn abzuziehen und die Haut zu bringen!«
»Verzeihung, Herr Leutnant, ich bin kein Metzger«, sagte ich.
»Halten Sie Ihr Maul! Sie haben den Gaul abzuziehen! Abtreten!« befahl er schroff.

Ich ging hinauf und legte mich ins Stroh. Es wurde Abend.
»Du ,mußt zum Leutnant«, sagte Dreier heraufkommend. Mir wurde dieses ganze sinnlose Hin und Her schon zuwider.
»Haben Sie den Gaul abgezogen?« fragte der Leutnant verbissen.
»Ich kann das nicht. Es ekelt mich«, antwortete ich. Einige Sekunden schauten wir uns an. Es sah aus, als platze der Leutnant jeden Augenblick los. Ich war ruhig. »Wenn der Gaul bis morgen mittag nicht abgezogen ist, haben Sie Festung!« feixte der Offizier plötzlich.
Ich sagte abermals in der gleichen Tonart wie vorhin: »Verzeihung, Herr Leutnant, ich bin kein Metzger!«
»Hinaus!« schrie er. Ich ging hinaus und legte mich wieder schlafen. In der Frühe ging ich wieder zum Leutnant und wiederholte abermals: »Verzeihung, Herr Leutnant, ich kann den Gaul nicht abziehen.«
»Hinaus! Raus!« brüllte der und schrie mir nach: »Holen Sie sich vom Pferdelazarett zwei Russen und lassen Sie sich helfen! Aber dann fix!«
Ich ging ins Pferdelazarett, holte zwei Russen, gab ihnen Pickel und Schaufel und sagte: »Rußki! Rußki! Loch! Loch! Hier!« Und machte ihnen Zeichen. Die beiden verstanden, gruben die gefrorene Erde auf und machten ein tiefes Loch. Unterdessen nahm ich ein Beil und schlug dem toten Gaul, der durch und durch gefroren war, Füße und Hals ab, warf sie in die Grube und dann den starren Leib drauf. Dann deckten wir zu. Mittags kam der Leutnant auf mich zu: »Was ist mit dem Gaul?« Und sah auf die Stelle, wo die schwarze Erde so hoch lag.
»Hier ruht er, Herr Leutnant«, antwortete ich und sah ihm ruhig ins Gesicht.
»Und die Haut?« fragte der schlanke Mann zornrot.
»Verzeihung, Herr Leutnant, der Gaul war vollkommen gefroren, und die Därme haben hinten herausgehangen«, sagte ich.
»Die Haut!« schrie der andere.

»Auch die Russen haben es nicht fertiggebracht!« erzählte ich unbeirrt.
»So!« begann jetzt der Leutnant direkt fiebernd und machte einen drohenden Schritt auf mich zu: »Also Sie wollen Festung?! Das können Sie haben! Was suchen Sie überhaupt weiter bei uns, Sie! Sie!!« Er bebte jetzt noch mehr vor Wut.
»Ich wollte es Ihnen schon lange sagen, Herr Leutnant, ich möchte zu einem anderen Truppenteil, denn hier bekomme ich bloß Strafe auf Strafe. Ich bin, glaub' ich, nicht recht geeignet für den Stabsdienst«, sprach ich ruhig.
»So! . . . Hm! . . . Auf der Festung können Sie sich das ja überlegen, Sie Bursche!« polterte mein Vorgesetzter und fuhr in gleichem Ton fort: »Was bilden Sie sich eigentlich ein! Glauben Sie vielleicht, für Sie wird eine Extrawurst gebraten! Wie stellen Sie sich das eigentlich vor, Sie Idiot!«
»Ja . . . Ich denke, man schickt mich wieder zu meinem Ersatztruppenteil und reiht mich von dort aus in eine andere Formation ein«, sagte ich unentwegt. Das verblüffte den Mann einen Augenblick. Er musterte mich stumm und böse. Dann sagte er kurz: »Warten Sie! Sie werden schon sehen!« Und ging.
Zwei Tage verliefen.
»Geh doch in den Stall, Mensch! Du kriegst ja zehn Jahre Festung!« wimmerten meine Kameraden. Ich rührte mich nicht vom Fleck.
»Ich bin krank! So oder so kaputt ist gleichgültig!« antwortete ich ihnen verstockt.
Am zweiten Tag, abends fünf Uhr, mußte ich zum Leutnant.
»Sie haben binnen einer Stunde feldmarschmäßig bei mir zu erscheinen«, war der knappe Befehl.
»Was ist denn los, Herr Leutnant?« fragte ich harmlos.
»Abtreten! Hinaus!« donnerte es zurück.
»Gut!« brummte ich entschlossen im Hinausgehen, fast wie für mich. Und wieder sahen mich alle Kameraden mit einer merkwür-

digen, stummen Fremdheit an, als ob sie sich vor mir fürchteten. Nach zirka zehn Minuten kam ich feldmarschmäßig ins Leutnantsbüro, stellte mich stramm und sagte: »Zur Stelle!«
Der Leutnant drehte sich rasch um, sah mir verächtlich ins Gesicht und sagte in schadenfroher Tonart: »So! . . . Und jetzt begeben Sie sich zur preußischen Landwehr-Eisenbahnbau-Kompanie Numero zwei, damit Sie mal schippen lernen!«
Ich begann ein ganz klein wenig zu zittern, straffte aber sogleich wieder meinen Körper und sagte: »Möchte Herrn Leutnant melden, daß ich den Befehl niemals befolgen werde!«
Der Leutnant warf sich ruckhaft einen Schritt vor. Ein preußischer Offizier, der am andern Schreibtisch saß, schnellte wie eine gesprungene Matratzenfeder empor, und beide brüllten zu gleicher Zeit: »Wasss!?!«
Die Türe des Majorskabinetts öffnete sich, und der Major fauchte herein: »Was höre ich hier? . . . Wasss! . . . Befehlsverweigerung?« Und ein Blick bohrte auf mich ein. Ich wandte mich bebend herum und sagte wieder in der gleichen Tonart wie vorhin: »Möchte Herrn Major melden, daß ich den Befehl des Herrn Leutnant niemals befolgen werde!«
Ein lautplärrendes Stimmengewirr zischte um mich. Drohend deutete der Major an die Tür: »Hinaus! Hinaus!« Am ganzen Körper heiß und kalt zugleich ging ich hinauf und legte mich, ohne meinen Tornister abzuschnallen, aufs Stroh, rauchte eine Zigarette um die andere und wartete der Dinge, die da kommen sollten.
Es war Nacht draußen. Kein Mensch wagte, zu Bett zu gehen. Ich beruhigte mich und las gelangweilt den Hebbelkalender, den ich in einem Kownoer Haus gefunden hatte.
Schritte von mehreren Leuten stampften die Stiege herauf. Durch die Ritze der Türe fiel Licht. Der Leutnant kam, leuchtete mich mit seiner Taschenlaterne an und sagte: »So! Also hier liegen Sie!« Ich lugte nach ihm. Er begann in schnarrendem Ton und sehr eilig einen großen Verhaftungsbefehl vorzulesen, den ich völlig über-

hörte. Hinter ihm in der Düsternis standen ein preußischer Unteroffizier in Helm und zwei Mann mit aufgepflanztem Seitengewehr. Irgend etwas von sofortiger Inhaftsetzung und vorläufiger Unterbringung im strengen Arrest wegen Befehlsverweigerung flog undeutlich an mir vorbei. Ich blieb ruhig liegen und hörte zu, ohne meine Zigarette aus dem Mund zu nehmen. Das war nicht Kühnheit, eher schon Nervosität, ein Auslassen und Sich-Übergeben. Der Leutnant war ganz bleich und maß mich bohrend. Als er zu Ende gelesen hatte, fragte er: »Verstanden?« Ich nickte.

»Wollen Sie den Befehl befolgen?« fragte er wieder rasch.

»Ja«, sagte ich gleichgültig und nickte.

»So werfen Sie doch wenigstens Ihren Glimmstengel aus dem Maul!« schrie er.

»Den muß ich erst rauchen«, sagte ich ruhig. Der Leutnant zuckte zusammen und besann sich einen Moment. Deutlich hörte ich seine Zähne knirschen. Dann, ohne mich nochmal anzusehen, wandte er sich an die drei preußischen Soldaten und sagte befehlsmäßig: »Wenn er nicht gehorchen will und in fünf Minuten nicht folgt, melden Sie es unten!« Er schritt geräuschvoll durch die offene Türe und warf sie krachend zu. Hilflos sahen mich die Preußen an. Dumpf sagte der Unteroffizier nach einer kleinen Pause: »Kamerad, mach keine Dummheiten, komm mit!« Ich erhob mich langsam, suchte mir zwei Kommißbrote und nahm sie in meine Wolldecke.

»Wollen Sie uns folgen?« fragte auf einmal der Unteroffizier wieder förmlich.

»Das sehn Sie doch«, sagte ich und nestelte an meinem Wolltuch.

»Mensch, was haben Sie sich da eingebrockt!« sagte der Unteroffizier jetzt wieder menschlich. Die Soldaten, die bis jetzt säulenstarr dagestanden hatten, schüttelten die Köpfe. Sie ließen mich vorausgehen und führten mich wieder ins Gemeindehaus.

Ich erinnere mich noch ganz deutlich an alles. Es lag tiefer Schnee, und wir wateten stumm dahin. Bitter kalt blies der Wind um die Hausecken. Stockdunkel war es. Nur die geschwertete Linie der Taschenlaterne des Unteroffiziers zeigte den Weg. Ich dachte immerzu an das Lied ›Es geht bei gedämpfter Trommel Klang‹, und sehr feierlich ward mir zumute. Komisch, ich dachte nie daran, daß man mich etwa an die Wand stellen oder auf Festung tun könnte, es kam mir bloß so von ungefähr in den Sinn, so müßten die russischen Leute auch nach Sibirien gebracht werden. Und dann – ja – dann, ich weiß nicht mehr genau warum, kam es mir auf einmal vor, als wäre Frühling, und ich ginge über windüberstrichene, aufkeimende Felder daheim. Wohlig und frei war's mir, und auf einmal fing ich zu singen an:

»Ein Vöglein sang im Lindenbaum
in lauer Sommernacht!«

Ich sang erst brummend, fand aber dann, scheint es, an meiner Stimme großen Gefallen und, obwohl ich mich jetzt wieder an den Unteroffizier und die zwei Mann hinter mir erinnerte, sang ich munter aus mir heraus. Die drei Mann verhielten sich taub und stumm und gingen bloß stapfend weiter. Sie ließen mich singen, ja so halbwegs schien mir, als gefiele ihnen diese fremde Lustigkeit. Ich kam von der Anstrengung des Watens ins Schwitzen und jappte nach Luft, ein Ton brach auseinander, und ich hörte auf einmal auf ...

Es war elf Uhr nachts geworden, als wir im Arrest ankamen.

»Schon wieder da, Graf?« sagte der Feldwebel und entließ die drei.

»Es gefällt mir so bei euch«, sagte ich und lachte.

Ich kam in meine alte Zelle, zündete mir eine Zigarette an, ging etwas nervös auf und ab und leuchtete die Wände ab. Da hatte einer unter meine Schreibereien geschrieben: ›Sehr richtig.‹

Ich legte mich zufrieden auf meine Pritsche und schlief erst nach langem Gedankenhinundher ein. –

XVIII
Sie werden sich wundern

Am ersten Tage in der Frühe kam der Landsturmmann mit einem Feldgeschirr voll Tee und sagte: »Trink, Kamerad! Er ist heut sogar gezuckert . . . Das tut gut, am Morgen so was Warmes . . .« Er stellte den Napf hin, ging durch die geöffnete Tür und sperrte wieder ab. Ich nahm ein paar Schluck und ließ den Rest stehen. Das Mittagessen kam. Ich berührte es nicht. Am Abend gab es zwei Rädchen Wurst. Ich legte sie hin und aß nichts. Das gleiche am anderen Tag. Ich nahm nichts zu mir.
»Schmeckt es nicht?« fragte der Landsturmmann.
»Ich hab' gar keinen Appetit«, sagte ich und ließ alles stehen. Der dritte Tag kam. Er war quälend lange und peinigend. Ich aß nichts. Krepieren mußt du, dachte ich und machte mir selber eine Wut, um nicht in Versuchung zu kommen.
»Iß doch, Kamerad«, sagte der Landsturmmann sorgenvoll und fast flehend: »Du gehst uns ja zugrunde.« Und der Feldwebel kam und fragte: »Können Sie denn nichts essen?«
Ich sagte: »Ich habe absolut keinen Appetit.«
»Sind Sie denn krank?« erkundigte sich der Feldwebel. Ich schüttelte gutmütig lächelnd den Kopf.
»Nein, ich kann nur nichts essen, sonst geht es mir gut . . . Wird schon wieder kommen, Herr Feldwebel«, sagte ich harmlos. Der Magen knurrte. Aushalten, befahl ich mir bissig und schluckte das Magenknurren hinunter. Polackenknaben kamen und verkauften mir heimlich durch die Fensterluke Zigaretten. War Gefahr im Verzug, schlichen sie lautlos davon und kamen immer wieder. Ich stand den ganzen Tag am Fenster und blies den Rauch durch das Gitter der Luke, damit man nichts rieche. Die Kontrolle war sehr milde. Nie sah jemand nach.
Am Morgen des vierten Tages hörte ich fremde Stimmen an meiner Tür. Der Leutnant von der Etappenkommandantur kam mit dem

Feldwebel in meine Zelle. Ich sollte stramm stehen und Meldung machen, blieb aber auf der Pritsche liegen. Der Offizier machte dem Feldwebel Vorwürfe und mir einen Krach. »Warum essen Sie denn nichts? Sind Sie krank?« fragte er mich scharf musternd.
»Nein, aber ich habe keinen Appetit, Herr Leutnant«, sagte ich monoton.
»So! . . . Wissen Sie auch, daß man Sie zum Essen zwingen kann?« drohte der Leutnant.
»Jawohl, Herr Leutnant, aber nicht zum Appetit«, gab ich zur Antwort. Da stieg dem Mann der Groll auf.
»Sie scheinen mir ja der richtige Drückeberger zu sein«, polterte er und fuhr höhnisch fort: »Na, man ist schon mit anderen fertig geworden. Sie essen schon!« Den ganzen Gang vor räsonierte er noch von Gewalt anwenden. Ich dachte unwillkürlich an die fünfhundert Russen, die an der Front zu Arbeit und Essen mit Prügeln gezwungen worden waren.
Aber ich aß nicht. Der schlimmste Tag, der dritte, war vorüber. Der Magen hatte sich an das Hungern gewöhnt. Ich rauchte in einem fort und lag auf der Pritsche. Bald werde ich zusammenbrechen, dachte ich. Der vierte und der fünfte Tag gingen so vorüber. Unseren Leutnant hörte ich vorne: »Hat er sich schon entschlossen zu essen?«
»Nein, Herr Leutnant«, gab ihm der Feldwebel zurück.
»Na, soll er hungern, wenn es ihm Spaß macht«, sagte der und entfernte sich wieder. Der Feldwebel kam bedrückt zu mir.
»Kamerad, iß doch«, flehte er fast wie ein Vater, »du kommst zu Muttern heim.«
Aber ich blieb unerbittlich. Frei werden oder krepieren, dachte ich und hungerte, rauchte oder lag auf der Pritsche und döste.
In die Nebenzelle wurde ein ostpreußischer Trainsoldat eingeliefert. Er sang den ganzen Tag, klopfte dann wieder und unterhielt sich mit mir nachmittags im Hof beim Holzkleinmachen. In der frischen Luft fühlte ich eine leise Schwäche. Endlich, dachte ich.

Immerzu rauchte ich. Der sechste Tag verging, der siebente und der achte, ohne daß ich etwas von Zusammenbruch spürte. Nur meine Schwächezustände nahmen zu. Die Landstürmler und der Feldwebel waren verzweifelt.

»Kamerad, was fehlt dir denn? Sag's doch! Willst du dich krank melden?« fragten sie mich trübselig.

»Mir geht's ganz gut«, erwiderte ich freundlich und lächelte zufrieden.

»Hm-hm-hm, schrecklich«, murmelte der Feldwebel, und alle drei gingen kopfschüttelnd aus der Zelle.

Wenn ich auf der Pritsche döste, fingen Wände und Gegenstände langsam an zu verschwimmen. Alles schwebte. Aber ich war ganz bei Sinnen und hörte noch immer den Ostpreußen drüben deutlich singen:

»Wir sitzen wohl zwischen vier Mauern
und klagen einander die Not!
Hier ist es ja zu bedauern, bedauern,
bei Wasser und trockenem Brot!«

Eintönig klang die Melodie durch die Wände und wurde da und dort erwidert. Sie summte sich ins Ohr, und zuletzt war es, als brumme das ganze Haus dumpf diese Strophen, die ich nie wieder vergessen habe:

»Gardinen von Eisen geflochten,
und alles verhangen mit Draht.
Die Freiheit, die ist uns genommen, genommen,
der Kerker ist unsere Schmach.

Und wollen uns Freunde besuchen,
so läßt sie der Schließer nicht ein.
Dann fangen wir laut an zu fluchen, zu fluchen
und mörderlich laut an zu schrein!

Die traurige Zeit ist vorüber,
die traurige Zeit ist vorbei!
Dann stoßen wir vielfach die Gläser, die Gläser,
die traurige Zeit ist vorbei!«

Der Major kam angeritten und erkundigte sich, ob ich schon esse.
Nein, hieß es.
Er ritt wieder fort.
Ich begann mich zu wundern. Unruhe kam. Nichts geschah. Auch zugrunde ging ich nicht. Mittags am neunten Tag klopfte ich an die Tür. Die Leute kamen ängstlich daher und öffneten.
»Ich möchte entlaust werden«, bat ich. Die ganzen Gesichter fielen in ihre alte Trübseligkeit. Etliche schüttelten stumm die Köpfe. Ich mußte meine Sachen zusammenlegen. Zwei Landsturmmänner nahmen mich in die Arme und führten mich vorsichtig wie einen Schwerkranken durch das russische Dorf. Auf der Straße sah ich Dreier und den kleinen Kraftfahrer Römer. Sie schauten weg. Ich machte mit aller Anstrengung ein todernstes Gesicht.
In der Entlausungsanstalt angekommen, halfen mir die zwei Landstürmler beim Entkleiden und trugen alles hinaus in den Entlausungsapparat. Ich stieg ins heiße Wasser. Neben mir in den Badewannen lagen Urlauber und unterhielten sich lachend. Jetzt kam rasend schnell die Schwäche. Von den Füßen stieg sie herauf zum Kopf. Der kalte Schweiß kam mir.
»Kamerad«, sagte ich hastig zu meinem Nebenmann, »mir ist furchtbar schlecht, hast du nicht einen Schluck Rum?« Die Landsturmmänner sprachen draußen mit den Entlausungswärtern. Der Angesprochene reichte mir seine Feldflasche. Es war richtiger Frontrum. Ich machte einen großen Schluck und gab eilig die Feldflasche zurück. Ein Zittern erfaßte mich, Schwindel kam. Verschwommen sah ich die Landstürmler herankommen, wollte aufstehen und fiel peitschend zurück in die Wanne. Laute summten undeutlich um mich. Nachher erwachte ich in einem warmen Zim-

mer. Ein Arzt war über mich gebeugt, manipulierte mit einem Instrument an meinen Augen. Aber alles schwebte nur. Jemand fragte immerzu nach meinem Geburtstag und was wir heute für einen Tag hätten. Die Stirn wurde mir eingerieben. Die Haut biß davon, und ein scharfer Geruch kam in meine Nase. Ich öffnete die Augen weit. Immer noch der weiße Arzt, dahinter ein Sanitäter und der eine von den Landstürmlern.
»Sind Sie krank?« fragte der Arzt. Ich schüttelte lässig den Kopf.
»Was haben wir denn heute für einen Tag?« fragte er wieder.
»Weiß ich nicht, weiß nicht«, lallte ich starräugig.
»Wann sind Sie denn geboren?« wurde ich wieder gefragt.
»Weiß nicht, weiß nicht.«
»Haben Sie noch eine Mutter? Leben Ihre Eltern noch?«
»Weiß nicht, weiß nicht«, sagte ich völlig ermattet. Alles schwamm, war so leicht, so gleichgültig.
Nacht war schon, als ich in meiner Zelle wieder aufwachte. Wie ich hierhergekommen war, wußte ich nicht. Man hatte mich in wollene Decken gewickelt.
Ich wurde verdrossen, ganz verdrossen. Also wieder in diesem Loch! Es hilft alles nichts, ich muß krepieren, sonst lassen sie mich nicht los, überlegte ich willenlos. Die Augen fielen wieder zu.
In der Frühe des anderen Tages trugen mich die zwei Landsturmleute heraus. Ich schlug die Augen auf. Der Feldwebel strich mir über die Stirn und sagte bewegt: »Kommst zu Muttern, Kamerad.« Dann lud man mich auf einen Trainwagen, fuhr zur Bahn und übergab mich einem Lazarettzug. Ich lag immerzu im Halbschlaf. Träume rannen hin und her. Ich fühlte wieder frische Luft, dann Wärme und ein Bett. Durch die Schlafwände brachen Geräusche. In die Nase stieg Medikamentengeruch. Wie lang es so ging, weiß ich nicht. Ich erwachte plötzlich, sah ein Schwesterngesicht ganz nahe, das lächelte, und schlief wieder weiter.
Es stak etwas in meiner Kehle. Ich riß wieder die Augen auf.
Die Schwester löffelte mir Grießmus ein. Ich spie alles gewaltsam

heraus, der Schwester ins Gesicht. Sie fauchte auf und schrie. Aber ich schlief schon wieder.

Dieser Traumzustand dauerte – sagte man mir – beinahe zwei Wochen. Zeitweilig riß ich die Augen auf, sah fremde Gesichter in Krankenkitteln und schlief wieder ein. Allmählich erholte ich mich, ließ auch im Wachen die Schwester gewähren, wenn sie mir einlöffelte.

Der Generalarzt kam und leuchtete mir mit einer elektrischen Taschenlaterne ins Gesicht. Ich sah groß in das stechende Flämmchen. Eine kalte Hand strich über meine Stirn.

Die Kräfte kamen langsam wieder. Ich konnte meine Umgebung feststellen. Einer lehnte dauernd am Fenster und zupfte an seinem Krankenkittel. Wieder etliche rannten sehr schnell im Kreise herum. Plötzlich fiel der eine davon lang hin und schlug krampfhaft um sich, schrie und brüllte. Aus einer Ecke heulte eine wimmernde Stimme ohne Unterlaß: »Ich bin verrückt! Ich bin verrückt!« Und fiel in ein schüttelndes Schluchzen: »Maria! Maria!«

Mein Nebenschläfer zuckte von Zeit zu Zeit am ganzen Körper, warf sich hoch und knirschte, daß die Zähne krachten. Im mittleren Bett auf der anderen Seite lag ein junger Mensch sitzend aufgerichtet, zeigte in einem fort mit gespreiztem Finger in die Luft und schrie: »Neu-Ulm! Neu-Ulm! Neu-u-u-ulm! He! Neu-Ulm! Neu-Ulm!«

Und endlich war einer, der von Zeit zu Zeit veitstanzartig von einem Bett zum anderen hüpfte, sich die Kleider vom Leibe riß, seinen Geschlechtsteil in die Hand nahm und ihn beglotzte.

Dazwischen gingen zwei Wärter ruhig einher, und zu Mahlzeiten sah ich Schwestern Teller herumreichen. Oder zwei weißbekittelte Ärzte spazierten von Bett zu Bett, untersuchten und machten meinem Nebenschläfer eine Einspritzung.

Neue Kranke kamen. Dauernd war furchtbarer Lärm. Teller flogen krachend an die Wände. Einer spuckte auf die Vorübergehenden. Dieser oder jener stürzte sich wütend auf ihn. Die Wärter grif-

fen ein. Er wurde in die Zwangsjacke gebunden und in eine andere Station gebracht.
Ich bekam zum ersten Male Fleischkost, schreckte auf und stemmte abwehrend meine Hände: »Das ist das Pferd! Das Pferd!« Die Schwester wollte mir das Essen aufnötigen. Ich schmiß den Teller samt Speise an die Wand. Die Wärter kamen und drohten.
»Das ist das Pferd«, sagte ich beharrlich.
»Bist wohl meschugge!« schrien sie. Aber ich nahm keine Fleischspeise zu mir. Man brachte mir Biskuit und Rotwein. Biskuit aß ich, den Rotwein weigerte ich mich anzunehmen.
»Das ist Blut! Das Pferdeblut«, sagte ich abweisend. Die Schwester schüttelte den Kopf. Die Wärter lachten und tranken den Wein. Dann durfte ich aufstehen. Meine Knie zitterten noch immer, wenn ich etliche Schritte machte. Den ganzen Tag saß ich auf der Bettkante, sprach kein Wort und starrte durchs Fenster. Wenn ich hinausging, folgten links und rechts zwei Wärter und warteten am Aborteingang.
Ich wurde zum Generalarzt geführt und von ihm vernommen.
»Warum essen Sie kein Fleisch?« war dessen erste Frage.
»Das ist das Pferd . . . Das hat man nachgeschickt«, sagte ich.
»Welches Pferd?« fragte der Arzt.
Ich erzählte ihm von dem Pferd, das ich abziehen hätte sollen und dem die Därme heraushingen und sagte, seitdem hätte ich einen Ekel vor allem Fleisch.
Ob der Major im Recht war mit der Strafverhängung?
Ganz bieder fing der Herr Generalarzt an. Direkt schmeichelhaft wie ein Kamerad in einer weichen Stimmung.
»Vom Standpunkt des Soldaten hat der Major entschieden richtig gehandelt. Als Mensch ist das eine andere Sache, aber das gehört nicht hierher«, sagte ich gewandt.
»Soso – naja, Sie werden wir wohl zu Muttern heimschicken«, meinte der Generalarzt und die zwei Wärter führten mich wieder zurück in das Irrenzimmer. Ich ging wieder auf mein Bett zu und

starrte hinaus ins Weiße des Hofes. Am Abend stand ein großes L auf meiner Fiebertafel. Das bedeutete Abtransport mit dem Lazarettzug.
Aber der Lazarettunteroffizier konnte mich nicht leiden, weil ich nichts anrührte, wenn es was zu tun gab. Krankentransport auf Krankentransport wurde zusammengestellt und in die Heimat abgeschickt. Andere Kranke kamen. Ich blieb und blieb. So verliefen die Wochen. Ich war immer noch da.
Um zwölf Uhr mittags schritt der Generalarzt sporenklirrend durch den langen Gang ins Sekretariat. Ich ging auf den Gang, als er vorbeikam.
»Was? Sie sind noch immer da?« sagte seine Exzellenz, drehte sich um und ging zum Unteroffizier in die Schreibstube. Dort gab es Krach. Am selben Abend noch wurde ich mit einem Sanitätsauto zum Bahnhof gefahren und kam mit dem Lazarettzug in die Heimat. Die ganze Zeit mußte mich ein Krankenwärter bewachen. Drei Ärzte kamen und wollten mich ausfragen.
»Weiß ich nicht«, antwortete ich auf jede Frage.
Seelenvergnügt lag ich auf meiner schaukelnden Matratze und sah hinaus ins kreisende Land.

XIX
Idiot

Unser Zug fuhr durch Berlin und hielt in Görden bei Brandenburg an der Havel. In Berlin schrieb ich eine Feldpostkarte an Cläre Öhring und gab sie irgendeinem Mann am Bahnhof. Ich glaubte nicht, daß sie ankomme. Ich wußte schon, wo wir hinkämen und gab die Adresse an, bat, wenn es ginge, mich zu besuchen. Schon als der Zug wieder anfuhr, hatte ich alles vergessen.
Ich kam mit Verwundeten in ein Vereinslazarett. Wir wurden gebadet, bekamen frische Wäsche und legten uns in die angewiesenen

Betten. Dann kamen die Schwestern geschäftig angeflitzt und brachten uns auf Tellern Dampfwürste mit Kartoffelsalat.
Was tue ich bei den Verwundeten? dachte ich. Die Schwester reichte mir die Dampfwürste. Platsch! – lagen sie an der sauberen, weißen Wand.
Allgemeine Bestürzung. Die Schwestern kamen angerannt, sahen mich staunend an und bestürmten mich mit Fragen: »Was ist's denn? Können Sie das nicht essen?«
»Das ist das Pferd«, sagte ich ruhig. Ein allgemeines Kopfschütteln. Der Arzt kam, ging von Bett zu Bett, fragte jeden aus und war sehr freundlich. »Na, was haben *Sie* uns denn von Rußland mitgebracht?« fragte er mich und lächelte gemütlich.
»Ich hab' einmal einen Magenkatarrh gehabt, Herr Doktor«, sagte ich.
»So – und jetzt? Jetzt sind Sie ganz gesund?« fragte der. Ich nickte lachend. Das Gesicht des Doktors veränderte sich ein wenig.
»Ja, warum hat man Sie denn dann hereingeschickt?«
»Ich weiß nicht ... Man hat mich eben mitgeschickt«, antwortete ich.
»Hm, soso – na, da müssen wir die Papiere abwarten«, sagte der Doktor und sah mich an. Dann ging er weiter.
Am zweiten Tag gab es mittags Rindfleisch mit Gemüse. Wieder warf ich den Teller an die Wand. Und wieder kamen die Schwestern, fragten, bestürmten mich und sahen mich mitleidig an.
»Das ist das Pferd«, sagte ich wieder.
Ich bekam Pfannkuchen, Rühreier oder Biskuit und durfte aufstehen. Der Arzt lächelte mich jedesmal freundlich an, und ich lachte ebenfalls.
Endlich waren die Papiere da. Ich mußte ins Zimmer des Arztes.
»So, Graf«, sagte der ganz freundschaftlich, als ich mich neben ihn gesetzt hatte, »so, jetzt wollen wir mal ein bißchen rechnen.«
Er hatte einen großen Foliobogen vor sich liegen und fragte: »Wieviel ist zwei und zwei?«

»Vier, Herr Doktor«, antwortete ich.
»Gut, gut«, murmelte er beifällig.
»Was ist für ein Unterschied zwischen einem Hund und einem Hausdach?« fragte er etwas gespannter und betrachtete mich scharf durch seine glitzernden Brillengläser.
»Das Hausdach ist oben, und der Hund läuft auf der Erde«, war meine Antwort. Alles schrieb der Arzt auf. Er wandte sich wieder an mich und zeigte mir einen Apfel: »Wenn ich diesen Apfel in vier Teile zerschneide, wie heißt man da den einzelnen Teil?«
»Ein Viertel, Herr Doktor«, antwortete ich prompt. Wieder bekam ich ein Lob, und das Resultat wurde zu Papier gebracht.
»Und wenn ich jetzt die ganzen Teile nochmal halbiere, wieviel habe ich dann?«
Ich stockte, sah den Fragenden an. Er ermunterte mich noch mal und schnitt tatsächlich ein Viertel des Apfels auseinander: »Na? Na . . .?«
»Merkwürdig, Herr Doktor«, sagte ich bieder und machte mit der Hand einen Wischer über meine Stirn, »grad wie wenn alles weggewischt ist da drinnen. Ich kann es Ihnen mit den besten Willen nicht sagen.«
Der Arzt sah mich musternd an, lächelte ein wenig und machte schließlich einen Strich mit der Feder auf das Papier. Dann mußte ich mich auf den Operationsstuhl setzen und wurde untersucht. Wieder kam die merkwürdige Augenmanipulation. Fertig damit, konnte ich gehen.
»Sie werden wir zur Mutter heimschicken, meinen Sie nicht?« fragte der Arzt lächelnd an der Tür.
»Da bleib' ich schon lieber beim Militär, Herr Doktor«, sagte ich darauf, »die daheim haben auch nichts zu essen, und da bin ich bloß überflüssig.«
Im Tagessaal bestürmten mich alle mit Fragen nach meiner Krankheit.
»Ich weiß nicht, der Doktor weiß es«, gab ich zur Antwort. Da –

was hatten denn die Kranken, daß sie so um mein Bettende standen und immer auf eine Stelle starrten? Ich ging heran, und jetzt erst bemerkte ich meine Fiebertafel. Hinter dem gedruckten Wort Diagnose stand frisch mit Tinte geschrieben: ›Idiot‹ und ein Fragezeichen war dahinter.
Etliche sahen mich sonderbar an. Ich brach auf einmal in ein wüstes Gelächter aus, tanzte förmlich und steckte den ganzen Saal mit meiner Fröhlichkeit an. Die Schwestern ließen mich alles machen, und wenn sie glaubten, daß ich sie nicht bemerke, stöhnten sie: »Ach Gott, der junge Mensch!«
Wenn der Arzt zur Visite kam, stellte ich mich breit hin und sagte leger: »Gut'n Morg'n, Herr Doktor! Ein Sauwetter hab'n wir heut!« oder »Heut nacht hab'n wir eine schöne Hetz' g'habt, fein war's, sag' ich Ihnen.«
Weil ich ständig guter Dinge war und jedem Anlaß zum Lachen gab, wurde ich auch demgemäß behandelt. Das gefiel mir ausgezeichnet.
»Ein Vieh, dieser Graf», sagten die Hessen, und die Preußen oder Brandenburger stießen sich verständnisvoll und lachten: »Junge, Junge, eine Nulpe!« So ging es Tage. Ich schrieb nun auch Briefe. Hauptsächlich an meine Freunde in Berlin. Und eines Tages kam Richard Öhring aus Berlin an. Sofort wurde er vom Arzt abgefangen und einem eingehenden Verhör unterzogen. Hernach, als ich mit ihm im Garten spazieren gehen durfte, erzählte er mir mit todernstem Gesicht die merkwürdigsten Dinge.
»Du wirst hier als Minderwertiger behandelt. Aber jetzt ist es mit dir geschehen. Mach dich jedenfalls gefaßt auf eine längere Internierung . . . Ich wußte ja nicht, was du für eine Krankenrolle spieltest und habe dem Arzt frei weg alles erzählt, was ich von dir wußte«, sagte er zu mir und sah mich dabei unablässig an. Ziemlich deprimiert verließ er mich.
Am Abend mußte ich zum Arzt.
»Also, Graf, Sie sind ja ein ganz intelligenter Mensch«, sagte der,

als ich zur Tür hereinkam, »Sie sind ja ein Dichter und haben schon in Zeitschriften veröffentlicht, sagt Ihr Freund.«
»Stimmt nicht, Herr Doktor, der bin ich nicht«, sagte ich hölzern und machte ein eisiges Gesicht. Einige Sekunden vergingen.
Der Arzt wurde weich: »Setzen Sie sich mal ... wir wollen uns ein wenig unterhalten.« Er rückte ganz nahe an mich heran und sah mir väterlich in die Augen. Dann faßte er mich an der Schulter, als wollte er mich aus tiefem Traum aufrütteln: »Jetzt denken Sie sich einmal, ich wäre Ihr Freund, Graf ... Reden Sie einmal so, wie Sie mit Öhring reden würden.«
Ich saß steif, fast atemlos da und starrte ihn verblödet an.
»Sie sind doch ein Dichter«, wiederholte der Arzt immer eindringlicher, »Graf! ... Sie, Graf! ... Sie haben doch schon in Zeitschriften veröffentlicht, Graf?«
Ich holte ein wenig Atem.
»Der bin ich nicht, Herr Doktor«, sagte ich dann abermals.
»Sehen Sie mich doch an! ... Sehen Sie, ich bin ein Mensch wie Sie ... Meine Aufgabe ist, Sie baldmöglichst zu heilen, weiter nichts«, sagte der Doktor mild und fast bittend.
Plötzlich beugte ich mich ganz nahe an sein Gesicht, daß er ein wenig zuckte, und schrie laut und immer lauter: »Sie sind der größte Verbrecher! Sie heilen nur, damit man uns wieder als Kanonenfutter brauchen kann! Sie sind schlimmer als jeder General und Kaiser, denn Sie benützen Ihre Wissenschaft nur, damit es wieder Leute zum Umbringen gibt! ... Die Generale, der Kaiser, die ganzen Kriegsherren handeln, wie sie es gelernt haben, aber *Sie – Sie*, Sie haben etwas anderes gelernt und lassen sich zur größten Schandtat benützen. Sie machen zu Tode Geschundene wieder lebendig, damit man sie wieder morden, wieder zerfetzen kann! ... Ein Zuhälter sind Sie, eine Hure sind Sie!«
Der Arzt war bestürzt aufgesprungen und faßte mich zitternd an: »Beruhigen Sie sich, Graf! Sie sind schwer krank!« Er war selber ratlos und stotterte. Aber ich schwieg nimmer. Auch ich war aufge-

standen und brüllte auf ihn ein. Eine maßlose Wut hatte mich erfaßt.
Die Türe ging auf.
»Sie sind vollkommen zerrüttet, Graf!« sagte der Arzt und führte mich zur Türe. Zwei Wärter standen bereits mit meinen Sachen da. Die Schwestern sahen beängstigt herein, gedrängte Gesichter von Kranken sah ich undeutlich dahinter. Ich war still und schlotterte, der weiße Schaum stand mir auf den Lippen.
»Sie kommen in eine Heilanstalt«, sagte der Arzt tonlos und die Wärter nahmen mich in ihre Mitte. Ich hatte mich etwas beruhigt. Peinlich nahmen alle Abschied. Viele schauten mich an, als sei ich ein Geist oder Teufel. Wir verließen das Lazarett und gingen durch einen Park. Auf einmal wölbte sich ein Torbogen. Darüber stand in großen Lettern: ›Kgl. preußische Landesirrenanstalt Görden‹.
Wir schritten an roten Häusern vorbei, davor waren Zäune aus Drahtgeflecht. Merkwürdig verkommene Leute schritten drinnen herum.
Endlich standen wir vor einem ebensolchen Haus. ›Station 4‹ stand auf einer weißen Emailtafel. Der eine Wärter sperrte auf. Wir folgten. Hinter uns wurde zugeriegelt. Ein paar Treppen. Wieder eine Tür, auf- und wieder zugeriegelt. Ein ungeheurer Lärm und Qualm empfing uns.
Auf dem Tisch stand ein alter Mann mit einer Skala von achtzehn Tabakpfeifen und hantierte damit wie ein Jongleur. Leute rannten herum, lachten, pfiffen, rauchten oder sangen.
»Das ist Österreich! – Hoch Wilhelm! – Hier ist Ungarn! – haut sie tot! – das ist Thüringen – Petrus gießt Kotze auf die Welt – Alleluja, dominus!« schrie der pfeifenfeixende Alte und schlug einen Heidenlärm auf dem Tische. Etliche standen da und spuckten auf ihn, zupften an seinem Rock und beschimpften ihn. Er schimpfte auch und wiederholte sein wirres Geplärr.
Ich lehnte mich glatt an die Wand und begann schallend zu lachen. Jetzt erst sah man mich.

»Komm, Sepp!« sagte ein großer Mann und nahm mich unter den Arm. Alles lachte wiehernd auf. Wir gingen im Kreise. Der Lärm schwoll wieder. Der Alte warf die Pfeifen in der Luft herum und fing sie wieder auf, sprang auf einmal auf den Boden und begann laut zu weinen. Einer fiel hin und bekam Krämpfe, zerfetzte sich die Kleider und verbiß sich. Die Wärter packten ihn und brachten ihn weg. Ein junger Mann rannte weinend von einem Eck ins andere und schrie: »Nicht schießen! Nicht schießen! Ni-i-icht . . .!« Er warf seine Arme und verbarg seinen Kopf damit.
Einer begann laut zu predigen. Alle lachten, weinten, schrien oder saßen dösig in einer Ecke und glotzten leblos. Ich mußte in den Schlafsaal und mich zu Bett legen, bis der Arzt kam. In einem fort lachte ich grell auf. Der Doktor erlaubte mir das Aufstehen. Ich konnte wieder in den Tagessaal gehen und bekam Essen.
Wir saßen an langen Tischen. Alles war hier angenietet und fest. Das Geschirr war aus Blech. Gabel und Messer gab es nicht.
Manche schütteten ganze Löffel Salz ins Kompott, einige spuckten erst hinein und verschlangen den zurechtgemachten Fraß. Einer schlug immerzu seinen Teller an die Tischkante und übergoß die anderen. Man mußte aufpassen da. Sah man weg, hatte man keine Speise mehr. Ich sah verwirrt in dieses Durcheinander und lachte immer dröhnend auf. Es klang fast krachend. Das steckte die anderen an. Oft war der ganze Saal ein einziges Gelächter.
Mittelpunkt war immer der Alte mit den Pfeifen. Er beschimpfte bei jeder Visite den Arzt auf das schmählichste und schmiß ihm die Pfeifen nach oder spuckte nach ihm. Dann kam er ins Dauerbad. Er wehrte sich hysterisch, er schrie, weinte, bat, kratzte und heulte wie ein angeschossener Vogel.
Nach etlichen Wochen kam ich in den ersten Stock. Das war eine sogenannte leichte Station. Die Schlafsäle waren hier kleiner. Ruhiger war's. Wir bekamen Papier und konnten Karten spielen.
Mittags um zwei Uhr durfte das ganze Haus im gitterumzäunten Garten spazieren gehen. –

XX
Die Fortsetzung

In unserer Stube waren wir fünf. Leow, ein Berliner Schlosser, lag neben mir. Ein großer Jude namens Mayer war da, ein Kölner Uhrmacher, der an hysterischen Anfällen litt, und endlich ein Student aus Berlin, der fast nie ein Wort mit den anderen Kranken sprach.
Leow half in der Küche mit. Das Essen war sehr knapp. Leow stahl Brot und Wurst und teilte aus. So schloß sich der Freundschaftsring. Nur der Student machte nicht mit. Er hielt sich immer abseits, und eines Tages kam Leow aufgeregt ins Zimmer und erzählte, daß man uns verraten hätte. Der Student stand dauernd bei den Wärtern. Wir schöpften Verdacht. Auch die Leute in den anderen Stuben wurden über diesen Herrn unterrichtet. Jeder mied ihn. »Der muß weg«, sagte Leow, der nicht mehr in der Küche mithelfen durfte. »Um Gottes willen, macht keinen Skandal«, flehte der abgemagerte Uhrmacher und zitterte wie Espenlaub.
»Der Schuft!« sagte ich.
Mayer stand Posten, wenn wir allein beisammen waren. Einer von der Nebenstube wurde als Spion engagiert. Er hatte die Gespräche des Studenten mit den Wärtern zu überwachen. Und richtig: Hanisch – so hieß der Student – hatte uns verklagt.
Leow ballte die Faust und raunte mir ins Ohr: »Heute fassen wir ihn.« Ich nickte.
Wir gingen in den Tagessaal. Auf einmal hatte mich eine unbeschreibliche Wut erfaßt. Alle Kameraden waren bereit zum Ausbruch. Ich rannte immer, immer schneller um die Tische. Die Wärter faßten mich bereits ins Auge, stellten sich schon in die Ecken. Da kam Hanisch aus dem Abort. Mit einem Satz war ich ihm im Gesicht, krallte mich in seine Wange und riß ihn nieder. Ein furchtbarer Lärm erhob sich. Die Wärter stürzten auf mich, aber alle Kranken waren rebellisch und halfen zu mir. Die Tür ging auf. Von der

›schweren Station‹ kam ein Dutzend Wärter. Die Arme wurden uns krachend in die Rücken gebogen. In die Schultern gab es Spritzen, und dann ging es ins Dauerbad. Neben mir in der Wanne lag Leow. Er machte mir Zeichen, hielt die Faust hoch: »Rache!« Ein Wärter kam und versetzte ihm einen Stoß.

Man war wehrlos und lag splitternackt in einer heißwassergefüllten Wanne bei vierzig Grad Wärme. Der Raum war dampferfüllt und glitschigglatt. Drei Wärter gingen am Fenster auf und ab. Wollte einer aus der Wanne, stießen sie ihn einfach hinein. Es hieß also liegen bleiben, liegen bleiben und abwarten.

Das Mittagessen mußten wir im Wasser einnehmen, aber man hatte keinen Appetit. Mattigkeit kam, Schwäche, unsägliche Schwäche. Aus Zellentüren an der einen Seite kamen fürchterliche Klagelaute. Poltern, Schreie, Verwünschungen und Gebete. Erst am dritten Tag wurde ich vollkommen erschöpft aus der Wanne gezogen und ins Bett gelegt.

Von da ab redete ich kein Wort mehr. Weder Leow noch andere Bekannte waren um mich. Der Arzt kam und fühlte meinen Puls. Der riesige Wärter berichtete, daß ich den ganzen Tagessaal ruiniert und Hanisch die Backe heruntergerissen hätte.

»Stimmt das?« fragte der Arzt. Ich schwieg und sah ihn böse an.

Fünf Monate schwieg ich. Selbst allein sprach ich kein Wort. Im Garten traf ich meine Kameraden wieder. Leow kam, wollte mir erzählen. Ich schwieg. Mayer kam. Ich schwieg. Der große Berliner kam. Ich schwieg. Entsetzt erzählten sich alle, ich sei stumm.

Krepieren oder frei werden, wiederholte ich in Gedanken und knirschte in mich. Alle bemißtraute ich. Jedermann war mein Feind. Kam der Arzt und wollte mit mir sprechen, machte ich eine Geste, wie wenn ich etwas aufschreiben wollte. Erhielt sodann einen Bleistift und Zettel dazu und schrieb meine Wünsche nieder. Erst kurz vor meinem Abtransport griff ich abermals einen Verhaßten an und schrie in der Erregung auf. Wieder kam ich zwei Tage ins Dauerbad, und die gleiche Sache wiederholte sich.

Als ich im Bett lag und der Arzt vor mir stand, berichtete der Wärter: »Er hat rebelliert und alles zusammengeschlagen ... Der Pionier sieht übel aus.«
»Warum machen Sie denn das?« fragte der Arzt mit bösem Gesicht.
Ich wollte sprechen, brachte aber nur stotternde Laute heraus.
»Na, sehn Sie, das war ganz gut, daß Sie so gehaust haben ... Jetzt können Sie wenigstens wieder sprechen«, sagte der Arzt lächelnd.
Wieder stotterte ich ein paar unverständliche Laute heraus und begann zu lachen.
»Sie kommen jetzt weg in Ihre Heimat«, sagte der Doktor und ging.
Ich durfte wieder aufstehen. Sehr interessiert gruppierten sich meine Kameraden um mich. Ich wollte reden, aber es ging nicht. Ich fiel wieder ins Lachen. Dann kam der Wärter, führte mich in die Gewandkammer und gab mir meine Sachen. Ich mußte mich reisefertig machen. Ein Brandenburgischer Landsturmmann brachte mich weg auf die Bahn. Die Reise ging durch Berlin. Als wir aus dem Anhalter Bahnhof gingen, winkte ich einem Offizier, stotterte ihn um Feuer an und hielt meine Zigarette hin. Der Mann begann zu schimpfen. Mein Begleiter machte leise Erklärungen und deutete an seine Stirne. Der Offizier gab mir lachend Feuer.
Wir besuchten Jung, Schorsch und Öhring. Ich lachte in einem fort. Der Wärter benahm sich sehr gemütlich und behandelte mich wie ein Kind.
Abends ging der Zug weiter. Alle kamen wir noch einmal in der Wartehalle zusammen und tranken viel Bier und Kognak.
»Idiot!« schrie Jung mir nach, als der Zug abfuhr.
Die anderen schüttelten wie irr die Köpfe.
Ich lachte. –

XXI
Ins Freie

In der Heilanstalt Haar besuchten mich meine Angehörigen. Als ich stotterte und in einem fort krampfartig lachte, fingen sie zu weinen an. Sie wußten nichts mit mir anzufangen und fuhren bedrückt wieder ab. –

Meine Umgebung war etwas friedlicher hier. Einer führte den ganzen Tag Krieg und erklärte jedem die Lage der Schützengräben, den Stand der Truppen, schimpfte auf uns ›Etappenschweine‹ und gab gelegentlich dem Geistlichen oder einem Wärter eine Ohrfeige. Dann gab es Dauerbad auf der ›schweren Station‹. Einer stellte den ganzen Tag auf Papierfetzen Wechsel aus. Einer drückte unablässig sein Ohr wie einen Gummiball zusammen und riß dabei zu gleicher Zeit den Mund weit auf, daß die Kiefer knacksten. Das wäre das Gas, das ihm im Kopfe säße, gab er an. Das war ein mittelgroßer, knorpelgesichtiger Niederbayer, der nicht weniger als fünfmal aus der Anstalt entfloh und einmal bis in sein Heimatdorf kam. Dort nahm er einen Strick und lief zum nächsten Birnbaum, befestigte ihn, machte eine Schlinge und steckte seinen Kopf hinein, als seine Leute, Feuerwehrmänner und der Gendarm ihn festnehmen wollten. »Auf der Stell' erhäng' ich mich, wie mich einer anrührt!« drohte er, bis schließlich die Verfolger unverrichteter Dinge wieder abzogen. Spät in der Nacht kam er selbst wieder in Haar an. Auf alle Fragen und Zurechtweisungen der Ärzte und Wärter antwortete er mit schüttelndem Gelächter: »Daß sich was rührt! So kann's auch nimmer weitergehen!«

Einem Münchner Maurermeister und Landsturmmann mußte der Leib aufgeschnitten werden, weil er die fixe Idee hatte, er sei schwanger. Ganz ›normal‹ kam er in die Anstalt, auf einmal aber legte er sich zu Bett und rief jedem Vorbeigehenden zu, indem er seine Bettdecke hochhob und den Bauch entblößte: »Da, da, lang her! . . . Spannst es, es rührt sich schon . . .«

Mittags, wenn die Teller auf den Tisch gestellt wurden, ging wieder ein anderer her, legte kleine Papierschnitzel hinein und sagte zu jedem: »So, da hast du deine Brotmarke, deine Fleischkarte, deinen Anteil Fett und jetzt friß! Friß!«
›August‹ aber, der eigentlich Lorenz Heppenheimer hieß, der Feldwebel, war sozusagen die große Nummer. Er war eincs Tages aus seinem Schützengraben im Westen gekrochen und marschierte, so wie er war, der Heimat zu. Auf dem Wege suchte er sich zwei Säcke und hing sie um seine Schulter, und wo er einen Verwundeten oder Toten fand, ging er hin, schnitt ihm sämtliche Knöpfe von den Kleidern und sammelte dieselben, bis die Säcke voll waren. So hatte man ihn in der Nähe von Straßburg gefaßt und ins Irrenhaus gebracht. Seine Kraft war märchenhaft. Er war Akrobat und Inhaber eines Wanderzirkus. Man erzählte sich, daß er einen bei seiner Festnahme beteiligten berittenen Feldgendarm samt Roß umgeschmissen hätte. Die Wärter fürchteten ihn. Zwei hatte er in der Erregung einmal halbtot geworfen. Man konnte ihm nur mit Güte beikommen.
Eine Zeitlang schlug er jedes Fenster mit der blanken Faust ein und als die Wärter ihn mit Dauerbad drohten, sagte er ruhig mitgehend: »Ach, ich bin sowieso so dreckig.«
Den Arzt redete er per ›Max‹ an und duzte sich mit ihm wie mit jedem. Er spielte glänzend Schach und gewann immer. Auch konnte er eine Menge Kartenkunststücke. Wollte man ihn ausfragen nach Geburt und Herkunft, so erzählte er wunderbare Geschichten. Er wäre im tiefen Meer als Pflanze zu den Zigeunern gekommen und hätte undenkbare Schätze und Pferdeställe hinter der Anstalt.
Wurde er gewogen, so sagte er todernst: »Ach, ich hab' schon wieder um siebenhundert Zentner abgenommen.« Und dabei stöhnte er wie ein Kind.
Einmal kam seine Mutter zu Besuch. Sie war alt und grau. Er umschlang sie und stellte sie ›Max‹ vor, sagte: »Das ist meine Geliebte, mein Schatz!«

»So«, lachte der Arzt, »wie alt ist sie denn?«
»Neunzehn Jahr'«, sagte August pikant und machte eine anzüglich-derbe Geste. Wieder ein anderes Mal band er sich die rechte Hand mit dem Taschentuch sorgfältig ein. Der Arzt kam und fragte: »Na, August, was haben Sie denn?« Er wollte die Hand anfassen, aber August zog sie scheu und wehleidig zurück, zuckte zusammen und jammerte: »Fffw, au! Au!«
»Warum haben Sie denn die Hand eingebunden?« erkundigte sich der Doktor.
»Weil sie mir lieber ist wie die andere«, sagte August winselnd. – Dieser Mensch war mein Freund das ganze Jahr hindurch, das ich in dieser friedlichen Herberge verbringen mußte. Wir lagen immer zusammen im Garten, trieben Zauberkunststücke, oder August erzählte seine Geschichten. Wohl gesellten sich ab und zu andere Insassen zu uns, ein merkwürdig verworrener Medizinstudent und ein rheinländischer Lehramtskandidat namens Hobrecker, der immer Zigaretten spendierte und große Sprüche machte. Aus irgendeinem Grunde aber mied ich fast jeden und verkehrte nur mit August.
Allmählich mit dem vielen Sprechen wurde meine Zunge wieder etwas geläufiger. Der Arzt brachte mir Papier und Bücher. Ich las viel und machte Aufzeichnungen.
Schorsch kam eines Tages aus Berlin und besuchte mich. Ich klagte über Kopfweh und viel Schleim in der Nase. Eine Untersuchung ergab Stirnhöhleneiterung. Zweimal in der Woche mußte mich ein Wärter ins Garnisonlazarett nach München bringen. Die Nase wurde mir ausgeschnitten und ich mußte Spülungen machen.
An einem Tage kam der Arzt zu mir und sagte: »Sie kommen wahrscheinlich in die Garnison.«
»Ich bin kein Soldat, Herr Doktor«, sagte ich. Er sah mich musternd an.
»Glauben Sie, Herr Doktor, daß man jetzt, nach eineinhalb Jah-

ren Irrenhaus, einfach wieder mit dem Gewehr spielen kann?« fragte ich abermals. Ohne darauf einzugehen, fragte der Doktor: »Wollen Sie Urlaub?«
»Das kommt mir gerade vor, als ob man dem Hund die Kette verlängerte«, antwortete ich.
»Sie wollen also freikommen?«
»Ich bin frei«, sagte ich und setzte eindringlicher hinzu: »Und wenn Sie mich noch Jahre hier behalten. Es tut nichts. Ich bin frei. Es stört mich nichts mehr.«
»Wenn Sie nichts mehr stört, dann können Sie doch auch wieder Soldat sein«, warf der Arzt überlegen ein.
»Wenn ich eine Wiese sehe, gehe ich einfach los, und wenn Sie mich in die Ersatztruppe schicken, sage ich: ›Ich bin kein Soldat mehr‹, und gehe, dann komme ich wieder hierher oder ins Gefängnis«, sagte ich wieder. Der Arzt besann sich einen Augenblick und fixierte mich prüfend. –
Tage vergingen, ohne daß man die geringste Notiz von mir nahm. Tiefnachmittags einmal kam der Feldwebel und gab mir einen Urlaubsschein. Ich zögerte und fuhr endlich ab. In München war kein Bekannter mehr. Daheim und im Dorfe sah man mich mit beinahe furchtsamen Blicken an. Nach einigen Tagen kam eine Karte vom Lazarettfeldwebel folgenden Inhalts: ›Da Ihre Entlassung aus dem Heeresdienst bereits verfügt ist, werden Sie gebeten, sich hierher zu begeben. Das Menagegeld, das Sie erhalten haben, müssen Sie wieder zurückerstatten. Es wird Ihnen auf der Schreibstube Ihres Ersatztruppenteils wieder ausbezahlt.‹
Ich fuhr in Zivilkleidern und ohne Geld nach Haar. Der Feldwebel donnerte. Aber es war nichts zu machen. Ich erhielt auf dem Sekretariat meinen Militärpaß ohne Vermerk und konnte gehen.
Zugleich mit mir wurde auch August entlassen. Seine Mutter war gekommen, um ihn abzuholen. Jetzt schritten wir drei durchs Tor ins Freie. Die Straße war platschig weich. Der Schnee schmolz und die Sonne stand groß und klar im offenen Himmel . . .

August hatte es sich nicht nehmen lassen: Die zwei mit Militärknöpfen gefüllten Säcke baumelten von seiner Schulter herab, mit ausgetretenen Sandalen, die er die ganze lange Zeit in der Anstalt getragen hatte, stampfte er durch die Pfützen, daß der nasse Kot hoch aufspritzte und sagte unentwegt zu seiner schimpfenden Mutter: »Ich geh' ins Gebirg'!«

So wird er wohl heute noch wandern, dieser selige Mensch ohne Hemmung und Not . . .

In München vertranken wir unser letztes Geld und schieden.

»Geh' mit«, sagte August treuherzig und sah mir offen in die Augen. Einen Augenblick besann ich mich zögernd.

»Du wirst eine feine Nummer!« meinte August wieder. Die alte Mutter stand da und sah mich lächelnd an. Hin und her wogte es in mir. Auf einmal, wie im Traum, schüttelte ich die Hand des andern und ging. –

Manchmal, wenn ich ins Nachdenken versinke, steht August vor mir, so wie ich ihn verließ.

Ich dummer Teufel, ich dummer! Warum bin ich damals nicht mit ihm gegangen! –

Zweiter Teil
Schritt für Schritt

I
Ein Unsinn hört auf, ein neuer beginnt

Also war ich wieder daheim, frei vom Militär, und konnte abermals von vorne anfangen.
Es war still im Hause, und still war es auf dem Dorfe. Seit mein Bruder Max gefallen war, gehörte das Anwesen laut Testament der Witwe und den drei kleinen Kindern. Immer noch hausten meine zwei älteren Schwestern und meine Mutter mit ihr zusammen. Theres leitete das Geschäft, Mutter buk und verrichtete die Hausarbeit, Emma war bereits so krank, daß sie meistens liegen mußte und die Witwe trauerte und war sehr dick geworden.
Nanndl hatte inzwischen ausgelernt und war bei ihrem Friseur in München in Stellung geblieben. Maurus lag schon lange in den Vogesen, und von unseren Brüdern Lenz und Eugen in Amerika hatten wir seit Kriegsanfang nichts mehr gehört.
Meine Bekannten hatte ich so ziemlich aus den Augen verloren, und neue waren keine hinzugekommen. Schorsch schrieb manchmal aus Berlin. Von ihm erfuhr ich ab und zu etwas über Jung und die Öhrings.
Es war noch immer Krieg.
Offen gestanden, jetzt, da ich sozusagen wieder in meinem eigenen Leben stand, war es mir widerlich, so plötzlich aus einem jahrelang gewohnten Trott herausgerissen zu sein. Ein Mensch – gewaltsam in eine Masse gezwängt – verliert spielend leicht sein bißchen Willen, läßt sich gewissermaßen schieben und denkt mit der Zeit überhaupt an nichts anderes mehr als an den nächsten Augenblick. In der Kaserne, im Feld und im Irrenhaus war es so gewesen: Es ging einen gar nichts an. Es hatte einen gar nichts anzugehen. Und so etwas macht sich der Massenmensch schnell zunutze. So gemütlich als es geht richtet er sich die Stunden und Tage ein und sein einziges Trachten ist: Wie erschnappst du den erträglichsten Posten und das meiste Essen. –

In den vorhergehenden Monaten hatte es noch ziemlich viel Arbeit gegeben. Jetzt flaute es ab. Der große Regen fing an. Trist verliefen die Tage. Beschäftigungslos, unbehaglich und ohne Entschluß lungerte ich herum. Die Dorfleute sahen mich schief an und murrten: »*Der* Kerl ist herinnen! Andere müssen draußen ihren Kopf hinhalten.«
Mehrmals war ich schon in München gewesen, um mir als Gehilfe eine Stellung zu suchen. Jedesmal kehrte ich ohne Erfolg zurück. Theres wurde ungeduldig.
»Das ist doch ausgeschlossen, daß du jetzt nichts findest, wenn du dich richtig umschaust«, sagte sie an einem Tag, »das geht ganz einfach nicht mehr, daß du die ganze Zeit heimhockst! ... Das ganze Dorf redet schon! ... Jetzt, wo alle Mannsbilder im Feld sind, mußt du doch was finden! ... Du suchst eben nicht richtig! Du magst nicht, das ist's!«
Ich konnte nicht antworten darauf. Erinnerlich war mir nur, daß wir nach vollendeter Volljährigkeit ein Vermögen von zweitausend Mark zu bekommen hatten. Das ging mir schon lang im Kopf herum. Ich wollte das Geld so schnell wie möglich in der Hand haben. Über seine Verwendung dachte ich nicht weiter nach. Ganz einfach das Geld, kalkulierte ich, dann bist du ein gemachter Mann.
Seit meiner frühesten Jugend war ich geldgierig und trachtete von jeher danach, möglichst reich zu werden, nicht um zu haben, sondern um zu verschwenden. Das Geld war doch schließlich zu nichts anderem da als zum Verbrauchen! –
»Ja«, sagte ich also, »ich such' mir schon was, aber ich will mein Vermögen jetzt.«
Offensichtlich überlegen schaute mir Theres in die Augen. Sie kannte mich.
»Dein Vermögen?« erwiderte sie resolut. »Das kriegst du nicht! Dafür ist gesorgt. Das liegt hypothekarisch auf dem Haus ... So mir nichts, dir nichts geht das nicht.«

»So? ... Naja!« brummte ich nur noch, ging in die Kammer hinauf und kam nach einer Weile im guten Anzug herunter. Theres gab mir etwas Geld. Mutter sagte verdrossen: »Im ersten Bad sollt' man seine Kinder ertränken oder wie die jungen Katzen in einem Sack voller Stein'! Dann wär' aller Verdruß erspart.« Das war stets ihre Redewendung, wenn wir Geschwister aneinander gerieten. Nichts war ihr so zuwider als Streiten.

»Naja! In Gottesnamen, jetzt werd' ich schon was finden! Reg' dich doch nicht so auf!« beruhigte ich sie mürrisch und ging.

Mit dem Dampfschiff fuhr ich nach Starnberg. Der See war häßlich und sah alt aus. Der Zug wartete schon und brauste nach kurzer Zeit in die verregnete Gegend. –

In München ging ich nicht gleich zum Stellenvermittlungsbüro der Bäckerherberge. Hobrecker, jener rheinische Lehramtskandidat, mit dem ich in der Heilanstalt Haar zusammengekommen war, hatte mir nämlich schon zweimal geschrieben, daß er nun auch in München sei. Er war kurz nach mir aus dem Militärdienst entlassen worden, entstammte einer gutbürgerlichen Familie aus Remscheid im Rheinland und sollte nun sein Lehrerexamen machen. Nicht lange nach seinem Heimkommen jedoch floh er, mietete mit dem mitgenommenen Geld ein elegantes Zimmer und kaufte sich ein Adreßbuch. Als er nichts mehr hatte, nährte er sich dadurch, daß er an alle Barone, Adeligen und Kommerzienräte Bettelbriefe schickte, in denen er sein Kriegsinvalidendasein in den düstersten Farben schilderte. Und der Erfolg war, daß er fast täglich eingeschriebene Briefe bekam mit einer beigelegten Banknote. Nur selten mußte er sich das Almosen selbst abholen. Er war ein umgänglicher Mensch und hatte auch hier stets Glück.

»Mensch!« rief er, als ich ihm von meinen Absichten erzählte: »Eine Stellung willst du nehmen? ... Nee, Mann, sowas ist nicht mein Fall!« Er lachte überlegen, bezahlte großspurig den Kaffee für mich und lud mich ein, bei ihm zu übernachten. Das läßt sich gut an, dachte ich, als wir später auf seinem Zimmer ankamen. Es

war ein äußerst behaglicher Raum, gut durchheizt und heimelig. Hobrecker bestellte Tee bei der Logisfrau, servierte Brot, Butter und Wurst. Während wir aßen, erklärte er mir seine ›Praxis‹. Eine Unmenge Adressen hatte er auf lange Zettel notiert. Davon waren einige rot, viele blau und die anderen mit gewöhnlichem Bleistift unterstrichen. Die roten waren schwere Geldgeber, die blauen luden mitunter auch zum Essen ein und gaben noch Geld obendrein, die mit Bleistift bezeichneten mußten erst ausprobiert werden.
An alle diese Leute wandte sich mein Freund und hatte zu diesem Zweck vier verschiedene Musterbriefe abgefaßt, die er jeweilig abschrieb und versandte. –
»Mensch«, sagte er nach diesen Erklärungen abermals, »die Sache ist doch sehr einfach! . . . Was sollen diese alten Vaterlandsknacker nicht blechen? . . . Ich kann dir nur raten, mach's auch! Du kannst meine Adressen haben, wenn du sie willst.«
Ich überlegte. Nebenbei, dachte ich, kann man das ja immerhin machen, aber auf die Dauer nicht.
»Was heißt auf die Dauer?! . . . Wenn hier nischt mehr zu machen ist, geht man einfach woanders hin!« belehrte mich Hobrecker. Ja, dagegen war nichts einzuwenden. Es stimmte vollauf. Man konnte also auf diese Weise ganz Deutschland abgrasen. Das leuchtete mir ein. Dennoch war mir die Geschichte widerlich. –
Wir schliefen dann zusammen in seinem Bett und in der Frühe stand ich rasch auf und wollte weg.
»Hast du etwas Geld?« fragte mein Gastgeber schläfrig und gähnte. Ich nickte. »Na, gib mal etwas her! Du kannst es heute abend doppelt wieder haben«, meinte er.
Schon zerfiel mir die Illusion. Ich wurde mißtrauisch, sagte aber nichts, gab ihm zehn Mark und ging, nachdem wir ein Zusammenkommen verabredet hatten. –
Kalt und feucht war es auf den Straßen. Mir war recht zwiespältig zumute. Ich hätte mich anspeien mögen und wußte nicht warum. Jeden Straßenfeger, jeden Radfahrer, alle Menschen, die ihrer ge-

regelten Beschäftigung nachgingen, beneidete ich. *Die* sind unter Dach und Fach und wissen, wo aus und wohin, ging's durch meinen Kopf, du bist bloß ein Stück Nichts. Eine lahme Ratlosigkeit saß in allen meinen Gliedern. Ziellos ging ich dahin. Ich wollte meine Schwester Nanndl aufsuchen. Sie hatte ja auch schon einmal einen solchen Zustand erlebt. Einst hatte sie Max kurzerhand in die Stadt mitgenommen, ging von Laden zu Laden und fragte, ob man ein Lehrmädl brauche. Schließlich ließ er sie bei einem Konditor. Nach sechs Wochen mußte sie ins Krankenhaus, und als sie entlassen wurde, ging sie nicht mehr nach Hause, sondern suchte sich selber eine Lehrstelle bei dem Friseur, wo sie jetzt noch war.
Ja, ich wollte Nanndl aufsuchen! Wir zwei Jüngsten vertrauten einander immer am meisten. –
Plötzlich verwarf ich diesen Gedanken und faßte einen anderen Entschluß. Ich machte mich auf den Weg zum Stellenvermittlungsbüro, begann mich aber schon wieder eines anderen zu besinnen, trat dösig in einen kleinen Kaffeeausschank, in welchem ich früher manchmal verkehrt hatte, und verhockte dort einige Stunden. Der Wirt kannte mich noch und fragte, ob ich eine Stellung hätte. Aus einem unerfindlichen Grund log ich, erzählte ihm von schriftstellerischen Erfolgen, daß ich in einem Büro tätig sei und von einer Verwundung redete ich. Als ich endlich ging, war mir noch erbärmlicher zumute. Willenlos tappte ich weiter. Es war schon tief am Nachmittag. Eigentlich sollte ich jetzt Hobrecker treffen. Auf einmal aber trat ich in ein Haus und mietete ein Zimmer.
»Hat der Herr eine Stellung?« fragte die zusammengeschrumpfte Logisfrau und musterte mich. Ich nickte.
»Ja, am Montag fang ich an«, sagte ich ohne Besinnen und bezahlte das Mietgeld im voraus. Die Frau händigte mir die Schlüssel aus, verbat sich in devotem Ton jeden Damenbesuch und ließ mich allein. Ich atmete etwas auf und setzte mich in den roten Plüschdiwan. »Depp!« sagte ich halblaut zu mir, »warum machst du denn lauter solchen Unsinn?« Ich ärgerte mich über meine Lü-

gen. Warum hatte mich denn die Frau so mißtrauisch angeschaut? Ich wußte nicht, was ich anfangen sollte. Kalt und häßlich war es hier. Dunkel wurde es. Ich schnellte plötzlich auf, ging, kaufte mir in einem Metzgerladen Kaninchenleberkäse, suchte eine Wirtschaft auf, durchflog gedankenlos die Zeitungen, trank mein Bier, bezahlte, ging wieder auf mein Zimmer und legte mich zu Bett.
Nach langem Überlegen kam ich endlich zu einem Vorsatz. Du mußt ganz einfach morgen eine Stelle haben. Wenn nicht, brennst du durch, legte ich mir zurecht. Sechzig Mark hatte mir Theres mitgegeben, fünfundzwanzig hatte ich jetzt noch. Da ließ sich noch allerhand machen ...
Mißmutig erwachte ich am andern Morgen. Fremd und ungastlich war alles. Es ging auch schon wieder an: Ich wollte Nanndl aufsuchen, ich wollte Hobrecker treffen, ich wollte auf die Staatsbibliothek. Es fiel mir ein, du könntest dich auch baden. Ich beschloß sofort nach dem Aufstehen eine Novelle zu schreiben und wollte sie in einem Schreibbüro diktieren und gleich an eine Redaktion schicken. Ich kam auf einmal auf den merkwürdigen Gedanken, die Logisfrau zu fragen, ob sie keine Stelle für mich wüßte. Ich wollte ihr alles sagen. Wieder überlegte ich anders. »Ach, dieser Krieg! Dieser verdammte Krieg!« knurrte ich sinnlos. Da klopfte es. »Herr Graf? Wollen Sie einen Kaffee?« murmelte die Logisfrau draußen.
»Ja, gleich steh' ich auf!« antwortete ich und hörte sie fortschlurfen. Hastig sprang ich aus dem Bett, zog mich an und ging nach dem Kaffeetrinken weg. Merkwürdig, wenn man etwas Warmes im Bauch hat, fühlt man sich mutiger. Schnurstracks suchte ich die Bäckerherberge auf. Schüchtern zeigte ich meine Papiere vor.
»Militärfrei? Ganz und gar?« fragte der Mann am Schalter. Ich nickte und sah auf seinen Riesenkropf.
»Wollen Sie in eine Keksfabrik? ... Da wär' was frei für sofort«, meinte der Mann wieder und musterte mich mit griesgrämiger Miene.

»Ja«, sagte ich.
Er gab mir eine Karte mit der Adresse des Arbeitgebers. Seltsamer Zufall! Die Keksfabrik war ungefähr fünf Minuten von meinem Logiszimmer entfernt. Ich meldete mich sofort und konnte am übernächsten Tag anfangen.
»Ja, Herr Graf, dann bleibt's also dabei? . . . Holen Sie sich daheim Ihre Sachen und kommen Sie! . . . Ich kann mich also bestimmt drauf verlassen, ja?« redete mich der Bäckermeister freundlich an. *Das* war eine andere Welt. »Herr Graf« hieß mich mein Vorgesetzter. Ich war also wirklich ein freier Mensch. Das tat wohl. – Aufgeräumt kam ich auf meinem Zimmer an.
»Ich komm' erst morgen wieder«, sagte ich zur Logisfrau. Die lächelte schon wieder so seltsam. Sie schien kein Wort zu glauben. Als ich zur Tür hinaus wollte, sagte sie beinahe hämisch: »Da – Herr Graf! . . . Sie haben ja Ihr Briefpapier und die Seife vergessen!«
»Ich komm' doch morgen wieder . . . Das brauch' ich doch nicht!« antwortete ich arglos, und ohne mich weiter um sie zu kümmern, ging ich. Mit dem Mittagzug fuhr ich nach Hause. Theres war zufrieden. Mutter packte mir noch Eßwaren in meinen Koffer.
»Siehst du! Ich hab's gleich gesagt: Stellen gibt's genug, man braucht bloß richtig suchen«, sagte Theres mit leisem Spott und setzte hinzu: »Jetzt ist's also auch ohne dein Vermögen gegangen.«
Ich verzog verlegen meine Mundwinkel und erwiderte unbeteiligt: »Jaja, so war's ja auch nicht gemeint.« –
Noch am selben Abend fuhr ich zurück in die Stadt. Zum Haustor kam ich hinein, aber droben, als ich aufschließen wollte, war doppelt versperrt. Ich erschrak, probierte den Schlüssel noch einmal. Es ging nicht. Ich klopfte. Drinnen regte sich etwas.
»Wer ist denn da?« fragte eine tiefe Männerstimme mürrisch.
»Ich bin's, der Herr Graf! . . . Ihr Mieter!« antwortete ich: »Ich bin heut abend noch 'reingefahren . . .«

»Herr Graf? . . . Ich kenn' keinen Herrn Graf! . . . Was wollen Sie denn?« fragte es drinnen ärgerlich.
»Tja! . . . Ich hab' doch das Zimmer gemietet gestern! Lassen Sie mich doch hinein!« rief ich verblüfft.
»Einen Moment!«
Jetzt hörte ich Murmeln und die Stimme meiner Logisfrau. Die beiden Leute öffneten. Die Frau hielt das Licht und der Mann – es war ihr Bruder – stellte sich wehrhaft vor mich, so als wolle er mich gleich anpacken. Als sie aber nun sahen, daß ich einen schweren Koffer in der Hand hatte und »Gottseidank« von mir hörten, wurden sie freundlicher und entschuldigten sich.
»Wissen Sie, Herr Graf, es passiert jetzt allerhand«, sagte der Mann, »da müssen's schon entschuldigen . . . Drei sind uns bis jetzt schon durch und nachher hat man sie gefaßt.«
Um jene Zeit nämlich kam es mitunter schon vor, daß Deserteure sich irgendwo für eine Nacht einmieteten und andern Tags verschwanden.
»Ja! . . . Ja, das ist was andres!« sagte ich und ging lächelnd in mein Zimmer. –
Hobrecker traf ich tags darauf nicht. Ich hinterließ einen Zettel. Auf den schrieb ich meine Adresse und: ›Komm die nächsten Tage abends acht bestimmt einmal zu mir. Bestimmt!‹
Den Tag über richtete ich mich in meinem Zimmer ein und schrieb an Schorsch nach Berlin meine Adresse. Zufrieden legte ich mich zu Bett und erschien am andern Morgen in der Keksfabrik. Sie bestand aus schmutzigen, engen, sehr heißen Kellerräumen, in denen ungefähr zehn Gehilfen arbeiteten. Auch Frauen waren hier beschäftigt. Alles glitschte von Sirup und Teig. Die Augen taten einem weh von dem durchdringenden Ammoniumgestank.
Man nahm wenig Notiz von mir. Einer zeigte mir das Teigeinfüllen in den großen Bottich der elektrisch betriebenen Knetmaschine, erklärte mir das Anlassen und los ging es. Ratsch! klatschten die Riemen, der Motor surrte, die Stimmen schrieen, schwirrten inein-

ander, die Ofenplatten rollten unablässig aus und ein, die Walkhölzer der Gehilfen schlugen dumpf auf, die Bleche schepperten, Dampf und Staub und Schweißgeruch herrschten überall.
Ich biß die Zähne zusammen und arbeitete dumpf wie ein Vieh. –

II

»Arbeit, edle Himmelsgabe ...«

Eigentlich war die Keksfabrik eine gewöhnliche Bäckerei gewesen. Der Meister hatte sich sozusagen im Krieg umgestellt. Er war Landtagsabgeordneter und Stadtrat der Zentrumspartei. Die vielen Lazarette brauchten Krankengebäck. Mit Brot war zu jener Zeit kein Geschäft zu machen, also warf sich der Mann auf die Keksfabrikation und hatte bald die ausgedehntesten Lieferungsmöglichkeiten für den Heeresgebrauch erschnappt. Das machte ihn reich und seine Firma groß. –
Jeden Tag – von sechs Uhr früh mit einer zweistündigen Mittagspause bis ungefähr halb sieben Uhr abends – werkelte ich nun in diesen Kellerräumen. Es hieß mit aller Kraft zugreifen, und ich machte schon in den ersten Tagen den Fehler, daß ich zuviel arbeitete. Mein Vorgänger hatte täglich ungefähr 32 Zentner Teig fertig gebracht, ich schaffte weit über vierzig. Als ich nun nach dem ersten Ansturm etwas nachlassen wollte, ging es nicht mehr. Der Meister beschloß jetzt auch Lebkuchen zu machen und hatte außerdem zwei neue Keksmacher angestellt. Ich kam kaum mehr zum Atmen. Mit fast lahmen Gliedern begann ich am Morgen. Es war schon winterkalt auf den Straßen, und wenn ich in den Keller stieg und so vor meiner Teigknetmaschine stand, tat die Hitze wohl. Dann aber wurde sie unerträglich. Es dauerte stets einige Zeit, bis man sich an alles gewöhnte.
Den ganzen Tag brannte das elektrische Licht hier, trotzdem aber war es halbdunkel. Wände und Decke troffen unaufhörlich von ge-

ronnenem Dampf. Aufpassen hieß es, daß man nicht ausrutschte auf dem glitschigen Boden. Alles, Halblicht, Gestank, Dreck, Teig, Staub und Dampf schien zu guter Letzt zu kochen. Hitze! Hitze, zehrende Hitze!

Es begann. Ich rannte mit dem Kübel in den Mehlraum. Der war eiskalt. Tür und Fenster waren herausgenommen. Ich füllte den Kübel, rannte zurück in den heißen Backraum, wieder heraus, wieder hinein, schüttete den Bottich voll, goß flüssig gemachte Trokkenmilch und zerlassenes Fett hinein, warf Zucker und zerriebenes Ammonium dazu, riß den gußeisernen Knetarm herunter und schaltete den Motor ein. Dann hinauf in den kalten Hof zum Sirupholen. Vier, fünf Kübel, genug war es. Die Arme taten weh. Beim Herausnehmen der Teigrationen aus dem Bottich glitt ich immer wieder aus. Die Knie schmerzten vom Hinstemmen. Der Körper zitterte. So ging es auch noch beim zweiten und dritten Male. Auf einmal aber packte einen die Wut, eine sinnlos verbissene Wut – und alle Lahmheit war weg. Der Schweiß brach aus allen Poren. Hemd und Hose wurden naß, immer nasser. Alles klebte zuletzt an einem. Die dicken Schweißtropfen rannen aus dem Haar über die Stirn und in die Augen, von den Backen und von der Nase in den Mund, von den Schultern auf die Brust und in den Teig, von den aufgeriebenen Achselhöhlen über die Hüften, die Beine abwärts in die heißen Schuhe. Jetzt war man selber Teig. Jetzt aber war man in der Gleichförmigkeit der Bewegung. Mechanisch schuftete man. Keine Müdigkeit gab es mehr. Aber wenn's Mittag oder Schluß am Abend war, wenn ich den Motor ausschaltete, um mich anzuziehen und zum Essen oder nach Hause zu gehen, dann konnte ich kaum noch die Füße heben. Es tat weh, in die Joppe zu schlüpfen. Am liebsten wäre ich hingefallen in den klebrigen Dreck und eingeschlafen.

Wie in einem ständigen Traumzustand tappte ich auf der Straße dahin. Das Mittagessen im ›Katholischen Gesellenhaus‹ fraß ich hinunter, fraß noch eins, nur damit die Zeit weg war. Erhob mich endlich wieder und wankte zurück in die Kellerhölle. Weiter ging es. Die frische, kalte Luft schmerzte. Es war, als risse sie die Haut auf dem Gesicht entzwei. An keinem Abend aß ich was. Wie ein Sack fiel ich auf den Diwan, hockte und hockte da und versuchte mit aller erdenklichen Vorsicht die Stiefel von meinen geschwollenen Füßen herunterzuziehen, knöpfte einen Knopf von der Weste auf und riß schließlich meine Kleider herunter, warf mich aufs Bett und schlief, schlief, schlief! –

Grob war ich während der Arbeit. Man wich mir aus und ließ mich in Frieden. Jeder haßte mich, jeden haßte ich. Wie eine Maschine arbeitete ich. So etwas belästigt man nicht, läßt es einfach laufen. Die Frau des Bäckermeisters, die einmal in den Keller kam, schrie ich an. Ich kannte sie nicht. Sie hatte eine blendend weiße Zierschürze an und duftete. »Geh weg, damisches Vieh!« brüllte ich und sie verschwand entsetzt. Alles stockte, machte lange Gesichter. Der Meister kam und stellte mich zur Rede. »Ja! Jaja!« stieß ich abgehackt heraus und machte ein verknurrtes Gesicht. Der Meister sagte nichts mehr und ging.

»Mensch!« brummte mich der Obergeselle an: »Das geht doch nicht!« Ich sah ihn haßerfüllt und zu allem entschlossen in die Augen und rief herausfordernd: »Was denn? Was denn! Wer mir im Weg ist, muß weg!« Der Mann lächelte maliziös und zog kopfschüttelnd ab.

Alle krochen hier, alle waren katholisch organisiert, jeder war scheinheilig und fing zu rennen an, wenn der Meister kam. Es sah fast aus, als belauere jeder seinen Nebenmann, um ihm eins auswischen zu können. Nur die Packerinnen, die manchmal herunterkamen, waren dreist und stahlen wie die Raben. Es war wenig Kontrolle. Nur der alte Vater des Bäckermeisters, ein verhutzelter, griesgrämiger Graukopf, schlüpfte ab und zu herum und beobachtete mißtrauisch. Vor ihm mußte man sich in acht nehmen. Er griff sogar heimlich im Baderaum die Kleider aus, um festzustellen, wer am meisten stahl. Aber dagegen gab es tausend Kniffe, die man schnell lernte. Überhaupt gewöhnte ich mich mit der Zeit mehr an den Betrieb. Den ganzen Tag fraß ich Lebkuchen und Keks und trank Trockenmilch. In mein Jackettfutter oberhalb der Brusttasche schnitt ich Löcher und füllte sie stets vor dem Nachhausegehen mit Gebäck, mit Zucker und Mehl. In meinem Zimmer stand ein breiter, zweitüriger Schrank, der unten eine geräumige, verschließbare Schublade hatte. Diese füllte ich nach und nach vollständig. Sorgfältig schichtete ich die gestohlenen Keks und Lebkuchen hinein.

Eines Tages wirfst du ja doch den ganzen Mist von Arbeit hin, dann hast du wenigstens noch für einige Zeit zu essen, überlegte ich. Spare in der Zeit, so hast du in der Not. –

Ich wollte möglichst viel ergattern und mich in einem Berg von Eßbarem einmauern, etwas Geld sparen und dann rasten. Geldsparen aber ging sehr langsam. Der Wochenlohn war hin, eh ich mich versah. Kohlen, Holz, dies und das, jeden Tag zwei Portionen Essen im ›Katholischen Gesellenhaus‹ – schon fingen wieder die Schulden an. Und es war der dritte Kriegswinter. Nichts gab es fast mehr. Zum Anstehen an den Läden war keine Zeit. Der kluge Mann also – sagte ich mir – baut vor.

Ich lebte eigentlich völlig allein. Hobrecker besuchte mich einige Male abends, erging sich auf echt rheinländische Art in großen Sprüchen, erzählte, wo man gut esse und wollte zu guter Letzt immer wieder Geld geliehen haben. Eines Tages schlug ich ihm ohne rechten Grund, rein aus Ungeduld, eine saftige Ohrfeige ins Gesicht und fing zu brüllen an, daß er sofort verschwand. Die herbeigeeilten Logisleute beruhigte ich, es sei ein Taugenichts, der arg aufdringlich geworden wäre, sie sollten ihn nicht mehr hereinlassen. –

Nanndl besuchte mich einmal und dann noch ein zweites Mal. Eine Geschäftskollegin von ihr war dabei, die ich erstmalig in der Pflegeanstalt Haar kennengelernt hatte, damals, als meine Geschwister mich besuchten. Sie hieß Luise, war schlank, blond und hatte ein keckes, sommersprossiges Gesicht. Während damals, beim Besuch, alle weinten, lachte sie. Das gefiel mir. Später, nachdem ich Urlaub bekommen hatte, war auch sie da. Ich verliebte mich redlich in sie und schlief öfters bei ihr. Als ich zur Regelung meiner Militärentlassung wieder nach Haar mußte, war Luise – wie aus den Wolken gefallen – auch da. Sie eröffnete mir, sie sei schwanger.

»Gut«, sagte ich, »dann müssen wir heiraten. Ich suche mir eine Stellung als Bäcker und das andere gibt sich.« Luise lachte, fuhr ab und als ich sie einmal in München wieder traf, widerrief sie die Schwangerschaft und ließ seltsamerweise nichts mehr hören. Dadurch war unsere Liebe eigentlich verebbt. –

Jetzt saßen wir wieder zusammen, als ob nie etwas zwischen uns gewesen wäre. Erst beim Auseinandergehen lispelte mir Luise unbemerkt ins Ohr: »Komm morgen abend an die Isarbrücke. Um halb acht. Ich warte.« Ich schaute sie fragend an und nickte.

Todmüde schleppte ich mich andern Tages an den verabredeten Ort. Luise lächelte wieder. Wir faßten einander unter die Arme, gingen in eine Seitengasse. Auf einmal fing sie zu weinen an und legte den Kopf auf meine Schulter.

»Ich bin nämlich wirklich schwanger – aber nicht von dir«, sagte sie und erzählte mir einen kleinen Liebesroman, den sie mit ihrem Chef erlebt hatte. Mit sechzehn Jahren war sie zu ihm in die Lehre gekommen, mit siebzehn hatte er sie verführt und jetzt, mit achtzehn Jahren, trug sie ein Kind im Leib.

»Darum!« rief ich, und ein Licht ging mir auf. »Ja, darum wollt' ich dich nicht ins Unglück bringen«, antwortete sie und lief jäh davon. Ich folgte ihr nicht. Ich blieb stehen, dachte hin, dachte her und machte mich auf den Heimweg. Traurig war ich und wußte nicht warum. Ich erinnerte mich an die paar Nächte, die ich mit Luise verbracht hatte. Irgendeine unbestimmte Unruhe rieselte durch meine Glieder. Ich war nicht mehr müde. Lästig geräuschvoll surrte die Trambahn vorüber und überschüttete mich mit Licht.

»Du hättest sie so leicht wieder mitnehmen können«, murmelte ich halblaut vor mich hin. Ich bog plötzlich in eine andere Seitengasse ein und ging der Stadt zu. Immer schneller schritt ich aus und als ich an der Müllerstraße angekommen war, sprach ich die erste Prostituierte an und ging mit ihr. Angeekelt und ohne einen roten Heller mehr in der Tasche verließ ich sie. Unausgeschlafen und verknurrt stürzte ich mich am andern Morgen wieder in die Arbeit. Ab und zu kam mir Luise in den Sinn. Ich glotzte vor mich hin. Sie hatte mir ihre Adresse angegeben. Ich schrieb nie mehr. – Du mußt heraus aus dem Dreck, beschloß ich Tag für Tag, es muß sich was ändern. Meine Energie ließ nach. Ich kam manchmal zu spät in die Fabrik. Weihnachten rückte heran. Überstunden machen hieß es. Um neun Uhr oft kam ich erst auf meinem Zimmer an. Mein Hirn und mein Körper waren wie ausgewunden. Ich selber war mir feind und zuwider. –

Jetzt fingen die Nerven an. Unten am Rückenwirbel begann es jedesmal. Strahlenförmig zerteilte sich der feine, stechende Schmerz, drang aufwärts, über den Kopf, übers Hirn. Wie ein eisernes Band blieb er oberhalb der Augen stehen und drückte wie Bleigewicht. Und von Zeit zu Zeit fing dieses verfluchte Zittern, dieses Fliegen in allen Gliedern an. Und der Magen war wie ausgehöhlt von Mal zu Mal und schien im Leibe herumzuschlenkern wie ein von der Gurgel schwer hinabsackendes Gewicht. Plötzlich kam es vor, daß ich einen rasenden Hunger hatte, aber wenn ich zu essen anfing, bekam ich eine stinkende Übelkeit. Alles drehte sich. Die Gedärme rumorten unaufhörlich und sehr vernehmbar.

Mitten in Schlamm und Dreck stand ich. Ich war selbst nichts als Dreck. Der Kot schien über mich zu wachsen, mich zu begraben. Angst, Ekel, Schauder und Mißmut, Haß und Grauen tobten in mir. Was war denn das? –

›Du bist geschlechtskrank! Du bist angesteckt! Du bist verloren!‹ rang sich immerfort durch mein Hirn.

Ich rannte zum Arzt. Er war ein viereckiger, mürrischer Kauz,

dem man die Hämorrhoiden vom Gesicht herunterlesen konnte. Er untersuchte mich oberflächlich und brummte in einem fort unverständliches Zeug in seinen Bart.
»Herr Doktor, ich hab' mit einer Prostituierten geschlafen! ... Ich glaub', ich bin angesteckt!« klagte ich und schnitt eine weinerliche Miene. Der Arzt nahm keine Notiz davon und untersuchte gemächlich meine Geschlechtsteile.
»Sind Sie beim Hilfsdienst?« fragte er endlich. Er maß mich verächtlich von oben bis unten.
»Nein, ich bin seit einigen Monaten militärfrei ... Ich arbeite in einer Keksfabrik und brauch' keinen Hilfsdienst zu machen«, antwortete ich stockend und fragte wieder: »Bin ich geschlechtskrank, Herr Doktor?« Wieder ging der Arzt nicht darauf ein.
»Warum hat man Sie denn entlassen?« wollte er wissen.
»Ich bin geisteskrank gewesen.«
Dem Arzt gab es einen gelinden Ruck.
»Wo waren Sie denn zuletzt?« fragte er.
»Im Irrenhaus ... Und nachher ... Ich hab' Stirnhöhleneiterung gehabt – Der Kopf tut mir auch immer weh, Herr Doktor«, jammerte ich verwirrt.
Der Arzt wurde mit einem Male unruhig.
»Soso ... So! ... Hm-hm! ... Jaja, da verschreib ich Ihnen jetzt Menthol! ... Schnupfpulver, verstehn Sie ... Da kriegen Sie einen hellen Kopf, verstehn Sie«, sagte er jetzt auffallend geschäftig und fuhr, auf meinen Geschlechtsteil deutend, ebenso fort: »Da unten fehlt nichts ... Das sind nur die Nerven ... So-so, soso! Holen Sie sich das in der Apotheke ... Von den Tabletten nehmen Sie täglich vorm Schlafengehen eine und schnupfen tun's viel, verstehn Sie! ... Das – das macht einen klaren Kopf!« Emsig war er jetzt auf einmal, ging sogar bis zur Tür und geleitete mich mit einer geradezu sichtbaren Ängstlichkeit hinaus. –
Ich holte die Sachen von der Apotheke. Brom und Menthol war's. Etwas beruhigter kam ich in die Kellerräume zurück.

Das Brom nahm ich, Menthol schnupfte ich, daß mir unausgesetzt die Nase tropfte. Aber mein Mißtrauen wich nicht. Schon öfters waren meine Logisleute nachts aufgewacht und weckten mich verärgert. Ich lachte und schrie laut im Schlaf. Vom Brom bekam ich Herzklopfen. Ich warf es weg.
Ich ging zu einem anderen Arzt.
»Nichts weiter ... Etwas nervös ... Sie dürfen bloß nicht soviel rauchen und müssen regelmäßig leben und gut essen«, sagte dieser. Er war in einem hiesigen Lazarett tätig und übte seine Praxis nur so nebenbei aus.
»Ich kann nicht mehr weitermachen, Herr Doktor! Es geht nicht mehr!« sagte ich.
»Ah, woher denn! ... Was würden denn da unsere Soldaten im Feld draußen sagen? ... Schonen Sie sich!« wies mich der zurecht.
Wieder schuftete ich weiter in den unterirdischen Höhlen. Meine Füße schwollen an, jeden Augenblick mußte ich Wasser lassen. Mit allem Grimm arbeitete ich. Gefangen war man hier wie im Krieg! Aufhören ging nicht, heimgehen erst recht nicht.
Nun, so haspelte man sich eben durch die Tage. Einmal wirst du schon krepieren, dann ist's aus, dachte ich lethargisch. Zum Aufhängen ist man stets zu feig, und so kann man auch nicht verrekken ...

III
Durcheinander

Es gab für mich immer nur zwei Wege, aus einer häßlichen Sache herauszukommen. Entweder ich wurde eines Tages rabiat und schlug ohne Grund einfach alles kurz und klein, oder ich versuchte es mit der Scheinheiligkeit und Bauernschläue. Ich wollte nun einmal weg von der Keksfabrik, aber ich hatte zugleich Angst vor der nächsten und übernächsten Zukunft. Vorläufig schrieb ich einen Brief an den Bäckermeister, schickte meine Logisfrau hin

und blieb daheim, weil ich was von Stirnhöhleneiterung erzählt hatte in dem Schreiben.
Wenn man aber nach Anspannung aller seiner Kräfte nur einmal aufhört, ist's schon vorüber mit der Energie. Verflucht, ich mußte doch wieder arbeiten. So konnte es doch nicht weitergehen. Ich überlegte hin und her.
Die Sache mit meinem Vermögen kam mir wieder in den Sinn, Hobreckers ›Praxis‹ fiel mir ein. Tatsächlich schrieb ich etliche Bettelbriefe an Barone und Kommerzienräte. Aber es kam nur in einem einzigen Falle eine Antwort, und ein Fünfmarkschein lag bei. Sicher hatte ich nicht mit der richtigen Eindringlichkeit geschrieben. Alles muß gelernt sein, dachte ich.
In der Zeitung las ich: ›Geld leiht und beschafft raschest gegen genügende Sicherheit. J. R. 53 248.‹
Ich setzte mich hin. ›Sehr geschätzte Firma!‹ wandte ich mich an die Chiffre ›Bezugnehmend auf Ihr Inserat in den ›Münchner Neuesten Nachrichten‹ wende ich mich an Sie um ein größeres Darlehen. Ich könnte Sicherheit leisten, da ich ein Vermögen von 2000 Mark bekomme, und sehe Ihrer Rückantwort baldigst entgegen. Hochachtungsvollst Oskar Graf, Schriftsteller.‹
Zugleich durchflog ich die Heiratsinserate. ›Besseres Mädchen mit Wohnung und etwas Vermögen, sehr ideal gesinnt, stattliche Erscheinung, gebildet, sucht mit nur besserem Herrn in guter Stellung in Verbindung zu treten zwecks Heirat.‹
Ich prüfte noch einige Inserate und schrieb dann an eine junge Kriegerswitwe mit einem Kind, an die idealgesinnte Dame und an eine unvermögende, adelige Krankenschwester, die zu heiraten wünschte. Ich besann mich nicht lange. ›Sehr geliebtes, gnädiges Fräulein!‹ begann ich. ›Ich bin kriegsinvalider Schriftsteller und habe Aussichten, bald verlegt zu werden. Meine Einnahmen sind zur Zeit mäßig, jedoch interessieren sich bereits bedeutende Verlage für meine Werke.‹
›Später‹, betonte ich überheblich, ›dürfte sich mein Beruf noch

sehr rentieren, nur momentan müßte ich eine vermögende, verständnisvolle Frau haben, mit der ein Zusammenleben möglich wäre. Ich zähle vierundzwanzig Lenze und habe keine körperlichen Mängel. Zu weiteren persönlichen Aufklärungen bin ich gerne bereit und sehe Ihrer liebenswürdigen Rückäußerung mit geneigtem Interesse entgegen. In innigster Liebe, Ihr sehr ergebener Oskar Graf, Schriftsteller.‹

Direkt stolz war ich auf meine Briefe. Ich dachte zurück an diejenigen, die ich einst als Bub zu Hause an die Fabrikanten geschrieben hatte, und an die, welche ich früher an Verleger richtete, und sagte mir selbstzufrieden: »Welch ein Fortschritt! Du hast doch schon viel gelernt!«

Und ich malte mir schon wieder alles aus: Ich sitze in einer behaglichen Wohnung und schreibe. Die Frau kocht, ich dichte und komme in allerhand Kreise. Mein Vermögen muß ich nach meiner Verheiratung auch bekommen, und alles geht den schönsten Gang. –

Als ich die Briefe weggebracht hatte, war ich hoffnungsvoller. Am andern Tag arbeitete ich wieder.

In einer seltsamen Spannung befand ich mich die ganze Zeit. Ich dachte nur noch an den Abend, an das Heimkommen und war begierig auf die verschiedenen Antworten. Mein Herz war ständig in der angenehmsten Erregung.

Überhaupt – ein Schriftsteller muß doch eine repräsentable Frau haben! Sowas macht ihn doch erst! Da gibt man Einladungen. Man läßt sich im Theater mit seiner Gattin sehen – und weiß Gott, jetzt, wo solche Männernot ist, kann man einen recht guten Fang machen, kalkulierte ich. Und außerdem – alle großen Dichter haben ihre Stoffe aus den Frauen geholt. Das gibt auch Anregung! Das sagt schon Schiller, und Goethe erst recht! Alle betonen das mehr oder weniger. – Fast heiter war ich jetzt während der Arbeit, und abends setzte ich mich oft trotz aller Müdigkeit noch hin und schrieb ein Gedicht oder ein Stimmungsbild. –

Als ich wieder einmal auf meinem Zimmer ankam, lag eine Visitenkarte auf dem Tisch. Darauf stand: ›Direktor Hartmann, Tengstraße 34 III, wünscht Sie zu sprechen.‹ Noch als ich las, kam meine Logisfrau herein und erzählte, ein Herr sei dagewesen und komme um halb acht Uhr noch einmal. –

»Direktor Hartmann? – Wünscht?« murmelte ich und dachte nach. Ich wusch mich, zog meinen guten Anzug an, machte Feuer und wartete gespannt. Um die angegebene Zeit läutete es. Ich öffnete.

Ein kleiner, dicklicher Mann mit gequollenem roten Gesicht und roten Haaren stellte sich als Direktor Hartmann vor.

»So, ja . . . Graf ist mein Name«, sagte ich ein wenig verwirrt und führte ihn ins Zimmer.

»Sie haben mir geschrieben um ein Darlehen, Herr Graf«, meinte der Herr in gedämpftem, fast hurtigen Ton und zog meinen Brief heraus. Eine seltsam helle Weiberstimme hatte er. Gleich setzte er sich leger auf einen Stuhl und fuhr fort: »Wie gesagt, Herr Graf . . . Ich hab' Sie jetzt gesehen . . . Die Sache läßt sich machen. . . . Nur eben, wie steht es mit den Sicherheiten, wenn ich fragen darf? . . . Ich könnte Ihnen Geld in jeder Höhe verschaffen gegen mäßige Provision.«

Mir klopfte das Herz. Ich glotzte den Mann an. Geld! Geld! flog es durch meinen Kopf: Geld in jeder Höhe! –

»Sie sind hier in Stellung und wollen sich wahrscheinlich selbständig machen?« fragte der Mann und betrachtete mich listig.

»Ja – und – und, ja – Ich krieg' schon ein Vermögen! . . . Zweitausend Mark! . . . Die Sache ist nämlich so: Ich bin Bäckermeistersohn aus Berg am Starnberger See . . . Aber das Vermögen liegt auf dem Haus«, berichtete ich stockend.

»Soso! . . . Vom Starnberger See draußen sind Sie? . . . Soso, von Berg? . . . Ja, da kenn' ich mich ja aus! . . . Volljährig sind Sie auch, nicht wahr? . . . Und wahrscheinlich ist das Anwesen schon übergeben?« forschte der Herr beiläufig weiter.

»Ja, ich bin überhaupt nie zu Haus gewesen ... Mein älterer Bruder Max ist gefallen. Ihm hat das Haus eigentlich gehört, jetzt gehört's der Frau und den Kindern ... Wir Geschwister kriegen unsern Erbteil heraus«, gab ich Auskunft. Der Direktor schien vollauf zufrieden.

»Also, wie gesagt, Herr Graf, die Sache läßt sich leicht machen ... Ich hab' Sie jetzt gesehen ... Ich schau mir meine Leute immer erst an ... Bringen Sie mir einen Grundbuchauszug – den kriegen Sie ja ohne weiteres vom Amtsgericht Starnberg, wenn Sie hinschreiben – und dann kommen Sie wieder zu mir. Wenn der Auszug da ist, ist die ganze Geschichte in drei, vier Tagen gemacht«, erklärte er, erhob sich und drückte mir die schwitzige Hand.

»Mein Provision ist nicht der Rede wert«, meinte er an der Tür noch einmal. –

Ich flog zurück in mein Zimmer. Ein vollkommen anderer Mensch war ich. Jetzt! Jetzt begann ein anderes Leben! Ich schwelgte in dem Bewußtsein, daß ich nun auf einmal ein reicher Mann sei und schrieb sofort an das Amtsgericht Starnberg. Vor allem machte es mir eine höllische Freude, daß meine Leute daheim gar nichts von meinen Machinationen erfahren würden, wie mir Direktor Hartmann gesagt hatte. –

Selig schlief ich ein an diesem Abend, munter rannte ich am Morgen in die Keksfabrik. Die Arbeit rann jetzt wie etwas Beiläufiges neben mir her. Ich sang während des Surrens und Tobens. Die Heiratskandidatinnen hatte ich ganz vergessen. Trotzdem lief ich jeden Mittag eilig nach Hause und sah nach, ob Briefe eingetroffen seien. An einem Tag lag ein Zettel da: ›Bin heute abend im Café Arkadia, wichtig. Komm hin, ich warte, bis du kommst, Georg.‹

Ich war wie vor den Kopf geschlagen. Solche plötzlichen Besuche konnten mich oft völlig aus dem Geleise bringen. Sie rissen das tägliche Denken jäh auseinander.

Zum letztenmal in Haar, als mich mein Kamerad besucht hatte, erzählte er mir schon so merkwürdige Dinge von einem ›Scheidemann-Frieden‹, von Franz Jung und den Öhrings, von Liebknecht und dem geheimen Spartakusbund. Aus seinen Briefen erfuhr ich ab und zu etwas von ihm und meinen Bekannten. Er hatte seine Ölbilder im ›Sturm‹ in Berlin ausgestellt, Jung war bei einer Handelszeitung Redakteur geworden, hielt selber eine Handelskorrespondenz, schrieb Romane, war mit den Spartakisten sehr bekannt und trieb im Auftrage seiner Zeitungen Propaganda für den Zigarettentrust. Eine von Jung herausgegebene Zeitschrift, ›Die freie Straße‹, erhielt ich hin und wieder. Es standen allerhand wortreiche, verzwickte Aufsätze und Romanabschnitte drinnen, die nach meinem Auffassungsvermögen ungefähr so etwas wie die völlige Freiheit des Individuums, die gänzliche Umwandlung der Beziehung zwischen Mann und Weib und Ethik aus psychoanalytischer Grundlage propagierten. Ich verstand sie nicht, fand sie aber ungeheuer bedeutend. Ich schrieb dazumal sofort derartige Abhandlungen, schickte sie an Jung und erhielt auf meine dummen Briefe grobe, unverständliche Antworten, ungefähr so: ›Dein beispielloses Idiotentum und deine sexuellen Verdrängungen kannst du woanders anbringen. Wir haben nichts miteinander zu tun.‹

Jetzt war Schorsch da. Es mußte etwas Ungewöhnliches passiert sein, und er konnte in allem Auskunft geben. Ich frage meine Logisfrau noch einmal. Ja, der Herr sei dagewesen, ja, aus Berlin sei er.

Ich aß nichts zu Mittag diesmal, die Stunden verrannen viel zu langsam. Am Abend fand ich einen Brief von der idealgesinnten Dame mit beigelegtem Bild auf meinem Tisch. Mit steiler Schrift, die eine komische Unbeholfenheit verriet, war auf ein etwas parfümiertes Elfenbeinleinenpapier geschrieben, ich sollte morgen um acht Uhr an der Ecke Goethestraße sein. Erkennungszeichen ein illustrierte Zeitung in der rechten Hand.

Das Bild zeigte eine dekolletierte Dame mit schlankem Hals und ziemlich ältlichem Gesicht, dem man deutlich ansah, wie viel

Mühe daran verwendet worden war, es jünger zu machen. Die Haare waren füllig und anscheinend schwarz. ›Minna Sauer 1917‹ stand schräg an der Ecke des Bildes.
Seltsam! Es überrieselte mich heiß. Ich sah nicht auf das Gesicht. Auf die nackten Schultern blickte ich, auf die Brust. Unruhe faßte mich. –
Aber dazu war jetzt keine Zeit. Ich warf mich in meinen guten Anzug und fuhr zum Café Arkadia.
Da saß Schorsch mit Lollo und Betty, zwei Modellsteherinnen, die wir noch von früher kannten. Er lachte mir breit entgegen. Etwas glasige Augen hatte er und sah schauerlich aus mit seinem eckigen Kopf, den er diesmal ganz kurz geschoren hatte. Rasch setzte ich mich. Die zwei Mädchen kicherten und bestürmten mich mit Fragen. »Jaja«, antwortete ich nur immer und lachte ebenfalls.
»Mensch, was ist denn los mit dir? Was machst du denn?« fragte Schorsch und hieb mich kräftig auf die Schulter. Er roch nach Schnaps und rülpste.
»Nichts, was werd' ich machen? . . . In der Keksfabrik arbeite ich. Und was ist mit dir und Jung und den andern los?« fing ich zu fragen an: »Zu was bist du hierher gekommen?«
»Ich hab' den ganzen Tag mit der Sittenpolizei zu tun gehabt . . . Diese Hunde!« knurrte er und biß seine zerschundenen Zähne aufeinander.
»Mit der Sittenpolizei?« fragte ich verblüfft und wollte mehr wissen. In diesem Augenblick aber stießen sich die Mädchen wieder und tuschelten etwas von »dummen Weibern«, deuteten auf den anderen Tisch. Dort saßen zwei bürgerlich gekleidete Mädchen, die Schorsch – wie ich nachher erfuhr – ebenfalls hierher bestellt hatte. Sie sahen immerzu herüber und schienen sehr ärgerlich über die beiden Modellsteherinnen zu sein. Schorsch und ich kümmerten uns aber wenig und nun berichtete er mir folgendes:
Vor einiger Zeit hatte er einen Brief aus München bekommen von einer Freundin, der Finny, worin ihm mitgeteilt wurde, daß diese

letztere nun ins Arbeitshaus komme, er solle helfen. Finny war nämlich auch Modellsteherin gewesen, und mit ihr hatte Schorsch während seiner Münchner Zeit einige Wochen zusammengelebt. Dann war sie Weinhauskellnerin und schließlich auf die Straße gegangen. Eines Tages hatte sie die Sittenpolitzei verhaftet. –
Damals propagierte Franz Jung als ersten Schritt zur völligen Umwandlung der Gesellschaft vor allem die gänzliche Befreiung der Frau, betrachtete das Weib gewissermaßen als eine Sache, die der Staat zu erhalten habe, und Schorsch war nicht weniger davon überzeugt, daß das eine sehr revolutionäre Angelegenheit sei. Darum machte er sich nach Erhalt des betreffenden Briefes sofort daran, in Aktion zu treten. Er trat überhaupt immer in Aktion, wenn es gegen die gültigen Rechtsformen und Staatseinrichtungen ging. Er suchte einen Berliner Rechtsanwalt auf, und dieser riet ihm, Finny pro forma zu heiraten und sich nach ihrer Befreiung wieder von ihr scheiden zu lassen. Alles war schon soweit in die Wege geleitet, daß Aussicht auf Erfolg bestand. Schorsch fuhr nach München, ging in den Justizpalast, um mit dem Amtsrichter Rücksprache zu nehmen, und mußte ziemlich lange warten. Um sich die Langeweile zu vertreiben, ging er auf dem Gang hin und her und las an den Gerichtszimmern die Verhandlungszettel. Und da fand er unter anderen Namen auch den einer früheren Bekannten, der man ebenfalls den Prozeß wegen gewerbsmäßiger Unzucht machte. Sofort trat er in den Zuhörerraum und stand mitten im Hin- und Herreden der Richter plötzlich auf, begann brüllend das Mädchen zu verteidigen. Man wies ihn zurecht, wurde entrüstet, drohte mit Verhaftung. Er schrie noch mehr. Das Mädchen wurde verurteilt, und als Schorsch sie im Gang sprechen wollte, drängte ihn der Sittenkriminaler weg. Er geriet mit ihm in Streit, fing zu schimpfen an, brüllte, und das machte die ganze Sache mit der Finny zunichte. Ausgerechnet nämlich war jener Kriminaler im Vorzimmer des Amtsrichters, mit dem Schorsch zu tun hatte. Kaum war er eingetreten, sagte der hohe Herr schon: »Jaja, Sie

kennen wir ja schon . . . Ihr Gesuch kann unter diesen Umständen natürlich nicht genehmigt werden.«
Um sich eine gelenkige Zunge zu erhalten, hatte Schorsch vorher Schnaps getrunken und wollte nun energisch dagegen Verwahrung einlegen. Der hagere Amtsrichter aber hob nur die flache Hand vor sich hin und sagte kurzerhand: »Geh'n Sie weg! Sie riechen nach Schnaps! Mit sowas verhandle ich nicht!«
Finny war also verloren, die ganze Aktion zwecklos verlaufen. –
»Pack! Pack! Das ist der Staat!« schimpfte Schorsch.
»Mensch, das hättest du dir doch denken können!« sagte ich und hatte Mühe, ihn zu beruhigen. Betty blickte gelangweilt herum. Lollo sagte vom Richter: »So ein gemeiner Mensch!« Ich wurde ungeduldig und wollte endlich was von Berlin, von den Friedensaussichten und von den Bekannten erfahren. Da stand am Nebentisch eines der bürgerlichen Mädchen auf und ging halb lächelnd an uns heran.
»Das ist die Selma Igl«, brummte Schorsch, »du kennst sie ja noch, oder?«
»So?«
Ich besann mich. Selma Igl reichte mir die Hand. Giftig schauten sie die Modellsteherinnen an. Ich machte Platz. Ja – jetzt erinnerte ich mich!
Vor dem Krieg hatte Schorsch sie durch ein Heiratsinserat kennen gelernt, verkehrte während seiner ganzen Münchner Zeit mit ihr und ich schrieb ihr einmal, ohne meinem Kameraden etwas davon zu sagen, einen Liebesbrief. Wir trafen uns.
Richtig! Sie hatte damals gesagt: »Wissen Sie, Herr Graf, seien wir ganz offen. Sie sind mir zu jung.«
Ohne Feindschaft waren wir damals auseinandergegangen. Aber an solche Sachen erinnert man sich nicht gerne. Ich verwünschte das ganze Zusammenkommen mit Schorsch. Nichts konnte man reden.
»Wie geht es Ihnen denn, Herr Graf? . . . Kommen Sie doch mal zu

mir ... Man hat ja so wenig Menschen«, sagte Selma Igl und zu Schorsch gewendet: »Du mußt jetzt fahren. Es ist Zeit.«
Geräuschvoll bezahlte Schorsch. Wir erhoben uns und gingen zum Bahnhof. Ich neben Schorsch, zwischen Lollo und Betty, hinterdrein Selma Igl und ihre Freundin.
»Daß du ihr ja nicht meine Adresse angibst«, lispelte ich meinem Freund zu. Er nickte dösig. Man nahm Abschied. Der Zug rollte davon. Lollo und Betty gingen, Selmas Freundin verabschiedete sich. Wir beide standen allein. Sie fragte nach meiner Adresse. Ich wich aus. Sie bat mich wieder, sie zu besuchen. Ich sagte zu.
»Hm, jaja, der Schorsch ... Mein Gott, hm«, sagte sie immerzu mechanisch und nickte nachdenklich. Das gleiche sagte ich. Es war, als wollte einer dem anderen ausweichen. Am Stachus gingen wir auseinander.
»Also kommen Sie bestimmt einmal zu mir«, rief Selma Igl noch aus der Straßenbahn.
»Jaja«, plapperte ich teilnahmslos. Ich ging rasch weiter, benommen und bedrückt. Es war bitter kalt. Alle hatten mich angesehen, weil ich nicht einmal einen Mantel hatte. Ich knöpfte mißmutig mein dünnes Jackett zu und zog den Kopf ein. Es kam mir vor, als sei durch diesen nichtssagenden Zwischenfall mein ganzes bisheriges Leben auseinandergerissen. Wütend war ich auf Schorsch. Ich knirschte und konnte keinen Gedanken fassen. –
Der Schnee fiel dicht. Die Straßenlaternen verbreiteten ein seltsam gelbes Licht. Die Menschen liefen lautlos vorüber. Alle Stimmen und Geräusche klangen dumpf. Schwerfällig surrte die Trambahn dahin.
»Ach was! Es muß einfach das Geld her, dann wird alles anders!« fluchte ich und stapfte weiter.
Ich weiß nicht aus welchem Grunde – es befiel mich auf einmal eine Art Rachsucht. Wenn du Geld hast, kannst du jedem, der dir einmal weh getan hat, beikommen! Es geht immer so: Einer gegen Einen! war mein letzter Gedanke, als ich ins kalte Bett stieg.

IV
Geld! Geld!!

Das Hierherkommen Schorschs hatte mich wirklich arg durcheinander gebracht. Unter allen Umständen wollte ich jetzt endlich ein freies Schriftstellerleben anfangen. Können es die – und damit meinte ich meine Berliner Bekannten – so mußt du es auch können, dachte ich. –

Vor allem schrieb ich einen Brief an Minna Sauer, daß ich leider diesmal verhindert sei, um die angegebene Zeit an der Ecke Goethestraße zu erscheinen, ich würde in den nächsten Tagen Bescheid geben. Eigentlich hatte ich schon wieder keine Lust mehr, denn jetzt nahmen mich andere Dinge in Anspruch. Jeden Morgen, jeden Mittag, jeden Abend erhoffte ich den Grundbuchauszug vom Amtsgericht Starnberg. Er kam und kam nicht.

»Verweigern kann man das nicht. Sie sind volljährig«, hatte mir Direktor Hartmann gesagt. Ich hoffte deshalb, aber ich zweifelte doch. Immer wieder neue Pläne machte ich, was ich nun mit dem Geld – wenn die ganze Geschichte günstig verlaufe – anfangen wollte. Während der Mittagszeit fuhr ich im staubigen, schmutzigen Mantel in die Stadt und besah mir die Auslagenfenster der Kleiderläden. Dann fing ich zu rechnen an: Das und das brauchst du unbedingt – macht? Hm, ich wurde bereits wieder verwirrt. Das Geld schien doch nicht zu reichen. Ich stellte neue Berechnungen an, teilte die Summe wieder anders ein und erwog, ob ich die Arbeit aufgeben oder beibehalten sollte. Durch solcherlei Erwägungen war ich vollauf beschäftigt. –

Nichts kam von Starnberg. Ich gab schon halb die Hoffnung auf und sann nach neuen Möglichkeiten.

Eines Morgens kam mir plötzlich der Gedanke: Du bist doch Schriftsteller und außerdem ein ›junger, aufstrebender und noch dazu kriegsinvalider‹.

Gewiß, Hobreckers Praxis, sich durchs Leben zu schlagen, war gar

nicht so von der Hand zu weisen – aber man mußte sich vor allem an seinen Stand halten.
Ich begann nun an alle möglichen literarischen Leute Bittbriefe zu schreiben und siehe da, man verwies mich auf den ›Schutzverband deutscher Schriftsteller‹. Man riet mir kollegial, dort um ein langfristiges Darlehen einzukommen. Sofort verfaßte ich einen jammerseligen, speichelleckerischen Brief und sandte ihn an den Verband. Sechzig Mark kamen. Ich faßte Mut, denn Herr Doktor Kurt Martens, der damalige Vorstand der Münchner Zweigstelle des Schutzverbandes, hatte noch einen persönlichen Brief geschickt, worin er mir riet, mich nochmals ausführlicher an die Unterstützungskasse des Verbandes zu wenden. Die sechzig Mark seien nur eine vorläufige, rasche Hilfe, sicher bekäme ich ein größeres Darlehen. Er werde das befürworten.
Das war ein Rat! Mir schwoll die Brust: Deutschland sorgt für seine Dichter! Ich sandte also die Eingabe ab. Die Antwort lautete, ich sollte mich in den nächsten Tagen im Sekretariat vorstellen. Diesmal hatte ein Herr Doktor Krell unterschrieben.
Das Herz fiel mir in die Hosen. Angst und bange wurde mir. Das schlechte Gewissen schlug mir, denn im Grunde wußte ich sehr wohl, daß ich eine recht fragwürdige, bettelhafte Schwindelei inszeniert hatte. Trotzdem: Angefangen war angefangen, hörte ich jetzt auf, so kamen die Leute womöglich mit Nachforschungen, mit der Polizei.
Also begab ich mich in die Wohnung des Doktor Krell. Es war sehr elegant dort. Parkettböden und an den Wänden schöne, alte Stiche. Vom Fußboden bis knapp zur Decke reichende Büchergestelle, gefüllt mit den luxuriösesten Bänden. Ein Dienstmädchen meldete mich, Herr Doktor erschien im kurzen Morgenrock. Er zog einen Fuß etwas nach. Ich grüßte devot und unbeholfen und wollte gleich zu klagen anfangen. Der Herr mit dem scharfgeschnittenen Gesicht musterte mich ein wenig geringschätzig und bat mich, zu warten. Er verschwand durch die hohe, weiße Tür. Ich

blieb benommen auf dem Parkettboden stehen und wagte nicht, mich auf die seideüberzogenen, antiken Polsterstühle zu setzen. Das war immer mein Fluch. Ich verlor durch die Umgebung stets die Fähigkeit, richtig zu überlegen, und alles war dann mehr oder weniger Glückssache. Ich glotzte dumm in den Raum und wartete. Der Doktor öffnete die Tür und sagte: »Bitte.« Ich tappte ungelenk in den anderen Raum, blieb wieder stehen, als warte ich auf die Weisungen des Herrn, der sich nun weltmännisch sicher in einen der breiten Ledersessel sinken ließ und anscheinend Akten über mich durchblätterte.
»Bitte, wollen Sie sich setzen«, sagte er kühl und schaute mich schon wieder so merkwürdig an. Ich ging an den Tisch, gab ihm die Hand, etwas überrascht gab er mir die seine und endlich nahm ich Platz.
Was der Herr für feingliederige Hände hatte! Ein Ring mit einem länglichen Stein war an seinem linken Ringfinger. Und diese wunderbare Wohnung! Also, wenn man einmal richtig verlegt wird, Herrgott, das ist eine Sache! –
»Im ›Sturm‹ und in der ›Aktion‹ haben Sie schon Arbeiten veröffentlicht?« fragte der Doktor und prüfte mich wieder.
»J-ja.«
»Da bekamen Sie aber nichts ... ›Sturm‹ und ›Aktion‹ bezahlen bekanntlich kein Honorar ... Wovon haben Sie denn gelebt? Von der Schriftstellerei?« wandte er sich abermals an mich.
Ich stockte, wurde rot.
»Ich hab' in Bäckereien gedient, Herr Doktor – – und – und jetzt arbeit' ich in einer Keksfabrik, aber jetzt bin ich krank – – ich hab' auch schon einmal in der ›Jugend‹ was gehabt und in der ›Münchner Illustrierten Zeitung‹, stotterte ich.
Der Doktor hob sein Gesicht vollends: »Wo haben Sie studiert?«
»I-in München ... und – und dann Privatstudien.«
»Waren Sie auf dem Gymnasium?«
»J-ja«, log ich.

»In welchem denn ...?« fragte der Mann – wie mir schien – mißtrauisch. Ich wurde blaß. Der kalte Schweiß kam mir. Ich wußte nicht mehr weiter.

»In – in dem in der Löwengrube ... Ich weiß nicht mehr genau –«, hastete ich abgehackt heraus, wurde völlig wirr und brach ab.

»So ...? ... Natürlich wird alles durch Nachforschungen festgestellt werden«, sagte der Doktor nur noch, erhob sich ziemlich abweisend und geleitete mich zur Tür: »Sie bekommen dann Bescheid.«

Ich rannte die Treppen hinunter, an die Luft. Ich lief förmlich davon. Jetzt bist du im Schlamm, sagte ich mir und malte mir schon aus, daß eines Morgens die Polizei käme: »Herr Graf, Sie haben da herumgebettelt. Kommen Sie mal mit«, und dann – ja, wie das eben so verläuft mit solchen Taugenichtsen.

Ich ging dahin, ganz klein und zerdrückt. Ich entsinne mich solcher Augenblicke mit aller Deutlichkeit. Es war immer mehr Angst als Reue. Es war etwas unbeschreiblich Widerwärtiges, was dann Herr über mich wurde. Zuletzt kam dann zur Angst noch der Ekel. Tagelang hielt eine solche Zerknirschung manchmal an. Ich wußte nicht mehr aus und nicht mehr ein und tat, was ich oft und oft daheim getan hatte, als Lausbub, wenn mein Bruder Max etwas erfahren hatte, das mir unweigerlich Prügel eintrug – ich legte mich ins kalte Bett und fing ganz einfältig an, das Vaterunser zu beten. Du beichtest und kommunizierst und wirst ein anständiger Mensch, dann verläuft am Ende alles wieder gut, erwog ich.

Und dann – dann nie wieder! Nie wieder! –

Jede Nacht träumte ich von der Polizei, von meiner plötzlichen Verhaftung, und am Morgen erwachte ich zerschlagen und furchtsam.

Ich wollte schon dem Doktor Krell einen reumütigen Brief schreiben und ihn bitten, inständigst bitten, er sollte nichts weiter gegen mich unternehmen. Hin und her überlegte ich. Flucht, nichts wie davon, war mein zeitweiliger Gedanke. Aber wohin denn? Der

Krieg kam mir wieder in die Erinnerung. Die Grenzen waren ja zu. Rundherum stand eine Mauer ...

So verrannen die Tage.

Eines Morgens, kurz nach acht Uhr, schrie der Obergehilfe, als er vom Laden herunterkam: »Graf, hinaufgehn sollen Sie!«

Ein Schreck durchfuhr mich. Alles an mir stockte. Jetzt – die Polizei! durchpeitschte es mich. Ich wankte durch den dunklen Gang, über die rutschigen Treppen hinauf.

Im Hausgang stand der Briefbote und übergab mir einen eingeschriebenen Brief vom Amtsgericht Starnberg. Die Logisfrau hatte ihn hergeschickt. Zitternd unterschrieb ich die Bestätigung. Unsicher öffnete ich. Es war der Grundbuchauszug.

Heiß und kalt überlief es mich. Gedankenlos überflog ich das Papier. Ja, es stimmte, ja!

Ich rannte hinunter in den dampfenden Backraum und arbeitete fanatisch. Alles war wie weggewischt: der Doktor Krell, die Polizei, die Furcht, der Ekel, die Beichte und die Kommunion.

Geld! Geld! Massenhaft Geld! tobte unablässig durch mich. –

Noch am selben Mittag lief ich auf mein Zimmer und benachrichtigte den Direktor Hartmann. Der bestellte mich am übernächsten Tag zwischen zwölf und ein Uhr in ein Automatenrestaurant am Bahnhof.

»Wie gesagt, Herr Graf«, begann der kleine Mann wieder: »Die Sache ist in Ordnung.« Er gab mir das Gerichtspapier zurück: »Ich hab' einen Herrn, der Ihnen das Geld sofort ausbezahlt ... Für die Vermittlung krieg' ich zweihundert Mark vorläufig ... Die weiteren Spesen sind nicht mehr der Rede wert.«

»Und wann krieg' ich das Geld?« fragte ich gespannt und glotzte den Direktor geistesabwesend an.

»In zwei oder drei Tagen ... Sobald die Rückfrage nach Starnberg beantwortet ist«, antwortete Hartmann und setzte leger hinzu: »Und wie gesagt, ich krieg' eben vorläufig zweihundert Mark.«

Ich wurde hilfslos und schnitt ein verlegenes Gesicht. Sofort be-

griff der Direktor und meinte vertrauenerweckend bieder: »Naja, Sie haben's jetzt nicht? ... Das hat gar nichts auf sich ... Unterschreiben Sie hier ... Die Sache läßt sich ja dann bei der Auszahlung regeln ... Sie sind mir ja gut.«
Ich war begeistert davon, daß dieser fremde Mensch ausgerechnet *mir* ein solches Vertrauen entgegenbrachte. Ich wollte dankbar sein.
»Ich kann Ihnen ja als Sicherheit meinen Grundbuchauszug geben, Herr Direktor«, sagte ich. Der Mann aber schaute mich an wie der Wolf das Schaf und lächelte überlegen-gutmütig.
»Aber Herr Graf?! ... Da reden wir doch gar nicht! Die Sache regelt sich doch, wenn Sie das Geld kriegen!« meinte er gemütlich und redete unentwegt weiter: »Also wie gesagt, Herr Graf, ich geb' Ihnen sofort Bescheid, wenn's soweit ist, verlassen Sie sich drauf ... Und – und, was ich noch sagen wollte ... Einen Kaffee hab' ich und zwei Kuchen. Das geht natürlich auf Ihre Kosten ... Solche Kleinigkeiten zählen ja weiter nicht ...«
»Aber natürlich! Selbstverständlich!« erwiderte ich großspurig und bezahlte meine und seine Zeche. Unbedenklich unterschrieb ich das Schriftstück, das er mir hinlegte. –
Hartmann war wirklich zuverlässig. Am dritten Tag kam eine Karte von ihm. Ich ließ mir vom Bäckermeister frei geben und fuhr in die Stadt. Wieder traf ich den Direktor im Bahnhofsautomaten-Restaurant. Sehr aufgeräumt empfing er mich. Noch ein Herr, mit einem schwarzen Hornzwicker auf der dicken Nase, saß bei ihm und sah mich schnüffelnd an.
»Darf ich vorstellen – Herr Stahl«, sagte Hartmann und der Dicknasige drückte mir die Hand: »Freut mich.«
»Also, Herr Graf, die Staatsaktion kann steigen«, rief Hartmann und bezahlte diesmal selbst, »kommen Sie! In einer Stunde ist alles vorbei.« Wir brachen sogleich auf und gingen zu einem Herrn Teilhaber in der Bayerstraße. In der solidbürgerlichen Wohnung setzten wir uns in lederne Fauteuils um einen runden Tisch. Soviel

ich erkennen konnte, waren Teilhaber und Stahl eine Firma. Erst las der eine, dann der andere den Grundbuchauszug. Dann besprachen sie sich miteinander murmelnd. Schließlich wandte sich Teilhaber an mich.

»Also, Sie wollen darauf Geld, Herr Graf?«

Ich nickte.

»Ich zahl' Ihnen ausnahmsweise 1700 Mark ... Sie können's gleich bar haben«, meinte Teilhaber darauf.

»Siebzehnhundert ...?« fragte ich erstaunt: »Da steht aber doch zweitausend?«

Herr Stahl mischte sich ein: »Ja, natürlich, Herr Graf! Aber Sie müssen bedenken, wir haben das Risiko ... Verkracht beispielsweise die Frau Ihres verstorbenen Bruders, so verlieren wir alles und Sie haben Ihr Geld, verstehn Sie? ... Na, ich mein', Sie sind doch noch ein junger Mensch und kriegen das Geld gleich bar auf die Hand? ... Also, wie ist's?«

Ich konnte nicht gleich etwas sagen. Hartmann stieß mich. Die anderen zwei Herren besprachen sich abermals.

Der Direktor Hartmann lispelte mir ins Ohr: »Ich würd' zusagen, Herr Graf! ... Na, wissen Sie was? ... Wir versuchen's mit 1800, wenn's Ihnen recht ist?«

Wieder nickte ich. Hartmann trat als mein Verteidiger auf.

»Herr Graf meint 1800 Mark ...«

»Nein – nein, das geht nicht! ... Da lassen wir's lieber gleich«, antworteten die beiden Geldverleiher kurz abweisend und Herr Stahl erhob sich auch schon. Meine Hoffnung sank blitzschnell. Ich wurde ganz kleinlaut.

»Na, gut! Ich bin zufrieden«, sagte ich, noch ehe Hartmann reden konnte: »Siebzehnhundert also ...«

»Ich glaub' eben auch ... Wie gesagt aber, Sie brauchen nicht! ... Sie können sich's ja noch überlegen«, nahm Teilhaber das Gespräch wieder auf: »Wir wollen Sie absolut nicht zwingen.« Das klang schon wieder vertraulich.

»Gut, siebzehnhundert!« wiederholte ich aufatmend.
»Gut«, sagten auch die beiden Geldverleiher und Teilhaber zählte mir siebzehn blaue Hunderter auf den Tisch. Ich stierte auf sie. Nur die Banknoten sah ich. Heftig schlug mein Herz.
»Na also!« sagte Stahl befriedigt, rieb sich die Hände und ließ mich irgendwo unterschreiben. Ich erhob mich hastig und steckte das Geld ein. Die beiden Geldverleiher drückten mir die Hand und Hartmann ging mit mir.
»Na, ist ja schnell gegangen . . . Und – und ich, ich krieg' jetzt noch im ganzen dreihundert Mark – zweihundert für die Vermittlung und hundert für die Spesen«, raunte er mir zu. Schrecken und Wut faßten mich. Einen Augenblick stockte alles in mir. Der Mann plapperte geschäftig, zeigte mir das Papier, das ich seinerzeit unterschrieben hatte und fing immer wieder mit diesen dreihundert Mark an. Ich wurde hilflos. »J-ja – also«, stieß ich endlich heraus, bezahlte und verabschiedete mich sofort.
Nur halb war ich befriedigt. Ich mußte nun meine ganze Berechnung wieder umstoßen. Zweitausend Mark hatte ich erhofft, vierzehnhundert bekam ich. Dumm, dumm, sehr dumm! –
Aber bald verlor sich aller Mißmut. Tatenmut stieg in meine Brust. Noch nie im Leben hatte ich einen solchen Haufen Geld in der Hand gehabt. Auf einmal war ich wirklich ein reicher Mann. Jetzt ging ein neues Leben an – etwas ganz anderes, etwas Unnennbares, Unausdenkbares schier! –
In mir wirbelten die phantastischsten Pläne, wie Feuer brannte es in mir. Noch am selben Nachmittag kaufte ich mir ein lackledernes Zigaretten-Etui, Lederhandschuhe, eine Geldbörse aus Krokodilleder und eine Brieftasche. In das beste Schuhgeschäft ging ich, nahm Lacklederschuhe mit grauem Einsatz zum Knöpfen mit. Dann seidene Socken, gleich ein halbes Dutzend. Gleich mußten vier hochmoderne Hemden her, und zuguterletzt kaufte ich noch einen großen und einen kleinen Koffer und kam schwerbepackt auf meinem Zimmer an.

Das Geld hatte mich in die größte Unruhe versetzt. Alles mögliche fiel mir ein. Merkwürdig. Jetzt fing diese Verruchtheit mit dem Ding Geld wieder an. Eigentlich wollte ich es doch nur, um ruhig dichten zu können und sorglos zu sein. Jetzt aber, da ich gewissermaßen am Ziele war, da ich unabhängig schalten und walten konnte – jetzt fingen auf einmal die tausend kleinen Gierigkeiten an. Nun plötzlich kamen täglich, stündlich die unsinnigsten Bedürfnisse! Jetzt *brauchte* ich mit einem Male alles, an das ich früher gar nie gedacht hatte!

Sehen wollte ich etwas für mein Geld! *Haben* wollte ich etwas, haufenweise! –

Einen Tag hielt ich es noch aus in der Keksfabrik, dann schickte ich wieder die Logisfrau mit einem Entschuldigungsbrief, ich sei krank. »›Ja, ist schon recht‹, haben sie gesagt, und gute Besserung wünschen sie«, berichtete mir diese bei der Rückkehr. Ich war beruhigt, sprang aus dem Bett, kleidete mich an, steckte mein ganzes Geld ein und ging zu Nanndl. Sie war mir die Liebste. Sie fragte nie nach Gründen und kümmerte sich überhaupt nicht um mich. Sie lachte und war lustig, wenn sie mich sah und freute sich, wenn es mir gut ging. Das war alles.

»Ich hab' jetzt Geld, Nanndl«, raunte ich ihr im Friseurladen zu: »Ich möcht' mir gern einen Mantel und Anzug kaufen, geh mit.«

»O fein!« rief sie voller Freude: »Ja, also wart um zwölf Uhr am Isartor!« Luise war herbeigeeilt. Sie lächelte, ich lächelte ebenfalls flüchtig und verließ den Laden. Den ganzen Vormittag durchlief ich die Warenhäuser und kaufte. Krawatten, einen Skisweater, Bücher, lederne Notizblocks, ein vernickeltes Tee-Ei, Messer und Gabeln, kunstgewerbliche Tassen, einen Schirmstock.

Wahllos kaufte ich. Was mir in den Sinn kam, nahm ich. Die Stunden verliefen viel zu langsam und das Geld rann weg wie Fett in der Sonne. Ich setzte mich in ein Kaffeehaus, ließ Tinte und Feder kommen und schrieb an Emma einen Brief: ›Liebe Emma! Jetzt endlich bin ich soweit, daß ich Dir das Geld, das Du mir damals zur

Herausgabe meines Buches geliehen hast, zurückzahlen kann. Ich schicke es heute noch ab. Sende eine Quittung dann. Du weißt ja noch, es ging damals alles schief, ich mußte zahlen, und dann machte der Verleger Bankrott. Das kommt aber nicht mehr vor. Immer hab' ich gedacht, einmal kommt doch die Zeit, wo Du die fünfhundert Mark zurückzahlen kannst. Jetzt geht es. Vielleicht schicke ich gleich alles, wie ich eben kann. Herzlichen Gruß an Mutter und Theres, Dein Oskar.‹
Triumphierend ging ich zur Post. Aber schon überlegte ich wieder anders. Zu viel Geld war schon weg. Ich schickte nur 100 Mark. Dann traf ich Nanndl. Lustig machten wir uns auf den Weg und kauften einen dunkelgrünen modernen Anzug und einen hellen, grünbraunen Paletot.
»Schick bist du jetzt, ja«, sagte Nanndl und betrachtete mich: »Jetzt brauchst du bloß noch einen richtigen Hut dazu.« Sie mußte wieder ins Geschäft. Ich betrat gleich den nächstbesten Hutladen und erstand einen geradezu phantastisch breitkrempigen, schwarzen Velourhut, um auch ein wenig künstlerisch zu erscheinen. Damit die Zeit verstrich, ging ich in ein Kino und kam erst nach Torschluß nach Hause.
Hastig verschloß ich die Tür hinter mir, machte Licht und Feuer. Dann breitete ich meine ganzen Habseligkeiten auf dem Boden aus und betrachtete sie. Jedes Stück musterte ich immer wieder, immer wieder. Eine Hitze stieg in mir auf.
Großschrittig tappte ich auf und ab.
Jetzt hast du alles, jetzt ist ist die Sache einfach. Nun bist du eine Erscheinung, dachte ich: Die Welt gehört dir, anfangen kannst du! Nanndl hatte mir gute Seife, Kölnisches Wasser und Handcreme gegeben. Ich wusch mich von oben bis unten und zog neues Zeug an. Stolz und siegesgewiß stellte ich mich beim Lampenschimmer vor den Spiegel, setzte meinen großen Hut auf, nahm den Schirmstock kokett in die Hand wie eine bekannte Tagesgröße, die sich photographieren läßt.

Ja, jetzt war ich wirklich ein anderer Mensch.
Zwar hatte ich nur noch sechshundert Mark und wollte doch Emma noch Geld schicken. Aber das konnte ich ja später tun. Die sechshundert Mark waren immer noch eine Riesensumme.
Wieder schaute ich in den Spiegel. Ungeheure Befriedigung durchrieselte mich. Ich beschloß, morgen zum Arzt zu gehen und mich bei der Krankenkasse anzumelden, denn zum Kündigen beim Meister hatte ich keinen Mut.
Das war der einfachste Weg. Ging es schließlich doch schief, waren die Türen noch alle offen, man konnte wieder arbeiten und hatte die Stelle noch.
Und so kommst du ohne viel Schwierigkeiten los und brauchst nicht alles kurz und klein schlagen, überlegte ich.

V

Dem Gockel steigt der Kamm

Ich ging zum Arzt. »Stirnhöhleneiterung«, sagte der. Ich wußte es. Diese Krankheit hatte ich mir vom Kriegsdienst herübergerettet. Ein sehr angenehmes Leiden ist das: Man ist gewissermaßen krank in Permanenz, kann zum Arzt gehen, wann man will, unfehlbar schreibt er einen arbeitsunfähig. Kopfweh hat man ab und zu, mehr oder weniger und Eitererguß aus der Nase. Das ist alles.
Jede Woche mußte ich nun zweimal zum Arzt. Der betupfte mein Naseninneres mit Kokain. Eines Tages dann begann er drinnen kleine Stücke wegzuschneiden und riß sie mit einer feinen Drahtschlinge herunter. Es blutete sehr. Der Kopf surrte geraume Zeit, dann war es frei im Hirn. Spülungen mit Borsäurelösung sollte ich jeden Tag zwei- bis dreimal machen und keine Zigaretten rauchen. Ich hielt mich aber nicht daran.
Seit ich geschnitten worden war, nahm ich meine Krankheit sehr ernst und betrachtete mich geradezu als Märtyrer meines Kopfes.

Jedem Menschen erzählte ich davon, so zum Beispiel meinen Logisleuten, Unbekannten, die mir im Kaffeehaus gegenüber saßen, und nach Hause schrieb ich davon.
Ich konnte nun meine Zeit verbrauchen, wie ich wollte, und erhielt Krankengeld. Voll Unternehmungslust war ich. Eines Morgens brachte mir der Briefbote einen eingeschriebenen Brief vom Schutzverband deutscher Schriftsteller, unterzeichnet von Dr. Krell. Meine Belege lagen bei, und es hieß ungefähr: ›Nach Prüfung Ihres Gesuches hat sich der SDS nicht mehr entschließen können, Ihnen eine weitere Unterstützung zukommen zu lassen.‹
Ich besann mich einen Augenblick. Dann atmete ich auf. *Das* war also auch wieder vorbei. Gut davongekommen, dachte ich, und zerriß den Brief.
Die Frauen fielen mir wieder ein. Jetzt, wo du so ausstaffiert bist, hast du doch im Nu eine Eroberung gemacht, war meine Ansicht. Ich bestellte Minna Sauer für den darauffolgenden Tag vor das Café Arkadia. Wir trafen uns auch richtig, das heißt, wir sahen uns sogleich, aber beide gingen wir lange aneinander vorüber und maßen uns mit freundlichen Blicken. Mitunter lächelte sie ein wenig, und ihre Augen glänzten dann. Ich zitterte und wußte mir nicht zu helfen. Tölpisch tappte ich immer wieder vorüber. Einen heillosen Respekt flößte mir ihr dicker Fuchspelz ein. Darunter lugte ein schneeweißes Spitzenjabot schüchtern hervor. Sie trug ein enganliegendes Kostüm, das ihre Figur auf das vorteilhafteste herausstellte. Außerdem hohe, blinkende Lackknopfstiefel. Mir wurde warm und wohlig. Hingerissen war ich von einer solchen Entdekkung und malte mir in einem fort aus, wie ich mich neben ihr ausnehmen würde. Überhaupt – ein solches Paar!
Ein diskreter Duft strömte mir entgegen, als ich wieder in ihre Nähe kam. Ich atmete stockend, faßte endlich Mut und trat, den Hut lüftend, vor sie.
»Verzeihung, sind Sie vielleicht das Fräulein Sauer?« fragte ich klopfenden Herzens.

»Ja? ... Herr Graf?« entgegnete sie mit einer hohen, etwas piepsenden Stimme und lächelte einnehmend.

»Ich hätte Sie beinahe nicht erkannt«, stotterte ich unbeholfen: »Ich gehe nämlich schon lange auf und ab.« Verlegen schaute ich sie an.

»So, – jaja, ich sah Sie auch schon immer«, gab sie verbindlich zurück. Der erste Schritt war getan. Jetzt war es, als brächen alle Kanäle in mir auf. Heiß jagte mein Blut durch den Körper.

»So ... Das ist schön! ... Bitte, ich lade Sie ins Café ein! Dort können wir ja reden«, sagte ich schon sicherer, und um meine noch immer nicht geschwundene Verlegenheit schneller los zu werden, nahm ich rasch den Griff der schweren Kaffeehaustüre und stieß diese auf. Da aber passierte etwas sehr Dummes, das mich wieder völlig verwirrte. Ich wollte sie nämlich vorausgehen lassen und schnell ausweichen, war aber zu langsam. Sie ging gleich hinter mir her, und ich trat sie auf die Füße, ließ vor Schreck den Griff los, und die Türe schlug unsanft gegen uns.

»O-o!« piepste sie und griff nach ihrem verschobenen Hut.

»Um Gottes willen! ... So was Dummes!« schnaubte ich und hob rasch meinen heruntergefallenen Hut vom Boden auf: »Verzeihung! ... Entschuldigen Sie!« Ich stand einen Moment ganz dumm da. Sie bemühte sich, ein freundliches Gesicht zu machen, lächelte wieder, trat voraus, und ich trottete hinter ihr drein. Gott sei Dank, sie hatte die Führung übernommen und schritt über die Treppe zur grellbeleuchteten Empore hinauf, wo, meinem Instinkt nach, die besseren Leute saßen. Ich hing meinen Hut auf und wollte meinen Paletot ausziehen. Sie knöpfte ihren Pelz auf, schaute mich etwas merkwürdig an und schien zu warten. Da aber kam schon der Kellner und nahm ihr Pelz und Jackett und mir den Mantel ab. Wir setzten uns endlich in eine der Nischen. Rotbezogene Tischlampen waren da, und nur Wein wurde verabreicht. Schon wieder war ich in der größten Verlegenheit. Da ich nämlich seit meiner Jugendzeit die Vorstellung nicht losbringen konnte, ein Gang in ein Hotel, in ein seriöses Weinlokal – überhaupt Wein und Kellnerbedienung – so etwas koste massenhaft Geld und sei nur für die ganz reichen Leute da, so lugte ich mit nur schlecht verhaltenem Entsetzen auf die mitten auf dem Tisch stehende Preistafel und dachte dabei mit noch größerer Angst an mein mitgenommenes, weniges Geld. Gleich fing ich im geheimen zu rechnen an. Wenn das so angeht, solche Heiratsversuche kosten dir deine letzten Hunderter, und notabene hast du womöglich noch nichts davon, surrte es in meinem Hirn. Zwischendurch lächelte ich schon wieder und fragte beinahe jovial: »Na, was wollen Sie jetzt nehmen?«

Es war mir bereits bedeutend leichter, denn die Preise waren ja gar nicht so unerschwinglich. Hier konnte ja jeder hergehen! Ich besann mich, daß ich doch einen neuen Anzug anhätte und schaute schon ganz keck auf die anderen Leute.

»Einen Mokka! . . . Es ist kalt draußen gewesen«, sagte sie, und ich merkte, daß sie eine zu lange Zunge hatte und das ›s‹ wie das englische ›th‹ aussprach. Dann lächelte sie wieder.

Ich betrachtete sie unbemerkt genauer. Wirklich stattlich war sie. Jene mir so liebe, etwas aufdringliche und respekteinflößende Gutangezogenheit bürgerlicher Damen war an ihrer Kleidung. Aus dem halbtiefen, spitzen Blusenausschnitt lugten zarte Spitzen und ein blaues Seidenbändchen, zu einer zierlichen Masche geknöpft. Ihre Haut war sehr weiß und ziemlich gepudert. Ringe hatte sie an den Fingern!

Das Gespräch wollte absolut nicht werden. Der Kellner brachte die Mokkatassen und Gebäck.

»Diese Kälte heute«, sagte sie abermals.

»Ja . . . Ein ekelhafter Winter, das! . . . Aber da herinnen ist's warm«, antwortete ich. Sie sah mich auffallend prüfend an.

»Wie alt sind Sie, Herr Graf?« fragte sie. Ich wurde rot und fast ärgerlich, denn ich hatte es ihr doch geschrieben!

»Ich bin jetzt vierundzwanzig und – Sie?« fragte ich.

Sie verzog ein klein wenig ihre Mundwinkel, antwortete nichts und sagte nur: »Da wären wir doch zu unterschiedlich im Alter ... Ich suche nämlich etwas Gesetzteres ... Sie werden mir das ja nicht verübeln, Herr Graf, nicht wahr?«

»Ja – Also dann ist's nichts mit uns?« fragte ich unsicher und plagte mich, eine arglose Miene zu machen.

»Und dann, wissen Sie, eigentlich suche ich einen Herrn in fester Position ... Ich habe eine schöne Wohnung ... Ich habe noch nie mit Künstlern verkehrt ...« Geziert sagte sie es.

»Hm! ... Tja, da läßt sich eben nichts machen! ... Es ginge vielleicht doch! ... Aber ich zwing' Sie natürlich nicht«, redete ich mit aller Gelenkigkeit. Aber sie schüttelte den Kopf und lächelte wieder ironisch.

Nun kamen die Mokka-Apparate. Eine neue Angst befiel mich. Mit Bedacht hatte ich bis jetzt meine roten Hände unter dem Tisch versteckt, und nun kamen diese gottverdammten Maschinen! Es hatte auch gar keinen Zweck, ihnen vorläufig keine Aufmerksamkeit zu schenken. Meine Begleiterin schenkte sich bereits ein. Wohl oder übel mußte ich es auch tun. Verzweifelt genau blickte ich hin, wie sie das bewerkstelligte. Der kalte Schweiß rann aus meinen Achselhöhlen. Das bringst du nie fertig, sagte ich mir und wollte schon die Hände unterm Tisch heraufnehmen. Gott sei Dank sagte aber in diesem Augenblick meine Begleiterin: »Soll ich Ihnen eingießen?«

»J-ja, bittschön!« erwiderte ich mit aller Eilfertigkeit. Ein Stein fiel mir vom Herzen. Bewundernd sah ich ihr zu. Herrgott, wirklich, so eine Frau, das schien doch etwas Herrliches zu sein! Schade! – Herrgott, sie *mußte* mich doch mögen! Ich fing von neuem an.

»Wissen Sie, Sie müssen denken, wenn man ein Schriftsteller ist, da muß man möglichst jung anfangen ... Es ist schon wahr, es ist schwer, bis man es zu was bringt, aber darum brauch' ich ja eine Frau ... Ich will Ihnen da gar nichts vormachen«, sagte ich treu-

herzig und beschrieb alle Möglichkeiten recht einladend. Aber sie war um alles in der Welt nicht umzustimmen. Ich ärgerte mich zuletzt direkt sichtlich über ihr ewiges Kopfschütteln und zweifelndes Lächeln. Immer kam sie mit ihrem ›Herrn in besserer Stellung‹ und mit dem Altersunterschied daher!
Etliche peinliche Pausen waren im Gespräch schon entstanden. Endlich meinte sie wieder: »Ja, es ist schon spät . . . Ich muß heim, Herr Graf.«
Obwohl ich froh war, redete ich ihr doch zu, noch ein wenig zu bleiben. Es half nichts. Ich winkte dem Kellner.
»Alles zusammen«, sagte ich großspurig.
»Nein! . . . Nein! . . . Ich bezahle für mich selber, bitte!« fuhr sie mir ins Wort. Offensichtlich beleidigt sah sie drein. Der Kellner hielt unschlüssig inne, ich schaute sie ebenso an.
»Aber bitte!«
»Nein – nein! Was denken Sie! Das kann ich doch nicht!« wehrte sie fast heftig ab und nahm ihr Geld aus der silbernen Tasche, wandte sich an den Kellner: »Ich habe einen Mokka und zwei Gebäck.«
Ich ließ sie bezahlen, bezahlte auch, und wir gingen.
»Ich lasse mir doch von einem Herrn nicht bezahlen«, schwätzte sie entrüstet, während wir das Café verließen. Benommen ging ich neben ihr her, bis zur Goethestraße. An der Ecke sagte sie, jetzt müsse ich gehen. Ich zog meinen großen Hut, drückte ihr die Hand, versprach, die Photographie zurückzusenden, und ging.
Reges Leben herrschte noch auf den Straßen. Schnee fiel. Die Leute hasteten vorüber. Ich war traurig. Alles kam mir so zwecklos vor. Ohne rechtes Ziel tappte ich dahin. Am Stachus stand ich. Plötzlich kam wieder jene seltsame Unruhe über mich. Ich bog in die Sonnenstraße ein, ging weiter, bis zur Müllerstraße. Scheu umschritt ich immerzu die Prostituierten, die hier herumpromenierten. Ich wagte keine anzusprechen. Hin und wieder blickte ich auf, wenn sich ein Mädchen näherte. Ein benommenes Prickeln er-

faßte mich. Meine Gurgel war wie zugeschnürt. Ein heißes Gesicht bekam ich. Mit der ersten, die mich anredete, ging ich. Es half alles Bedenken nichts. Alle Entschlußkraft war gewichen.
Tief nachts, als ich heimkam, schrieb ich an Minna Sauer einen langen, sentimentalen Brief. ›Sie haben mich unglücklich gemacht, liebes Fräulein! Sie haben mich abgewiesen, und ich weiß nicht mehr, zu was ich lebe‹, hieß es da öfter in verschiedenen Variationen. Ich packte ihr Bild in ein Kuvert und schickte am andern Tag den Brief ab.
Wieder begann ich, Gedichte zu schreiben. Manuskripte schickte ich an alle möglichen Redaktionen. Nachts schrieb ich, tagsüber schlief ich. Das erweckte bei der Logisfrau den Eindruck, ich sei krank. Spät am Nachmittag endlich stand ich vom Bett auf, machte mich zurecht, trank Tee, aß Keks und Lebkuchen und verschwand. »Zu meiner Schwester«, sagte ich, wenn die Logisfrau mich weggehen sah. In Wirklichkeit aber hatte ich fast Angst, Nanndl zu treffen. Ich lungerte in den Konzertkaffeehäusern herum, suchte bedenkliche Animierkneipen auf und ging nach Schluß in die Müllerstraße. Es war eigentümlich – kaum verließ ich ein Lokal, kaum sah ich ein Mädchen auf und ab gehen, da war es auch schon zu Ende mit allem Denken. Mit Angst und Schrekken dachte ich an mein zerrinnendes Geld. Nutzlos. Es half auch nichts, daß ich stets nur einen bestimmten Betrag mitnahm, um ja nicht in Verführung zu kommen. Ich hielt es nicht aus, ich schlich wieder auf mein Zimmer – es mochte noch so spät sein – und holte mehr Geld. Und von neuem begann ich zu wandern. Ich wollte mich müde laufen, ich wollte mich ausfrieren, ich wollte – ja, was wollte ich nicht alles! Der Schweiß brach aus allen meinen Poren, wenn ein Mädchen auftauchte. Es drang etwas vom Magen zur Kehle und blieb stecken. Ich wußte nicht mehr, sollte ich laufen, stehen bleiben oder aufbrüllen.
Mein Geld verflog auf diese Weise nur so. Um billiger wegzukommen, lief ich nunmehr meistens bis zum Morgengrauen herum und

ging dann in die Prostituiertengegend. Vereinzelt, zusammengeduckt und zerfroren stapften hier und da noch Dirnen, die während der Nacht zu wenig eingenommen hatten. Sofort schossen sie auf mich zu. Viel weniger verlangten sie für einen Schlafgang, und wenn man weitergehen wollte, nannten sie einen noch niedrigeren Preis.

»Ja – ja! Gehn wir!« brachte ich stets nur heraus, wenn mich eine anhielt. Sie faßte mich am Arm, ich fühlte ihre herausquellenden Hüften und spürte keine Kälte mehr. Alle Müdigkeit war weg. Mein Blut kochte und jagte. Ich wollte schneller gehen. Sie brummte irgend etwas. Ich ging langsamer und dann, wenn wir endlich im dunklen Stiegenhaus angelangt waren, fiel ich über sie her, umklammerte sie und tastete sie ab. Zu schnauben fing ich an und zu plappern. Nur mit aller Mühe brachte sie mich bis in ihre Kammer. Kaum zum Lichtanzünden kam sie. Ich riß ihr die Kleider förmlich vom Körper. Durch die Spitzenwäsche lugte der weiße, schwabblige Leib. Ich krallte mich fest. Alles verschwamm. Furchtbar heiß wurde mir. Ihr Reden, ihr Lachen, ihr Wehren und Schimpfen nützten nichts. Sie konnte ruhig meine Hosentaschen durchsuchen und das ganze Geld nehmen. Ich sah es nicht. Wie ein geplatzter Sack brach ich auf sie nieder . . .

Erst auf der kalten, dämmerigen Straße wachte ich auf. Ich schämte mich vor den Schneeräumern und schlich ängstlich an ihnen vorüber. Den Mantel schlug ich hoch, und wenn kein Mensch mehr zu sehen war, fing ich zu laufen an und landete schweißtriefend auf meinem Zimmer. Ich zündete kein Licht an. Ich wollte mich nicht sehen. Verstört blieb ich stehen.

Einmal hatte ich ein Gedicht geschrieben, da kam folgender Satz vor:

›Mit zwanzig Jahren ist der Mensch entmenscht!
Ein Mischling zwischen Kind und Tier.
Und nur das rettet ihn, daß er über sich hinauswünscht

und sich höhersehnt,
wenn er von jenem Licht berührt wird,
das plötzlich durchbricht,
ihn ins Leben und zur Gnade führt . . .‹

Unsinn! Wenn der andere Abend kam, war es ja doch wieder das gleiche! Ich wollte meiner kranken Schwester Emma noch vierhundert Mark schicken – mein Geld war beinahe zu Ende.
Das *Geld!* Das verfluchte Geld, *das* war an allem schuld! *Das* war die Hölle! Ich biß die Zähne aufeinander, schluckte. Ich dachte an meine Mutter. Seit ihrem zwanzigsten Jahr stand sie jeden Tag um vier Uhr früh auf, arbeitete, arbeitete schier zum Umfallen und ging abends um zehn Uhr zu Bett. Eine Sechzigerin war sie schon, hatte zwei offne Füße und litt, ohne viel zu klagen. Elf Kinder hatte sie zur Welt gebracht und war fromm, nichts als fromm!
Ich dachte an meinen Bruder Maurus im Feld, an meine Schwestern. Sie alle lebten doch auch, waren vom gleichen Blut und brachten sich redlich fort?!
Du bist der größte, der gemeinste Verbrecher! ging es unablässig durch meinen ausgehöhlten Schädel. Ich stand noch immer mitten im Zimmer. Ein unbeschreiblicher Jammer, eine furchtbare Hoffnungslosigkeit befiel mich. Ich machte Licht, ging an das Waschbecken, zog mich trotz der Kälte nackt aus und wusch mich von oben bis unten, immer wieder, immer wieder. Fanatisch. Nach dem Abtrocknen war mir einen Augenblick besser, aber auch nur einen einzigen Augenblick. Dann zerfiel alles wieder.
Ich stand da, schlotternd, mit blaugefrorenen Gliedern. Es war, als sähe ich meinen Leib langsam abfaulen. Auf den Diwan warf ich mich und weinte.
Warum hatte mich Minna Sauer nicht genommen? Alles hätte ich getan! *Jede* hätte ich genommen, jede! Zu Ende war es mit mir!
Draußen vor dem Fenster hing der graue Tag. Häßlich war der Himmel. Die Trambahn surrte tief drunten.

Ja! – Ja! Ja, meine Mutter hatte recht gehabt: Man sollte seine Kinder im ersten Bad ertränken oder so wie junge Katzen – einfach in einen Sack – Steine hinein und – ssst! – ins Wasser geworfen!
Tot wollte ich sein, ganz tot. Ich wußte nicht mehr weiter ...

VI
Heiraten und nicht verzweifeln

Haltlos lungerte ich herum. Leer verrannen die Tage, alles zerfloß sinnlos und dumm. Bis abends schlief ich oft. Alle Überwindung kostete es, zum Arzt zu gehen. Ich hockte in Kaffeehäusern, wanderte durch die Straßen, gab zwecklos Geld aus.
Niemanden wollte ich sehen. Selbst meine Logisleute waren mir lästig. Widerwillig erwachte ich, widerwillig schlief ich ein.
Eines Tages kam Selma Igl zu mir. Schorsch hatte ihr doch meine Adresse von Berlin aus mitgeteilt.
Häßlich hager war ihr Gesicht, die Augen herausgedrückt. Asthma hatte sie und atmete in einem fort röchelnd. Sie erkundigte sich, wie es mir ginge und warum ich nie käme. Ich redete mich auf das Kranksein hinaus. Wir tranken Tee und unterhielten uns über Schorsch, über die schlechten Zeiten. Unablässig redete ich, ohne mitzudenken. Nur so, damit die Zeit verstreiche. Ihren Blicken wich ich aus. Schließlich brachte ich sie zur Haltestelle. Sie bewunderte meinen Anzug, mit Respekt sah sie alles, was ich auf dem Leibe trug, an.
»Wissen Sie, Herr Graf, man hat ja so wenig Menschen, mit denen man reden kann! ... Sie müssen aber jetzt wirklich bald einmal zu mir kommen! Bestimmt!« sagte sie bei der Abfahrt. »Ja«, antwortete ich mechanisch. Nein, dachte ich. Sofort ging ich wieder auf mein Zimmer und legte mich ins Bett. Nur nichts sehen und hören, war mein einziger Wunsch. Da lag ich, sah zum Plafond empor, bis mir die Augen zufielen.

Schließlich und endlich aber gab es doch wieder nur diesen einen Ausweg: Arbeiten.
Ich ging zum Arzt und spielte den Kerngesunden. Er nahm den vernickelten Nasentrichter und sah in meine Nase. »J-ja-ja, es verheilt ja schon wieder ganz schön«, brümmelte er, »spülen müssen Sie eben noch gut.« Dann schrieb er auf meine Krankenkarte ›arbeitsfähig‹ und entließ mich.
Nun hieß es, geschickt die Sache bei der Keksfabrik wieder einrenken, denn wenn ich einmal bei einer Arbeit ausgesetzt hatte, war's für mich auch immer schon so gut wie zu Ende damit. Dort wieder anfangen, das kam mir vor, als bitte man um Gnade und Barmherzigkeit. Verraten und verkauft war man sowieso; lieber aber fing ich woanders an, und war's dort auch noch so schlecht.
Dreimal schon hatte ich versucht, zur Keksfabrik zu gehen, dreimal kehrte ich immer wieder um. Endlich raffte ich alle meine Entschlußkraft zusammen und suchte den Meister auf. Schon im Laden sah man mich schief an.
»So! ... Krank sind's gewesen? ... Was hat Ihnen denn gefehlt?« erkundigte sich die verknöcherte Ladnerin, die schon zwanzig Jahre in dem Geschäft diente. Mit deutlicher Verachtung sah sie mich an. Kleinlaut gab ich Antwort und – eigentümlich – sogleich hatte ich sie auf meiner Seite.
»Soso! ... Stirnhöhleneiterung? ... Mein Gott, da haben's nichts Schönes gehabt! ... Ich weiß es von unserm Herrn ... Der hat's auch gehabt und hat sich deswegen operieren lassen müssen«, erzählte sie, und ihr Gesicht wurde bedeutend teilnehmender. Gleich meldete sie mich beim Meister. Ich war schon wieder mutiger. Recht mitleiderregend wollte ich meinem Bäckermeister-Leidensgenossen meine Krankheit schildern. Mit dem wehleidigsten Gesicht trat ich kurz darauf ins Büro und wollte gleich das Gejammer anfangen. Aber ich kam kaum zu Wort. Der Meister wandte mir sein vielbeschäftigtes, nüchternes Gesicht zu und sagte trocken: »So, sind's wieder gesund, Herr Graf? ... Können Sie jetzt wieder

anfangen?« Und als ich nickend bejahte, meinte er noch flüchtig: »Lassen Sie sich operieren, das ist das Beste! . . . Gehn Sie zum Hofrat Mahr, der hat mich behandelt . . . Dann haben Sie alles schnell los.« Mit der fühlbaren Absicht nach schneller Erledigung sprach er alles. Ich nickte enttäuscht, schwieg zu allem, nickte wieder und ging.

Am Montag sollte ich anfangen. Es war Samstag. Ein und einen halben Tag Freiheit hatte ich also noch. Eilig kaufte ich Wurst und eine Flasche Rotwein für Mutter, fuhr gedankenlos zum Bahnhof und von da aus nach Hause. Erst als ich in Starnberg aus dem Zug stieg und aufs Dampfschiff trat, war mir ein wenig freier. Jetzt erst konnte ich einen Gedanken fassen und bereute schon wieder alles. Sicherlich hatten meine Schwestern inzwischen von der Machination mit meinem Vermögen erfahren, ging mir durch den Kopf. Streit wird es geben, Vorwürfe und zuletzt vollkommenen Bruch. Weiß der Teufel, warum ich herausgefahren war! Wie einem Verbrecher, der nicht mehr Herr über seine Unruhe ist, war mir zumute. Ich wollte etwas los werden und wußte nicht einmal was.

Es ereignete sich aber nichts besonderes. Durch Emmas Briefe hatte ich schon erfahren, was für Veränderungen daheim eingetreten waren. Wieder war es gekommen wie damals, als Max geheiratet hatte. Nach Hader und Streit mit der Witwe meines Bruders zogen Emma und Theres mit Mutter abermals in jenes kleine Häuschen, in welchem sie schon seinerzeit in Miete gewesen waren. Sie hatten es jetzt ganz in Pacht genommen und eröffneten genau so wie damals wieder eine kleine Damenschneiderei mit einem damit verbundenen Hut- und Putzgeschäft. Mutter führte den Haushalt, Theres fertigte Hüte an und schneiderte nach den Angaben Emmas, die mittlerweile völlig bettlägerig geworden war. –

Meine Mutter stand am Herd und rührte in einem brodelnden Topf mit Hühnerfutter, als ich in die kleine, niedere Küche trat. Die ganzen Zimmerböden hatte sie eben gescheuert und war noch naß bis zu den Knien hinauf.

»Thm, du? ... Bist mit 'm Einuhrschiff gekommen?« sagte sie wie immer.

»Jesus, *der?«* sagte in diesem Moment auch Theres im Türrahmen ihres Schneiderzimmers und sah mich von unten bis oben an. Und Emma rief von droben aus dem Bett mit schwacher Stimme: »Oskar? ... Bist es du? ... Komm gleich rauf!«

Ich legte meinen Mantel hin, stellte meinen Koffer ab und ging zu ihr hinauf. Bleich und erschreckend mager lag sie in den weißen Kissen und atmete sehr vernehmbar. Schwach lächelte sie, wurde aber gleich lebendig, als sie mich ansah.

»Ja, Bub! Du bist ja pickfein!« rief sie und bewunderte meinen Anzug: »Wo hast du denn das viele Geld her? ... So schnell geht doch das Sparen nicht?« Und immer wieder, immer wieder sagte sie fröhlich: »Schön bist! Sehr schön!«

Ich wußte nun, daß man noch keine Ahnung von meiner Geldgeschichte hatte und wurde belebter, erzählte allerhand in bezug auf mein plötzliches Geldhaben. Sie hörte zu und machte ein ganz glückliches Gesicht. Dann wurde sie nachdenklicher.

»Ja«, sagte sie zuletzt, »du bist ein Kind der Liebe ... Vielleicht wirst du noch ein berühmter Mann.«

Das viele Reden hatte sie angestrengt. Sie sank tiefer in die Kissen zurück und begann zu hüsteln, immer mehr, immer ärger. Große rote Flecken erschienen auf ihren eingefallenen Wangen.

»Mit mir wird's bald dahin gehn ... Durch und durch tuberkulös, hat der Bezirksarzt voriges Mal gesagt«, hauchte sie gelassen heraus und setzte hinzu: »Das andere Geld brauchst mir nimmer geben ...« Dicken Schleim spuckte sie mühselig heraus und sagte jedesmal: »Siehst! ... Rot ist er ... Das kommt alles von der Lunge.«

Keuchend lag sie schließlich wieder da und schaute zur Decke. Ich schwieg. Ihr Kinn zuckte ein ganz klein wenig. Ihre dunklen, tiefliegenden Augen wurden langsam naß. Fest preßte sie die blutleeren, schmalen Lippen aufeinander.

»Ja-ja«, wiederholte sie nach einer Weile mit der gleichen, wehmütigen Leichtigkeit wie für sich: »Jaja, wirst es schon sehen . . . Auf einmal ist's aus mit mir.« Ich war froh, als jetzt Mutter von unten herauf zum Kaffee rief. Schnell stand ich auf.

»Ach was, Unsinn! Du stirbst doch nicht! Du wirst schon wieder gesund!« stieß ich benommen heraus und ging aus der Kammer. Drunten beim Kaffee redeten wir wenig. »Schlecht sieht Emma aus«, sagte ich nur einmal. Theres antwortete nichts darauf, und Mutter machte ein schmerzliches Gesicht. Es wollte kein rechtes Gespräch aufkommen. Ob ich auch manchmal in die Kirche ginge, wollte Mutter wissen und erzählte beiläufig, daß Moni – so hieß die Witwe meines Bruders Max – wieder heiraten möchte.

»Also geht alles in andre Hände über?« fragte ich nebenbei, und »Thja!« seufzte Mutter schwer und wischte sich mit der Schürze die nassen Augen aus. Theres ging wieder in die Schneiderwerkstatt, und Mutter machte das Hühnerfutter zurecht. Ich schaute im Raum herum. Eng, nieder, drückend und ärmlich war hier alles. Ganz anders als in unserm Geburtshaus drunten. Dort war es breit und wohlhäbig gewesen. Hier stand man einander schier im Weg. Ich erhob mich endlich unbehaglich und ging wieder zu Emma hinauf. Mit gewaltsamer Leichtigkeit verabschiedete ich mich von ihr und verließ kurz darauf das Häuschen. Gänzlich traurig und ratlos kam ich in der Stadt an. Nanndl hatte mich gebeten, nach meiner Rückkehr zu ihr zu kommen und über Emma zu berichten. Ich ging nicht hin. Ich fing auch die Arbeit am Montag nicht an. Alles ließ ich laufen, wie es lief. So fast war es, als habe auf einmal etwas aufgehört, und nichts anderes finge mehr an. Einige Tage verliefen, dann schrieb ich wieder einen Brief an den Bäckermeister und schickte meine Logisfrau hin. Ich hätte mich nun doch gleich zu einer Operation entschlossen, und ›Familienverhältnisse halber‹ müßte ich leider die Stelle aufgeben, er sollte nur gleich Invalidenkarte und Zeugnis mitgeben, schrieb ich. Kaum war die Frau weg, reute mich alles schon wieder. Ich wollte ihr nach, ließ sie aber doch gehen.

Um nur irgend etwas zu tun, ging ich von da ab ständig in die Volksbibliothek, lieh Bücher dort, trug sie nach Hause und gab sie ungelesen wieder zurück. An einem Abend suchte ich Selma Igl auf. Sie war hocherfreut. Ein nettes Zimmer und allerhand Bücher hatte sie. Für Cäsar Flaischlen und Nietzsches ›Zarathustra‹ schwärmte sie. Warm geheizt war bei ihr und – in jenen Kriegszeiten eine außergewöhnliche Seltenheit – Hackfleisch und Wurst hatte sie. Sie war Buchhalterin in einem Grabsteingeschäft, das damals sehr gut florierte. In ihren Freistunden nahm sie Klavierunterricht und hatte sich auch auf Teilzahlung ein Klavier gekauft. Den ganzen Abend spielte sie mir nun klassische Stücke vor. Ich kannte sie nicht, aber sie sagte es. Ich tat sehr bewundernd, obwohl ich von jeher nicht das geringste Verständnis für Musik habe.

Von da ab trafen wir uns öfter.

Plötzlich einmal kam ein Brief von Schorsch, ich sollte zu Selma gehen und ihr sagen, daß er nun heirate.

›Und wenn Du ein Kerl wärst, könntest Du mir helfen‹, hieß ein Satz. Ich ging zu Selma. Auch sie hatte einen Brief und weinte gräßlich. Ich versuchte sie zu trösten. Es half nichts. Sie schluchzte zuletzt. Ich wurde ganz und gar hilflos. Ein völlig fremdes Mitleid überkam mich, als sie immer herzzerreißender jammerte. Tölpisch hockte ich da und dachte in einem fort über den Satz in Schorschs Brief nach.

Ich fand mich absolut nicht zurecht damit.

»Jetzt bin ich ganz allein! Ganz allein!« heulte Selma mit einem Male wieder.

»Ja, mein Gott, ja, mein Gott! Allein sind wir doch schließlich alle . . . Jeder Mensch ist allein! Das ist halt so! Aber Sie haben doch ein Klavier und Bücher? . . . Und – und ich komm' schon auch manchmal«, sagte ich und wollte endlich gehen. Da fing sie von neuem zu schluchzen an. Ich blieb schließlich.

Als ich sie in der Frühe des anderen Tages verließ, hatte ich ihr die

Heirat versprochen. So wird er es schon gemeint haben mit seinem Satz, dachte ich mürrisch auf dem ganzen Heimweg.
Dösig setzte ich mich auf meinem Zimmer an den Tisch und schrieb nach Berg um meine Heiratspapiere. Nach Hause gab ich eine unklare Nachricht, und weil sich meine Logisleute stets ärgerten über den Damenbesuch, kündigte ich und zog nach Schwabing.
Nach kurzer Zeit heirateten wir. Die Ehe war unglücklich von Anfang bis zu Ende.

VII
Pech und schlechte Gesellschaft

Es fing schon alles recht sonderbar an. Mit meinem letzten Geld hatte ich ungefähr vier Wochen vor unserer Verheiratung das Zimmer in Schwabing genommen. Wir wollten später zu zweit hier wohnen, besprachen dies auch gleich mit den Logisleuten bei meinem Einzug, und die waren einverstanden.
Härtester Winter war noch. Durch eine Erkältung hatte ich mir einen Blasenkatarrh zugezogen, achtete aber nicht recht darauf. Plötzlich, als ich am zweiten Tag aufwachte, merkte ich, daß ich ins Bett genäßt hatte. Angst und Scham trieben mich eilig aus dem Bett. Ich zog ein neues Hemd an, warf mich in meine Kleider und wand das nasse Leintuch aus. Auf keinen Fall sollten meine Wirtsleute etwas merken. Mäuschenstill verhielt ich mich, bis endlich mittags Selma aus dem Büro kam, um nach mir zu sehen.
»Du! . . . Denk mal – ich habe – ich bin krank! Ich weiß nicht, was ich hab' . . . Geh gleich und hol einen Arzt«, lispelte ich ihr zu. Erschrocken fragte sie. Hastig erzählte ich. Sofort lief sie zum Arzt. So gut es ging, machte ich unterdessen mein Bett zurecht und legte mich wieder hinein. Mein sonderbares Benehmen schien den Mietgebern schon aufgefallen zu sein, denn recht verdächtig schlurften sie seit einer Weile draußen im Korridor auf und ab und

murmelten. Aber *das* kümmerte mich im Augenblick gar nicht so, obwohl es äußerst peinlich gewesen wäre, wenn beispielsweise irgendeine solche Person eingetreten wäre und gefragt hätte, was mir fehle. Ja-ja, was hätte ich schließlich sagen können in meiner Bestürzung? Ganz und gar verdattert und rot im Gesicht hätte ich sicherlich stotternd geantwortet: ›Entschuldigen Sie, ich – ich hab' ins Bett genäßt! . . . Es – es ist – ich weiß nicht – es ist auf einmal losgegangen . . .‹

Aber, wie gesagt, das ging mir momentan gar nicht so recht durch den Kopf. Ganz etwas anderes beunruhigte mich. An mein bisheriges, liederliches Leben dachte ich, an die Huren und Animierkneipen und an all die Lustnächte. So, dachte ich, in mich verbissen, so, das hast du nun, du Saukerl! Jetzt bist du angesteckt und ruiniert für dein Leben! Da hast du nun die Strafe, du Mistkäfer!

Fürchterliches Entsetzen aber packte mich, als ich auf einmal an Selma dachte. Die hast du nun auch angesteckt! Beide gehen wir elendiglich zugrunde! Da! Das hast du gemacht!

Selma kam endlich mit dem Arzt, blieb im Korridor draußen, während ich untersucht wurde. Ich hatte mich aufgerichtet und schaute den Doktor hilflos an.

»Herr Doktor?« fragte ich gedämpft: »Um Gotteswillen, Herr Doktor, ich hab' mich angesteckt! – Ich heirate . . . Bin ich geschlechtskrank? . . . Da-da draußen steht meine Braut!«

Der Arzt ging sehr gründlich vor, fragte und fragte und lächelte endlich. Ich sah ihn unsicher an und wurde völlig ratlos.

»Nein-nein, Herr Graf«, erwiderte er jetzt ruhig und schien sich schier über mich lustig zu machen: »Nein, das ist nichts weiter . . . Sie sind nicht geschlechtskrank. Sie haben sich bloß stark verkältet und dürfen nicht soviel trinken vor dem Schlafengehen, verstehn Sie? . . . Leichter Blasenkatarrh – kann mal vorkommen, daß das Bett naß wird dabei . . . Vor allem recht warm halten, und bleiben Sie vielleicht einige Tage liegen, und da, das nehmen Sie täglich dreimal . . . Ja?«

»Also bin ich wirklich nicht geschlechtskrank? Ganz gewiß nicht?« fragte ich immer noch im Zweifel, denn eigentlich hatte ich mich schon ganz hineingelebt in mein vermeintliches Leiden. Dieses rasche Hin und Her ging mir zu schnell. Der Doktor mußte wieder lächeln, fragte, ob ich schon öfters ins Bett genäßt hätte, und als ich verneinte, antwortete er ironisch: »Sind Sie beruhigt, Sie können schon heiraten, Herr Graf ... Das ist gleich wieder vorbei.« Dann verabschiedete er sich. Ich war wie erlöst. »Nichts ist's«, sagte ich zu Selma und erzählte alles. Aber die Logisleute hatten bereits ein solches Mißtrauen gefaßt, daß sie das Mietgeld brachten und zu Selma sagten, ich sollte womöglich heute noch ausziehen. Auf ihren Gesichtern sah man deutlich, daß sie sich vor mir ekelten. Ich stand auf, suchte herum und mietete diesmal etliche Häuser weiter zwei Zimmer zum selben Preise. Die neue Logisfrau war eine hagere, adlergesichtige alte Jungfer mit einem ungefähr achtjährigen Sohn.

»Ja«, meinte sie in etwas kratzendem, unverfälschtem schwäbischen Dialekt: »Ich will eini Ausnahm' macha ... Wie ich säh, hab' ich's ja mit einem gesetzta Menscha zu tun ... Sie könni schon zusammazieha mit ihra Frau nach der Verheiratung ...« Und dann musterte sie mich noch einmal ausnehmend interessiert und sagte abermals: »Ich denk' doch, ich krieg' rächtschaffna Leit rei, it wahr, Herr Graf? ...«

»Ja, sicher, sicher«, erwiderte ich vertrauensvoll leger, und sie war's zufrieden. Sie war auch wirklich freundlich zu mir allein, aber jedesmal, wenn Selma kam, verwandelte sie sich komischerweise. Nicht eine Minute ließ sie uns allein. Immer kam sie unter irgendeinem Vorwand herein, nestelte herum, ging fast beleidigt wieder, um kurz darauf abermals zu kommen. Dieses Aus- und Eingehen wurde nachgerade lästig. Selma wurde ärgerlich darüber. Ich beruhigte sie. Jeder Mensch habe so seine Spinnereien, meinte ich. Das höre sicher auf, wenn wir einmal Eheleute wären. Indessen, je näher dieser Zeitpunkt heranrückte, desto nervöser schien

die Logisfrau zu werden. Vor allem war eines an ihr direkt entsetzlich: Sie war – wenn ich so sagen darf – geradezu penetrant sauber. Jeden Tag, jede Stunde fand sie etwas Neues zum Bekritteln. Wahre Falkenaugen hatte sie. Und wie das schon ist, wenn man in einem fort so gouvernantenhaft bewacht wird, man wird selber ganz zitterig. Einmal schrieb ich einen Brief auf dem Tisch, vergaß aber, die Tischdecke abzunehmen, und da gab es einen Tintenklecks, der absolut nicht mehr zu verbergen war. Die wackere Frau hatte ihn sofort entdeckt. Mit buchstäblichem Berserkertriumph stellte sie mich zur Rede. Sonderbar, sonst hatte sie stets einen beinahe wimmernden Ton, jetzt auf einmal war sie das gerade Gegenteil. »Herr Graf!« rief sie noch vorderhand etwas zarter: »Dies muß ich Ihni gleich saga, die Däck' müsse Sie gutmacha! ... Ich bin eine allei'stehadi Frau! ... Sowas kann ich mir nimmer leischta, solang ich läb ...« Als ich meinte, so etwas lasse sich vielleicht doch noch herauswaschen, war es völlig aus mit ihrer Freundlichkeit.
»Was? ... Was saga Sie? ... Rauswascha? ... Noi, Herr Graf, noi! Mit solchi Mietr will ich scho gleich liebr gar nichts zu tun haba!« begann sie von neuem und viel heftiger. Sie schnatterte, daß ich nicht mehr gegen sie aufkommen konnte. Streiten war mir von jeher zuwider. Ich versprach schließlich, die Decke zu bezahlen und besprach das mit Selma abends. Die wurde wütend. Nur mit Mühe brachte ich sie wieder zur Ruhe. Wir hatten keinen roten Heller mehr. Zuletzt beschloß ich, morgen einige Sachen aufs Leihamt zu tragen und alles zu regeln. –
Fast bedrohlich mißtrauisch maß mich die Logisfrau, als ich andern Tags mit dem Paket wegging. Auf der Straße traf ich Hobrekker, der hocherfreut über dieses unverhoffte Wiedersehen war. Die damalige Ohrfeige hatte er längst vergessen. Gleich war er wieder ein Herz und eine Seele mit mir. Ich erzählte ihm rasch alles. Er riß Mund und Augen auf über meine Heiratsabsichten, ging mit ins Pfandhaus und dann auf mein Zimmer. Frau Ulbrich – so hieß meine Mietgeberin – wartete schon. Ich bezahlte und es war

wieder einige Tage Ruhe. Hobrecker besuchte mich nun wieder jeden Tag. In aller Frühe kam er oft und erzählte von seinen ›Geldaktionen‹. Auch er hatte ein Vermögen zu bekommen und wollte es nun auf dieselbe Weise, wie ich seinerzeit, flüssig machen. Aber das schien nicht so einfach zu liegen und klar wurde ich auch nicht recht aus ihm. Jedenfalls, berichtete er, die gerichtlichen Schritte seien getan.

Zur Zeit war er Versicherungsagent. Irgendeine finstere Generalvertretung hatte ihn engagiert. Kurzerhand suchte er daraufhin alle seine ehemaligen Wohltäter auf, spielte mit dem üblichen Geschick den biederen Kriegsinvaliden, der nun doch auf einen grünen Zweig gekommen wäre und beredete die Leute so lange, bis sie sich in die Versicherung aufnehmen ließen. Die Beiträge kassierte er sofort und verbrauchte sie unbedenklich für sich. Solchermaßen lebte er auf das fröhlichste dahin, aß in den besten Gastwirtschaften und verkehrte jeden Abend in der Künstlerkneipe ›Simplizissimus‹. Überall sprach er von seiner bevorstehenden Vermögensauszahlung und fand Glauben, hatte Kredit, ja, ab und zu borgten ihm sogar die Kellnerinnen noch Geld obendrein. Ich beneidete ihn. Selma haßte ihn.

Er nahm mich nun jeden Abend mit in den ›Simplizissimus‹, und dort lernte ich eine Unmenge Leute kennen. Maler, Kabarettistinnen, verkrachte Existenzen, begabte Zuhälter, Säufer, Kokainisten und Gelegenheitskokotten, Schieber und Studenten, kunstgewerbliche Mädchen und pazifistische Dichter. Jeder schlug sich auf seine Art durchs Leben. Von Ethik, Menschheit und Kunst diskutierte man, von Seifen und sonstigen Schieberwaren, die waggonweise angeboten wurden. Man pumpte untereinander. Klatsch, Geschäft, Erotik, fixe Ideen, Morphium und Kokain gab es hier. Jeder war der Richter über den anderen, freilich sprach er nur seine Meinung aus und erwartete nichts weiter, als daß man ihm zuhörte. Man schwamm sozusagen durch die Zeit und klammerte sich an seine Nichtigkeit.

Ab und zu bezahlte irgendeiner für alle, weil er auf ein Mädchen vom Kabarett scharf war, dann zog die ganze Gesellschaft nach Schluß, schwerbepackt mit Wein und Schnaps, auf ein Atelier, tobte, tanzte, trank und diskutierte. Das alles gefiel mir ausnehmend, und im übrigen – man mußte doch in der Gesellschaft, die Kunst machte, bekannt sein und Bescheid wissen. Das war für mich schon so viel wie ein literarischer Anfang.

Dieses Leben kostete Geld, und Tag für Tag trug ich nun Sachen auf das Leihamt, um dabei zu sein. Keine Nacht kam ich mehr nach Hause. Argwöhnisch verfolgte meine Mietgeberin dieses Treiben. Sie wurde immer unfreundlicher.

Bald hatte ich nichts mehr zum Versetzen. Zum Glück lernte ich Marietta kennen, ein kleines Mädchen von abenteuerlicher Vergangenheit, das damals im ›Simplizissimus‹ Gedichte vortrug und bei allen Künstlern berühmt war. Sie ging jeden Abend nach Schluß mit mir, erzählte mir alle möglichen Geschichten und gab mir oft ihr letztes Geld. Ich fühlte mich durch eine derartige Bekanntschaft in meiner Künstlerschaft gehoben und vergaß ganz und gar meine Heiratsangelegenheit. Völlig losgelöst war ich, völlig untergegangen in dieser ›Sphäre‹.

Schließlich aber kam doch der Heiratstag. Selma nahm bei ihrem Chef einen größeren Vorschuß, wir lösten die nötigsten Sachen ein und zogen nun zusammen. Selma war tagsüber im Geschäft, ich dichtete, und da schon einige Zeitschriften etwas gedruckt hatten, gab ich mich den rosigsten Hoffnungen hin. Aber der Monatserste kam, und wir konnten nicht bezahlen. Ich raffte abermals einen Packen zusammen und wollte zum Pfandverleiher. Diesmal aber stellt sich Frau Ulbrich drohend vor die Tür und ließ mich nicht hinaus. »Wo wolla Sie hin? Bevor nicht bezahlt ist, komma Sie nicht raus da!« schrie sie und war kreidebIaß im Gesicht.

»Ja, Himmelherrgottsakrament, wo werd' ich denn hin wollen? Zum Pfandhaus! Damit ich Sie zahlen kann!« brüllte ich und fuhr sie an: »Geh'n Sie weg und lassen Sie mich geh'n!«

»Noi, sag ich, noi! Das gibt's nicht!« keifte sie und stemmte sich an die Tür. Die Wut packte mich.
»Was!« plärrte ich noch ärger und zwängte sie weg. Es läutete. Ich riß hastig die Tür auf. Hobrecker stand da. Ich rannte durch und riß ihn mit. Hinterher schrie die Logisfrau. –
Als wir nach ungefähr einer halben Stunde wieder zurückkamen, waren beide Zimmer vollkommen ausgeräumt. Alle unsere Habschaften hatte die Ulbrichin an sich genommen. Ich ging zu ihr und fragte, aber ich kam gar nicht zu Wort.
»So!« fauchte sie: »Ich bin gesichrt! Die Sach' kommt mir nit raus, bevor nit bezahlt ist ... Das merka Sie sich, Sie – Sie –«
Das Stimmchen überschlug sich und brach ab.
»Da ist das Geld! Ich zieh' heut' noch aus! Geben Sie sofort die Sachen raus oder ich hol' den Schutzmann!« rief ich energisch und legte das Geld hin. Sie zählte und fing auf einmal höhnisch zu lachen an.
»So? ... Ja! ... Und was ist's mit dem Kibl, den Sie zerschlaga haba? Was ist's mit dem Vorhang, den Sie beschädigt haba? ... Zahla Sie erscht mal all's, dann könna Sie zieha und Ihre Sacha haba ... Bevor nit!« belehrte sie mich und ging mit mir in großen Schritten ins Schlafzimmer, zeigte mir den Toilettenkübel, der einen kleinen Sprung hatte und den Vorhang, der ein wenig angefranst war. Steif und fest bestand sie darauf, das müßte erst entschädigt werden.
»Nein, das zahl' ich nicht! Geben Sie die Sachen her!« wiederholte ich entschlossen: »Ich geh' sofort zum Schutzmann! Wir wollen doch sehen!«
Und stehen ließ ich sie und lief mit Hobrecker zum nächsten Schutzmann. Der sagte in einem fort, das ginge ihn nichts an und endlich nach langen Überredungen folgte er uns. Unverrichteterdinge verließ er die schreiende Frau wieder. Ich hielt ihn an: »Und wenn ich sie jetzt einfach anpacke und mir die Sachen mit Gewalt nehme, was passiert dann?«

Er zuckte unbeteiligt die Achseln und meinte: »Das können Sie tun, aber dann kann sie Sie wegen Hausfriedensbruch belangen ... Am besten ist's, Sie zahlen und ziehen aus.« Damit ging er. Hm, das war also der Staat! Zahl, sagte er, dann hast du den Frieden. Wehrst du dich dagegen, so wirst du bestraft. Ganz gleich wie, zahlen mußt du. –

Ich schloß die Zimmertür zu und beriet mich mit Hobrecker.

»Mensch, ich hab' keinen Heller mehr. Ich kann nichts anderes tun, als dieses Sauweib anpacken, mir die Sachen nehmen und losziehen – oder ich muß eben zahlen! Hm!« sagte ich und setzte besorgt hinzu: »Was mach' ich bloß mit Selma? ... Die ist ja sowieso schon aufgerieben von dem ewigen Hin und Her.«

Mein Kumpan lächelte schief. »Hm, Pech! Pech! ... Ehefreuden!« witzelte er burschikos. Ich wurde ärgerlich.

»Herrgott, Rindvieh! Quatsch doch nicht daher, Mensch!« fuhr ich ihn an: »Wir müssen doch wenigstens einigermaßen alles eingerenkt haben, bis Selma kommt ... Also, was meinst du? ... Du hast doch auch kein Geld, oder ...?«

»Nee – eine Mark und zwanzig ist mein ganzes Vermögen«, erwiderte er achselzuckend und schien jetzt selber zu überlegen. Ratlos standen wir eine Weile so da.

»Mir kommt eine Idee«, sagte Hobrecker plötzlich und machte ein Gesicht, als sei ihm das beste von der Welt eingefallen, »laß dich mal anschauen.« Er besah meinen Anzug, meine Schuhe. Er musterte mich von oben bis unten.

»Dafür kann man eventuell noch zwanzig Mark kriegen ... Ich kenn' ja den Pfandverleiher ... Eine feine Nummer, anständiger Kerl das! ... Also paß auf, du ziehst dich aus, legst dich einstweilen ins Bett ... Ich versetze unterdessen die ganze Chose und komm' gleich wieder; wir zahlen, versetzen dann die beschlagnahmten Dinger und alles geht ... Verstehst du? ... Ich sag' schon, er soll den Anzug und die Schuhe einstweilen liegen lassen, ich hol's gleich wieder ... Wie meinst du?« erklärte er mir.

Ich überlegte. Siebenundzwanzig Mark sollte ich der Logisfrau noch bezahlen. Schließlich könnte man auch noch meinen Hut mitnehmen, meinte Hobrecker und fand auch meine Brieftasche wertvoll.
»Gut«, sagte ich und tat, was verabredet war. Hobrecker nahm meine Schlüssel und ging mit den Sachen los. Ich legte mich rasch ins Bett und wartete. Mich fror, ich zog die Decke hoch über mich. Durch die Wände drang das kläffende Singen der Ulbrichin. Sie sang aufdringlich laut und mir schien, als klinge aus ihrem Geschrei ein hysterischer Triumph. An Rache dachte ich, auf ganz romantische Einfälle kam ich. Die Zeit verlief. Immer nervöser wurde ich. Selma kam mir ins Gedächtnis. Krank war sie und jetzt völlig zerrüttet. Herrgott! Herrgott, was hatte ich denn getan? Was hatte ich denn bloß angefangen! Nicht geliebt hatte ich sie, nicht gehaßt hatte ich sie – wegen einer Viertelstunde Mitleid hatte ich sie geheiratet und nun das ganze Unglück über uns beide heraufbeschworen.
Warum war ich denn nicht einfach nach jener Nacht auf und davon gegangen, einfach geflohen?
Grauenhaft stand alles ringsherum.
Heute wollte ich noch mit Selma reden. Alles war mir schon ganz klar. Aber das ging ja nicht! Du *mußt,* sagte ich mir stoisch, das wird schon alles so sein müssen! Vielleicht gerade deshalb, weil du vorher so sinnlos dahingelebt hast. –
Jetzt hörte ich die Schlüssel in der Eingangstür knirschen. Ich wußte nicht, wie spät es war, und hatte Angst, Selma könnte es sein. Aber es war Hobrecker. Da – ich hörte schon wieder die Ulbrichin mit ihm im Korridor draußen streiten. Aber gegen Wilhelm Hobrecker aus Remscheid war alles vergebens, er war ein Wunder, ein Phänomen.
»Aber liebe, gute Frau! . . . Aber sind Sie bloß man ruhig! Regen Sie sich bloß man nicht auf, Frauchen«, hörte ich seine unvergleichlich ruhige Stimme, die das Gekeife der Logiererin über-

dröhnte, und mit jenem wunderbaren Brustton, der ihm so viel Vertrauen eingetragen hatte, setzte er hinzu: »Da haben Sie Ihr Geld ... Ordnung muß sein! ... Ganz recht haben Sie, jaja ... Mein Freund ist krank geworden. Er liegt im Bett ... Na, Sie werden mir doch nicht zumuten, daß ich ihn so liegen lasse? ... Seien Sie vernünftig, liebes Frauchen! ... Herr Graf kriegt natürlich die Sachen, nich wahr ...? Na also!«
Und richtig, was ich mit Zorn und Wut nicht erreicht hatte, *er* brachte es fertig. Die Ulbrichin war ruhig geworden, und lächelnd trat mein Freund ins Zimmer. Ich sprang aus dem Bett.
»Hast du alles gemacht? ... Mensch!« rief ich gerührt und er nickte.
»Alles ... Da hab' ich noch Zigaretten mitgebracht ... Sie ist schon beruhigt«, erwiderte er, und weil ich ihn sehr lobte, wurde er selbstbewußt und wollte nun die ganze Angelegenheit allein mit der Ulbrichin regeln. Ich sollte nur liegen bleiben, gleich wär's vorbei und dann – nichts wie los, meinte er. Ich ließ ihm freie Hand. Doch schon nach einigen Minuten kam er wieder herein.
»Hast du Worte? Jetzt war das Biest schon ganz vernünftig ... Du mußt sie um Verzeihung bittn und erst kündigen, sagt sie ... Mit mir verhandelt sie nicht, die Kröte!« berichtete er. Nun war ich am Ende. Mit einem Satz war ich aus dem Bett.
»Zieh dich aus! Leg dich einstweilen ins Bett! Wir wollen doch sehn!« schrie ich ganz außer Rand und Band. Hurtig tat er's. Ich warf mich in seine Kleider. Die waren mir viel zu eng und zu kurz. Ich stürzte in die Küche.
»Also, was wollen Sie noch, Frau Ulbrich?« schrie ich: »Wollen Sie jetzt die Sachen gutwilligerweise hergeben oder ich schlage Ihnen alles kurz und klein ... Sofort!« Ich bebte. Sie schrie allerhand durcheinander und warf die Arme. Das Kind lief davon um einen Schutzmann.
»Sie haben nicht gekündigt!« beharrte sie.
»Scheiße hab' ich! Her mit den Sachen! Wo sind sie! Her damit,

her!« brüllte ich, und als ich in der Küche nichts davon bemerkte, rannte ich an ihre Schlafkammertür, stemmte mich mit aller Kraft dagegen und stieß die schreiende, kratzende Keife weg: »Machen Sie sofort auf oder es passiert was! Ich sag's zum letzten Mal! Los! Auf!«
Die Ulbrichin hatte sich wieder aufgerichtet.
»Gut«, sagte sie und öffnete, »hola Sie sich Ihre Drecksacha! . . . Der Schutzmann wird Sie schon kriega . . . Schäma Sie sich, Sie, Sie – Sie Lump Sie!« Ich kümmerte mich nicht um sie, nahm die Sachen und trug sie in unsere Zimmer.
»Hochstapler!« plärrte sie und sah durch die offene Tür. Einen Augenblick stockte sie und dann jagte sie wie eine flatternde Fahne ins Schlafzimmer, ans Bett zu Hobrecker und fing nun erst recht an.
»Da! Da sieht man, was Sie mit Ihrem Freund macha! I-i-ich verbiete mir das! . . . I-ich verbi-i-iete – Sowas kenn' ich! Ich werd' Ihre Frau aufklären! . . . Dem Schutzmann – dem Schutzmann sa-aag ich's . . . Eine Sauwirtschaft ist's! . . . Mit die Männer haba Sie's! Sie, Sie, Sie ganz verkommenes Mannsbild!« sprudelte sie förmlich wie ein wild hervorbrechender Schandquell aus sich heraus, raufte sich die Haare, bedrohte Hobrecker, der hellauf zu lachen anfing und rannte endlich, als sie sah, daß alles nichts wirkte, wie eine Furie aus dem Zimmer.
»Mensch! Thm!« machte ich kopfschüttelnd und mußte selber lachen.
»Ja, weißt du, das ist der kleine Bürger! Der kleine Bürger, das ist das unsittlichste von der Welt!« sagte Hobrecker weltweise und stieg schlotternd aus dem Bett. Wieder wurde der Anzug gewechselt. Wir packten hurtig die für das Leihamt bestimmten Habseligkeiten zusammen und horchten einige Minuten. Als wir aus der Küche Tellergeklapper vernahmen, öffnete Hobrecker leise die Tür, ich lief voraus und riß hinwiederum die Korridortüre auf und er machte einen Satz und war weg.

Nach einer Weile kam der Junge der Logisfrau zurück. Anscheinend hatte ihm der Polizist ebenfalls gesagt, daß ihn Wohnungsangelegenheiten nichts angingen. Schon plärrte die Ulbrichin wieder gottesjämmerlich. Ihr Mißerfolg freute mich. Sofort war ich wieder für den Staat eingenommen. Ich triumphierte darüber, daß er nicht auf jedes alte Zankweib hörte.
Nachdem mein Freund zurückkam, stürzte ich mit Windeseile zur Tür im Korridor. Ebenso meine Logisfrau. Wir prallten aufeinander wie zwei schwer aufgepumpte Fußbälle. Sie flog ächzend an die Wand und hielt wimmernd ihren Kopf. Bis sie sich besann, waren wir schon in unseren Zimmern und riegelten die Tür zu. Wie rasend hämmerte sie mit den Fäusten auf diese, aber wir achteten nicht darauf. Alles wurde zusammengerafft. Dann marschierten wir hintereinander wie dickbepackte Lastesel an der um sich schlagenden Ulbrichin vorbei, hinaus aus der Wohnung. Alle Inwohner des Hauses hatten die Tür geöffnet und schauten uns mit finsteren Mienen nach. Drunten, mitten auf der Straße, setzten wir unsere Lasten ab und hielten Rat. »Also, du bleibst bei den Sachen und hältst Selma auf, daß sie nicht hinaufgeht . . . Ich schau unterdessen um eine Wohnung«, sagte ich zu Hobrecker und verschwand um die Ecke. In der Schellingstraße, im dritten Stock eines Hauses, mietete ich ein Zimmer mit zwei Betten. Dickbestaubt war alles. Nach Moder roch es. Nichts war eingerichtet. Beinahe kriecherisch freundlich wurde die alte, gänzlich weißhaarige Logishalterin, als ich sagte: »Gut, ich nehm' das Zimmer. Gleich nachher zieh' ich ein.« Verdattert sagte sie zu und fing sogleich nervös zu arbeiten an.
Bei Hobrecker war auch schon Selma.
»Ist schon alles erledigt! . . . Reg dich nicht weiter auf . . . Ein schönes Zimmer hab' ich«, rief ich und wir marschierten ab.
Bei unserer Ankunft war die neue Hausfrau noch verstörter. In aller Eile hatte sie die Möbel abgestaubt und das Zimmer ein wenig hergerichtet. »Geputzt wird dann morgen«, wimmerte sie und ver-

schwand. Auch Hobrecker verließ uns. Ich versprach, ihn morgen auf seinem Zimmer aufzusuchen. Dampfend von Schweiß begann ich gleich auszupacken und einzurichten. Selma hockte wie ein zusammengebrochenes Häuflein Elend auf einem Bett und weinte.
»Leg dich doch nieder! Rast dich bloß aus! Es wird schon wieder werden! ... Mein Gott, es ist halt mal so! Geh weiter, leg dich ins Bett, komm!« sagte ich tröstend zu ihr. Mechanisch kleidete sie sich aus und legte sich hin. Eilig hängte ich noch etliche Bilder an die Wand und ging ebenfalls schlafen. –
Durch das Dunkel klang das Seufzen und Stöhnen Selmas, dann verfiel sie ins Husten, richtete sich auf und rang nach Luft, und schließlich, als der Anfall vorüber war, fiel sie wieder schwer ins Kissen zurück und brach in ein hemmungsloses, lautes, verzweifeltes Schluchzen.
»Selma? Selma? Um Gottes willen, sei doch still! ... Mir tut's ja selber weh, sei doch still!« redete ich ihr gut zu und streichelte sie zitternd. Die Brust wurde mir eng. Allmählich beruhigte sie sich wieder.
Ich lag kerzengerade da und bohrte meine Augen unablässig ins schwarze Dunkel. In der Nähe schlug eine Kirchturmuhr. Kein Schlaf wollte kommen. Auf einmal spürte ich beißende Stiche an den Füßen und kratzte. Sie wurden ärger. Auch Selma kratzte sich jetzt. Schwer atmend warf sie sich auf die andere Seite, lag einige Augenblicke still und begann von neuem zu schaben, zu reiben und zu kratzen. Auch mein ganzer Körper juckte nun.
»Du! Wanzen!« raunten wir einander zu. Ich stand auf und knipste das Licht an. Als wir die Decken hochhoben, krabbelten überall die lästigen kleinen schwarzen Käfer. »Um Gottes willen! Das auch noch!« brachte Selma nur noch heraus und sank auf den kalten Boden nieder. Jetzt war ihre letzte Kraft dahin. Einen Moment wußte ich selber nicht aus und ein. Dann packte ich wieder alles zusammen und fing furchtbar zu fluchen an. Ein Gewimmer nebenan wurde hörbar, ein Schlurfen im Korridor, durch die Milch-

glasfüllung der Tür fiel gelbes Licht, die Logisfrau meldete sich. Selma warf sich in die Kleider. Ich öffnete und schimpfte drauf los. In der Nachtjacke stand die Alte da und entschuldigte sich flehentlich. Gleich brachte sie das Mietgeld und beschwor mich, still zu sein.
Die ganze Nacht gingen wir auf und ab, lehnten uns ab und zu wieder einige Minuten an die Möbel, sahen durchs Fenster und warteten, warteten. Endlich wurde es draußen grau. Die Straßenbahn hörten wir, das ratternde Heraufziehen der Rolläden, Wagenrollen, Schritte und Stimmen. Selma wusch sich und fuhr ins Geschäft. Ich fing zu suchen an. Ein Bekannter aus dem ›Simplizissimus‹ hatte mir vor einigen Tagen ein Atelier genannt. Ich ging hin und mietete es. Es war ein großer, heller und freundlicher Raum mit einer kleinen Nebenkammer. Auch die nötigsten Möbel standen hier und keine Logisfrau gab es mehr, direkt von der Hausbesitzerin mietete man.
Atemlos, überglücklich kam ich zu Hobrecker. Wir nahmen einen Zweiräderhandkarren zu leihen und mittags war der Umzug schon gemacht. Ich telephonierte Selma an und verkündete ihr die Freudenbotschaft. Abends kam sie heim und fiel erschöpft auf einen Stuhl. Sie weinte und weinte. Ich ließ sie gewähren. So wird es das Beste sein, dachte ich.
Ich ging herum und richtete ein. Die Hausbesitzerin war freundlich gewesen, die Möbel überließ sie uns ohne Entgelt. Endlich, endlich eine freie, unabhängige Wohnung! Es tobte in mir vor Freude und Befriedigung. Glücklich, wirklich glücklich war ich darüber. Jetzt kannst du arbeiten, tun und lassen, was du willst. Jetzt kannst du anfangen mit einem eigenen Leben, dachte ich.
Auf einmal kam mir Selma in den Sinn. Ja so, ich war ja verheiratet! Ja so, ich war ja nicht mehr allein! Nun erst wußte ich eigentlich, daß noch ein Mensch mit mir zusammenlebte, jeden Tag mit mir lebte. Ich drehte mich um und sah nach ihr. Zermürbt, ausgeweint, zerrieben kauerte sie auf dem Stuhl.

»Pech! Pech!« sagte ich. »Aber da bleiben wir ja jetzt! Komm, es wird schon wieder werden! . . . Die ganze Literatengesellschaft soll der Teufel holen! Zuletzt ist man doch immer allein! . . . Komm, legen wir uns nieder! . . .«

VIII
Die Literatur beginnt

Ich zog mich jetzt mehr und mehr zurück, ging nicht mehr in den ›Simplizissimus‹ und gab nicht mehr an, wenn Hobrecker an der Tür war. Auf einmal waren mir alle Menschen zuwider.
Es war fast, als ob ich mich endgültig entscheiden wollte, wie mein weiteres Leben sein sollte. Die Misere stand zu drückend um mich herum, und Auswege gab es wenige. Die Schriftstellerei war mehr als unsicher, und die Erfahrungen, welche ich mit Stellungen gemacht hatte, waren nicht verlockend. Unter allen Umständen aber mußte Geld herbeigeschafft werden. Erstens, um dem ewigen Auf-das-Leihamt-Tragen ein Ende zu machen und zweitens, damit unsere Ehe eine einigermaßen erträgliche Grundlage bekäme.
Geld, das war immer das Amen und der Anfang, wo man auch hinsah. Geld war Glück und Unglück. Geld war wirklich mit der Zeit für mich etwas geworden wie ein Dämon, der das Leben beherrschte. Es war ja alles Unsinn, was die Dichter und Philosophen daherredeten von Moral, von Ethik und Charakterfestigkeit, von Idealismus und weiß Gott was für guten Eigenschaften. Diese Eigenschaften waren letzten Endes alle untergeordnet – das Geld machte sie oder löschte sie aus. Der Mensch hatte da etwas erfunden, dem er sich mit der Zeit unweigerlich mit Haut und Haaren auslieferte. Hatte er kein Geld, so war er ein Nichts, besaß er eins oder verdiente er gut, dann konnte er leicht gut und menschlich sein. –
Mit dieser Erkenntnis fing ich langsam an, nach Möglichkeiten herumzusuchen. Vor dem Krieg hatte ich in München einen

Schreibmaschinenkursus mitgemacht und mich mit dem dortigen Lehrer ziemlich angefreundet. Ich suchte ihn wieder auf und er erlaubte mir, in seinem Kursus auf mitgebrachtem Papier meine Manuskripte zu schreiben. Ab und zu wußte dieser Lehrer auch offene Bürostellen, vielleicht konnte er mich unterbringen. Aber es geschah nichts dergleichen. Die Redaktionen schickten andauernd zurück, Selmas Verdienst reichte nicht hin und nicht her, und schon fing wieder das Verpfänden an. Mir wurde angst und bang.
In der Zeitung inserierte zur selbigen Zeit eine Versandbuchhandlung Bücher auf Teilzahlung. Nach Bezahlung der ersten Rate bekomme man sofort die ganzen Werke komplett geliefert. Mir kam ein rettender Gedanke. Ich erkundigte mich. Alles war so, wie es im Inserat angegeben war. Ich versetzte meinen Schirmstock und bestellte von dem Erlös Heinrich Manns gesammelte Werke. Nach zwei Tagen bekam ich die sechs Halbleinenbände. Sofort verkaufte ich sie im nächstbesten Antiquariat. Glatt verlief alles. Ich entwarf sogleich einen großzügigen Ankaufsplan. Selmas Einwürfe beachtete ich nicht.
Also, was konnte man bei der Versandbuchhandlung alles haben? Heinrich Manns Werke, Nietzsches Werke, Dostojewskis Werke, ›Weltall und Menschheit‹ – lauter annehmbare Dinge, die der Antiquar gut zahlte. Schon rechnete ich mit unerhörten Einnahmen.
»Du brauchst vielleicht bald nicht mehr ins Geschäft gehen«, sagte ich zu Selma siegesbewußt, aber sie zuckte nur zweifelnd die Schultern und erwiderte immer wieder: »Ja, aber wie willst du denn später die ewigen Monatsraten aufbringen?« – *»Die?* Ach was, das wird sich schon geben!« beruhigte ich sie und dachte auch nie weiter darüber nach.
Ich bestellte zu Bekannten hin, denen ich die erste Rate zum Empfang gab, eine Menge Werke und hatte mit dem Verkauf vollauf zu tun. Selmas Gesicht wurde immer besorgter, aber ich kaufte alles mögliche und suchte sie so an die Wohltaten meiner Geschäfte zu gewöhnen.

Zwei Maler traf ich und beredete sie, Bücher für mich in Empfang zu nehmen. Sie sagten beide großzügig: »Ja, selbstverständlich.« Ich gab ihnen Geld für die Anzahlung. Zum einen kam ein Kundschafter, der wissen wollte, ob der Käufer auch wirklich zahlungsfähig sei. Darauf ließ der eingeschüchterte Mann das Bücherkaufen sein. Der andere verbrauchte das Geld für sich.
Der Kundschafter hatte Mißtrauen in mir erregt. Ich wollte die Bücherkunden nicht mehr so nah aufeinander haben. Das mußte auffallen. Aber wo, außer Schwabing, hatte ich denn Bekannte? Wenn ich am Ende Nanndl aufsuchen würde? Sie wußte, daß ich geheiratet hatte, kam aber nie. Daheim wußten sie es überhaupt noch nicht. Aber nein, das mit Nanndl ging ja auch nicht, sie hieß ja auch Graf.
Ich kam auf einmal – jetzt, weil ich etwas Geld hatte – zum Entschluß, heimzufahren. Ich wollte auskundschaften, wie meine Leute zu Selma stünden. Es war zufällig Samstag. Selma kam schon um ein Uhr aus dem Geschäft. Wir verabredeten, nichts von unserem Verheiratetsein zu sagen und fuhren los.
Mir war sehr unbehaglich, als ich wieder in das kleine Häuschen trat, aber ich machte das fröhlichste Gesicht und benahm mich großmannssüchtig. Mit Bedacht vermied ich es, mit Theres allein zu sein. Aus ihren Blicken las ich, daß sie mir allerhand – und nicht das Beste – zu sagen hätte.
Es war wie immer zu Hause. Mutter arbeitete, machte Kaffee und sagte, was sie gewöhnlich zu sagen pflegte. Emma hatte man in einen Lehnstuhl gebettet, der in der Schneiderstube stand. Sie hob das Gesicht, sah mich an, sah Selma an, dann wieder mich.
»Ja«, sagte sie dann zu Selma, »wissen Sie, Fräulein, der Oskar, der braucht eigentlich ewig eine Mutter oder so eine Frau, die ihm – bis er einmal gescheiter ist – das Kindermädl ist. Wenn er einmal darüber hinausgewachsen ist, wird er vielleicht ganz anders ... Schön hat's keine bei ihm ... Spinnen tun wir Grafs ja alle, aber der spinnt am meisten.«

»Ja, das hab' ich schon gemerkt«, lächelte Selma. Wir trugen Emma im Lehnstuhl vor die hintere Türe des Hauses und unterhielten uns mit ihr. Es war ein schöner, warmer Tag. Frischblau war der Himmel. Stare sangen in den entlaubten Bäumen. Klar leuchtete die Sonne. Die Luft war würzig und hatte einen schweren Duft nach Aufbruch ...
»*Die* Jahreszeit ist die gefährlichste für mich«, meinte Emma und atmete schwer. Wieder schaute sie mich an, so als wollte sie sagen: Was hast du nun wieder für eine Dummheit gemacht?
Ihr Gesicht war noch eingefallener. Es sah aus, als spanne sich nur noch die bloße, durchsichtige Haut um die feinen Knochen. Jene beinahe heiter-traurige Gelassenheit, die absterbenden Menschen eigen ist, glänzte in ihren Augen. Sie war immer noch redselig und lebendig. Für alles interessierte sie sich, für die Bewegungen der Armeen, für die neue Mode, für das Kochen und für die Reden im Reichstag. Sie las sehr viel, denn was anderes konnte sie nicht mehr tun.
»Ja, der Scheidemann«, sagte sie nachdenklich, »der gefällt mir. Er ist vielleicht ein richtiger Politiker. Er hat neulich im Reichstag zitiert: Hütet eure Herzen sorgfältiger als eure Tore ... Das ist schön ... Aber der Bethmann-Hollweg ist mir doch der liebere. Er ist ein echter Diener. Er ist nicht eitel und grundsolid ...« Auf alles mögliche kamen wir zu sprechen. Es schien, als schweife sie am liebsten weit weg vom Gegenwärtigen, und es tat wohl, neben diesem friedlichen Menschen zu sitzen. Man vergaß alles Widerliche dabei. –
Selma fing jetzt zu husten an und rang nach Luft. Emma erkundigte sich betroffen nach ihrem Leiden. Dann bekam sie einen Moment ganz dünne Falten auf ihrer glatten Stirne.
»Sie sollten nicht heiraten, Fräulein ... Und *den* schon gar nicht«, sagte sie mit ihrer schwachen Stimme und blickte mich besorgt an. Sie legte ihren Kopf in die bauschigen Kissen und sah schweigend in den Himmel. Traurig war ihr Gesicht. »Ja ... Mein

Gott, jeder muß da selber wissen, was er zu tun hat«, hauchte sie heraus. Und nach einer Pause meinte sie: »Alles ist so kurz, und wenn man meint, es geht an, hört es schon auf . . .«
Ganz nachdenklich war sie jetzt. Wir ließen sie allein und gingen in die Küche. Über Nacht blieben wir. Ich schlief in Maurus' Zimmer und Selma neben Theres. Sie bekam wieder einen starken Asthmaanfall. Alle wurden unruhig, und am andern Tag sagte Mutter in einem unbemerkten Augenblick zu mir: »Die kannst du doch nicht heiraten . . . die ist ja schwer krank.« Ich nickte benommen und drängte zur Abfahrt. Ohne gesagt zu haben, daß wir Eheleute seien, nahmen wir Abschied. Theres begleitete uns auf das Dampfschiff. Als wir einstiegen und abfuhren, riefen wir: »Herr und Frau Graf danken schön fürs Übernachten!« Theres schaute verdutzt und lachte betroffen. Am andern Tag schrieb ich einen Aufklärungsbrief, dann kam ein nachträgliches Hochzeitsgeschenk von fünfundzwanzig Mark.
›Du mußt jetzt schon selber schauen, wie Du durchkommst, sagen hat man Dir ja nie was können‹, hieß es im Brief von daheim. ›Wir wünschen Dir und Deiner Frau viel Glück, und hoffentlich bringt Ihr Euch rechtschaffen durchs Leben.‹ Mutter hatte in ihrer schiefen Arbeitsschrift daruntergeschrieben: ›Liber Oska, ich hab vertruß gehapt mit meinen Kindern und früh und späd Arbeid, bis ich ins Grap hineinkomm. Bette und beicht auch einmal und werte ein ortenlicher Mensch, gruß Mutter.‹
Selma war nicht da, als ich das las. Ich ging auf und ab im großen Atelier. Dem Weinen war ich nahe. Überall sah ich Zerrüttung. Das war, als hätte ich mich in unsichtbaren, klebenden Netzen verstrickt, aus denen kein Herauskommen mehr war. Es klopfte. Ich rannte an die Tür und öffnete. Hobrecker stand mit lachendem Gesicht da und trat ein.
»Was willst du?« schrie ich ihn an: »Was wollt ihr alle von mir?!«
Er fragte hin und her, was denn los sei. Ich antwortete nicht.
»Mensch, ich seh, du bist in der Klemme«, sagte er nach einer

Weile, »dem kann abgeholfen werden ... Beim Roten Kreuz ist was zu holen ... Meld dich dort ... Und – und, du, da gibt's auch eine Kriegshilfe für die geistigen Berufe ... Jupp! Da hab' ich auch was erschnappt ... Ist alles kinderleicht.«
»Ich will nichts mehr wissen von dieser Bettelei, ich such' mir Arbeit!« brüllte ich ihn an, aber Hobrecker ließ sich nicht treffen. Beim Roten Kreuz, erzählte er, da wäre ein Mann mit einer langen Nase, so was wie ein literarisch-interessierter Deutschkünstler. Von dem bekäm' ich sicher was. Und die Kriegshilfe, da wären lauter mütterliche Weiber, eventuell würde mir dort sogar eine Stellung verschafft werden.
Ich wurde aufmerksamer. Er gab mir eine Zigarette. Ich wurde friedlich, kochte Tee, und er holte Brot und Kunsthonig. Ich las ihm Gedichte vor und zeigte ihm Erschienenes.
»Sowas mußt du alles ins Rote Kreuz mitnehmen und zur Kriegshilfe«, riet er mir, »die Leute fallen auf Gedrucktes sicher herein.« Er nannte die Adressen. Als er ging, war ich aufgefrischter. Ich wollte zwar nicht hingehen zum Roten Kreuz und zur Kriegshilfe und versuchte es mit devoten Jammerbriefen. Nach etlichen Tagen kamen gleicherzeit von beiden Stellen gedruckte Karten mit der Aufforderung, zu erscheinen. Ängstlich machte ich mich auf den Weg. Mit biederwehleidigem Bauerngesicht meldete ich mich beim Roten Kreuz.
»Arbeiter waren Sie? Bäcker? ... Und jetzt schreiben Sie?« erkundigte sich der Mann, den mir mein Kumpan bezeichnet hatte, und musterte mich interessiert durch seinen Kneifer. Ich zeigte ihm alles, was schon gedruckt war. Der Mann schien sehr erbaut davon zu sein. Er fing gleich ein Gespräch über Literatur an und wurde freundlich. Ich sah ihn genau an.
Beim Roten Kreuz? Offenbar ein bessergestellter Mann? Vielleicht ein Doktor? Wer weiß, da kann was werden, kalkulierte ich tastend. Was ich von den neuen Dichtern hielte, wollte er wissen.
»Ja, die dichten alle so intellektuell. Das ist nicht das, was ich

will«, sagte ich halb vorsichtig und halb selbstbewußt, und als ich merkte, daß er damit sehr zufrieden war, setzte ich mutiger hinzu: »Wissen Sie, das sind keine Leute ... das sind lauter Kaffeehausliteraten.«
Als Mensch, der bettelt, hat man einen ungemein ausgebildeten Spürsinn, man rangiert schon beim Ansichtigwerden denjenigen, welchen man vor sich hat. Man riecht sozusagen seine Gesinnung, seine innere Lagerung. Ich hatte richtig getroffen. Der Mann wurde lebhafter.
»Ja«, sagte er, »die haben keine Beziehung mehr zum Volk.« In der Art, wie er dies sagte, lag etwas bieder Pfarrermäßiges, etwas Lutherisch-Deutsches. Den Krieg nannte er das gewaltigste Erlebnis der Nationen, die Quelle der Wiedergesundung aller Völker. Eine neue Ethik komme daraus. Ich war im Bilde, vollkommen.
»Wo waren Sie denn im Feld?« fragte er wieder: »Haben Sie viel durchgemacht?«
»Ja«, antwortete ich, »aber davon redet man lieber nicht.« Offenbar faßte er das als jene Bescheidenheit des echten geprüften Helden auf, was ich auch wollte. Er war ganz eingenommen für mich. Er gab mir dreißig Mark. Ich mußte eine Quittung unterschreiben. Als ich gehen wollte, lud er mich ein, ihn einmal aufzusuchen. Er kenne einen Professor, der mir vielleicht nützen könnte.
Buchstäblich jubelnd rannte ich über die Treppen hinunter. Es ist ja immer so, der geringste Erfolg macht Mut. Sofort suchte ich die Kriegshilfe auf. Dort empfing mich eine hochgewachsene, anscheinend adelige grauhaarige Dame mit ein paar Warzen im Gesicht. Ihre Stimme klang männlich, und sehr scharfe Augen hatte sie. Ich mußte erzählen und erzählen und endlich einen Fragebogen ausfüllen.
»Mir geht es schlecht, gnädige Frau«, sagte ich mit bestechender Ehrenhaftigkeit, »aber anderen geht es noch viel schlechter ... Man braucht ja nur an die draußen im Feld zu denken ... Wenn Sie mir nur dieses eine Mal helfen könnten.«

Die Taktik, welche ich beim Roten Kreuz angeschlagen hatte, wollte ich beibehalten.
Die Dame nahm den ausgefüllten Fragebogen und überflog ihn.
»Verheiratet sind Sie auch schon?« fragte sie und lächelte zum ersten Mal ein wenig. Sie schaute mich mütterlich an. Ich nickte. Dann lächelte ich ebenfalls scheinheilig und devot.
»Was brauchen Sie denn am notwendigsten?« fragte sie. Ich spielte den Schüchternen und wollte nicht mit der Sprache heraus.
»Da hab' ich einige Kleidungstücke ... Die brauchen Sie doch sicher?« sagte sie ohne weiteres, stand auf, ging an einen Schiebeschrank und reichte mir daraus einen langen Bratenrock, eine Hose und einige Krawatten. Obwohl ich ziemlich enttäuscht war, dankte ich hocherfreut und mit größter Unterwürfigkeit. Das riß sie hin.
»Wir wollen schauen, daß wir Sie unterbringen können. Kommen Sie jeden Donnerstag vorbei und, bitte, hier unterschreiben Sie ... Das Geld können Sie draußen bei der Kasse abheben«, sagte sie. Diese unerwartete Wendung verwandelte mich sichtlich. Mit vielen unbeholfenen Kopfbeugungen und Dankeschöns verließ ich das Büro und bekam abermals dreißig Mark. Auf der Treppe schlüpfte ich gleich in den schwarzen Bratenrock und band mir einen Selbstbinder um, denn mit einem solchen Riesenpacken Kleider wollte ich nicht auf der Straße gehen. Das sah zu sehr nach Bettler aus.
Triumphierend kam ich zu Hause an und erzählte Selma.
»Sechzig Mark! Denk mal, sechzig Mark in einem Tag!« rief ich. Selma sagte nichts und zeigte mir die Mahnzettel der Versandbuchhandlung, welche im Briefkasten gelegen hatten. Ich zählte rasch zusammen.
»Acht mal sieben sind sechsundfünfzig«, seufzte ich enttäuscht, »Herrgott, ist das dumm.«
»Und das geht noch Monate so«, meinte Selma. Ich ging trübselig zur Post und zahlte das Geld ein.

Ich schrieb wieder ganze Nächte. Selma schlief nebenan. Bei der Feuilleton-Redaktion der ›Münchner Neuesten Nachrichten‹ bewarb ich mich um Buchkritik und hatte Glück. Dort war der Herr Doktor Kurt Martens. Er antwortete sehr freundlich und bat, ihn in der Redaktion aufzusuchen. Gleich gab er mir Bücher mit. Ich las sie, schrieb die Rezension und verkaufte die Bücher. Auch kleine Schnurren und Artikel unterm Strich brachte ich an. Das spornte mich an. Ich versuchte auch bei der ›München-Augsburger Abendzeitung‹ Rezensionen zu bekommen, und es gelang ebenfalls. Dort mußte ich die Bücher stets mit der Kritik zurückgeben. Fünf bis sieben Mark bekam ich für so eine Besprechung. Ich wollte nun möglichst schnell und viel verdienen und las kein einziges Buch mehr. Ich lobte sie einfach und fertig. In die Buchhandlungen ging ich, ließ mir Prospekte geben und reimte irgendein plausibles Zeug zusammen. Es ging sehr gut. Gedruckt wurde alles, nur war es mitunter sehr gekürzt infolge Raummangels, und da nach Zeilen honoriert wurde, stimmte meistens meine Rechnung nicht. Das machte mich oft ärgerlich. Aber leichter Verdienst, sagte ich mir, und du bist eben doch schon mit einem Fuß in der Literatur.

Überhaupt schien es jetzt mit meiner Schriftstellerei etwas besser zu werden. In den ›Münchner Neuesten Nachrichten‹ erschien zum Beispiel ein Artikel, in welchem ich ein Kriegserlebnis schilderte. Am übernächsten Tag kam an derselben Stelle eine Berichtigung von einem Professor Oskar Graf, daß er nicht identisch sei mit dem Verfasser, und ich bekam von der Redaktion und vom Professor einen Brief, ich sollte – da der Herr Kriegsmaler im Hauptquartier sei und die Verpflichtung habe, nichts zu veröffentlichen, was Krieg beträfe – meinen Namen ändern. Was man mir doch schon für eine Aufmerksamkeit entgegenbrachte! Ich war gerührt davon und änderte sofort meinen Namen. Ich hieß mich von jetzt ab Oskar Graf-Berg. Das gefiel mir nicht, aber man mußte doch entgegenkommend sein.

Einige Zeit später traf ich einen Bekannten aus dem Künstlerkreis des ›Simplizissimus‹, den Maler Carlo Holzer. Der erzählte mir, daß ganz Schwabing der neue Name nicht gefalle. Holzer war ein Mann, dem sozusagen Stefan George in Fleisch und Blut übergegangen war. Nicht nur, daß er bei jeder Gelegenheit Verse dieses Dichters rezitierte, auch seine Stimme, seine Bewegungen waren irgendwie georgisch. Der Mann war für Klangwirkung. Er blieb tiefsinnig auf der Straße stehen, faßte sich an die gefurchte Stirn, dachte nach und sagte auf einmal: »Oskar Graf-Berg? Das ist profan! Heiß dich doch einfach Oskar Maria Graf.« Das Wort »Maria« sprach er bedächtig breit und bedeutend aus, so als habe er das Tiefsinnigste von der Welt aufgefunden. »Oskar – *Maria – Graf«,* wiederholte er getragen.

»Mensch! Schnieke! Oskar Maria Graf«, rief ich sofort begeistert, »das ist praktisch. Jetzt, wenn ich Mist schreibe, heiß ich Oskar Graf-Berg und wenn ich was Gescheites fertig bring', nenn' ich mich Oskar Maria! Sehr fein! Ausgezeichnet!« Ein wenig verdutzt über eine solch nüchterne Auffassung lächelte der Maler und ging. –

Aber mit all dieser Literatur kam ich nicht aus der Geldverlegenheit. In einen wahren Hexenkessel war ich mit den Buchbestellungen geraten. Monatsraten, nichts als Monatsraten mußte ich bezahlen.

Zerwürfnisse mit Selma gab es dessentwegen.

Schon öfters hatte ich bei der Kriegshilfe nachgefragt wegen einer Stelle. Eines Tages kam ich wieder und mußte gleich zur Vorstandsdame. Sehr freundlich sagte sie: »Gehen Sie gleich Karolinenplatz 2 zu Herrn Geheimrat Bruckmann. Dort können Sie vielleicht Privatsekretär werden, wenn Sie sich bewähren. Ich hab' Sie sehr empfohlen.«

Ich dankte und begab mich dorthin. Auf dem ganzen Weg schwelgte ich in der romantischen Vorstellung, daß ich nun ungefähr so wie die früheren klassischen Dichter bei ganz feinen Leuten aufgenommen werden würde. Ich sah mich als bevorzugten, bescheidenen, jungen, talentierten Mann im Kreis eleganter, geistreicher Damen und Herren, die sehr interessiert für mich waren. Mit einem Wort, eine große wohltuende Welt breitete sich in meinem Hirn aus.

Hoffnungserregt kam ich im Haus am Karolinenplatz an. Ein gediegen-weltmännisch aussehender Herr mit einem schön zugeschnittenen, halblangen Vollbart empfing mich und erklärte mir, was er für Ansprüche mache. Es sah aus, als gefalle ich ihm. »Wissen Sie, Sie haben zwar hauptsächlich an der Schreibmaschine zu tun ... Aber Sie können doch auch Kisten schleppen, nicht? Sie sind stark gebaut«, sagte er und fixierte mich in einem fort mit einem halb ironischen Lächeln, das mich verlegen machte.

»Jaja, ich hab' ja schon als vierzehnjähriger Bub Säcke geschleppt daheim, ich war früher Bäcker ... Ich hab' auch schon in einer Mühle gearbeitet und den ganzen Tag Zweizentnersäcke geschleppt vor dem Krieg«, erwiderte ich bereitwillig. Einen möglichst guten Eindruck wollte ich machen.

»So ... Ja, schön«, meinte mein zukünftiger Chef zufrieden, »so, also setzen Sie sich einmal an die Schreibmaschine. Wir wollen mal sehen, wie Sie schreiben ...«

Ich tat es. Die Schreibmaschine war ein mir völlig unbekanntes System mit unsichtbarer Schrift. Ich wurde zitterig, als der Herr zu diktieren begann. Ich tippte unsicher und mit aller Schnelligkeit, um meine Fixigkeit zu zeigen. Deutlich fühlte ich, daß ich mich fort und fort verschrieb. Der Herr hob nach einer Weile die Gummiwalze und betrachtete das Geschriebene.

»Hm? ... Sie sagten doch, Sie könnten ganz gut schreiben?« fragte er.

Ich wurde rot und verwirrt und stockte.

»J-ja, aber diese Maschine hab' ich noch nie geschrieben ... Das System kenn' ich nicht ... Ich müßte halt erst üben«, stotterte ich heraus und schaute den Herrn hilflos an.

»Nein – nein! Dazu haben wir keine Zeit«, sagte der kurz und entließ mich. –
Ich ging nicht mehr zur Kriegshilfe zurück, um die Nachricht zu überbringen. Verdrossen wanderte ich auf die Stellenvermittlung der Bäckerherberge. Nichts war frei. Jeden Tag ging ich nun wieder dorthin. Ergebnislos. Es wurde immer grauer um mich herum. –

IX
Eine Sekunde Licht im Schatten

Es war Sommer geworden. Später August lag über den Straßen. Schwer und schon ein wenig herbstlich träumerisch war die Luft. Bis fünf Uhr nachmittags hockte ich oft unentschlossen auf einer Anlagenbank und glotzte in das Treiben um mich herum. Ein Buch hatte ich stets in der Tasche, las es aber nie. Ich schaute bloß ins Leere. An nichts dachte ich. Ich wollte nicht weiterdenken. Kinder lärmten in den Anlagen, Weiber schimpften, Mädchen wippten vorüber, alte Männer saßen herum und redeten. Die Vögel sangen in den Bäumen und das dumpfe Geräusch der Straßen kam herüber, alles lief in der gewohnten Ordnung. Wenn man die Augen zumachte, war es, als sitze man in einem warmen Glaskasten, an dessen Wänden unzählige Käfer kratzend auf und ab krabbelten. Unablässig, mit irritierender Emsigkeit, derart, daß man ganz dumm davon wurde. Eine Uhr schlug in der Nähe.
»Herrgott, schon wieder fünf Uhr!« murmelte ein alter Mann neben mir.
»Jaja, die Zeit vergeht wie nichts ... Was das noch alles wird ... Man mag gar nicht nachdenken, sonst hängt man sich auf«, sagte ein anderer gelangweilt, und als ich hinschaute, war es ein Kriegskrüppel mit einem schaurig zugerichteten Gesicht. Ich stand auf und ging. Stumpfsinnig wartete ich auf dem Atelier, bis Selma kam.

»Hast du schon was?« fragte sie.
»Nein, gar nichts ist frei«, erwiderte ich kopfschüttelnd. Wir redeten fast nichts miteinander. Jeder war bedrückt.
Einmal an einem solchen Abend lag ein Telegramm im Briefkasten: ›Emma ist gestorben, komme heraus, Theres.‹
Es war als habe ein Windstoß mit einem Male das Hirn aus meinem Kopfe geblasen. Dann wieder, als fülle sich der Kopf mit Blei.
»Die Emma ist gestorben, die Emma ist gestorben, hm, die Emma ist gestorben«, plapperte ich Selma fort und fort an. Sie nahm das Papier und las interessiert.
»Hm, und wir haben keinen Pfennig Geld! ... Du mußt doch heimfahren«, sagte sie, »einen Kranz können wir nicht kaufen, aber heim mußt du schon ...«
Ich tappte ins Schlafzimmer und suchte mechanisch alles Versetzbare zusammen. Fünf Mark brachte ich. Am andern Tag in der Frühe fuhr ich nach Berg.
»Hm, jetzt ist sie so schnell gestorben«, brachte ich bloß heraus, als ich vor meiner Mutter in der kleinen Küche stand. Theres kam. Wir schauten uns bloß stumm an.
»Liegt schon im Leichenhaus droben«, sagte Mutter trübselig und begann zu weinen. Auch Theres bekam nasse Augen.
»Hm, so schnell«, murmelte ich benommen, »so schnell jetzt.«
»Arg leiden hat sie noch müssen«, seufzte Mutter, sich wieder an die Arbeit machend, »jetzt hat sie's überstanden ... Es ist besser so, als wie wenn sie noch lang hinleiden hätt' müssen.« Sie wischte sich ihre Augen aus und stellte mir den Kaffee hin: »Da, trink jetzt ...«
Dann erfuhr ich, wie Emma gestorben war. Mutter kochte gerade Zwetschgen ein, als der Todeskampf begann. Theres schneiderte wie gewöhnlich. Emma lag droben, über der Schneiderstube, im Bett und redete bis zuletzt. Durch die Holzdecke ging das blechumränderte Ofenrohrloch, welches man freigemacht hatte, damit man ständig hörte, was die Kranke wollte.

»Standhaft ist sie gewesen«, erzählte mir Mutter von der Sterbenden, »wie ich ihr die Suppe hinaufbracht hab', ist schon ihr Gesicht aufgelaufen und verzogen hat sich alles an ihr, aber gejammert hat sie nicht . . . Standhaft ist sie gewesen.«

»Wie ich dann das Zwetschgeneinkochen angefangen hab', hat sie in einer Tour gesagt: ›Gell, Mutter, daß du's fein recht machst, gell! . . . Ich stirb ja jetzt, gell! . . . Langsam und lang kochen, gell . . . Und spar nicht so mit dem Zucker . . . Jetzt ist's gleich vorbei . . . Mach's ja recht, gell, Mutter . . . Ich stirb ja und da habt ihr dann im Winter was Gutes, aber mach's recht . . . lang kochen, gell, paßt's auf . . . Ich bin ja bald nimmer da . . . Wo ist denn die Nanndl, telephoniert's dem Oskar . . . Wieviel hast denn Zucker genommen, Mutter? . . . Resl! Resl! Geh schnell rauf, jetzt hört's gleich auf . . .‹ «

Dann war Theres hinaufgegangen, und als Mutter nachkam, war Emma schon tot. Theres zeigte mir einen Zettel. Darauf stand in zitteriger Bleistiftschrift: ›Alles gehört der Resl, lebt wohl, Emma.‹ Das hatte sie gerade noch hinschreiben können.

Ich las die Botschaft mit einem mehr schaurigen als schmerzlichen Gefühl und sagte niedergeschlagen: »Jaja, das ist ja selbstverständlich, daß dir alles gehört.« Einsilbig trank ich meinen Kaffee aus. Eine drückende Stille war im Haus. Ab und zu seufzte meine Mutter schwer auf.

Während ich so dasaß, erinnerte ich mich an alles. An den Brief, den mir Emma einmal geschrieben hatte, als sie schon bettlägerig war. ›Lieber Oskar‹, hieß es darin, ›ich baue in einem fort Luftschlösser in meinem warmen Bett. Unser Häuschen ist sehr nett jetzt und ich werde sehr verhätschelt. Ich denk' mir immer, wir kommen noch einmal alle bei uns zusammen und machen es uns gemütlich. Der Maurus macht eine Konditorei auf neben der Resl ihrem Hutladen, die Nanndl frisiert die Damen und Du hilfst ein bißl mit und kriegst ein nettes Kämmerlein ganz droben auf dem Dachboden, wo Du dichten kannst. Jeder von uns spinnt ja ein bißl, aber wenn's nicht so wäre, wäre es auch nichts. Weißt schon, ich schwärme wieder. Aber das ist so schön. Wenn ich einmal gestorben bin, nachher schaust in alle Winkel, lieber Oskar, vielleicht leg' ich irgendwo einen Haufen Geld hin für Dich. Das wäre fein, gell!

Jetzt hab' ich einen neuen Doktor in Perlach, ein Wunderdoktor. Er hat mir eine Literflasche Medizin verschrieben. Sie hilft schon. Er sagt, ich bin in einem Vierteljahr ganz gesund. Ich glaub's aber nicht. Ich möcht bloß noch sehen, daß wir alle friedlich in unserm Haus zusammen sind . . .‹

Es kam mir ihr Gesicht in den Sinn, ihre Heiterkeit. Ich lief in Gedanken ihr ganzes Leben ab: Wie sie schön war als Mädchen und kokett, wie sie Ballkönigin war, wie sie einmal, als ich vom Tessin heimkam und mich alle schimpften, zu mir mit ihrer warmen Zärtlichkeit sagte: »Mein Gott, Oskar, setz dich nur hin und laß dich nicht drausbringen . . . Du gehörst genau so ins Haus wie wir alle. Es kann dich keiner 'nausschmeißen . . .«

Und ich entsann mich an jedes Wort, was sie damals zu mir und Selma gesagt hatte. Fast zwei volle Jahre war sie bettlägerig gewesen, und immer hatte sie gewußt, daß es mit jedem Tag näher dem Grab zuginge.

So deutlich wurde mir alles, daß ich auf einmal nicht mehr an ihren Tod glauben wollte und dann etwas wie einen dumpfen Druck empfand, wenn mir dies doch wieder gewiß wurde.

Ich hielt es nicht mehr aus zu Hause und ging allein nach Aufkirchen in den Friedhof hinauf.

Vor der Glastüre des Leichenhauses blieb ich zögernd stehen. Ich schaute nur auf die über den Sarg gelegten Kränze. Leicht überrieselte es mich.

Es gibt Augenblicke – man will das Geschehene wegdenken, man will nichts sehen davon –, plötzlich aber schaut man hin. Ich drückte das Gesicht an die Glasfüllung der Türe und verlor die Herrschaft über mich. Aus dem Kranzgewirr blinkte in weißem, steifen Spitzenkleid der zusammengeschrumpfte Oberkörper. Dann – ich fror jetzt und fing zu weinen an, machte die Tür auf und trat in den kühlen, trostlosen Raum, an die Bahre –, ja dann kam der dürre gelbe Hals, der schmale Kopf mit dem glatten, spärlichen schwarzen Haar. Da lag das starre Gesicht mit der bläulich-bleichen, durchsichtigen Haut, ganz Skelett schon, die Augen halb offen und um den dünnen, farblosen Mund zwei kleine Falten wie von einem jäh abgebrochenen leisen Lächeln.

Durch das Geriesel meiner Tränen sah ich auf die Tote.

»E-e-emma! E-e-emma-emma!« stotterte ich und besprenkelte unausgesetzt die Leiche mit Weihwasser, immerzu, nur um des Zitterns meiner Glieder nicht inne zu werden.

»E-e-emma-emma! Emma-emma, lebst du denn gar nimmer, Emma?!« heulte ich plötzlich ganz einfältig, heulte und heulte. Die Turmuhr schlug jetzt dröhnend nahe. Ich zuckte förmlich erschrocken zusammen, wischte wie beschämt meine Augen aus und rannte aus dem Leichenhaus. Ich schlich wie ein furchtsamer Schulbub, der irgend etwas Schreckliches gemacht hat, aus dem Gottesacker. Ich glaube, ich wäre vor jedem Menschen davongelaufen.

Auf dem Feldweg, der von hier nach Kempfenhausen führt, ging ich endlich langsamer und wurde ruhiger. Ich strebte auf das spärliche Gehölz zu, das sich hier auf dem Hügelkamm dahinzieht. Da hatten wir als Buben mit den Schülern der Nachbardörfer während der Mittagspause oft blutige Kriege geführt. Man sieht von hier aus weit über den See.

Ich ließ mich aufs weiche Gras nieder und schaute lange ins Blaue. Sehr hoch und hell war der Himmel. Eine große, schwere Stille lag über allem Land. Die Sommerwärme drang von allen Seiten auf mich ein. Aus den Bäumen sangen die Vögel, von weitem drangen verschwommene Stimmen zu mir, Grillen zirpten, brachen ab und fingen wieder an. Vom See herauf klang die helle Dampfschiffsglocke.

Droben liegt Emma, wie irgendein anderer Mensch, wie alle Menschen einmal. Morgen wird man sie eingraben, sie wird langsam zerbröckeln in der Erde, ihr Gesicht, ihre Augen, ihre Zähne werden zu Kot, zu Nichts, und meine Mutter wird das Grab jeden Allerheiligentag umgraben und Geranien oder Tag- und Nachtschatten hinpflanzen und sie begießen. Das Wasser wird bis zur Leiche hinunterlaufen, zu den vermoderten Knochen, an denen die Würmer nagen ... Und die Leute werden sagen: »Schön hat sie's bepflanzt, das Grab ... sehr schön.« –
Meine Kehle war wie zugestopft. Ich hatte die Augen offen und sah nichts, ich dachte immer das gleiche.
»Alles ist so kurz, und wenn man meint, es geht an, hört es schon auf«, kam mir ins Gedächtnis, und wieder sah ich Emma im Bett liegen und traurig lächeln. Wenn alles so ist, warum dann leben, wenn der Anfang schon das Ende gewiß macht? flog in irgendeinem Gedankenwinkel auf. Ruckweise bemächtigte sich meiner eine seltsame, gleichsam von allem Wirklichen losgelöste Traurigkeit. Wie von ungefähr nahm ich ein Stück Briefpapier aus meiner Brusttasche und schrieb darauf:

›Dies ist uns Blutverfluchten
das tröstende Gebet in der Verwesung Finsternis und Qual:
Wenn wir auch alle einsam und verhöhnet sterben,
so sind wir doch, o Gott, zu dir emporgewachsen!
Es kann nicht sein, daß ausgesäet wird,
daß Erde blüht und fruchtet für das Nichts!
Die tiefen Dinge kreisen endlos um die Schmerzens-Achsen
des Alls, und raunen sich noch sterbend ihr Getanes in das Ohr ...

Und einmal wird ein Tag sein, den wir ewig suchten
– Wie Pyramide strahlend aus entnütztem Schwall –,
der Gnade trägt in alle gierverruchten
Wahnjahre unsrer Erdenpein.‹ – – –

Ich schwitzte jetzt. Alle Traurigkeit war weggelöscht. Ich spürte etwas wie eine dumpfe Auflehnung aufsteigen. Ich sprang auf, schaute über die Felder, über den See und war ganz ruhig. Eine unerklärliche Gewißheit war in mir.

Kurz vor dem Dorf blieb ich stehen und sagte plötzlich, wie wenn ich mich gegen wen verteidigen wollte, stolz und kindisch zugleich: »Es ist ja alles gar nicht wahr! . . . Es ist ja viel anders!«

Zu Hause traf ich zum ersten Mal nach meiner Verheiratung Nanndl wieder, die inzwischen auch aus München heimgekommen war. Sie war zerrüttet und weinte fast immerzu, so daß ich gar nichts mit ihr reden konnte.

»Kriegt denn der Maurus keinen Urlaub?« fragte ich.

»Tja, da kommst grad' recht!« meinte Mutter.

»Er käm' ja doch nicht mehr recht zur Beerdigung«, sagte Resl.

Einsilbig verlief der Abend. Einer wich dem andern mit dem Blick aus. Niemand wollte reden.

Am andern Tag war das Begräbnis. Viele Verwandte und Bekannte waren da. Zermürbt stand Mutter am Grab, Moni neben ihr heulte, als sei ihr Liebstes gestorben, und Resl und Nanndl brachen dann auch in ein Weinen aus. Ich stand abwesend da und bekam kein nasses Auge mehr. Ich war nur ärgerlich darüber, daß ich keinen Kranz hatte kaufen können. Alles musterte mich, und es waren keine sehr guten Blicke.

Leicht war ich weggegangen von zu Hause. Erst in der Stadt wurde ich wieder bedrückt. Endlich, nach ungefähr einer Woche, fand ich Stellung in der Brotfabrik Rauber.

Wie gewöhnlich gab es wieder Nachtarbeit, auch sonntags. Wie ausgestorben waren die großen Hallen der Fabrik. Nur zwei Öfen brannten und bloß ein Schießer (erster Geselle) und ein Lehrling waren außer mir noch da. Durch die Markenwirtschaft war der Brotkonsum zurückgegangen. Früher arbeiteten hier zehn Gehilfen, nun bewältigten wir drei alles. Zu tun war viel. Ich hatte zwei Teigknetmaschinen zu versorgen. Die Tafeln (Arbeitstische) stan-

den so, daß wir den Rücken den Öfen zugekehrt hatten. Da röstete man langsam. Das Hemd war zu heiß. Nur in der Hose, mit nacktem Oberkörper, arbeiteten wir. Der Schweiß rann und kochte auf der Haut. Mein Rücken wurde wund, genau so wie damals in der Mühle. Ganz kleine Wasserbläschen entstanden auf ihm. Die brachen mit der Zeit auf und brannten grimmig. Wenn ich nach Hause kam, klebte das Hemd auf der Haut. Ich riß es mit einem Ruck herunter und ließ mich mit kaltem Wasser überlaufen. Das kühlte. Aber wenn ich aufhörte, fing der Körper noch ärger zu brennen und zu jucken an. Ich schlief auf dem Bauch. Gott sei Dank! Es war ja noch nicht Herbst. Da brauchte man keine Decke im heißen Atelier und mußte sie beim Aufwachen nicht wegreißen vom Körper.
Abends, wenn Selma kam, weckte sie mich auf. Wir saßen wortkarg beisammen, und ich sah ab und zu besorgt auf ihren wachsenden Leib.
Gegen halb acht Uhr ging ich fort.
Brot hatten wir nun immer. –

X
Es wird bewegter

Der Herr vom Roten Kreuz traf mich eines Tages auf der Straße. Ich wollte ihm ausweichen, aber er ging freundlich auf mich zu.
Warum ich nie etwas hören ließe, wollte er wissen.
»Ich hab' wieder Arbeit jetzt. Ich bin wieder Bäcker«, sagte ich.
»So«, fragte er interessiert, »und da dichten Sie nebenbei, was?«
Ich nickte.
»Können Sie uns nicht einmal besuchen? Abends vielleicht?« fragte er abermals.
Ich schüttelte den Kopf: »Nein, da geht ja meine Arbeit an.«
»So . . . Oder geht es vielleicht dann unter Tags einmal?«
»Da schlaf' ich.«

Der Herr schaute mich an.
»Oder vielleicht können Sie sonntags einmal zu uns kommen?«
»Da ist's das gleiche. Da geht's gradsowenig«, war meine Antwort. Dies verdutzte den Mann ein wenig. Ich mußte ihm das Bäckersein erklären.
»Hm«, sagte er endlich wieder, »das ist allerdings zu schwer für Sie ... Sie müßten etwas Leichteres haben.« Ich sah ihn mit jener versteckten Abneigung an, die ein Arbeiter immer hat, wenn ihn einer ausfragt, der von solchen Dingen nichts versteht. Er merkte nichts und fing wieder mit dem interessierten Professor an, der mir helfen könnte.
»Wissen Sie, bei Ihnen ist alles so ursprünglich, Graf«, sagte er schon fast wie ein Freund, »Sie dichten aus Notwendigkeit.« Er lobte mich und zog Vergleiche zwischen mir und Gottfried Keller. Der wäre auch sein Leben lang Staatsschreiber gewesen, und das sei ganz gut, wenn ein Dichter Arbeit habe, dann komme alles, was er ›gestalte‹, aus einem festen Boden. Ich nickte jedesmal und sagte ab und zu: »Jaja, ja sicher ... freilich, freilich ... jaja ... «
Heimlich aber dachte ich: Du hast gut reden. Sitzt geruhig im Fett und redest anderen, die schwer arbeiten müssen, Löcher in den Bauch, wie schön das ist, sich für andere abzuschinden. Was geht das mich an! –
Dennoch versprach ich schließlich, an einem Nachmittag zu ihm zu kommen. –
Ich hatte vollauf zu tun. Auf keinen Fall wollte ich die Buchkritik aufgeben. Beim Tag auf die Redaktionen laufen, dann mit den erhaltenen Büchern zur Schreibmaschinenschule, um die Rezensionen zu tippen, endlich gegen fünf oder sechs Uhr abends ins Bett und von acht Uhr ab wieder die ganze Nacht Bäckerarbeit, das war ein schlimmes Gehetze. Während des Teigwirkens knickte ab und zu der Kopf herunter, die Augen fielen mir zu, die Arme wollten nicht mehr. Der Schießer brummte schon hie und da. Mit ängstlicher Energie riß ich mich immer wieder aus der Lahmheit.

»Das ist zu schwer für Sie«, hatte der Herr vom Roten Kreuz gesagt. Ich dachte darüber nach und wurde allgemach ärgerlicher und mürrischer über dieses Schuften. Durch Zufall erfuhr ich, daß bei der Hauptpost sogenannte Vorsortierer aushilfsweise gesucht würden. Ich blieb einfach weg bei Rauber, erbat in einem gewundenen Brief Zeugnis und Invalidenkarte und trat nach zirka einer Woche bei der Post die Stellung an.

Hier war es wirklich viel besser. Zu vierzig oder fünfzig saßen wir in einem großen Saal. Jeder vor einem vielfächerigen Regal, in dessen Fächer er die jeweils sortierten Briefe warf. Alle möglichen Leute waren da. Invalide, Berufslose, verarmte Rentner, Gelegenheitsarbeiter und Intellektuelle. Dienstzeit war von acht Uhr früh bis zwölf Uhr mittags, dann wieder frei bis abends acht. Und von da ab abermals bis zwölf Uhr nachts oder umgekehrt. Das Schöne dabei war: Manchmal hatte man gleich ein und einen halben Tag frei.

Unterhaltlich war es. Man konnte sich drücken. Im Abort draußen standen wir oft zu fünft oder sechst, rauchten Zigaretten und machten Handelschaften ab. Alles mögliche wurde hier angeboten: Seife, Butter, gehamstertes Fleisch, Uhren, alte Anzüge, Bezugscheine und Brotmarken, Schuhe und sogar einmal eine ganze Möbelausstattung. Einer stand Wache und meldete, wenn ein Vorgesetzter kam, die anderen handelten. Handschlag und fertig. Das Signal des Spähers trieb uns im Nu in die Aborte. Wir räusperten und schnauften drinnen, als drückten wir aus Leibeskräften. War die Gefahr weg, ging der Handel von vorne an. –

Da wollte ich aushalten. Am Ende bewährst du dich, man behält dich und ohne große Schwierigkeiten kannst du Briefträger werden, kalkulierte ich.

Was war es denn schon alles gewesen mit diesen interessierten Leuten allen? Beim Bruckmann Kistenschlepper, und wer weiß, was der Herr Professor alles wollte! Umsonst kümmert sich heutzutage keiner mehr um den anderen.

Aber Briefträger! – Das war doch gewiß eine einwandfreie Angelegenheit! Postsachen hatte ich ja von jeher gern, und Briefschaften aus aller Welt herumtragen? Eigentlich ist das ideal. Der Postbote geht den ganzen Tag gemütlich spazieren, braucht sich nicht plagen, sieht alles, hört alles, bekommt Anregung und ist sogar ein angesehener Mensch. Das schien mir der für mich einzig taugliche Beruf zu sein. – Aber schon fing das Pech wieder an.
In einer der letzten Rezensionen, die ich in der ›München-Augsburger Abendzeitung‹ ablieferte, hatte ich über ein Buch von Albrecht Schaeffer geschrieben. Ich verwechselte ihn aber mit dem Rheinländer Wilhelm Schäfer, von dem ich wußte, daß er erst kürzlich seinen sechzigsten oder siebzigsten Geburtstag gehabt hatte. Meine Besprechung begann mit den Worten: ›Der greise Dichter schenkt uns mit diesem neuen Werk wieder eine herrliche Blüte seiner gereiften, abgeklärten Kunst . . .‹
Der Inselverlag sandte an die Redaktion einen Brief, und diese stellte ihn mir zu. Da hieß es, daß sich der ›in der Rezension des Herrn Oskar Graf-Berg als greiser Dichter bezeichnete Herr Albrecht Schaeffer erst an rüstigen neununddreißig Lebensjahren‹ erfreue. Zwar erklärte die Redaktion nichts weiter, aber sie gab mir von da ab keine Bücher mehr.
Ein Mißgeschick kommt nicht allein. Vor einiger Zeit hatte ich den ›Münchner Neuesten Nachrichten‹ einen Artikel eingereicht. Der erschien und erschien nicht. Ich hatte wiederholt an den Herrn Doktor Martens geschrieben, zuletzt schier ununterbrochen. Erst vorsichtig, dann immer fordernder. Keine Antwort mehr, auch kein Buch mehr. Ungehalten darüber wandte ich mich kurz entschlossen an den Chefredakteur. Darauf kam per Post das Honorar ohne weitere Erklärung. Alles war verscherzt. Meine mühselig erkämpfte literarische Position schien zu wanken.
Dem mußte abgeholfen werden. Ich beschloß, mich auf dem Gebiete der Schreiberei selbständig zu machen, und suchte Hobrekker auf.

»Mensch«, sagte ich, nachdem ich ihm erst große Dinge über meine literarischen Erfolge erzählt hatte, »weißt du was? Ich mache eine Zeitschrift auf! ... Machst du mit?«
»Hm ... Ein großzügiges Unternehmen also, was?« erkundigte sich Hobrecker.
»Absolut! Ganz was Großes!« nickte ich und erkundigte mich: »Wie ist's jetzt eigentlich mit deinem Vermögen? ... Hast du's schon?«
»Nee, aber bald.«
Ich schilderte alles in den verlockendsten Farben.
»Du kannst Geld haben, soviel du willst, aber selbstverständlich muß ich erster Mitarbeiter werden«, erwiderte Hobrecker schon ganz in der Geste des allgewaltigen Geldgebers. Er zog ein Manuskript heraus und begann mit den Anfang vorzulesen: »Leo verließ soeben die Bar. Es fröstelte ihn. Er hatte Ruth verlassen und sich von ihrem blutroten Tulpenmund losgerissen. Inferno ist das Weib, dachte er. Er griff nach dem glatten Revolver in seiner rechten Tasche und entsicherte ihn ...«
Ich hörte kaum hin und überlegte hin und her.
»Gut«, sagte ich in der Enge, »das mit der Mitarbeit können wir noch bereden, aber wie ist's, gibst du mir bestimmt Geld? Kann ich mich sicher drauf verlassen?«
»Wie findest du den Anfang?« erkundigte er sich.
»Das ist natürlich nichts für die Zeitschrift, aber du kannst ja gute Aufsätze schreiben. Die brauch' ich ... Also, erklär dich rundweg, sag: Ja! ... Ich muß das wissen ... Denk doch Mensch! Du bist verbummelt und ich mach dich doch, ich nütze dir doch unschätzbar, wenn ich dich herausbringe und drucke!« redete ich auf ihn ein. Er strahlte.
»Verlaß dich in jeder Hinsicht auf Willy«, sagte er burschikos.
Am darauffolgenden Lohntag nahm ich mein verdientes Wochengeld und ließ bei einem Drucker fünfhundert grellgelbe, sehr pompöse Briefbogen mit folgender Aufschrift anfertigen: ›Neuland /

Eine Zeitschrift für bekennende Literatur / Herausgegeben von Oskar Maria Graf / Neuland-Verlag, München‹.
So, jetzt war ich alles in einem: Dichter und mein eigener Verleger! Jetzt war die Türe zum Ruhm offen. Es war mir zwar schleierhaft, was ›bekennende Literatur‹ sein sollte, aber es klang gut und bedeutend. Als ich Hobrecker die Briefbogen zeigte, war er hingerissen. Er versprach sofort sein ganzes Vermögen ›in das Unternehmen‹ zu stecken. Ich fühlte mich sehr gehoben dadurch und sagte zutraulich: »Weißt du was? ... Du wirst Verlagsdirektor.« Er war beseligt wie über einen erhaltenen Orden.
Eigentlich, was ich mit der Zeitschrift wollte, wußte ich nicht recht. Es kümmerte mich auch nicht im geringsten. Die Hauptsache war mir, meine Gedichte zu veröffentlichen. Das andere würde sich schon ergeben, tröstete ich mich.
In der Zeitung erließ ich ein Inserat: ›Zeitschrift für neue Menschlichkeit und ethische Literatur sucht junge, begabte Mitarbeiter.‹ Ganze Pakete Antwortbriefe kamen. Wohlig durchrieselte es mich jedesmal, wenn der Stoß durchgelesen war. Ich kam mir vor wie ein vielbegehrter Mann, eine Macht war ich, ja beinahe eine Epoche. Die Manuskripte sandte ich auf der Stelle zurück und schrieb dazu im Stil uralt eingesessener Redaktionen: ›Von Ihrer Einsendung haben wir mit Interesse Kenntnis genommen, können aber zu unserem Bedauern keinen Gebrauch davon machen, da wir für die nächsten Hefte bereits eingedeckt sind.‹
An meine Berliner Bekannten schrieb ich. Jung antwortete grob, Öhring überhaupt nicht, der Brief an Schorsch kam zurück mit dem Vermerk ›Adressat verreist‹.
Ich wandte mich an Thomas Mann. Er sandte eine Postkarte, schrieb sehr freundlich und begrüßte das neue Unternehmen, wünschte viel Erfolg.
Ich war auf der höchsten Höhe. Selma murrte, das Geld war weg. »Es geht doch mit Riesenschritten vorwärts!« rief ich emphatisch. Ich hörte nicht auf ihre Einwendungen. Wenn einmal eine fixe

Idee unaufhörlich in einem Hirn rumort und Ehrgeiz und Dummheit gleichermaßen in einem wüten, wird man waghalsig. Ich ging plötzlich nicht mehr zur Post. Mit Hobrecker lief ich wieder jeden Abend in die Künstlerkneipe ›Simplizissimus‹. Jedermann wußte schon von meinen Plänen. »Was ist Neuland eigentlich?« fragte man mich. Ich erklärte gewichtig die dümmsten Dinge.
»Na eben Literatur«, sagte ich beispielsweise, »das wird sich schon zeigen.« Hier, dieser Instinkt leitete mich, durfte man sich nicht klein zeigen. Literaten sind die geborenen Sprüchemacher und Scharlatane. Sie leben von der Einbildung und überheben sich immer über den anderen.
Aber ich war nicht so redegewandt. Man sah mich schief an. Man lächelte schon mitleidig. Ich schwieg auf einmal. Um Hobrecker hatte sich bereits eine Gruppe von Leuten herumgemacht, die ihn gleichsam völlig mit Beschlag belegte. Er entglitt mir. Ich konnte tun, was ich wollte. Er hörte nicht mehr auf mich und lächelte bereits genau so wie alle anderen, wenn ich ihm meine Pläne auseinandersetzte. Ich schimpfte auf das Künstlerpack.
»Hm, Bürger!« sagte er verächtlich.
Ich bekam eine unbeschreibliche Wut, bezwang mich und wollte ihn nicht mehr auslassen. Aber er entfernte sich. Die Gruppe hatte gesiegt. Eines Tages sagte mir die Logisfrau, Hobrecker sei mit der ganzen Gesellschaft verreist. Im ›Simplizissimus‹ erfuhr ich, die ganze Tafelrunde sei nach Remscheid, um das Vermögen zu holen. Verdrossen zog ich mich zurück. Verlag und Zeitschrift ›Neuland‹ waren zu Ende. Die Briefbogen verstaubten. Ein Bekannter traf mich auf der Straße und berichtete von Hobreckers Rückkehr.
»Ganz Schwabing lebt von ihm augenblicklich! ... Er ist blödsinnig geworden und schreibt in einem fort Schecks aus ... Sogar solche über zwei und drei Mark ... Bei der Bank stehen sie Polonaise ... Mensch, ist das ein Idiot! ... Jede Nacht gibt's Sektgelage ... Ein richtiger, wildgewordener Volksschullehrer!« erklärte er.

»Da hast du es mit deinen Freunden«, sagte Selma.
Ich antwortete nichts darauf. Um wenigstens irgendwo meine Wut auszulassen, schickte ich die noch einlaufenden Manuskripte mit groben, gemeinen Begleitbriefen an die Absender zurück.
Der Herr vom Roten Kreuz fiel mir wieder ein. Ich suchte ihn endlich auf. Seine Frau empfing mich. Sie war lang und dürr und hatte ein zerwaschenes Reformkleid an. Alles an ihr, von der Gretchenfrisur bis zu den ausgetretenen Sandalen, hatte etwas peinlich Reinliches und Sparsames. Ihr ziemlich ältliches, hageres, gewissermaßen protestantisches Gesicht war mir schon beim ersten Anblick zuwider.
»So, soso! Ja, das ist aber schön, daß ich Sie einmal kennen lerne. Mein Mann hat mir ja schon soviel von Ihnen erzählt ... Er wird gleich kommen, setzen Sie sich einstweilen ins Wohnzimmerchen«, sprudelte sie heraus und führte mich in einen kleinen, behaglichen, frischgescheuerten Raum. Sie lächelte, entschuldigte sich und staubte weiter die Möbel ab. Wir unterhielten uns. Sie war sehr patriotisch und sprach immerfort von Deutschlands Größe und Unüberwindlichkeit. Zwischendurch erfuhr ich, daß sie einer altpreußischen Familie entstammte und einen Bruder hatte, der als Offizier im Westen war.
Dann kam der Mann. Sie ging schnell auf den Korridor hinaus und die beiden lispelten geschäftig. Unbehagen überkam mich.
Jetzt sprachen die zwei laut miteinander und kamen endlich herein.
»So, das ist recht! Also doch einmal! ... Na, was machen Sie denn jetzt?« fragte mich der Mann ein wenig väterlich.
»Ja, ich hab' grad keine Arbeit und hab' gedacht, jetzt hab' ich grad Zeit, Sie aufzusuchen«, sagte ich gemacht naiv. Er erkundigte sich genau über meine derzeitigen Verhältnisse und fing dann wieder ein Gespräch über Literatur an. Er redete und redete und ich gab ihm überall recht.
»Also, der Professor, von dem ich Ihnen erzählte, ist an der hiesi-

gen Universität . . . Der verwaltet ein Stipendium. Den müssen Sie kennen lernen«, sagte er einmal.
Das machte mich belebter. Eine ganz leise Hoffnung kam mir ins Hirn.
Die Frau brachte das Abendbrot. Ich mußte bleiben. Es gab Haferflocken mit Apfelkompott und grünen Salat. Ich griff gleich zu.
»Schmeckt es?« fragte die Frau befriedigt. Ich nickte aufgeräumt und würgte alles mit der größten Überwindung hinunter. Indessen, ich lobte das Essen über alle Maßen. Die Frau gab mir immer wieder etwas auf den Teller und war ganz Feuer und Flamme über einen so gesunden, urwüchsigen Kerl.
Zuletzt nahmen die zwei wirklich gerührt von mir Abschied und ich war froh, als ich auf die Straße kam. Zu Hause lag ein Brief von Schorsch von der holländischen Grenze. Auch seine damalige Frau, die verstorbene Malerin Maria Uhla*, hatte unterschrieben. Mysteriöse Andeutungen enthielt der Brief und zuletzt hieß es, sie kämen nach München. Ich freute mich und war zugleich wieder bedrückt. Schon wieder ein Zwischenfall, dachte ich. –
Ganz zerknirscht fragte ich andern Tags brieflich bei der Keksfabrik an, ob ich wieder eintreten könnte. Ja, hieß es. Gleich kam ich. Die alten Leute waren noch dort. Sie fragten hin und her. Ich log sie an.
Es lief nun wieder alles gleichartig im Kreise. Von früh bis abends, jeden Tag. Nur Sonntagsruhe gab es. Da schlief ich meistens den ganzen Tag.
Wenn ich so nachdachte, kam es mir vor, als habe ich in dieser Hölle nun einmal angefangen und müßte immer wieder in ihr landen. Spät am Abend, wenn ich heimging, befiel mich oft und oft der Wunsch, einfach blindlings ein Messer in die Hand zu nehmen und alles niederzurennen.

* Maria Uhden

Einmal redete mich plötzlich ein Mann unvermittelt an. Ich hob verstört den Kopf und schaute ihn groß an. Es war ein Syndikalist aus der damaligen ›Gruppe Tat‹. Er ging eine Straße lang mit mir. Wir tauschten alte Erinnerungen aus, dann kam er auf den Krieg und auf die Arbeiterbewegung zu sprechen.
»Die ganzen Führer haben uns verraten und verkauft!« stieß er bitter heraus: »Solang wir alle feig und faul in unseren Löchern warten, ändert sich nichts ... Die Bluthunde hören nicht auf mit dem Krieg ... Die Arbeiter müssen wieder ganz von vorn anfangen. Jeder Handstrich Freiheit muß erkämpft werden, da hilft alles nichts.« Ich nickte und schwieg.
»Ob wir jetzt im Feld hingemacht werden oder herinnen krepieren, das ist ganz gleich! ... Wenigstens wissen wir dann, *warum* wir kaputt gehen«, sagte er abermals. Groll und Verdrossenheit sprachen aus ihm. Er erzählte mir zum ersten Mal von geheimen Zusammenkünften der radikalen Sozialisten und forderte mich auf, hinzukommen.
Wieder nickte ich. Es überrieselte mich eine Wärme. Irgend einen dumpfen Entschluß empfand ich. Das war ein Ton von mir. Am andern Tag – erst drei Tage hatte ich gearbeitet – als mich Selma aufwecken wollte, blieb ich liegen.
»Ich mag nicht mehr!« brüllte ich merkwürdig schroff und drehte mich im Bett um. Sie wollte fragen. Ich gab keine Antwort. Sie fing zu weinen an. Ich rührte mich nicht.
»Es muß jetzt anders werden!« stieß ich bissig heraus.
»So geh' doch wenigstens zum Arzt und meld dich krank«, jammerte sie.
»Ja, mein'twegen, ruf die Keksfabrik an ... Ich geh' dann zum Doktor«, erwiderte ich. Sie ging bedrückt.
Am Nachmittag ging ich zum Arzt und wurde krankgeschrieben. Kurz nachdem ich in unserm Atelier ankam, klopfte es. Schorsch und Maria Uhla standen vor mir, als ich öffnete. Mir blieben vor Freude und Aufregung fast die Sinne stehen.

»Mensch! Gott sei Dank! Endlich, endlich Menschen!« rief ich überwältigt und ließ sie herein. –
Menschen brauchte man für den Krieg, ob krumm oder gerade, ganz gleich. Vier- oder fünfmal hatten die Militärbehörden Schorsch schon gemustert, stets war er wegen seines chronischen Gelenkrheumatismus zurückgestellt worden, aber bei der letzten Untersuchung hatte der Arzt einfach gesagt: »K.-v.«
Daraufhin hatten die zwei jung verheirateten Leute alles verkauft und ergriffen nur mit je einem vollen Rucksack die Flucht. An der holländischen Grenze wurden sie inhaftiert. Nach Berlin zurück ging nicht mehr, also kamen sie hierher.
»Wie ein Vogel, der ganz blödsinnig immerfort von einer Zimmerwand zur anderen fliegt – so weit sind wir mit diesem Krieg gekommen«, sagte Maria Uhla. Ich blickte scheu auf sie. Wirklich wie ein ratloser Vogel sah sie im Raum herum –
Selma kam. Wir tranken Tee und erzählten weiter.
Erst spät in der Nacht gingen wir auseinander. Schorsch fand kurz darauf ein Atelier in der Stadt, ganz in meiner Nähe. Hier arbeitete er täglich. Draußen in der Vorstadt wohnte er mit seiner Frau. Wir kamen oft zusammen und diskutierten.
Bei der nächsten hiesigen Musterung wurde mein Freund auf ein halbes Jahr zurückgestellt. Wir waren so erfreut darüber, daß wir uns schwer betranken.

XI
Zeichen

Damals zeigte sich auf den Straßen schon sehr deutlich eine allgemeine Kriegsmüdigkeit. Die russische Märzrevolution war zwar ohne große Spuren vorübergegangen. Es lag etwas in der Luft und in den Köpfen, daß dies da drüben, irgendwo im unbekannten Steppenreich, erst ein Anfang sei. »Sie führen ja noch immer Krieg, die Kerenskis«, sagte man, und das hieß ungefähr so

viel wie: »Eine echte Revolution macht Schluß mit dem Kriegführen.« Aber die Sixtusbriefe des Kaisers von Österreich und dann die Friedensschritte der Wiener Regierung wurden eben bekannt. Da hörte die Öffentlichkeit schon eher hin.
Indessen die große, breite Masse der Unteren lebte in einer mürrischen Trägheit dahin. Die täglichen Reihen an den Lebensmittelläden wurden immer länger. Ausgemergelte Gesichter, zerrupfte Gestalten mit hungerbösen Augen waren darunter. Es war, als belauere der eine den andern, daß ja keiner mehr bekomme. Was einst vielleicht wirklich eine einzige öffentliche Bewegung gewesen war, schien nun zerbröckelt zu sein. Alles war wieder einzeln, ganz und gar einzeln geworden.
Kein Mensch las mehr die gelben Telegramm-Anschläge der Frontberichte. Ein Murren ging um. Alles schien ausgelargt. Es wirkte nichts mehr. Die Lebensmitteldemonstrationen wuchsen sich zu Friedenskundgebungen aus. Siegen oder Nichtsiegen, Heldentaten und Schlachten, Kaiserworte, Hindenburg und Zweiundvierziger-Mörser – *das* alles war mit einem Male nicht mehr wichtig.
»Noja, solln's nur so fortsiegen, bis wir ganz und gar im Dreck drinnen sitzen!« brummten die Leute, und dann ging das Erzählen an.
»Überhaupts! ... Wenn s' schon in einer Tour siegen und siegen und Beute machen? ... Warum gibt's denn nachher allweil nichts wie Kaninchenleberkäs, Dotschn und das g'stinkerte Fischzeug?! ... Dös ist schon dös rechte Siegen! Schwindl ist's, sonst nichts! Krampf ist's!« raisonierte ein Mann auf der Straße und alle nickten. Besonders erbost war man auf das schlechte Bier, auf den König und die Preußen. »Der König ist der größte Schieber!« schimpfte eine Frau im Milchladen: »Der liefert die Milch von seinen Gütern alle ins Norddeutsche 'nauf, weil er da mehrer kriegt ... Der Geldbeutl spielt bei den hohen Herren die größte Rollen ... Ob wir verrecken, ist ihnen sauwurscht.«

»Schuld ist keine andere wie seine Alte, bloß die!« meinte eine andere in bezug auf die Königin. »Die hat ja sowieso die Hosen an! . . . Die regiert doch den ganzen Saustall, und er, der lappert Loitl sagt zu allem Ja und Amen . . . Er ist bloß da, daß er auch da ist . . .«
Ähnliches konnte man jeden Tag hören. Die haarsträubendsten Gerüchte gingen von Ohr zu Ohr. Von ganzen Armeen Geschlechtskranker, von versteckten Gasverletzten und Verstümmelten hörte man was.
Der Hunger drang gewissermaßen auch in die Bezirke der Wohlhäbigeren, wurde Losungswort an jedem Biertisch, wurde Gespenst, unsichtbar, aber überall fühlbar. Dabei hatten verhältnismäßig große Volksteile gerade in München noch immer Dinge, die man in Norddeutschland überhaupt nicht mehr kannte. Jeder hier hamsterte, soviel er nur konnte. Wahre Pilgerzüge durchwanderten die Dörfer. Im Schleichhandel war alles zu haben, und Deserteure waren nichts Ungewöhnliches mehr. Ich las die Zeitungen wieder. Die Politik interessierte mich jetzt viel mehr. Die ersten Meutereien der Hochseeflotte wurden ruchbar.
»Jetzt geht die Revolution an!« sagte ich romantisch begeistert zu Schorsch. Dann erzählte ich ihm von den Zusammenkünften der radikalen Sozialisten. »Die Deutschen machen nie eine Revolution, und überall sind Spitzel«, meinte mein Freund.
»Ach was, Spitzel! Wenn einfach alle losgehen – so viele Zuchthäuser haben die ja gar nicht, um die Rebellischen alle einzusperren!« erwiderte ich.
An diesem Abend machte ich mich auf den Weg zu dem Versammlungslokal, das mir der Syndikalist genannt hatte. So im Dahingehen dachte ich über mein ganzes Leben seit der Militärentlassung nach. Ich fand nichts Helles und Schönes in diesem Rückblick. Langsam geriet ich in eine Spannung. Erbitterung und Wut kamen und wurden zuletzt eine einzige unbestimmte Rachsucht.
Das ist ja alles dummes Zeug, Friede und Brot und Freiheit! flog

durch mich. Einfach losgehen und abrechnen mit allen, die dir jemals weh getan haben im Leben.
»Nieder!« brummte ich zähneknirschend und fühlte den Schweiß auf meinem ganzen Körper: »Einfach alles nieder!«
Entschlossen trat ich in die Wirtschaft. In der Meinung, solche Versammlungen müßten geheim und womöglich unter einem x-beliebigen Decknamen abgehalten werden, fragte ich vorsichtig den Wirt, der am Ofentisch mit einigen Gästen gemütlich Tarock spielte, und war erstaunt, als er ohne weiteres sehr laut sagte: »Die Unabhängigen sind im Nebenzimmer. Hat schon angefangen.«
Das kühlte mich schon wieder ein wenig ab. Diese Revolutionäre waren zu offen und schienen ein wenig harmlos zu sein.
Rasch trat ich auf die Bretterwand zu, die das Nebenzimmer von der Wirtsstube trennte, und als ich öffnete, hoben sich an verschiedenen Tischen Köpfe. Man musterte mich ohne Mißtrauen. Einige bekannte Gesichter nickten mir grüßend zu. Syndikalisten und Leute aus der einstmaligen ›Gruppe Tat‹ waren es, Freidenker und einige Intellektuelle, ziemlich viel Arbeiterfrauen und vereinzelte Soldaten sah ich. Unerregt saß alles da und blickte auf einen Tisch vorne, hinter dem ein nicht sehr großer Mann mit wallendem, grauen Haupthaar, einem ebensolchen Schnurr- und Spitzbart stand und eine Rede hielt. Einen Kneifer trug er, hinter dem sehr bewegliche kleine Augen saßen. Hin und wieder unterstrich er irgendeinen Satz mit einer kurzen Armbewegung oder streckte den Zeigefinger wie ein Schullehrer in die rauchige Luft. Er hatte eine ziemlich tonlose, etwas kratzende Stimme, sprach aber sehr flüssig. Seine Kleidung war lässig, und alles an ihm machte den Eindruck von einem pensionierten Schulrat oder Professor. Ich dachte nach und erinnerte mich an eine illustrierte Geschichte der deutschen Revolution von 1848. Da waren auch so ähnliche Gestalten abgebildet.
»Wer ist denn der Redner?« erkundigte ich mich leise bei meinem Nebenmann.

»Der Eisner«, war die Antwort. Ich suchte in meinem Gedächtnis, ging alle Revolutionäre und Bekannten aus meiner Anarchistenzeit durch, nein, ich mußte mich geirrt haben. Liebknecht, Bebel, Rosa Luxemburg, Landauer, Mühsam, *die* gehörten zu den Radikalen, aber Eisner? Wo war ich denn hingeraten?
Schon wurde ich wieder mißtrauisch.
Ich hörte deutlich hin. Doch – der Mann sprach sehr revolutionär.
»Hört! Hört! Sehr richtig!« sagten da und dort Leute. Der Mann hob die Stimme und rief mit bewegtem Oberkörper: »1914 hat die Sozialdemokratie Deutschlands versagt. Das Proletariat wurde schändlich, erbärmlich verraten von seinen Führern. Das Blutbad begann. Jetzt aber zeigen sich die ersten Zeichen des Erwachens! Alle Drohungen, alles, was man so ausgiebig benützt, um jedes revolutionäre Wollen zu unterdrücken – Kriegsgesetze, Einkerkerungen, Füsilierungen und alle sonstigen Verordnungen werden diesen Willen der Massen nicht mehr aufhalten, nicht mehr ausrotten können! Die Herren von der Obersten Heeresleitung und die weisen Richter am grünen Tisch der Reichskanzlei irren, wenn sie annehmen, die überall aufflackernden Meutereien, die Streiks und Demonstrationen des Proletariats seien nur eine Bewegung für den Frieden allein. Nicht um eine bloße Gegenbewegung, Genossen und Genossinnen, handelt es sich mehr – es handelt sich, darüber müssen wir uns alle klar werden, um eine Fortbewegung in die Revolution hinein!«
Der Mann wischte sich die nasse Stirn ab. Beifall erscholl von allen Seiten. Ich lebte auf.
»Expropriation!« brüllte ein Syndikalist aus irgendeiner Ecke ganz unvermittelt.
»Sabotage in allen Betrieben!« sekundierte ein anderer.
»Jawohl! Sehr richtig!« erscholl es allgemein. Die Fremdwörter ärgerten mich.
»Den Befehl verweigern beim Militär! Einfach nicht mehr mitmachen!« rief ich noch etwas unsicher und erntete sofort Beifall.

Man sah mich vertrauenerweckend an. Ich war gerührt und glücklich.

Eisner hatte sich gesetzt. Ein Stimmendurcheinander entstand, dann läutete es zur Diskussion.

Meistens sprachen alte Arbeiter und auch einige Frauen. Einfach und derb redeten sie. Die Frauen wurden hitzig und forderten kühn, die Männer sagten das ihrige ruhiger. Die angelernten Phrasen, die sie anwendeten, gingen unter. Man überhörte sie. Offen haßerfüllt redeten sie. Mir wurde warm dabei. Es überrieselte mich.

Von da ab besuchte ich mit Schorsch fast allwöchentlich die Diskussionsabende der Unabhängigen, von denen jeder in der Stadt wußte. Ich traf immer mehr bekannte Leute dort. Ich dachte nicht mehr daran, eine Arbeit anzunehmen. Ich wartete gleichsam jeden Tag auf die Revolution und schrieb Gedichte auf sie. Stunden und Tage gab es, da war ich in einer fortwährenden Begeisterung.

Es gab immer mehr Verdrießlichkeiten mit Selma, aber ich setzte mich jetzt leichter darüber hinweg.

Freilich, wenn ich allein war, wurde mir oft recht kläglich zumute. Das ist ja alles recht schön und gut, sagte ich mir, die reden und reden in einem fort von der nahen Revolution, aber angehen tut sie nicht. Immer ist es eine Versammlung und die hört dann auf, man geht auseinander, und alles ist wieder das gleiche.

Bedrückte Tage kamen. Ich weiß nicht, ob es anderen Menschen in meinem Alter zu damaliger Zeit auch so ergangen ist, aber ich habe bei mir deutlich beobachtet: Die Revolution war eigentlich etwas Unvorstellbares für mich, sie war gewissermaßen ein Zustand, dem alles zustrebte, was aber nach diesem Hereinbruch geschehen sollte, darüber war sich kaum wer klar.

Eines Tages hatte ich mit Schorsch eine hitzige Diskussion über dieses Thema. Ich schwärmte immer nur für Gewaltanwendung und ›Losgehen‹. Er sagte aber auf einmal sehr nüchtern: »Ja, wie stellst du dir das eigentlich vor? . . . Glaubst du vielleicht, wenn die

Revolution ist, dann brauchst du keine Stellung mehr annehmen? . . .«
Ich stockte und wußte nichts darauf zu erwidern.
»Genauso wie jetzt wirst du arbeiten müssen . . . Es geht doch vorläufig um die politische Macht . . . Bis dies bis ins einzelne kommt, derweil sind wir vielleicht alte Knacker . . . Aber man muß einfach immer für die Beunruhigung sein«, setzte er mir auseinander. Das ernüchterte mich. Ich erwog schon wieder, eine Stellung zu suchen.
Da geschah etwas Unerwartetes.
An einem Sonntagmorgen lagen wir im Bett, und ich sagte gerade zu Selma ziemlich verdrießlich: »Schlaf doch weiter! Das Schlafen ist eigentlich das einzige! Was sollen wir uns jede Viertelstunde vermisten! Es ist halt einmal so: Nur wenn man wach ist, kommt der Ärger und alles Widerwärtige! . . . Schlaf einfach weiter! . . . Man kann nichts tun als schlafen, bis die Revolution kommt!«
»Da wird's auch nicht anders!« erinnerte mich Selma schon wieder. Auf einmal klopfte es sehr stark an die Ateliertür, und »Herr Graf! Graf!« rief wer. Ich gab erst nicht an. Endlich, als das Klopfen nicht aufhörte, schlüpfte ich schnell in meine Hosen und öffnete die Tür. Der Herr vom Roten Kreuz stand vor mir. Ich war sehr verdutzt und machte mit Gewalt ein freundliches Gesicht.
»Ich hab' nämlich lang in der Nacht gearbeitet«, entschuldigte ich mich. Der Mann war heiter, trat ein und sagte mit einem menschlichen Pathos: »Graf! Ich hab' eine sehr gute Nachricht für Sie. Der Professor hat Ihre Gedichte gelesen. Sie gefallen ihm sehr. Sie bekommen auf drei Monate vorläufig ein Stipendium, das er verwaltet.«
Er schaute mich an, als wollte er die Wirkung feststellen. Ich wußte nicht gleich, was ich für eine Miene machen sollte und stotterte fast fassungslos heraus: »Hja-ja, jaja, das ist – hja, Herrgott, dankschön! – Das ist ja wie ein Wunder . . .«
»Nein, nein, Graf, Sie sind ein großer Dichter«, ermunterte mich

der Mann und erzählte, daß der Professor mein Gedicht ›Die Zwanzigjährigen‹ direkt verschlungen habe. »Man weiß ja nicht, was einer für eine Begabung hat«, meinte er hinwiederum, »aber der Herr Professor meint, das wär' Drama ... Sie wären Dramatiker ... Sie sollten's mit einem Drama versuchen.«
Ich lächelte, er lächelte. Ich konnte nichts sagen. Monatlich sollte ich hundert Mark bekommen. Ich dachte an unsere Misere, an Selma und nickte zu allem, was der Mann sagte. Es war eiskalt im Atelier. In Hemdsärmeln stand ich da und wagte nicht, mich anzuziehen, draußen im Zimmer hörte ich bereits Selma. Ich fror, der Herr bekam das Nasentropfen und redete unablässig über Kleist und Dichtung, über Ethik und über alles mögliche. Von Zeit zu Zeit ging er ganz nahe an mich heran und schaute mir in die Augen. Ich raffte mich immer wieder zu neuer Interessiertheit auf. Eine Stunde verlief. Todunglücklich war ich schon wieder, mein Magen knurrte, und ich spürte gleichsam, wie Selma draußen fror und wartete. Schlotternd sagte ich immerzu: »Jaja, das ist sehr gut! Sehr gut! ... Jaja, sehn Sie, da treffen wir uns ... Ja, mein Gott, der Kleist! ... Wissen Sie was? ... Ich glaub', ich schreib' wirklich ein Drama ... Jaja, sehr richtig ... Hm, ja ... Jaja, der Kleist ... So was passiert nur in Deutschland ... ja, hm – hm ...«
Wie abwesend war ich schon, und endlich, endlich ging der Mann. Ich rannte in das Schlafzimmer. Da stand Selma und schlotterte. Ihre Kleider hatte sie im Atelier und wollte nicht herauskommen. Im Bett wollte sie auch nicht liegen bleiben. Sie weinte.
»Wein doch nicht! ... Was sollt' ich denn tun! Hast du gehört!« redete ich tröstend auf sie ein: »Hast du gehört, hundert Mark krieg' ich im Monat.« Sie nickte und hustete in einem fort.
»Mich hat ja auch so gefroren, aber – freu dich doch, jetzt wird ja alles viel besser, wein doch nicht, du, du ...!« Sie nickte wieder und versuchte zu lächeln. Ich machte rasch Feuer.
»Jetzt sind wir über Wasser!« rief ich von Zeit zu Zeit unterm Teetrinken.

»Du tust grad, wie wenn die hundert Mark die Welt wären!« dämpfte sie meinen Enthusiasmus: »Mein Gott, freilich hilft's uns viel, aber gar so arg ist das nicht . . .«
»Ja«, sagte ich zum Schluß vergrämt und zynisch: »Gescheiter wär's gewesen, wir hätten weitergeschlafen . . . Schlafen, jaja, schön schlafen, das regt nicht auf.«
Am andern Tag ging ich auf die Bank und bekam auf den Scheck, den mir der Mann vom Roten Kreuz gegeben hatte, das Geld. Abends steckte ein Zettel im Briefkasten, ich sollte übermorgen in die Universität kommen, nach der Vorlesung wollte mich der Professor kennenlernen. Triumph und Neugier tobten gleich stark in mir. Ich rannte zu Schorsch und erzählte.
»Schreib halt ein Drama!« sagte der.
»Ja, mein Gott, aber ich hab' doch gar keinen Stoff! . . . Das ist doch der Teufel! . . . Da muß doch was passieren drinnen! . . . Stoff, Stoff!« rief ich, setzte aber schließlich doch sorgloser hinzu: »Aber in drei Monaten kann viel passieren! Da wird's vielleicht schon!«
Am angegebenen Abend traf ich den Roten-Kreuz-Mann pünktlich vor dem Vorlesesaal des Professors in der Universität. Nach kurzer Zeit strömten die Studenten und Studentinnen heraus, und ein Herr in schlichter, sauberer Kleidung, der sehr viel Ähnlichkeit mit Nietzsche hatte, kam auf uns zu.
»Das ist der Herr Graf, Herr Professor«, sagte der Rote-Kreuz-Mann, ich machte eine ungeschickte Verbeugung mit dem Kopf und reichte dem Professor die Hand. Schüchternheit und konfirmandenhafte Spannung engten mich ein. Bald aber hatte der Professor all dies weggescheucht. Er war mir schon nach den ersten Worten sympathisch. Etwas beruhigend Solides und Offenes stand in seinem Gesicht. Sein Gebaren hatte nichts von dem, wie ich mir einen Professor vorstellte. Wir gingen auf die Straße und redeten viel. Mit einer ungewohnten Achtung sprach der Professor von meinen Gedichten. Ganz fremdartig klang alles.
»Wissen Sie, Herr Graf, Sie sind schöpferisch . . . Solche Leute

sind heute sehr, sehr selten, und der Krieg reißt uns die besten Kräfte weg«, sagte er, »bei Ihnen drängt es ... Das ist alles echt, ganz echt ... Ich war wirklich erschüttert von Ihren Gedichten ... ›Die Zwanzigjährigen‹, mein lieber Herr Graf, das ist ja Drama! ... Das ist – so wie es dasteht – absolut Drama ... Ich glaub', Ihre Begabung ist dramatisch ...«
Er sprach wie ein herzlich besorgter Mensch. Ich wurde verlegen, aber eine eigentümliche Rührung stieg in mir auf. Zum ersten Mal in meinem ganzen Leben lobte mich wer. Ich bekam ein leises Selbstbewußtsein und gestand mir zuinnerst, du mußt doch was können, wenn schon einmal ein Professor sowas sagt und dich unterstützt! Wie ein braver Schulbub kam ich mir vor, der von seinem Lehrer unverhältnismäßig belobigt wird. Ich wagte kaum aufzusehen und hatte in einem fort den Wunsch, recht gewählt zu danken. Von allerhand redete ich. Es klang sicher ungeschickt, und immer wieder sagte ich verwirrt: »Dankschön«. Dann äußerte ich meine Absicht, ein Drama zu schreiben, und während ich so dahinredete, wurde mir dies ungefähr so etwas wie eine Schulaufgabe. –
Der Herr vom Roten Kreuz hatte sich verabschiedet. Wir gingen noch eine Strecke zusammen. »Herr Graf, ein Dichter kann man nicht werden ... Man ist einer«, sagte der Professor wieder herzlich und schaute mir in die Augen. »Sie sind einer, das hab' ich gleich gekannt, wie ich Ihre ersten Gedichte gelesen hab' ... Sie sind ja noch so jung ... Da wird sehr viel noch ...«
Ich glühte förmlich und schwankte zwischen Weinen und Aufjubeln. Aber ich nahm meine ganze Beherrschung zusammen und sagte mit leisem Zittern: »Ja ... hoffentlich mach' ich alles zu Ihrer Befriedigung, Herr Professor ...« Ich war sehr froh, daß ich die Rede so schön herausgebracht hatte. Doch der Professor lächelte und meinte lebhaft abwehrend: »Nein – nein, um Gottes willen! Nein, lassen Sie sich ja nicht beeinflussen, Herr Graf! ... Nein, das dürfen Sie auf keinen Fall, sonst schade ich Ihnen ja ...«

»Haj-jaja-ja, da-ankschön, Herr Professor ... Besten Dank«, stotterte ich wieder und wir drückten uns die Hände. –
Ich schlenderte sorglos durch die trüben, schon nachtnebeligen Straßen. Ganz frei atmete ich. Aber es dauerte bloß kurze Zeit.
»Herrgott, ein Drama! Ein Drama?!« murmelte ich plötzlich halblaut und wurde schon wieder unruhig. Sofort kaufte ich zwei Zeitungen, um in den Gerichtsnachrichten vielleicht einen tragischen Fall herauszufinden. Aber es fand sich nichts Brauchbares. Ich war buchstäblich ärgerlich, daß so wenig geschah auf der Welt.
In den nächsten Tagen suchte ich überall nach einem Dramenstoff und wurde förmlich verzweifelt, weil sich alles so schwer anließ. Ich hatte mir fest vorgenommen, meine Aufgabe gut zu machen.
Endlich fielen mir wieder die Diskussionsabende der Unabhängigen ein. Ah, dachte ich, da kannst du sicher was rausholen! Das ist sehr möglich, sicher möglich. Ich suchte also nach dieser Richtung. –
Manchmal, wenn ich mir meine Dummheiten, mein Mißgeschick und das ganze Durcheinander in meinem Innern vergegenwärtigte, überkam mich ein niederdrückender Unmut. Allein und ungestört wollte ich sein, aber alles stürzte sich jede Stunde, jede Minute förmlich zerreißend auf mich. Mitunter aber fielen mir wie von ungefähr die Worte des Professors ein und laut sagte ich sie vor mich hin.
»Dichter kann man nicht werden! Man ist einer! Sie sind einer, Herr Graf!«

XII
Dumpfe Krise

Ich wollte ruhig werden, alles Vergangene und Gegenwärtige wegschieben, mich hinsetzen und dichten. Ich wollte die Menschen um mich herum übergehen, gewissermaßen den Gang der Welt seitlich liegen lassen, an nichts mehr teilnehmen und unberührt von den Ereignissen mein Leben ausschöpfen. Ja, ich wollte ein Dichter werden.

Einer hatte gesagt, daß ich einer sei. Wenn dem schon so war, dann mußte es für meine Handlungen nur *das* Maß geben, daß ich an sie legte.

Jeder Mensch begreift stets nur zu seinen Gunsten. Als mir damals der marxistische Satz ›Der Mensch ist ein Produkt der Gesellschaft‹ solchermaßen klar geworden war, erfüllte mich diese beinahe einem Freispruch gleichkommende Erkenntnis zeitweise mit hemmungsloser Freiheit.

Jetzt war es um kein Haar anders. Ganz konkret, ganz persönlich auf mich bezogen, ganz zu meinen Gunsten stellte ich jene schier unwiderlegliche Lossagung aus Stirners ›Einzigem und seinem Eigentum‹ vor mein gefaßtes Beginnen: ›Was soll nicht alles meine Sache sein! Vor allem die gute Sache, dann die Sache Gottes, die Sache der Menschheit, der Wahrheit, der Freiheit, der Humanität, der Gerechtigkeit; ferner die Sache meines Volkes, meines Fürsten, meines Vaterlandes; endlich gar die Sache des Geistes und tausend andere Sachen. Nur *meine* Sache soll niemals meine Sache sein!‹

Ich geriet wie von selbst in eine verbissene Abwehr gegen alles. Was ging mich unser Elend an? Ob Selma ein Kind erwartete und wie alles weiterginge! Was kümmerte mich Krieg und Revolution! Was hatte überhaupt alles mit mir zu tun?!

Ich schrieb Gedichte. Ganz für mich war ich zeitweilig. Und war unbeirrt glücklich über einen Klang oder einen Satz.

Nur – man durfte nicht aus dem Atelier gehen und an nichts denken. Das war nicht durchzuführen. Kaum aber ging ich auf der Straße, so fielen auch schon die tausend Erregungen über mich her. Es half nichts, man wurde in sie verstrickt.

Es war schon so weit gekommen, daß ich ging, wenn Selma heimkam. Ich suchte die Versammlung der Unabhängigen auf. Dort ging es jetzt viel bewegter her. Alles hatte sich zusammengefun-

den, Arbeiter, Deserteure, pazifistische Dichter und ungeduldige Frauen, Parteimenschen und Gefühlsrebellen.
In der Straßenluft lag gleichsam die langsam herannahende Gärung. Jeder Tag konnte den Umsturz bringen. Brotkrawalle vor dem Rathaus gab es, die Frauen schrieen und es klang furchtbar. Die Polizei kam und drängte die Massen auseinander. Beschimpfungen hagelten auf sie nieder. Es lag eine finstere Wolke über den Häusern.
»Revolution! Blutregiment!« schrie ein junger Mensch und wurde festgenommen. Die Menge stürmte auf die Polizisten ein und wollte ihnen den Verhafteten entreißen. Blanke Säbel blitzten auf, Tumult und Geschrei wälzten sich in die Seitengassen und Straßen.
Fieberhaft tätig waren die Revolutionäre und viel hoffnungsvoller. Die vielen Verhaftungen beirrten keinen mehr. Jeder redete, jeder forderte die kühnsten Dinge, der Aufruhr stand in jedem Gesicht.
Die Revolution mußte kommen, *mußte!*
»Generalstreik!« schrieen die Syndikalisten.
»Bewaffnung und Revolution im Innern!« forderten die Unabhängigen und Spartakisten.
»Vernichtung aller Maschinen! Streik! Einfach nichts, gar nichts mehr machen!« brüllte ich.
»Anarchist!« warf man mir entgegen. Ich hörte nicht drauf. Ich brachte meine Forderung abermals vor.
»Mensch, paß auf, morgen holen sie dich!« sagte ein Spartakist beim Auseinandergehen zu mir.
»Was scher' ich mich drum!« gab ich ihm zur Antwort: »Angehen muß es jetzt! Unbedingt angehen!«
Erst wenn ich daheim im Atelier war, wurde ich wieder ruhiger.
Ach ja, ich wollte ja eigentlich dichten und ganz für mich sein!
Ich suchte den Professor öfters auf. Dann wieder den Rote-Kreuz-Mann. Der Professor war Lehrer an der Universität, führte ein bie-

deres Privatleben, las jeden Abend sein Kolleg über Byron, Goethe oder Ibsen, stammte aus einer gutbürgerlichen katholischen fränkischen Familie, machte einen ausgeglichenen Eindruck und hatte – wie es schien – seine festen Ansichten. Neben ihm zu gehen, war beruhigend. Ich hatte ihn gern. Er war weit über fünfzig und sprach mit einer in jenen Kreisen geläufigen Art mit mir. Er eiferte eigentlich gegen nichts. Er gehörte zu den Menschen, die das, was sie ablehnen, nie auszusprechen brauchen, bei denen man es aber sogleich herausfindet. Nie war das, was er vertrat, aufdringlich. Aber an allen seinen Äußerungen war etwas fühlbar Erzieherisches. Anerkennend und ehrfürchtig redete er von Krieg und Vaterland, würdig über alles. Nichts war bei ihm angeeignet, alles schien mit ihm aufgewachsen zu sein.
Der Mann vom Roten Kreuz saß jeden Tag in seiner warmen Stube in der Zentralstelle, besuchte abends die Hörsäle und bereitete sich auf das Doktorexamen vor. Er holte mich öfters ab zu den Vorlesungen, denn er und der Professor hatten gesagt: »Machen Sie sich die staatlichen Institute zunutze, Herr Graf.« Ich saß dann neben ihm in einem großen Hörsaal, zwischen anderen Studenten und Studentinnen, und schaute todernst auf den gelehrten Mann, der vorne hinter einem Pult stand und seine Ansichten über diese und jene geistige Frage darlegte. Zum Beispiel, ob Goethe an den alten germanisch-heidnischen Glauben angeknüpft oder durch seinen Faust etwa ein Bekenntnis zur vertieften Christlichkeit abgelegt habe. Es ging mir wenig in den zerstreuten Kopf, nichtsdestoweniger hörte ich aber mit aller Anstrengung zu. –
Draußen auf den Straßen geht jetzt vielleicht schon der Aufruhr los, dachte ich, und eine Ungeduld faßte mich. Hier redet man von alledem, was jetzt überall wütet und geregelt sein will, nichts. Es scheint, die hier sind alle satt und haben nichts zu leiden.
Dann nahm ich mich wieder fester zusammen und hörte noch aufmerksamer zu. Bei meinen ersten Besuchen auf der Universität war ich scheu. Ich wagte stets nur mit dem Rote-Kreuz-Mann in ei-

nen Saal zu treten. Allmählich aber verlor sich diese Schüchternheit, und ich suchte auch andere Hörsäle auf.
Es war überall das gleiche. Höchstenfalls hatte dieser oder jener Professor eine tiefere oder hellere, eine deutlichere oder undeutlichere Aussprache. Hier zerredete einer eine Stunde wegen einer Wortwendung in einem mittelhochdeutschen Gedicht, dort erging sich einer über das psychologische Prinzip bei Nietzsche, ein anderer wieder lehrte über Gottesglaube und Götterverehrung im Altertum und in der Jetztzeit, und jener las über Strafrecht und seine Fundamente im modernen Kulturstaat. Ich schaute den Redner an, ich blickte auf die Studenten und Studentinnen ringsherum. Es kam mir vor, als hätten sie alle die gleichen Gesichter. Sie drückten die Bänke, hatten ab und zu ein Blatt Papier oder ein Heft vor sich und notierten. Hin und wieder strampelten sie oder scharrten mit den Füßen wie unartige Schulkinder, dann gingen sie wieder weg mit ihren Mappen.
Ich sah noch genauer hin und dachte alsdann über die Laufbahn eines solchen Menschen nach. Also so etwas wird nach einer Reihe von Jahren wieder Professor und steht auch wieder da vorne hinter dem Pult und redet? Und die? Die werden Richter und richten uns. Diese werden Pfarrer, predigen und halten Messe, und die treten später in den Staatsdienst, fangen als niedere Leute an, vermählen sich züchtig, werden befördert, bekommen Titel und Rang und regieren uns schließlich.
Die Universität also, das war die Einrichtung, wo man immer und immer, Jahre hindurch, zuhört und dann noch so und so viel Bücher durchliest, und endlich wird man etwas.
Das gibt sodann die gebildete, bessere Gesellschaft.
Die Arbeiter arbeiten, die Bauern pflügen und ernten – *diese* Leute aber sagen, was richtig und falsch, was gesetzlich und ungesetzlich, sittlich und unsittlich ist. Mit einem Wort, diese Leute geben den Ton an, sie befehlen.
Hier wurde mit ›Geist‹ hantiert, hier lernte man alle Dinge des ge-

sunden Menschenverstandes so umzumodeln, jedes Wort und jeden Begriff so vieldeutig zu machen, daß der einfache Mensch davon verwirrt wurde und Respekt davor bekam, ja, noch mehr, sogar – eine undefinierbare Furcht.

Und das? Das machte ihn dann dieser Gesellschaft gefügig.

»Wissen Sie, lieber als all diese Studenten und Studentinnen, die jeden Monat von daheim ihr Geld bekommen und hinten und vorn nichts, gar nichts vom Leben kennen, lieber ist mir doch der nächstbeste Lumpensammler!« sagte ich zum Rote-Kreuz-Mann. Der fing sofort an, mich zu belehren.

»Aber Herr Graf!« rief er: »Herr Graf, Sie sind Rationalist! Sie sind durch und durch mechanistisch eingestellt. Sie müssen denken, die Universität ist eigentlich ein geistiger Staat! ... Die Universität ist die höchste sittliche Warte!« Und schon kam er ins Eifern: »Zu Luthers Zeiten zum Beispiel war sie der Sammelpunkt der ethisch Reifsten aus dem ganzen Volk! ... Das soll auch heute noch so sein und ist auch meistens noch so.«

»Ja, aber das – das kostet doch eine Masse Geld da drinnen ... Ein armer Mensch kann da doch gar nicht hingehen«, erwiderte ich plump und gehässig und fuhr gleich weiter: »Wenn keine Universität und all diese schönen Sprüche nicht mehr sind, deshalb geht die Welt genau so weiter! ... Ethisch Reifsten, sagen Sie? ... *Die* da drinnen können leicht gut und gebildet und anständig und weiß Gott was sein, sie haben keinen Hunger und die besten Aussichten!«

Der Mann warf sich förmlich auf mich.

»Aber Herr Graf, Sie müssen doch bedenken, daß der Mensch nicht allein vom Brot lebt, und wir sind doch eine Nation, ein Staat!« rief er und nahm mich in seine Wohnung mit. »Staat, Nation? Das sind bloß alles fixe Ideen! Alles bloß Erfindungen der Oberen! Wir brauchen bloß Menschen!« erwiderte ich polternd.

Die Frau des Mannes redete jetzt auch. Der Mann fing wieder von Kleist an, vom sittlichen Kern der Nation, vom deutschen Geist.

»Ah, Geist!« brummte ich plötzlich geringschätzig und mißmutig: »Immer heißt's gleich, man muß Geist haben und Charakter haben ... Ich hab' die zwei Sachen nicht gelernt.«
»Ja, aber Sie dichten doch, Graf! Der Dichter ist überhaupt das Allergeistigste!« trieb mich der Mann in die Enge.
»Ja, ich will ja eigentlich bloß Unterhaltungsschriftsteller werden«, sagte ich in Ermangelung einer besseren Widerlegung und teilweise aus reiner Wut.
Er sah mich lächelnd an, seine Frau schüttelte verzeihend den Kopf.
»Ja, zu was schreiben Sie denn dann Gedichte?« fragte der Mann.
»Das – das sind nur Übungen«, erwiderte ich wie vorhin, »das andere kann ich eben noch nicht.«
Ich wollte abstoßen, aber die Leute fingen immer wieder mit Belehrungen an. Die Frau hatte die Zeitung in der Hand, schlug sie auseinander, las laut über einen kleinen Fortschritt unserer Truppen im Westen und sagte jammernd: »Um Gottes willen! ... Entsetzlich, die neunte Kompanie! Wird doch meinem Bruder nichts zugestoßen sein.«
Ich sah flüchtig auf die Titelseite. In fettgedruckten Lettern las ich fliegend: ›Revolution in Rußland! Kerenski gestürzt! Petersburg und Moskau in der Gewalt der Revolutionäre! Arbeiter- und Bauernregierung in Rußland!‹
Es durchzuckte mich wie elektrisch. Ich sprang auf die Zeitung und starrte auf die Botschaft, daß die zwei fast zurückwichen.
»Mensch!« stieß ich jäh heraus: »Mensch! Die Revolution! Revolution!« Ich achtete auf nichts mehr.
»Die Revolution fängt an! Auf der ganzen Welt! Es wird ganz, ganz anders!« sagte ich wie in einem Rausch: »Jetzt geht die neue Zeit an!«
»In Rußland!« sagte die Frau und bekam bereits ein hartes Gesicht.
»Sie sind Romantiker, Graf!« meinte der Herr.

Ich rannte auf und davon, die Treppen hinab, jagte Straßen lang, kam in Schweiß und schnaubte fliegend.
»Revolution! Revolution!« summte, brummte, sang, pfiff, keuchte ich, als ich zu Schorsch ins Atelier stürzte: »Juchhee, jetzt geht's an ... Und nichts wie weg mit den Universitäten und all diesem geistigen Mist! Revolution!«
Schorsch wußte schon alles. Fieberhaft lasen wir die Berichte. Erst nach einer Weile kamen wir wieder ins rechte Geleise.
»Jetzt muß es bei uns auch bald angehen, vielleicht schon heut oder morgen!« jubelte ich.
»Du«, sagte Schorsch dann gedämpfter, als fürchte er, es höre jemand zu: »Jung hat geschrieben ... Ein Mann kommt, wahrscheinlich ein Deserteur ... Wir sollen ihn unterbringen.«
»So?« sagte ich halb fragend und halb gleichgültig: »Dann wird's wohl gut sein, ich halt' mich jetzt sehr zurück, damit die Spitzel nicht aufmerksam werden, sonst fassen sie uns und den Mann ... Warten wir mal ab.«
»Ja, es wird am gescheitesten sein«, meinte mein Freund. Ich ging. Auf den Straßen war es ruhig. In mir brannte es lichterloh. Ich mußte immer wieder an die Gesichter in der Universität denken, wie sie dahockten, unberührt und überheblich, gleich und gleich. Ich vergegenwärtigte mir, was nun, wenn plötzlich der Aufruhr losbreche, alles geschehe. Ich dachte an den Professor, an den Rote-Kreuz-Mann und seine Frau und an alle diese Leute, die immerzu von Vaterland und Krieg und Hindenburg und Kaiser und Ludendorff als von etwas Höherem sprachen. –
Soweit ich zurückdenken kann, hat keiner in unserer Familie jemals eine ausgesprochene Neigung fürs Vaterland gehabt. Gesetz, Patriotismus und Kriegsbegeisterung waren uns allen fremd. Mit Ausnahme meines älteren Bruders Max hat keiner meiner Brüder oder Schwestern je etwas von Beamten- oder Soldatensein und von Institutionen des Staates und des Militärs gehalten, im Gegenteil, wir fanden dies alles mehr oder weniger lächerlich und verschro-

ben. Meine Mutter haßte niemanden so sehr wie den Gendarm und log aus Instinkt, wenn ein solcher ins Haus kam und sie ausfragen wollte über unsere Streiche. Selbst mein Vater, der den Feldzug Anno 1870 und 71 treu und redlich mitgekämpft und eine steife Hand, das Eiserne Kreuz, seine geschwollenen Füße und lockeren Zähne daraus zurückgebracht hatte, selbst er, der Kriegsepisoden und Soldatenstreiche mit richtiger Lust erzählte und sein Leben lang eine große Neigung für Bismarck hatte, selbst er haßte nichts mehr als das Militärische, Vaterländische, Feldwebelmäßige. Diese fast blutsmäßige Abneigung gegen jegliche uniformierte Wichtigtuerei ging bei ihm soweit, daß sie sich selbst auf Leute wie den Schullehrer, den Veteranenhauptmann, auf den Bürgermeister und den Advokaten, kurzum auf alle Menschen erstreckte, die den Geruch von einer Amtshaftigkeit ausströmten. Soviel mir erinnerlich ist, hat er nur ein einziges Mal die ortsübliche Gemeindeversammlung besucht und bei dieser Gelegenheit den Bürgermeister derartig unübertrefflich persönlich beleidigend beschimpft, daß der dickbauchige, rothaarige Bauer buchstäblich in Tränen ausbrach. Jemand, der ein Amt ausübte, war für meinen Vater ungefähr soviel wie ein betrügerischer Faulenzer, der auf Kosten der Gemeinde oder des Staates einen gerichtlich nicht belangbaren Schwindel betreibt. Nichts war ihm so zuwider, als in einer von der Allgemeinheit anerkannten Würde zu stehen, wiewohl er populäre Beliebtheit nicht nur sehr achtete, sondern sie auch anstrebte. Griesgram war er nicht im mindesten. Auch nicht verkniffen gehässig, streitsüchtig oder bösartig. Er liebte über alles eine heitere, laute und ganz und gar ungenierte Geselligkeit und konnte wahrhaft bestrickend unterhalten. Geriet er aber an irgendeine Amtsperson, so verlor er sogleich die Laune. Galt es einer solchen einen Streich zu spielen, war er sofort dafür eingenommen. Er ersann sogar selber alle Möglichkeiten, und ich weiß Fälle, bei denen er uns Buben und dem Gemeindediener Schmalzer oft eine ganze Mark schenkte oder den Bäckergesellen Bier bezahlte, wenn wir

etwas derartiges ausführten. Diebisch konnte er sich freuen, wenn so etwas gelungen war.
Ich muß zugeben, daß ich davon sehr viel geerbt habe; als dann Max seine Erziehung bei mir begann, gesellte sich zu dieser Abneigung noch der Haß. Ein unausrottbarer Haß. Und seit dieser Zeit konnte ich mir Dinge wie Vaterland, Militär, Soldaten, Krieg und Patriotismus mit dem besten Willen nicht mehr anders vorstellen als so, wie ich meinen Bruder in Erinnerung hatte. Die Bücher, die sonstigen Aufklärungen, der ganze Gang meiner Entwicklung und der Krieg selber machten nur all dies Dumpfe klarer.
Ich vergaß ganz und gar, das Drama zu schreiben, obwohl diese Aufgabe in mir allmählich zur Pflicht, zur fixen Idee, zur Besessenheit wurde. Jedesmal sprach ich mit dem Professor davon, aber keine Zeile schrieb ich. Ich ging auf in den Ereignissen. Wenn man aus den Diskussionsabenden ging, sagte man: »Also, wenn ich morgen nicht mehr zu finden bin, wißt Ihr, man hat mich verhaftet.« Tief nachts, wenn ich heimkam, wachte Selma auf und jammerte.
»Menschenskind, die Revolution muß ja jetzt jeden Tag angehen!« tröstete ich sie. Sie wand sich vor Übelbefinden. Sie atmete schwer. Sie erbrach sich. Sie klagte und hustete.
»Ja, und wenn dann dein Stipendium aus ist? Du hast doch ein Drama versprochen!« erinnerte sie mich.
»Ach ja! Jaja! Das schreib ich schon! Das ist gleich beisammen!« wehrte ich ab. Ich verwünschte den Professor und die ganze Welt. Ich biß mich in die Gedanken, aber es fiel mir einfach nichts ein. Einundeinhalber Monat war schon vorüber, am Ende des dritten Monats hörte das Geld also auf. Ich schnaufte schwer.
Durch meinen Kopf surrten die Eindrücke, die Reden, die Vorfälle. Alles war zerwühlt in mir.
»Das kommt bloß von dieser idiotischen Universität, daß die Leute alle einen Fimmel für Dichter und Dramen haben. Da drinnen hören sie ja das ganze Jahr nichts anderes als immer Goethe

und Faust und Schiller und Kleist und Drama!« räsonierte ich halb für mich. Dann warf ich mich ins Bett. Es fiel mir wieder Stirner ein. Aber das stimmte ja auch alles nicht!
Auf einmal sagte ich laut und pathetisch ins Dunkel hinein: »Uns kann nur die Revolution retten!« –

XIII
Pegu

Das ist der Mann vom Jung«, sagte eines Tages Schorsch, mit einem Fremden in mein Atelier tretend. Ich versperrte gleich die äußere Polstertür, verriegelte die innere und zog die Vorhänge zu. Der Mann war ein wenig verwundert darüber und lächelte komisch.
»Spitzel! Spitzel!« raunten Schorsch und ich und setzten uns.
»Sie sind desertiert und suchen wahrscheinlich hier Unterschlupf?« fragte ich den noch immer lächelnden Fremden geradewegs. Er nickte. Dann erzählte er seine Geschichte. Er war an der Front gewesen, beide Arme wurden ihm durch Granatsplitter durchlöchert, nach seiner Genesung war er garnisondienstfähig und hatte in irgendeiner Berliner Kaserne Schreibstubendienste versehen. Drei- oder viermal hatte er seinem Feldwebel gesagt: »Ich mach' nicht mehr mit . . . Ich türme.« Der Feldwebel hatte nicht daran geglaubt, und schließlich war der Mann mit einem gefälschten Urlaubsschein nach München geflohen. Jung hatte ihm unsere Adressen gegeben. In der vorhergehenden Nacht hatte er bei einem anderen Bekannten gelegen. Dort ging es aber nicht mehr mit dem Übernacht-Behalten.
»Also heißt's eben, ein Zimmer oder ein Atelier zu suchen«, sagte ich nach langem Ratschlagen und schaute den Fremden wieder an: »Wie heißen Sie eigentlich . . .?«
»Pegu«, erwiderte er und lächelte zweideutig.

»Jaja, er heißt eigentlich nicht so ... eigentlich Glaser, aber so auch nicht ... Das ist ja gleich«, redete Schorsch dazwischen, und wir einigten uns auf ›Pegu‹. Wir erhoben uns endlich. Pegu setzte meinen, ich Schorschs Hut und Schorsch Pegus Hut auf. Einzeln verließen wir sodann das Haus. Jeder ging nach einer anderen Richtung. Verabredet war, sich stets nur auf der Straße zu treffen. –

Ohne Selma in diese Sache einzuweihen, fing ich in den nächsten Tagen an, ein Zimmer oder Atelier ausfindig zu machen. Ich besuchte keinen Diskussionsabend der Unabhängigen mehr, um die Polizei nicht auf mich aufmerksam zu machen.

Pegu traf ich jeden Tag. Mit der Zeit freundeten wir uns an.

»Es ist schwer, was zu finden«, sagte ich ungefähr am sechsten Tage ziemlich hoffnungslos und beide trotteten wir bedrückt dahin. Da kam mir ein unerwarteter Zufall zu Hilfe. Von weitem sah ich einen meiner Münchner Bekannten aus der Vorkriegszeit, von dem ich wußte, daß er zur Zeit in der Heilanstalt Eglfing sei.

»Geh jetzt weiter«, sagte ich hastig zu Pegu und rannte dem Bekannten nach.

Friedrich Wunder, wie dieser Mann hieß, war seit ungefähr einundeinemhalben Jahr mein bitterster Feind. Er war schon dazumal, als ich in Haar lag, in der Hauptanstalt Eglfing als Zivilirrer und durfte jede Woche einmal nach München fahren. Ich gab ihm einmal Geld für Zigaretten mit. Er brachte nichts, verbrauchte das Geld und ließ sich nicht mehr sehen. Als ich ihn endlich wieder erhaschte, schlug ich ihm eine Ohrfeige herunter. Seit dieser Zeit war es unmöglich, ihm nahezukommen.

Friedrich Wunder nämlich war nicht nur zutiefst verletzt, er war auch sonst ein völlig ungegenwärtiger Mensch und ein Ästhet, den schon eine nüchterne Frage aus der Fassung bringen konnte. Er ging herum, nein, er wandelte dahin wie eine attrappenhafte Erinnerung aus der längstverflossenen Boheme-Zeit. Meistens redete er halblaut vor sich hin und kam er wirklich mit einem Bekannten zusammen, so rezitierte er unablässig Gedichte Georges, Rilkes, redete von Michelangelo, von den Präraffaeliten und hielt sich zu Zeiten seelischen Überschwangs für eine Erscheinung wie Savonarola. Schon auf seinem Gesicht stand ein tiefeingewurzelter Haß gegen den Bürger und das hypochondrische Mißtrauen gegen jedermann. Seine kleine, zusammengeschrumpfte, zerfallene Figur steckte stets in viel zu großen, zerfalteten Kleidungsstücken. Der zerschlissene, wahrscheinlich von einem Fettwanst stammende Bratenrock hing erbarmungswürdig an ihm herab, die zu langen Hosen erinnerten an eine Ziehharmonika, die Schuhe waren viel zu lang und ausgetreten, das Band der Krawatte saß meistens zwischen Genick und Haar über dem schmutzigen schwarzen Papierkragen, und endlich der viel zu kleine Hut klebte gleichsam auf dem zerzausten, schinnigen Haar.

Bei Ausbruch des Krieges fand man ihn an einem frühen Morgen halb erfroren und ausgehungert auf der Straße und brachte ihn in die Heilanstalt. Von Beruf eigentlich halbgelernter Photograph, hatte er zur Zeit den Drang, Batikteppiche herzustellen und kaufte für jeden Pfennig Geld Kerzen. Man erzählte, daß er schon ein ganzes Lager gehamsterter Wachskerzen habe, die er wie Kleinode hütete. –

Er hatte auch dieses Mal wieder einen Packen unter dem Arm und rannte wie ein Wiesel dahin.

»Mensch! Wunder!« schrie ich leger, als ich ihn endlich auf vier Schritt Entfernung erreicht hatte, und ging ganz an ihn heran.

»Ha-a-a-aha-ha, boshafter Knochen!« gurgelte er heraus und glotzte mich an wie ein abgestochenes Kalb. Seine heraushängenden Wasseraugen schielten mißtrauisch auf mich. Er war stehen geblieben.

»Ach was, Wunder, das war damals eine Dummheit von mir mit der Ohrfeige, komm, sind wir wieder gut«, fuhr ich mit unbeirrter Freundlichkeit fort und erkundigte mich: »Bist du immer noch in Eglfing?«

»Ha-a-a-a-ha-a-ha-ha! J-hja-ja, in Eglfing!« lachte er verbockt und nickte.

»Hör mal, kann man dich in München anmelden?« fragte ich kurzerhand und überhörte sein Dazwischenlachen. Sein Gesicht wurde im Nu beleidigt. Er faßte alles als Spott auf. Ich gab ihm eine Zigarette. Auf Guttaten reagierte er stets überraschend und wurde jetzt zugänglicher.

»Du batikst doch und willst seinen Beruf später ausbauen ... Ich hab' da einen Mann an der Hand, der dir eventuell sein Atelier zur Verfügung stellen würde, verstehst du? ... Du brauchst nicht mißtrauisch zu sein ... Es ist wirklich wahr ... Ich werde, wenn du willst, sogar das Atelier auf deinen Namen anmelden, willst du?« klärte ich ihn arglos auf.

Aber er glaubte kein Wort, brach in ein schallendes Gelächter aus und feixte herum wie ein Clown.

»Ha-a-a-aha-haha, Hundsknochen, spöttischer, ha-a-haha-ha!« grölte er heraus: »Natürlich, Fritz Wunder soll wieder einmal den Clown machen, ha-ha-ha, Knochen ...!«

Ich wurde wirklich selber ratlos und redete noch ernsthafter und mit dem besten Willen gutmütig. So zwischendurch erkundigte ich mich nach seinem Alter und holte sein Geburtsdatum aus ihm heraus.

»Fritzl, also Fritzl!« rief ich, nachdem mir das gelungen war, auf einmal in ganz anderer Tonart und hieb ihm abschreckend gemein auf die zuckenden Schultern: »Fritz, du bist wirklich unerhört! ... Du bist grandios! ... Du bist noch viel mehr wie Savonarola! ... Du bist wie ein lebendiges Scheißhaus, in dem ein Rilkegedicht drinnen steht! ... Fritzl, ich liebe dich!«

Ich erreichte auch damit, was ich beabsichtigt hatte, nämlich wiederholte, verschärftere Feindschaft. Ich ließ den Mann stehen und ging rasch davon.

In einer Seitengasse hatte ich vor einigen Tagen ein vermietbares Atelier aufgestöbert. Jetzt ging ich hin, mietete es angeblich für

meinen Freund und füllte den Anmeldezettel folgendermaßen aus: ›Friedrich Wunder, Photograph, katholisch, geboren am 24. Dez. 1891 in München, Staatsangehörigkeit Bayern‹.
»Mein Freund kommt dann dieser Tage«, sagte ich zur Hausmeisterin und suchte Pegu auf.
»Du heißt Fritz Wunder, bist Photograph, Bayer und am 24. Dezember 91 in München geboren ... Komm sofort, wir haben eine Bude«, sagte ich, und er folgte entschlußlos und noch halb ungläubig.
Noch am selben Nachmittag kauften wir bei Trödlern allerhand Möbelstücke und abends richteten wir Pegus Atelier ein.
»Jetzt ist alles gut ... Nur eins, rühr dich wenig, schmier die Hausmeisterin dick mit Trinkgeld und rede wenig ... Nichts Auffallendes machen«, riet ich und verließ ihn.
Glücklich kam ich am andern Tag zu Schorsch und berichtete.
»Hoffentlich klappt alles«, meinte Maria Uhla.
Schorsch lachte bellend über die Geschichte mit Wunder. Er kannte ihn auch noch von früher her.
Von da ab kam ich täglich mit Pegu zusammen. Er war ein schüchterner, zu Zeiten sogar etwas kindlicher Mensch, der genau dachte. Ich las ihm Gedichte vor. Er kritisierte sie mitunter ungewöhnlich klar. Wir diskutierten viel und seine Bedrückungen wichen mehr und mehr. Mit der Zeit wagten wir uns auch in die Lokale. Es schien wirklich keine Gefahr zu sein. Früh am Abend verkroch sich mein Genosse in seinem Versteck, denn nachts konnte man angehalten werden. Ein einziger dummer Zufall und alles war verspielt.
Damals bekamen die Revolutionäre neuen Ansporn und die kriegsmüden Massen größere Hoffnung. Der russische Funkspruch ›An alle‹ und die vierzehn Punkte Wilsons gingen durch die Welt.
Für einen allgemeinen Frieden ohne Annexionen und für das Selbstbestimmungsrecht der Völker traten die Russen ein, und der

Präsident von Amerika verkündete den Völkerbund als neues Allheilmittel.

»Friede! Friede!« atmete jeder Tag. »Friede! Friede!« schwoll zum ungeduldigsten Verlangen. Die deutschen Unterhändler reisten nach Brest-Litowsk.

Dort ging es hartnäckig hin und her. Deutschland machte Ansprüche auf die Randstaaten, der General Hoffmann prägte das Wort ›ohne Annexionen‹ in ›ohne gewaltsame Annexionen‹ um. Die Delegationen reisten heim und holten neue Weisungen. Durch die Zeitungen ging etwas von ›einem breiten Grenzstreifen zur Sicherung vor dcm Bolschewismus‹, und selbst die Mehrheitssozialisten regten sich darüber auf.

Die Revolutionäre agitierten unermüdlich. Wieder kamen die Unterhändler in Brest-Litowsk zusammen, und zum ersten Mal drangen die revolutionären Reden Leo Trotzkis über die Ostgrenzen, nach Deutschland herein. –

Auf der Versammlung der Eisnerleute hatte ich von Streikvorbereitungen gehört. Noch im Januar sollte sich im ganzen Reich ein Generalstreik erheben. Ich kam zu Pegu.

»Unsinn!« rief der. »Du brauchst nicht zu den Eisnerleuten gehen. Wir haben anderes zu tun.« Er zeigte mir ein Manuskript. Es war die Denkschrift des Fürsten Lichnowsky, welche damals als verschwiegene Maschinenschrift nur unter eingeweihten Pazifistenkreisen kursierte. Er gab mir Geld und ich mietete eine Schreibmaschine. Darauf diktierte er mir in den darauffolgenden Tagen ›Die Londoner Mission Lichnowskys‹.

»Das muß unbedingt noch vor dem Streik gedruckt und in die Massen gebracht werden ... Wir brauchen einen Drucker dafür«, sagte er.

»Das bringt dich auf, paß auf«, riet ich ab, aber er blieb beharrlich.

»Die Massen müssen wissen, wie sie belogen worden sind«, erwiderte er.

»Ach was! ... Belogen? ... Das ist jetzt ganz unwichtig! ... Gelogen wird auf allen Seiten ... Als Propagandaschrift ist die Broschüre zu lang. Kein Mensch liest sie ... Man muß anders vorgehen«, meinte ich, »jetzt, wo alles im Rollen ist, jetzt müßten Gerüchte, ganz tolle Gerüchte ausgestreut werden. Die Massen müssen beunruhigt werden, so beunruhigt, daß zuletzt der dümmste Spießer völlig zweiflerisch ist ... Dann kommt die absolute Passivität ... Die allein ist wichtig! ... Nicht dagegen aufstehen, daß Krieg ist, einfach ihn in nichts unterstützen, das ist's ... «
»Tolstoi gilt jetzt nicht«, warf mein Genosse hin.
»Ach was, Tolstoi! ... Der gilt immer und ewig! ... Aber das ist doch richtig: Wenn keiner mehr mitmacht, ist's aus«, bestand ich.
Er schüttelte nur immer wieder den Kopf und lächelte merkwürdig.
Mein Freund war kein Schwätzer. Er vertrug auch keine Ablenkung. Bald fand man heraus, daß er das, was er sich in den Kopf gesetzt hatte, mit aller Beharrlichkeit und Überlegung durchzuführen versuchte. Etwas nur behinderte seine Entschlußkraft immer wieder. Für ihn war alles – das Größte und das Kleinste – ein Problem. Er konnte sich stumm für etwas einsetzen, wenngleich ihn tausend und abertausend Widerstände hin und her warfen. Er wollte mit jeder Angelegenheit gleich ins reine kommen, griff sie sofort mit all seiner bohrenden Nachdenklichkeit auf und geriet, weil jede Stunde, ja, jede Minute immer neue Fragen aufwarf, oft und oft ins Gewirr.
Mich nannte er »Nihilist« und war der Ansicht, solche Leute hätten mit der eigentlichen Revolution nichts zu tun, sie wären bloß als Propagandisten zeitweise zu gebrauchen.
»Wir müssen dazutun! Die Broschüre muß raus! Es geht bald los!« sagte er stets unterm Diktieren und trieb mich an, und endlich war das Manuskript fertig.
Am selben Abend ging ich trotz Pegus Abraten wieder zum Diskussionsabend der Unabhängigen. Dort hielt der aus Heidelberg ge-

flüchtete Ernst Toller eine flammende Rede gegen den Krieg. Hitzig, ekstatisch, mit wilden Gestikulationen und verzerrtem Gesicht schrie er seine Gefühle heraus. Er zitterte wie fiebernd und schäumte auf den Lippen. Ganz schwarz kam er mir vor. Tiefe, dunkle Augen, schwarze, dichte Haare, schöne Augenbrauen und ein etwas gelbliches Gesicht.

»Ihr Mütter!« hub er an – immer wieder – und malte mit dichterisch-rethorischem Feuer die Greuel des Krieges: »Ihr Brüder und Schwestern!«

Er riß alle mit. Einzelne Frauen weinten oder wurden ganz wild.

»Nieder mit dem Krieg! An den Galgen mit Ludendorff!« stimmte alles zu. Geweckt und unternehmend gingen wir auseinander.

»Arbeite jeder, was in seinen Kräften steht!« hatte Eisner geraten. Toller fuhr mit mir eine Strecke mit der Straßenbahn. Er unterhielt sich fast fliegend, er hetzte die Worte nur so heraus.

»Schreiben Sie auch?« fragte er mich.

»Jaja, allerhand«, erwiderte ich, und er erzählte mir von einem Drama, das bereits im Druck sei. Eine kleine, blonde Freundin war mit ihm, die ihn in einem fort wie stumm bewundernd ansah. Ich drückte den beiden die Hand und stieg aus.

Am andern Tag ging ich zu dem Buchdrucker, der früher einmal ›Neuland‹ drucken sollte.

Ich besprach die Sache mit ihm und händigte ihm das Manuskript aus. Der Mann sah flüchtig auf den Titel und sah mich dann an.

»In wieviel Exemplaren wollen Sie es haben?« fragte er.

Ich antwortete nicht gleich. Der Buchdrucker fixierte mich mißtrauisch. Ich ärgerte mich insgeheim über mein ungeschicktes Benehmen.

»Ja, in zwei- oder dreitausend Exemplaren vielleicht«, sagte ich dann.

»So, jaja, wie gesagt, mein Herr, das kann ich nicht gleich sagen ... Ich muß erst kalkulieren«, meinte der Mann und besah wieder die Broschüre.

»Soll das gewiß eine Aufklärungsschrift sein?« erkundigte er sich.
»Ja ... Ein Bericht«, gab ich zur Antwort.
»Gut, also übermorgen«, sagte endlich der Buchdrucker und erhob sich. Ich ging.
»Du ... Ich glaub', ich glaub' ... Der Mann hat mir gar nicht gefallen«, sagte ich später unbehaglich zu Pegu. Der schwieg und verzog bloß seine Mundwinkel ein wenig.
»Schließlich, weißt du ... Lesen wird er's ja doch nicht«, beruhigte ich meinen Genossen und mich selber. Einsilbig gingen wir auseinander.
Zwei Tage darauf kam Pegu mit dem Geld für die Herstellungskosten. Er war aufgeräumt und munter. Wir machten uns auf den Weg. Es war ein heller Tag, und das machte heiter. Zufällig trafen wir Schorsch an einer Straßenecke und rissen ihn mit.
Vor dem Hause, in welchem sich die Buchdruckerei befand, ließen wir Schorsch warten. Rasch traten wir durch die zwei Hausgänge und Höfe ins letzte Hinterhaus und traten ins Büro. Der Buchdrucker saß diesmal fast so da, als wenn er auf uns gewartet hätte, hatte ein auffällig bleiches Gesicht, hielt – ein ganz klein wenig zitternd – das Manuskript in der Hand, erhob sich bei unserem Eintritt sofort und sagte tonlos: »Herr Gra-af – da-da haben Sie –«
Er brach ab. Mich durchzuckte ein jäher Gedanke. Im selben Augenblick trat hinter uns ein ziemlich stark gebauter Mann ein, und aus der Türe der Druckerei kam ebenso hurtig ein kleinerer. Beide riefen gleichzeitig: »Meine Herren, wie heißen Sie denn? Polizeikommissar ...«
Der Druckereibesitzer starrte in die leere Luft und klapperte. Wir machten verstörte Gesichter. Alles stockte einen Augenblick an mir. Erst als ich jetzt auf einmal das maliziös lächelnde Gesicht des Buchdruckers sah, wandte ich den Kopf schnell herum und sah Pegu an.
»Wie heißen Sie denn?« wiederholte der stark gebaute Kriminaler herrischer und maß mich.

»Graf.«
»Und Sie?« fragte er Pegu.
»Graf.« Für alle Fälle hatte ich ihm meine Invalidenkarte gegeben.
»Sind Sie denn Brüder?« fragte der Kriminaler ungläubig.
»Nein . . . Ich heiße Oskar Maria Graf und dieser Graf-Berg«, antwortete ich schnell, bereute aber meine Ungeschicklichkeit schon wieder. Pegu stand immer noch da wie eine Bildsäule.
»Ja, das wird sich ja gleich rausstellen . . . Sie haben mitzukommen«, sagte der Polizist im Bewußtsein seiner Überlegenheit und hob warnend seine Hand, reckte den Zeigefinger: »Ich mach' Sie drauf aufmerksam, fliehen Sie nicht, sonst müssen wir von der Waffe Gebrauch machen . . .«
Daraufhin nahm er das Manuskript zu sich, wir mußten, jeder an der Seite eines Kriminalers, hintereinander hergehen.
»Adjö«, sagte der starke Mann zum Buchdrucker.
»Adjö«, sagte der ebenso.
»Adjö«, rief ich auf einmal mit gespielter Unbekümmertheit. Keine Antwort. Wir waren ja auch schon draußen.
Auf der Straße stießen wir auf Schorsch, der auch verhaftet worden war. Wir wechselten Blicke, und weiter ging es durch die januarsonnigen Straßen. Die Leute gafften. Wir drei schauten alle zu Boden oder in die Luft, geradeaus, nicht nach links und nicht nach rechts, und jeder hing seinen Gedanken nach. Am Ärmel hielt uns der jeweilige Kriminaler. Plötzlich auf dem Lenbachplatz gab Pegu dem seinen einen festen Stoß, murrte halb erstickt auf und jagte wie ein Irrsinniger von dannen. Einen Augenblick blieb alles bestürzt stehen, mein Polizist hielt mich derber, und von allen Seiten schrie es: »Halt'sn auf! Halt'sn auf!« Der kleine Kriminaler lief, was er konnte, über den Platz. Leute rannten. Wir trotteten weiter.
»Na, das Bürscherl kriegt man gleich wieder«, brummte der Starkgebaute neben mir. Ich machte ein völlig unbeteiligtes Gesicht,

aber in mir tobte und jagte es. Saus! Saus! Überrenne einfach alles, schlag jeden tot, nur saus, saus! schoß immer mächtiger durch mich, je näher wir dem Polizeigebäude kamen. Toll von diesem Wunsch schlug mein Herz. Aber auf einmal – mir riß es geradezu den Kopf herum – tauchte Pegu an der Seite des kleinen Kriminalers wieder auf. Den Hut hatte er verloren, Schweißperlen glänzten auf seiner hohen Stirn, ein wenig lächelte er, schnaubte wie ein gehetztes Pferd und schaute mit seltsam unruhigen Augen auf mich. Wir mußten warten.
»Nicht gelungen!« stieß Pegu heraus und mir galt es.
»Weg da! Maul halten!« knurrte der kleine Polizist und schob meinen Genossen voraus. Den sogenannten Achterring hatte er um Pegus Arm geklemmt und drehte ihn von Zeit zu Zeit. Ich sah deutlich das Blut rinnen. Das Fleisch hing weg.
Wir betraten endlich das Polizeigebäude. Es ging über steinerne Treppen, durch lange, halbdunkle Gänge, bis wir in einem Zimmer mit vielen Aktenstellagen landeten. Es war sehr heiß hier. Der starkgebaute Kriminaler setzte sich, nahm einige Protokollblätter, während der kleine und noch einige um uns standen, uns ausgriffen und alles, was wir in den Taschen trugen, abnahmen. Der Starkgebaute sah meine Papiere durch. Ich streifte Pegu mit einem hastigen, beredten Blick. Er schien nicht zu verstehen und schaute verstört drein. Ab und zu versuchte er ein klein wenig zu lächeln. Ich schaute nach Schorsch. Der hatte eigentlich nur ein ungemütliches Gesicht.
»So, also leugnen Sie nicht lang ... Wie heißen Sie?« fragte der Protokollierende Pegu. Der zögerte. Man schien nur für ihn Interesse zu haben.
»Herr Gla-aser oder ... Sie kommen aus Berlin, ja?« Pegu schwieg noch immer. Der Protokollierende wandte sich an den kleinen Polizisten, welcher sich jetzt über ein Papier beugte und absichtlich deutlich sagte: »Guttfeld heißt er, Kaufmann ist er und aus Berlin.«

»Haben Sie das gewußt?« fragte der Protokollführer mich unvermittelt.
»Ich ...?« stotterte ich und ärgerte mich über meine Bestürzung, nahm mich mehr zusammen: »Ich ...? ... Der ist zu mir gekommen und hat mich gefragt, ob ich kein Zimmer für ihn weiß ...«
»Ob Sie gewußt haben, wie er heißt, sind Sie gefragt«, fuhr mich der Polizeimann an. Ich hatte Zeit gewonnen.
»Wie einer heißt, danach frag' ich nicht ... Ich glaub', er hat Glaser geheißen«, gab ich zurück.
»So ... Also, der heißt Paul Guttfeld, daß Sie es wissen«, sagte der Protokollierende.
»So, Guttfeld? ... Hm, das hat mich nie gekümmert ... Ich weiß bloß was von Glaser«, erwiderte ich mit argloser Unverschämtheit und sah keck auf den Mann, dann suchte ich wieder Pegus Augen.
»Schau'n Sie nicht umeinand, wenn man mit Ihnen spricht!« fuhr mich der Ausfrager energisch an und war schon wieder in der Reihe: »Also, der Herr Glaser ist zu Ihnen gekommen? ... Wann war denn das?« Er notierte.
»Das weiß ich nicht mehr genau ... Ungefähr vor zwei Monaten«, war meine Antwort.
»Und woher er kommt und was er treibt, das haben Sie nicht gefragt? ... Nett sowas, sehr nett! ... Haben Sie den Glaser schon länger gekannt?« erkundigte sich der Mann plump.
»Ich hab' ihn kennen gelernt, wie er zu mir gekommen ist ... Ja und dann, das tun wir nie, daß wir uns kümmern, was einer treibt oder ist ... Wenn ich nach Berlin komme, da treff' ich auch allerhand Leute und bleib' bei wem über Nacht... Den kümmert's ja auch nicht, was ich treibe«, sagte ich jetzt sicher.
»Wir?!« wandte sich der Ausfrager an mich: »Wen meinen Sie denn da mit dem Wir? ... Ist denn das ein Verein oder ein Klub, oder was ist denn das?«
Ich mußte unwillkürlich ein wenig lächeln und schüttelte den Kopf.

»Nein, das ist gar nichts ... Ich meine unter Literaten und Künstlern ... Wenn da einer kommt und ich hab' keinen Platz, nun ja, nachher schau' ich eben, daß ich eine Bude finde für ihn ... Was er macht, das geht mich doch nichts an«, antwortete ich ein wenig ironisch.
»Soso, der Herr Glaser ist also zu Ihnen gekommen und hat gesagt, er braucht ein Zimmer? ... War er allein?« fragte es schon wieder weiter. Schorsch rührte sich.
»Der Glaser ist zuerst zu mir gekommen und ich bin zum Graf mit ihm«, sagte er statt meiner. Man verbat sich die Zwischenrede nicht. Der Polizist notierte.
»Also, der Herr ist mit ihm zu Ihnen gekommen?« fragte er mich abermals.
»Ja«, nickte ich.
»Ist er dann bei Ihnen über Nacht geblieben?«
»Nein ... ich bin ja verheiratet, da geht es nicht«, sagte ich.
»So ... Und haben Sie dann ein Zimmer gefunden?«
»Ja«, antwortete ich und das ganze Gewirr, das sich nun ergeben würde, schoß mir durch den Kopf. Ich besann mich mit aller Anspannung, was anzugeben sei.
»Wo denn ...?« fragte der Polizist. Einige Sekunden überlegte ich scharf, dann ließ ich mich aus. Es war mir schon alles gleich, sie wußten ja doch schon viel mehr, als wir glaubten, rechnete ich. Ich gab die Adresse von Pegus Schlupfwinkel an. Der Mann am Tisch notierte, sagte: »Soso, Schnorrstraße 5, Gartenhaus«, und der kleine Polizist griff noch einmal meinen ganzen Körper ab.
»Ist er fertig?« fragte der Kleine und der Protokollführer nickte. Ich wurde abgeführt. Einen dunklen Gang entlang ging es, dann standen wir vor einer blechüberzogenen, lackierten Türe. Der Schutzmann sagte zum Wärter, welcher öffnete: »Der kommt in Einzelhaft.« Es ging etliche Treppen tiefer, wieder ungefähr zehn Schritte in einem kahlen, spärlich erleuchteten Gang weiter, der Wärter riegelte eine ebenfalls blechüberzogene Tür auf, und der

Schutzmann schob mich in die Zelle. Ich hörte die beiden draußen noch einige Worte wechseln. Ihre Schritte klapperten über die Steinfliesen, wieder vernahm ich Tür-Aufriegeln und still war es. – Im Moment dachte ich nur an Pegu und Schorsch, lehnte mich, ohne meine Umgebung zu beachten, an die kalte glatte Tür und malte mir aus, was die zwei Kameraden alles aussagen würden. Dumm, sehr dumm, wir sollten doch vorher genauer über einen solchen Fall gesprochen haben. Hol's der Teufel!

Selma wird heimkommen, dachte ich flüchtig, wird den Zettel finden und warten. Sie wird sich ärgern, dann unruhig werden, nicht schlafen und herumlaufen. Herrgott, und morgen sollte ich die Versatzzettel beim Leihamt verlängern lassen, somit verfällt alles ... Ich wurde mißmutig. Ganz von ungefähr erinnerte ich mich an die illustrierten Wochenhefte, die wir zu Hause abonniert hatten, als ich noch ein Bub war. ›Nimm mich mit‹ hatten sie geheißen, und jedes hatte ein buntes Titelbild, das das neueste Ereignis festhielt. Da sah ich einmal den Zug des Popen Gapon der russischen 1905er Revolution, er voraus mit dem Kreuz, eine unzählige Masse hinterher, entschlossen zum Letzten ...

Komisch, auf einmal war es, als dränge von ganz fern her, durch diese dicken Mauern und durch die vergitterten Fenster ein Brausen, verschwommene Laute und das Trommeln vom stürmenden Tausendschritt einer ungeheuren Masse auf den Straßen. Ich horchte angestrengter. Jetzt stoßen sie vielleicht zusammen mit der Polizei, dachte ich, jetzt hagelt es Pflastersteine, jetzt geht der Kampf an, ach, sie werden nicht mehr aufzuhalten sein, sie werden siegen, siegen!

Ganz heiß war mir geworden. Es wogte auf und ab in mir. Da hörte ich wieder ein Tür-Aufriegeln, brummende Worte und Schritte. Ich drehte mich unwillkürlich um und drückte mein Auge an das Guckloch, das sich in der Türe befand. Aber ich sah nichts. Anscheinend war draußen ein Deckel auf dem Loch. Nur hören konnte ich.

»Einzelhaft«, sagte die Schutzmannsstimme wieder. Ein Türzuriegeln, Schritte und einige Worte.
Mir wurde leichter. Wie durch die Luft empfand ich, daß einer meiner Freunde im gleichen Gang in eine Einzelzelle gebracht worden war. Aller Berechnung nach mußte die Zelle sich schräg der meinen gegenüber befinden. Sich mit Klopfen zu verständigen, das ging nicht. Es mußte ein anderes Mittel gefunden werden. Ich dachte scharf nach. Ja! – Jetzt fiel mir wieder ein: Mit Pegu war ich einmal – überhaupt das einzige Mal in meinem ganzen Leben – in der Oper ›Carmen‹ gewesen. Und von da ab galt die Melodie ›Auf in den Kampf‹ als unser Signal. Ich fing leise und schüchtern zu pfeifen an, setzte aus, fing etwas lauter an und da! Horch! Da kam es schräg herüber: »Auf in den Kampf!«
»Auf in den Kampf!« pfiff ich belebter. »Auf in den Kampf!« antwortete es freudiger, und wie aus einer tiefen Grotte kommend, rief Pegu: »Oskar?!«
»Pegu, bist es du?!« schrie ich jubelnd.
»Ja, juhu!« kam es zurück.
»Juhu, wo bist du denn?« fragte ich.
»Zelle 5, in deinem Gang!«
»Und ich auf 2, juhu, haut schon!« schrie ich ungehemmt: »Wo ist denn Schorsch!«
»Der muß oben sein«, antwortete Pegu ebenso und setzte hinzu: »Du! Oskar! . . . Sie wissen schon alles.«
»Sei still!« schrie ich hastig: »Red nichts davon!«
Er schwieg. Nur ab und zu pfiffen wir einander leise. Ich ging aufgeweckt in meiner Zelle auf und ab. Jetzt erst sah ich sie mir genauer an. Sie war ziemlich hoch und mit graugrüner Ölfarbe ausgestrichen. In der Mitte der Decke brannte eine elektrische Lampe, die in die Mauer eingelassen war. An der rechten Wand stand eine aufklappbare hölzerne Pritsche, und eine weiße Wolldecke lag drauf. Daneben, am Kopfende, stand das Wasserklosett. Sehr hoch über dem Bett war ein kleines, längliches, mit schweren

Eisenstäben vergittertes Fenster, das halb offen nach einwärts gesenkt war. Auf der Pritsche stehend, konnte ich es gerade mit den Händen erreichen, aber die Mauer war glatt und das Gesimse schief, man rutschte ab, und die Vergitterung war draußen angebracht. Ich stieg auf das etwas höhere Klosett und konnte ein Stück schwarze Nacht sehen. Eine feuchte Kälte rann durch die Öffnung, und durch die Dampfheizung begannen die Wände zu schwitzen. Das Auf- und Abgehen lohnte sich nicht recht, denn man konnte nur sechs Schritte der Länge und vier der Breite nach machen.

Eine Weile pfiff ich zum Fenster hinaus, um vielleicht doch noch von Schorsch ein Lebenszeichen zu erhalten, aber vergebens. Ich verschob es auf morgen, stieg wieder von der Pritsche herab und beschäftigte mich wieder mit meiner neuen Umgebung. Jetzt hatte ich also alles gesehen. Und wie das wohl meistens passiert, wenn man in etwas Neues und Fremdes gerät – sei's auch noch so spärlich und belanglos –, man sucht sich das Interessanteste heraus und vertut die Zeit damit. Hier – auf ungewisse Zeit in eine höchst langweilige Lage gebracht – war das entschieden Interessanteste das Wasserklosett. Ich setzte mich erst einmal auf den Deckel. Das war ganz nett. Dann stand ich auf, weil kein Wasserzieher zu sehen war, und untersuchte den Mechanismus. Ich öffnete den Deckel und schloß ihn wieder. Ja so, hm! Jetzt fing es zu rauschen an, das Wasser lief. Das war sehr schön. Es bot stundenlange Unterhaltung. Ich hob also den Deckel und klappte ihn abermals zu. Es funktionierte ausgezeichnet. Ich hob ihn wieder, rascher und schneller, zuletzt wie der Teufel. Bloß dumm war's, daß man das Wasser nicht laufen sah.

Als ich jetzt wieder den Deckel zuklappte, hörte ich unerwartet Schlüsselgeknirsch in der Tür und schrak zusammen. Zwei Wärter tauchten auf. Der eine hatte einen Korb voll dünngeschnittener Schwarzbrotstücke, der andere trug eine weißemaillierte Kaffeekanne.

»Essen!« brummte der Kaffee-Eingießer, nahm einen Napf hinter dem Klosett hervor und schüttete ihn voll. Der andere – ein schmuddliger, bauchiger Koloß – legte eine Schnitte Brot auf die Pritsche. Schweigend schlossen die zwei die Türe wieder. Ich hörte draußen überall das gleiche.
Ich setzte mich auf die Pritsche, aß das Brot, nahm ab und zu einen Schluck des bitteren Kaffees und versuchte meine Gedanken zu ordnen.
Nun ließ sich so ziemlich alles Kommende berechnen: Mehrere Verhöre, dann eine Verhandlung, die Verurteilung und auf soundso viel Zeit vom Leben abgeschnitten. Vorläufig saß man in diesem Loch und mußte eben warten. Vornehmen ließ sich nichts, Beschäftigung gab es keine, rauchen konnte man auch nicht; das Drama, der Professor, die Versatzzettel, Selma, die Diskussionsabende und die kommende Revolution – alles war jäh ausgelöscht, fast wie weggerissen. Und weiß Gott auf wie lange. –
Ich tappte hin und her, nur um etwas zu tun. Ich wurde auch wieder ein wenig aufgeheiterter. Hm, dachte ich, das kannst du später einmal alles schildern, das gibt vielleicht eine schöne Geschichte. Sehr schön, sehr schön! Eigentlich ist für einen Dichter alles rentabel. Im Ungefähren formte ich auch schon einzelne Szenen und wurde ganz zufrieden mit meiner Lage. Plötzlich wurde das Licht ausgeknipst. Ärgerlich blieb ich stehen und knurrte halblaut. Dann tastete ich mich behutsam an der Pritsche entlang und stieß dabei den halbgeleerten Kaffeenapf um. Er fiel klappernd herab und die Flüssigkeit rann mir über die Füße. Ich wurde wütend und pfiff hell auf. Pegu antwortete sogleich.
»Oskar?« fragte er herüber.
»Ja! Pegu? . . . Es ist zum Kotzen!«
»Kopf hoch! Alles egal!« antwortete er tröstend.
»Na, schlaf wohl!« grüßte ich hinüber und derselbe Gruß kam zurück.
Ich kroch auf die Pritsche, zog meine Joppe aus, machte mir ein

Kopfkissen zurecht, wickelte mich in die Decke und versuchte zu schlafen. Stunden verrannen träge. Mich fror. Hin und wieder fielen mir die Augen zu, dann lag ich wieder lange Zeit wach. Wie gerädert erwachte ich, als das elektrische Licht wieder angeknipst wurde. Es gab wieder Kaffee und Brot. Kurz darauf holte mich der Schutzmann zum Verhör.

XIV
Das Verhör

In dasselbe Zimmer, in welchem wir auf der Polizei angekommen waren, kam ich, und abermals vernahm mich der starkgebaute Polizeikommissar. Er war diesmal gemütlicher und ließ mich sogar auf einen Stuhl setzen. Ich mußte erneut meine Personalien angeben.

»Herr Graf«, fing alsdann der Mann an und betonte das Wort »Herr« ironisch: »Ich habe jetzt Ihre Brieftasche durchgeschaut ... Sie sind in recht schlechten Verhältnissen, sehe ich ... Das meiste haben Sie auf dem Leihamt, hm?«

»Ja«, sagte ich, »wegen der Versatzzettel wollte ich auch reden ... Da verfallen nämlich einige, wenn sie nicht verlängert werden ... Kann mich nicht ein Schutzmann zum Leihamt führen, daß ich das regeln kann?«

Der Kriminaler verneinte und gab an, das würde schon gemacht werden. Dann drehte er sich ganz mir zu: »Sie sind früher Bäcker gewesen? ... Sie sind ja ein ganz anständiger Mensch! ... Da haben Sie sich was Schönes eingebrockt mit dem Guttfeld.« Er versuchte es mit arglosester Treuherzigkeit.

Ich schaute in sein gerötetes, gesundes, witzloses Gesicht, und da er anscheinend annahm, ich bereue alles, schöpfte er Hoffnung. Noch viel wärmer fuhr er fort: »Sie sind verheiratet, Ihre Frau ist Buchhalterin und erwartet ein Kind?« Ich nickte. Er ließ mich nicht aus den Augen.

»Sie sind auch in den Eisnerversammlungen gewesen, Herr Graf?« fragte er harmlos. Ich bejahte. Er nickte.
»Da haben Sie einmal in der Diskussion gesprochen und haben gesagt, die Soldaten sollten aus der Kaserne gehen?« fragte er. Ich zögerte und besann mich rasch.
»Herr Kommissar«, sagte ich jetzt so vertrauensselig, als ich nur konnte, »mir ist so furchtbar heiß, dürfte ich vielleicht um Wasser bitten?« Demütig schaute ich. Der Mann erhob sich allerfreundlichst und goß mir aus einer Wasserflasche ein: »Da trinken S'.« Ich trank das Glas in einem Zuge aus und schnaufte, daß man für mich Verdurstenden direkt Mitleid fassen mußte.
»Dankeschön ... Besten Dank, Herr Kommissar«, sagte ich devot, und als er wieder mit den Diskussionen bei den Eisnerabenden anfing, erklärte ich scheinbar bereitwillig: »Gesprochen? ... Soviel ich mich erinnern kann, gesprochen hab' ich nicht, Herr Kommissar ... Nein-nein, das hab' ich nicht ... Überhaupt, ich kann's ja auch gar nicht, aber es kann möglich sein, daß ich Zwischenrufe gemacht habe ... Das kann schon sein ...«
»Mitglied der Unabhängigen Sozialdemokraten sind Sie nicht?« forschte der Starke.
»Nein ... Überhaupt in keinem Verein, Herr Kommissar ... Ich hab's noch nie nicht mit den Vereinen gehabt«, gab ich etwas untermischt mit dem landesüblichen Biertischdialekt zurück.
»Glauben Sie denn, daß *die* Leute was besser machen?« wollte er wissen.
»Ja, mein Gott, besser? ... Ich weiß ja nicht ... Das ist mehr Geschmacksache, Herr Kommissar ... Ich weiß ja nicht, ob Sie schon einmal monatelang in Fabriken gerackert haben ... Wissen S', da wird man halt verdrossen«, fuhr ich nun redselig in meiner bäuerlich-zurechtgelegten Taktik fort und erfuhr keine Unterbrechung: »Ich möchte *den* Menschen kennen, der an der jetzigen Zeit nichts auszusetzen hat ... Da wird man grantig und schimpft natürlicherweise ... Der Kriminaler, der wo mich da gehört hat,

der hat sich vielleicht selber gedacht, ganz unrecht haben die ja nicht ... Er wird bloß gerechnet haben, ich werd' bezahlt, hab' eine gute Stellung und bin infolgedessen still ... Meinen Sie nicht, Herr Kommissar?« Das ging dem Polizeigewaltigen zu weit. Er bekam ein röteres Gesicht.

»Herr Graf!« wies er mich streng zurecht: »Reden Sie nicht so lang herum! ... Dieser Guttfeld hat Ihnen doch auch Geld gegeben?«

Ich ließ mich nicht aus der Ruhe bringen und sagte ganz sicher: »Mein Gott, Geld haben mir schon viele Leute gepumpt.«

»Gepumpt? ... Er hat Ihnen doch das Geld für eine Schreibmaschine gegeben ... Sie können das doch unmöglich zurückzahlen ... Er hat wahrscheinlich Arbeit oder einen Gegendienst von Ihnen verlangt, oder?« forschte der Kommissar.

Es war gut, daß er so lange Fragen stellte, da konnte man leicht ausweichen und sich gut besinnen. Außerdem kam es mir auch darauf an, nicht so schnell wieder in die Zelle zu kommen.

»Herr Kommissar, unter Künstlern ist das ganz anders«, begann ich von neuem, »da hat der einmal was und gibt dem andern und dann hat wieder einmal der andere was und gibt her ... Das ist nicht üblich bei uns, daß man wegen jedem Handstrich was verlangt ... Selbstverständlich hab' ich ihm abgeschrieben, wenn er mir eine Schreibmaschine –«

»Also machen Sie's kurz!« fuhr der Polizist unmutig herum und schaute mich mißtrauisch an: »Der Guttfeld hat Ihnen also ein Manuskript diktiert ... Haben Sie gewußt, zu was dieses Schriftstück gehört?«

»Jaja, das schon«, erwiderte ich unschuldig. Gleich hob der Starke den Kopf, neugierig, ja fast frappiert war er über meine Offenheit.

»Das sollte zum Streik als Flugschrift rauskommen!« wollte er mich überführen. Ich schnitt ein verwundertes Gesicht.

»Zum Streik? ... Zu was für einem Streik denn? ... Nein-nein, das glaub' ich kaum ... Ich hab' die Broschüre als historisches Werk

aufgefaßt«, gab ich gefaßt zur Antwort und fuhr fort: »Die Arbeiter lesen doch so was gar nicht! ... Das ist ihnen doch viel zu lang und auch zu gelehrt ...«
»Also genau haben Sie nicht gewußt, was das Manuskript bezwekken soll?«
»Überhaupt nicht ... Ich hab' wirklich gemeint, es sei ein historisches Werk«, sagte ich und er notierte.
»Sie haben dem Guttfeld dann den Drucker gezeigt, und warum haben Sie denn gleich zwei- bis dreitausend Stück haben wollen?« erkundigte sich der Ausfrager.
»Ja, hm, das ist doch schon die allerniederste Auflage und je mehr man drucken läßt, desto billiger wird's doch«, antwortete ich. Herr Fuchs, wie der Kommissar hieß, notierte. Ich schaute durch das Fenster. Ein grauer Wintertag war draußen. Dann fing es zu schneien an.
»Haben Sie gewußt, daß Guttfeld fahnenflüchtig war?« fragte Fuchs unvermittelt.
Ich schüttelte den Kopf und verneinte.
»Ja, warum haben Sie ihn denn dann unter falschem Namen angemeldet?« bohrte er weiter.
»Eigentlich hab' ich ja das Atelier wirklich für meinen Bekannten Fritz Wunder gemietet, Herr Kommissar«, sagte ich ein wenig unsicherer und nahm all meinen Scharfsinn zusammen, »der Glaser konnte bloß drinnen sein, weil der Wunder jetzt noch im Irrenhaus ist ... Wenn er rauskommt, er ist Batikkünstler, dann übernimmt er eben das Atelier ...«
Fuchs maß mich schnüffelnd. Man merkte, daß ihn allmählich eine Mißstimmung packte.
»Mir machen Sie das nicht weis«, sagte er jetzt schärfer: »Sie haben dem Guttfeld ein Atelier gesucht und gemietet unter falschem Namen ... Da haben Sie sich schon von vornherein strafbar gemacht ... Das gibt's doch nicht, daß man einem Menschen, den man nicht kennt, einfach soviel Gefälligkeiten tut ...«

Ich stellte mich fester hin und sagte bestimmt: »Ich bin Katholik, Herr Kommissar! ... Der erste Grundsatz des christlichen Glaubens ist doch, man soll dem Nächsten helfen ... Wenn wer zu mir kommt und bittet mich, so kann ich nicht zuerst Recherchen anstellen ... Ich hilf, wenn ich kann, und damit ist's gut ...«
Fuchs beugte sich jetzt ein wenig vor.
»So!« rief er auf einmal triumphierend und fuhr resolut fort: »Sie sind doch nicht so dumm, daß Sie nicht gewußt hätten, daß zum Beispiel Eisner und diese Konsorten eine Revolution wollen ... Sie haben doch da einmal mit Ihrem Freund gesagt, man muß dem Staat den Gehorsam verweigern! ... Der Eisner und die Unabhängigen Sozialdemokraten haben doch immer gesagt, gestreikt muß werden, daß der Krieg aufhört und die jetzige Staatsordnung geändert wird ... Da hat man doch sogar den Grundsatz gehabt, jedem Deserteur muß geholfen werden!« Er war fast ins Poltern gekommen. Ich schaute ihn ohne Scheu fest an. Ein rotes, gesundes Gesicht hatte er. Not litt er nicht, das konnte man schon an seiner schönen Körperfülle sehen, und wie er sich über mich erhob und scheinbar befriedigt war von seiner Macht. So etwas regte mich von jeher an einem Menschen auf. Einige Sekunden schwankte ich, ob ich ihm nicht einfach alles ins Gesicht schreien sollte, aber gleich nahm ich mich wieder zusammen.
»Tja, gewollt haben sie's schon ... Gewollt!« sagte jetzt ein Nebenmann von Fuchs und verzog sein unrasiertes Gesicht zu einem hämischen Lachen.
»Gewollt!« kam mir in den Sinn und ich sagte jetzt unbeirrt: »Herr Kommissar, *wir* zwei können daran doch auch nichts ändern.«
So ironisch kam es aus mir heraus, daß Fuchs dunkelrot wurde. Er musterte mich wie einen ganz und gar heruntergekommenen Menschen, aber es traf mich nicht. Fast zum Lachen war ich aufgelegt über diese aufgeblasene Wichtigkeit. Ich dachte an ganz was anderes, an etwas, was mir nie aus dem Gedächtnis kam und immer wieder aufstieg in solchen Augenblicken.

An meine Mutter erinnerte ich mich. Zu der kam einmal, als ich ein kleiner Bub war, eine Exzellenz und eine aufgedonnerte Frau in den Laden, und beide beschwerten sich in entrüsteten Tönen, weil das Brotsäckchen, in welchem sie die täglichen Semmeln geliefert bekamen, nicht ganz sauber war. Ich stand neben meiner Mutter. Die beiden feinen Leute redeten und redeten, als sei ihnen das ärgste Unrecht geschehen. Meine Mutter sagte fast gar nichts darauf, aber als sie draußen waren, strich sie mir verdrossen über den runden Kopf und sagte: »Herrgott, du meinst schon gleich, was sie alles sind!... Und wenn sie nichts mehr anhaben, sind's auch bloß ein Haufen Dreck!«

Ich blickte den Fuchs an und verzog unmerklich die Mundwinkel. In strengem Ton verlas der Mann jetzt all sein Notiertes und ließ mich unterschreiben. Dann ging es mit dem Schutzmann wieder in die Zelle zurück.

Seltsam befreit ging ich in derselben auf und ab und pfiff plötzlich kühn. Pegu gab sofort an.

»Ich bin verhört worden!« erzählte ich ihm auf seine Frage. Er wollte mehr wissen.

»Sei still, Mensch!... Pegu?! Sei still!... *Was* können denn *die* machen!... Sei still!... Und wenn wir auseinanderkommen, laß immer von dir hören!« rief ich beruhigt hinüber, und »Ja, Oskar, ja!« antwortete er herzlich.

Kurz darauf hörte ich, wie sie ihn holten. Ich wartete und wartete auf seine Rückkehr, aber er kam nicht mehr. Nach vielen Stunden pfiff ich einmal wieder. Es kam keine Antwort. Er mußte fortgebracht worden sein.

Still war es, und diese Stille machte lahm.

Ich kletterte wieder aufs Klosett und pfiff nach Schorsch, ich schrie laut seinen Namen. Nach gut einer Stunde Vergeblichkeit sprang ich wieder in die Zelle herunter. Eine unerträgliche Langeweile überkam mich. Ein Kribbeln, ein widerwärtiges Mißbehagen durchzog unausgesetzt alle meine Glieder. Mitunter flitzte ein Ge-

dankenfetzen durch das Hirn, brach gleich wieder ab und die Leere war wieder da.
Ich sprang plötzlich wütend auf das Klosett los, riß den Deckel auf und schlug ihn mit aller Gewalt wieder zu, immer fanatischer, immer schneller und schneller. Es war mir alles gleichgültig. Nur das Wasser hörte ich rauschen.
Auf einmal bellte der Wärter draußen und schimpfte drohend. Ich schaute dumm auf das Loch in der Türe und blieb stehen. Der Wärter ging längere Zeit draußen auf und ab und brummte ärgerlich. Ich ließ mich auf die Pritsche fallen und dachte an gar nichts. Es blieb nichts übrig, als zu warten, ungewiß zu warten. –
Gegen Abend am zweiten Tag holte mich unerwartet der Schutzmann und führte mich abermals zu Fuchs. Der gab mir noch eine große Lehre, untermischt von drohenden Warnungen. Ich sagte nur ab und zu »Ja« und »Ja« und durfte gehen. –
Die Luft atmete sich ungeheuer frisch ein, als ich das Polizeigebäude verließ. Kalt war es, aber ich spürte nichts. Der gefrorene Schnee unter meinen Füßen knirschte und durch das klare Dunkel stachen die Laternen.
Jetzt hatte ich Hunger nach einer Zigarette. Ich suchte in meiner Tasche nach Geld. Ja, richtig, ich hatte ja alles ausgehändigt bekommen, Geld, meine Schlüssel und die Brieftasche. Ich ging in einen Laden. »Ja, zu drei, zehn Stück«, sagte ich und zündete eine Zigarette an. Wie traumwandlerisch wankte ich aus dem Laden, behaglich sog ich den Rauch ein. Ganz langsam fiel mir wieder ein: Ja, du wohnst in der Schraudolphstraße, ja die Selma ist schon daheim, ja, du kannst dir wieder vornehmen, was du willst. Jetzt hatte ich wieder meinen Willen und die Gedanken. Eins nach dem andern wurde wieder wirklich, die Straßenbahn, die Menschen, die Häuser, die Lichter.
Als ich im Atelier ankam, lächelte ich Selma an.
»Gott sei Dank«, sagte sie und setzte hinzu: »Da hast du's jetzt, weil du dich immer für andere hergibst.«

Ich gab nicht weiter an und ließ sie reden. Nicht einmal Hunger hatte ich. Gleichgültig trank ich den Tee und zerkaute das Marmeladebrot.

Am andern Tag suchte ich Schorsch auf.

»Wo wird Pegu sein?« fragten wir uns zugleich und zuckten gleicherzeit die Achseln.

»Du, der große Streik ist zusammengebrochen ... Alles ist verhaftet: Eisner, Kämpfer, die Geschwister Landauer, alle ... Und in Berlin genau so! ... Jetzt geht das Spitzelwesen erst recht an«, erklärte mir Schorsch.

»Ganz gleich! ... Lang geht's nimmer so weiter!« brummte ich verdrossen.

»Mein Bub wird einmal kein Soldat! ... Nie!« sagte Maria Uhla und blickte auf ihren runden Leib: »Lieber ein Strolch!«

Sie lächelte weich und mit einer bestimmten Zuversicht. –

Die Friedensverhandlungen in Brest-Litowsk verliefen ergebnislos. Man ging auseinander. Trotzki hatte das Kriegsende erklärt und keinen Vertrag unterschrieben. Die deutschen Heere, vereint mit russischen Gegenrevolutionären, kämpften weiter gegen den Bolschewismus und gegen ein niedergebrochenes Land. Der sowjetische Außenminister hatte einen großen moralischen Sieg errungen, denn gegen Wehrlose, die die Waffen strecken, sagte sich jeder, gegen die läßt sich leicht kämpfen.

Mit der Ukraine, hieß es, sei endgültiger Friede. Von dort her komme bald Brot. Aber es kam keins. Man hörte von einer neuen Offensive Ludendorffs im Westen. –

Ab und zu erschien jetzt ein Kriminaler bei mir oder erkundigte sich bei den Hausleuten über mein Tun und Lassen. Alles sah mich schief, fast furchtsam an. Auf Umwegen suchte ich lange vergebens nach Pegu. Endlich erfuhr ich, daß er nach Berlin in ein Militärgefängnis gebracht worden war. Kurz darauf wurden Schorsch und ich einmal vernommen auf der Polizei, rechneten schon, daß man uns behalten würde, wurden aber wieder freigelassen.

»Du, das ist seltsam«, sagte Schorsch nachdenklich auf der Straße, »hm . . . sehr seltsam.«
»Am Ende steht es schon viel wackliger, als wir wissen«, meinte ich beim Auseinandergehen. Von da ab verhielt ich mich ruhig, die Bespitzelungen hörten auf, nur schien es mir manchmal, als überwache man meine Briefe.

XV
Klägliche Zwischenzeit

Solange ich sozusagen in der revolutionären Strömung gestanden hatte, waren alle täglichen Mißlichkeiten fast weggelöscht. Das Allgemeine, in das ich geraten war, hielt mich ununterbrochen in Spannung. Jeder Tag war eine Sensation. Mit einer Hoffnung schlief man ein, mit einer großen Erwartung erwachte man.
Jetzt aber, nachdem – rein oberflächlich gesehen – der erste Anlauf der unzufriedenen Massen jäh aufgehalten worden war, nachdem der Wille zum Aufruhr durch Verhaftung der Führer und brutale Schikanen schier ausgerottet war, jetzt stand ich wieder im Kreis der Misere. Jetzt war ich wieder ein wehrloser Einzelner, für den die hauptsächlichsten Wichtigkeiten darin bestanden: Wie bringst du Geld auf, wie soll alles weitergehen, wie verhinderst du Streit mit Selma, und was ist für das kommende Kind alles zu besorgen. Ja, und dann die Versatzzettel, hm, dort kriegt man billige Marmelade, da preiswerte Heringe, das Gas muß bezahlt werden usw.
Und zu alledem fiel mir auch wieder das Drama ein und die ganze Zeit, die ich unnütz hatte verstreichen lassen. Sicher hatte der Professor schon aus der Zeitung von meiner Verhaftung gelesen und wird selbstverständlich für mich recht ungünstige Konsequenzen ziehen. Außerdem war auch das Ende des dritten Stipendium-Monats sehr nahe.

Ich entschuldigte mich vor allem brieflich bei meinem Mäzen und gab an, daß mich nur eifrigste Arbeit am Drama gehindert hätte, mich einmal sehen zu lassen. Ich erwähnte nichts von der Verhaftung. Eine Karte kam als Antwort: ›Keine Rücksicht, lieber Herr Graf! Arbeit entschuldigt alles.‹

Also das Drama schreiben!

Mißmutig begann ich. Mein ganzes Hirn nahm ich zusammen, um etwas zu erfinden. Erinnerlich war mir, daß der Professor Hanns Johsts und Unruhs Art zu schreiben sehr gern hatte. Gut, sagte ich mir, die haben Verse geschrieben, da mußt du also auch so etwas Getragenes zusammenmachen, und zwar möglichst schwungvoll.

Das Allerschwierigste war die Handlung. Ich grübelte und grübelte, und nach etlichen Tagen endlich schwebte mir der Umriß eines Revolutionsstückes durch den Kopf. Ganz allmählich wurden in meinen Gedanken auch die Szenen greifbarer. Ohne eigentlich zu wissen, wie alles ausginge, fing ich schließlich an, mit aller Gewalt die Verse aus mir herauszupressen. Der Held des Dramas war selbstverständlich eine mit damals moderner Allerweltsethik erfüllte Künstlernatur, ein Mensch also, fast nichts als Idealismus, der sein Volk zur Freiheit führt und dabei umkommt. Das war sicher tragisch, denn was einmal mit dem Tod abgeht, gegen so etwas war nichts einzuwenden.

Nun suchte ich einen sehr schlagenden Titel und fand ihn als erlösendes Wort im Fremdwörterbuch, nämlich – Diktator.

Tribun wäre ja auch schön gewesen, aber Diktator war viel zeitgemäßer und für mein Gefühl auch mächtiger und aktiver. Also schrieb ich auf ein leeres Schreibmaschinenpapier, schön in die Mitte: ›Der Diktator, eine Tragödie in drei Akten von Oskar Maria Graf‹.

Erster Akt, ärmliche Dachkammer natürlich. Auseinandersetzung des Helden mit der Frau, weil die größte Not hereingebrochen ist. Die Frau will, daß der Mann einen reellen Verdienst sucht, der Held hingegen schwebt in der Idee und spricht gleich einen schwungvollen Vers, daß das Volk die Not nicht mehr aushält, und daß er keine Ruhe mehr hat. Es beginnt ein Streit zwischen den Eheleuten, und schließlich geht der Held mit dem feierlichen Ruf:

›Es geht nicht mehr! Ich kann es nicht mehr tragen!
Das Volk hör' ich aus meinen Träumen klagen!
Ich lasse dich zurück, du Glaubenslose,
denn du bist klein! Mein Weg führt nur ins Große!‹

Der Vorhang fällt. Man hört Lärm hinter der Bühne, der ungefähr soviel besagt, daß das wartende Volk seinen Führer jubelnd begrüßt.
Ich war jetzt aufgeweckter. Der zweite Akt mußte geradezu brodeln von Handlung. Zuerst hielt der Held eine lange Rede auf einem freien Platz, dann kamen mitten drinnen berittene Polizei, Zusammenstoß, Kampf und Geschrei in Hexametern, Tote und Verwundete und zum Schluß eine Verschwörerversammlung in einem Keller. Die Getreuen bringen ihren verwundeten Führer auf einer Tragbahre herein, er erhebt sich mit aller Kraft und spricht selbstverständlich glühend auf das Häuflein Aufrechter ein. Auf einmal hört man draußen den triumphierenden Lärm des siegenden Volkes, und ein verwilderter Mann schreit aufmunternd zum Kellerloch herein:

›Steht auf, Verfolgte und Verzagte,
denn es gelang der Macht des Volks, daß Freiheit tagte!‹

Alle stürzen hinauf und reißen den Führer mit. Der reckt sich auf, hebt die Arme beschwörend zum Himmel und ruft von der Bühne aus gleichsam ins Publikum:

›Gewagt der Kampf! Durch Blut und Wunden
hat sich das Volk den Weg gefunden
zum Licht!
Nun aber, wehe! folget das Gericht!‹

Unter den Klängen und dem Abgesang der Marseillaise fällt der wirkungsvolle Vorhang.
Jetzt war ich selber schon begeistert von meinem gewaltigen Werk. Nur wußte ich nicht mehr recht, was der dritte Akt enthalten sollte.
Die halbe Nacht dachte ich nach. Selma stöhnte. Ab und zu machte sie Licht, schüttelte Asthmapulver auf ein kleines Tellerchen und zündete es an, um durch Einatmen desselben mehr Luft zu bekommen.
Ich rührte mich nicht und sann. Nachts so wach liegen, wenn's immer stiller und stiller wird, ist gefährlich. Auf einmal merkt man, wie unwichtig, wie lächerlich wichtigtuerisch man sein bißchen Leben vergeudet. Ganz kleinweise und quälend kommt man hinter seine Jämmerlichkeit. Kläglich gleiten die Erlebnisse, die Tage und Jahre vorüber, alles läuft davon, rinnt weg ...
Am andern Tag erwachte ich bösartig und gehässig. Sicher hätte ich die Katze von der Hausbesitzerin erschlagen, wenn sie auf der Kohlenkiste draußen vor der Tür gehockt hätte. Selma war weg, kalt war es, dumm und widerwärtig standen die Möbel herum, und zum Fenster herein glotzte die Helle.
Erst nach langer Zeit ermannte ich mich und begann den dritten Akt. Er soll wenigstens den guten Willen sehen, spornte ich mich an, und dachte an den Professor. Ich war schon wieder gar nicht mehr überzeugt von dem grandiosen Werk. Dennoch – folgende Handlung bildete den Schluß: Aufstand verläuft siegreich, das Volk nimmt alles in die Hand, und der idealistische Held wird von seinen einstigen Anhängern als Hochverräter hingerichtet. Sein Weib steht in der ärmlichen Kammer und sagt einen langen Monolog über Heldentum und Geist der Menge, über Masse und Menschentum.
Wenngleich mir das Ganze jetzt schier ekelhaft war, atmete ich doch auf und versuchte Selma davon zu überzeugen, wie begeistert der Professor davon sein würde. Sofort schickte ich das Manu-

skript ab, und einige Tage später bestellte mich mein Mäzen in den Hofgarten zu einer Aussprache. Schon von weitem sah ich ihn und wußte auch schon alles. Wir gingen auf und ab. Es war ein schöner Tag.

»Herr Graf, das ist kein Drama! . . . Ich sollte nie was gesagt haben zu Ihnen«, fing er an, »nein-nein, Sie sind kein Dramatiker . . . Ich mache mir fast Vorwürfe . . . Man kann die Poesie nicht kommandieren.«

Ich stimmte schüchtern zu. Er sah mich von Zeit zu Zeit durch seine scharfen Brillengläser an. Ich wurde immer unsicherer. Ich ließ ihn reden, nickte und sagte von Mal zu Mal: »Jaja, schon . . . Jaja, das schon!« Ich schämte mich bis ins Innerste vor dieser teilnehmenden Ehrlichkeit und dachte schon im nächsten Moment mit geradezu panischer Angst an das Stipendium, das ich nun wohl nicht mehr bekommen würde.

»Schon dieser dumme, zeitungshafte Titel!« begann der Professor wieder: »Und dann diese ganzen Phrasen! . . . Wenn ich da an Ihre Gedichte denke, da ist alles gewachsen, und hier? . . . Alles so holperig . . . Es ist keine Idee im Ganzen! . . . Sie müßten Kleist lesen . . . Aber nein, ich will Ihnen lieber nichts raten . . . Nein-nein, wissen Sie, bei Ihnen verletze ich ja nicht, Sie haben ja Humor . . . Aber das Ganze ist der reinste Gallimathias . . . Nicht Fisch und nicht Fleisch.«

Ich lächelte verlegen. Ich schaute ihn nicht an, ich sah an ihm vorbei, wenn er stehen blieb.

»Ja, d-das ist ja schließlich erst ein Versuch, Herr Professor«, brachte ich endlich heraus. Aber er wehrte sofort ab.

»Herr Graf, ein Dichter darf sich keine Pflicht machen!«

Das tat mir wohl in den Ohren.

»Das muß alles wachsen aus einer echten Notwendigkeit . . . Sonst rühren Sie lieber keine Feder mehr an . . . Man kann nichts *machen wollen,* verstehn Sie mich?« sagte er wiederum.

»Ja«, sagte ich, »Herr Professor, ich versuch's doch noch einmal ...« Mit einer entschuldigenden Beharrlichkeit, wie sie nur ein Mensch hat, der seinen Fehler einsieht und ihn nun absolut wieder gutmachen will, brachte ich es heraus. Aber der Mann neben mir blieb bei seiner Meinung.

»Herr Graf«, sagte er fast mit einem leichten Anflug von Melancholie, »Sie sind ja noch so jung! ... Was tut da ein Fehler ... Ihre Gedichte sind echt in jeder Falte ... Wenn Sie alles so schreiben wie diese Gedichte, dann wird auch was daraus ... Es kann ja sein, daß Sie später einmal wieder ein Drama schreiben, aber das ist gar nicht wichtig ... Wichtig, sehn Sie, wichtig ist nur, daß man sich treu bleibt ... Sie fangen erst an, Lieber! Sie haben doch noch alles vor sich ...«

Ich wurde immer verwirrter und redete zuletzt alles durcheinander. Als wir auseinander gingen, gab mir der Professor das Manuskript. Den monatlichen Scheck würde er in den nächsten Tagen schicken, meinte er, und er könnte im Augenblick nicht sagen, ob das Stipendium auch noch weiter für mich frei sei.

Ich kam heim und verbrannte das Drama. Gott sei Dank, das war vorüber, und die hundert Mark bekam ich noch für diesen Monat. Jetzt hieß es auf alle Fälle vorsorgen. Ich ging wieder in den ›Simplizissimus‹. Am Künstlertisch handelte man mit Brotkarten, die zu damaliger Zeit sehr rar waren. Nach Fleisch, Wurst und Butter wurde gefragt. Ich horchte auf. Es fiel mir ein Mann ein, den ich bei der Hauptpost kennen gelernt hatte. Von dem konnte man alles beziehen. Er wohnte ganz in unserer Nähe. Ich suchte ihn auf. Er tat sehr mißtrauisch. Ich wurde ungeduldig.

»Mensch«, sagte ich, »ich hab' doch eine Menge Kunden ... Das Geschäft kann uns ernähren.«

Er wollte kein Geld, sondern Butter. Ich rannte herum und horchte überall. Selmas Chef, der Grabsteinfabrikant, bekam von seiner Landkundschaft massenhaft Butter und Eier, aber er gab nichts her. Lieber wurde alles ranzig und stinkig.

»Wir müssen zu Geld kommen«, sagte ich zu Selma, »der Kerl lebt vom Umbringen anderer und wär' ohne Krieg ein armer Lump. Preß ihm unbedingt Butter ab ... Das ist bares Geld für uns.«

Am andern Abend brachte sie ein Pfund Butter. Ich erhandelte vier Brotkarten dafür und bekam für eine fünf Mark. Dieser Erfolg machte mich sogleich emsig. Ich plante schon wieder die riesigsten Geschäfte.

Zwar rückten die Leute vom Geist verächtlich von mir ab. Jeder sagte: »Der kleine Schieber dort«, aber jeder wollte von mir beziehen. Ich galt in kurzer Zeit als der Mann, von dem alles zu haben war, denn ich sagte nie nein, sondern stets: »Ich will mal schauen ... Ich glaub', ich kann's beschaffen.«

Es lief mir ein Mann in die Hände, von dem man sich erzählte, er habe ganze Warenlager. Er war früher Barmixer und – komisch – er ging eines Tages geradewegs auf mich zu, sah mir schnüffelnd in die Augen und raunte: »Herr Graf, ich hab' gehört, Sie können Eier brauchen?«

Ich nickte vorsichtig und wollte nicht gleich mit der Sprache heraus. Er sagte geschäftsmäßig: »Besuchen Sie mich mal morgen.«

Am selben Abend erkundigte ich mich unauffällig im ›Simplizissimus‹ nach den meist begehrten Waren. Eine Tänzerin wünschte Seidenstrümpfe, ein Zuhälter wollte Ölsardinen und feine Wurst, ein dicker Mann mit einem Schwarm Damen um sich versprach feinste Friedensseife herbeizuschaffen, ich traf einen kleinen schafgesichtigen Holländer, der im Ruf eines ungeheuren Reichtums stand, setzte mich lächelnd zu ihm und fragte, was er wünsche.

»Weiche Schweinszungen, Schinken«, sagte er und erkundigte sich nach meinen sonstigen Waren.

»Effeff Schokolade ... Eier, frische Butter, Fleisch, ganz frisch«, zählte ich kaltblütig auf.

»Wissen Sie was, hier haben Sie Geld, bringen Sie mir morgen was«, sagte er und gab mir hundert Mark.

»Gut«, sagte ich, »Sie werden zufrieden sein.«

Ich kam heim und konnte kaum schlafen vor Erwartung. In aller Frühe suchte ich den früheren Barmixer auf. Der Mann enttäuschte mich nicht. Seine große, gediegen bürgerlich eingerichtete Wohnung war bis auf das Wohnzimmer völlig abgedunkelt. Dichte Vorhänge versperrten das Tageslicht. Er knipste das elektrische Licht an, und es war mir, als stünde ich in einer unwirklichen Tropfsteinhöhle. Gewaltige Schinken, Räucherzungen in allen Größen, Salamiwürste und ganze Schweinsrippen hingen – fein geordnet an langen, an der Decke befestigten Stangen – dicht aneinandergereiht herunter. Kisten voll Eier, Stoffe, Seide, Schuhe, Schokolade, Schmalztöpfe, Gansfett und Butterstücke erblickte ich. In der Mitte war ein saubergescheuerter Tranchiertisch mit zwei Waagen und einer ganzen Skala von blitzblanken Messern. Ich war überwältigt und brachte kaum ein Wort heraus. Der Mann führte mich in ein anderes Zimmer. Dort waren Wein- und Schnapsflaschen, aufgeschichtet in Regalen und numeriert. In der Küche waren Seifen und Toiletteartikel aller Gattungen. Alles, was in dieser Zeit fast vergessen schien, war hier in unglaublichen Mengen.
Mit Schauder dachte ich an die herrschende allgemeine Not, einen Augenblick kam mir sogar der verwegene Gedanke, dies alles anzuzeigen, es durch alle Straßen zu schreien, dann wieder raffte ich mich zusammen, erinnerte mich an meine Misere und murmelte: »Hm, da sind freilich gute Geschäfte zu machen.«
Der Mann schnitt ein äußerst kulantes Gesicht und führte mich wieder ins Wohnzimmer zurück. Er bot mir besten Kognak an, wunderbares Gebäck und Schinken. Trotzdem mir das Wasser im Munde zusammenlief, aß ich zerstreut und appetitlos.
»Wie gesagt, Herr Graf, Sie wollen verdienen, und ich bediene Sie gut ... Wir haben beide das gleiche Interesse«, leitete der Mann die Auseinandersetzung ein und offerierte mir seine Artikel an Hand einer mit Schreibmaschinenschrift geschriebenen Preisliste. ›Lieferung nur gegen bar‹ stand oben drüber.

Ich sagte: »Ja, ich nehm' einmal je zwei Schweins- und Kalbszungen, nicht zu schwer und sehr weich, dann vielleicht Schinken, aber einen sehr guten ... Ja, Seidenstrümpfe und Seife, das kann ich auch brauchen.« Ich war wieder ruhig und geschäftlich. Den Hundertmarkschein legte ich hin. Wir kamen überein, daß ich abends die bestellte Ware abholen sollte. Bei Tage war's zu gefährlich.
Der Holländer war sehr zufrieden mit der Lieferung und bestellte neu, gab auch gleich wieder Vorschuß von abermals hundert Mark. Ich spekulierte mit dem Überschuß, so gut ich konnte, belieferte jeden mit Dingen, die er wünschte. Es war mir leicht, es war immer Geld da, und nun konnte nichts mehr schief gehen.
Am Monatsende teilte mir der Professor mit, daß mein Stipendium weiterginge. Ich war fast mehr bestürzt als erfreut davon. Ein sehr begeisterter Brief vom Professor über einige Gedichte kam. Ich wollte die Schieberei aufgeben und ruhig dichten, aber der Geldstrudel hatte mich bereits wieder erfaßt. Es erging mir schier wie einem Spieler, der die Höllenhaftigkeit seiner Leidenschaft wohl einsieht, aber nicht mehr loskommt. Zu leicht verdiente sich das Geld, zu verlockend war die Abenteuerlichkeit meiner neuen Beschäftigung, und wenn man jahrelang immer in widerwärtiger, erniedrigender Unsicherheit steht, dann bekommt man Hunger. Hunger nach gutem Leben, Hunger nach Macht, Hunger auf alles Annehmliche, was die andern haben, die Satten, die Sicheren und die Überlegenen. Gelten will man was, nicht immer getreten sein, nicht Tag für Tag im Pech stehen.
Beim schafgesichtigen Holländer, dessen Freundin Marietta geworden war, hatte ich einmal getafelt, Speisen verzehrt, die ich noch nie zu kosten bekommen hatte, traumhaft mundende Weine geschluckt. Lustig wurde man zuletzt, überströmend lustig. Wie ein Märchen war's gewesen.
Ich warf mich erst recht auf das schnelle Verdienen. In den ›Simplizissimus‹ kam ich, setzte mich zwischen die diskutierenden

Dichter und Künstler und zog auf einmal eine lange Hartwurst aus der einen Brusttasche, aus der anderen Damenstrümpfe, aus der Joppentasche feinste Schokolade.
»Wollen Sie Wurst, Mann? Wurst! ... Das ist das einzig Reelle!« warf ich in die Diskussion: »Und hier bitte, effeff Seidenstrümpfe! Schokolade! ... Was wünschen Sie? ... Alles hab' ich!«
Gemein und rachsüchtig sagte ich es. Scheelsüchtig sah man mich an, zu einem maliziösen Lächeln zwang man sich.
»Was ist das alles! Menschlichkeit! Pazifismus! ... Hier, meine Herren, das ist das Richtige ... Friß oder werde gefressen!« rief ich mit jener listigen Abgebrühtheit, wie sie nur Menschen haben, die sich mit allen Mitteln Geltung verschaffen wollen. Die Tänzerin lispelte dem Dicken ins Ohr und hob besoffen die Strümpfe in die Höhe, entriß mir die Schokolade und lachte geil. Der Dicke zog seine Brieftasche und bezahlte. Alles glotzte auf das Geld. Lässig, wie eine nichtssagende Kleinigkeit, steckte ich es ein. So ging es oft und oft. Ich betrank mich, ich kam keine Nacht mehr heim. Rechnen war nie meine Sache gewesen. Ebenso leicht, wie sich das Geld verdiente, ebenso unkontrollierbar schnell zerrann es mir. Und selbstverständlich jagte ich immer mehr danach.
»Was Dummheiten! Geld?! ... Geld ist jederzeit da! Da hast du!« fuhr ich Selma an, wenn sie Einwürfe machte. Unser Zusammenleben hatte sich zu einem mißmutigen Gegeneinander entwickelt. Kam sie heim, ging ich fort und suchte Gesellschaft.
Ich besuchte meinen Lieferanten, den früheren Barmixer. Er war sehr freundlich gegen seine beste Kundschaft. Wir hockten uns breit in sein Wohnzimmer und tranken Bruderschaft. Er schenkte immer wieder ein. Ich setzte das Glas an und trank es stets in einem Zug aus. Mein Hirn wurde schon langsam dumpfig. Ich wurde sentimental, melancholisch wie eine alte Jungfrau, dann wieder schrie ich meine widerliche Stimmung übermütig tot.
»Immer dieses Scheißgeld! Dieses Hundsgeld!« brummte ich. Glucksend stürzte ich den Schnaps hinunter.

»Geld stinkt nicht! Immer Geschäft! Geschäft!« feuerte mich mein neuer Freund an. Ich roch die Scheine. Sie stanken wirklich nicht. Ich lachte grölend auf und sank schwerberauscht über den Stuhl hinab. Alles drehte sich.

»Schnaps her! Geld her und gelebt, daß die Fetzen fliegen!« plärrte ich und richtete mich schwankend auf: »Was geht uns die ganze Scheiße an! ... Die Korruption marschiert! ... Schnaps her! ... Alles muß korrumpiert werden!«

Erst in der nächsten Frühe kam ich heim. Alles war verwüstet an mir.

Ich fuhr Auto, knüpfte immer neue Geschäftsbeziehungen an, bediente rasch und gut, und mein Kundenkreis erweiterte sich täglich.

Mit dem Holländer wurde ich gut Freund und war sehr oft bei ihm zu Gast. Da fraß, soff und tobte man. Eine Menge kriecherischer Künstler und unsicherer Existenzen umgaben den Mann ständig. Alles, was er tat, wurde speichelleckerisch angehimmelt. Tage und Nächte hindurch wurde gezecht und gefressen. So hatte ich mir als Bub immer das lasterhafte Rom vorgestellt, von dem Pfarrer und Lehrer erzählten. Ich war selber ein Römer und gefiel mir sehr gut als solcher.

Eine versumpfte Gleichgültigkeit war allmählich über mich gekommen. Ab und zu traf ich den Professor oder den Rote-Kreuz-Mann und log ihnen große, dichterische Pläne vor. Scheinheilig erging ich mich mit ihnen über die große, ernste Zeit.

»Was der Herr zu hören wünscht, soll er hören«, war meine Devise.

So glitt die Zeit dahin.

XVI
Schließlich

Mit dir geht's abwärts«, sagte einmal Maria Uhla zu mir und sah mich offen an: »Du bist gar nichts mehr.«
Ich schnitt eine peinliche Miene und versuchte, ihre Behauptungen durch zynische Gegenbemerkungen ins Lächerliche zu ziehen. Sie ließ sich nicht beirren.
»Was hast du eigentlich vor?« fragte sie geradezu.
»Ich? . . . Nichts, gar nichts! . . . Gut zu fressen, viel zu saufen und haufenweise Geld zu verdienen«, erwiderte ich plump.
»Du lügst dich ja selber an!« fiel sie mir ins Wort und ließ mich nicht aus den Augen: »Alles, was du treibst, machst du bloß, weil du Angst vor dir selber hast! . . . Du machst Schleichhandel und treibst Geld herbei, damit Selma beruhigt ist. Du säufst, weil du nicht nachdenken willst. Du lügst deinen Professor an, weil du ganz genau weißt, daß er ein reinlicherer Mensch ist wie du. Du willst dich mit keinem aussprechen und machst gleich immer dumme Witze, weil sonst deine ganze Kläglichkeit herauskommt.« Sie holte Atem und setzte in anderem Ton hinzu: »Und du bist der unglücklichste Mensch, der herumläuft.«
»Das kann schon sein«, murmelte ich getroffen, bog aber gleich wieder ins Ordinäre ab: »Aber es geht mir sehr gut dabei! . . . Für wen soll ich ehrlich sein, für wen soll ich mich einsetzen . . . Jeden Tag kann man wieder eingezogen werden und sich totschießen lassen für nichts und wieder nichts!«
Sie wartete ein wenig.
»Glaubst du vielleicht, ich möchte mit dir tauschen? . . . Schorsch und ich möchten keinen Tag so leben wie du . . . Und uns geht's doch gewiß dreckig«, stellte sie mich wieder zur Rede.
Ich zuckte die Achseln und schnaufte schwer.
»Du wirfst ja doch eines Tages alles hin und vergräbst dich«, sagte sie abermals.

»Das kann schon sein«, gab ich wiederum zurück.
Schorsch kam aus der Stadt. Wir tranken Tee und unterhielten uns über die Ereignisse. Schauerlich hatten die Kriegsgerichte nach dem Januarstreik gewütet. Brutal war verurteilt worden. Die Zuchthäuser waren voll von Rebellen. Alles Aufrührerische schien völlig ausgerottet. Die Front brauchte Soldaten. Selbst die Untauglichsten wurden abermals ausgemustert und ins Feld geschickt. Die begonnene Frühjahrsoffensive tobte mit aller Macht im Westen, Tanks und Giftgase arbeiteten furchtbarer als je. Auf einmal schwankte der Angriff und brach zusammen. Die Zeitungen brachten gewundene Berichte. Allmählich aber sickerten die beunruhigendsten Nachrichten durch.
»Hoffnungslos! Nur Attentate könnten noch helfen«, sagte ich. Bedrückt gingen wir auseinander.
»Ich such' mir doch wieder eine Arbeit jetzt«, sagte ich zu Selma.
»Ja, oder schreib doch was und schick's ein«, meinte sie. Ich brummte irgend etwas hin.
»Oder such dir doch eine Bürostelle«, sagte sie abermals. Ich nickte wieder.
Eine Kunstgewerblerin hatte mir vor einigen Tagen gesagt, in den Ausgabestellen für Kohlenmarken suche man aushilfsweise Schreibkräfte. Ich meldete mich und wurde angestellt. Es war eine sitzende Beschäftigung. Den ganzen Tag wiederholten sich die gleichen Fragen und Antworten: »Sind Sie Untermieter? Haben Sie eine eigene Wohnung? Wie viele Zimmer? . . . Nein, Büroräume gehören zu Gewerbe . . . Ja, auf zwei Zentner haben Sie Anspruch . . .« usw.
Nach vier Wochen war der Dienst zu Ende. Jetzt war der Schleichhandel schon ganz offen. Nur hatten die Preise bereits eine phantastische Höhe erreicht, aber in jedem Laden konnte man heimlich Butter, Schmalz, Eier und Fleisch beziehen.
Mein Lieferant traf mich auf der Straße, schoß auf mich zu und zog mich in seine Wohnung.

»Mensch, was ist denn mit dir? Was hast du denn, daß du auf einmal nichts mehr brauchst? Ist meine Ware nicht gut ... Was machst du denn bloß für ein Gesicht?« erkundigte er sich fast besorgt und goß mir Kognak ein.
Ich schüttelte den Kopf. Das Reden war mir zuwider.
Er drang weiter in mich. Ich murrte über den Krieg.
»Wir führen den Krieg nicht – wir verlieren ihn auch nicht«, sagte er. Er goß mir wieder Kognak ein.
Ich hob den Kopf und sagte: »Weißt du was? ... Mir graust vor allem.«
Der Mann war gerührt, stellte sich groß vor mich hin und klopfte mir auf die Schultern, als wolle er mich wieder aufrichten. Und treuherzig rief er: »Oskar! ... Ich will dir was sagen ... Du kennst mich! Ich mach' dir keinen Schmus vor ... Oskar! ... Deck dich mit Geld ein, es kommen lausige Zeiten! ... Geld ist die Welt! Wo's herkommt, kann uns doch egal sein!«
Ich sagte nichts darauf und stürzte einen Kognak nach dem andern hinunter. Er zeigte mir seine Bestände. Er war unglücklich über mich. Wir hockten lange zusammen und betranken uns wieder.
In meinem stumpfen Hirn kribbelte es in einem fort: Was denn? Was denn? Es war ja alles egal! Ganz gleichgültig! Alles unsinnig, alles dumm! Er hatte ja recht, der Mann! Geld ist die Welt! Geld, nichts wie Geld!
Ich schnaufte wie ein Roß und trank weiter. Ich rülpste, und es würgte in meinem Magen.
»Drum Brüder stoßt die Gläser an! Es le-e-ebe der Reservemann!« sang der Barmixer heiser, schwankte, glotzte mich mit glasigen Augen an und wiederholte abermals: »Dru-hum, Brü-üüder sto-oßt die Glä-häser an! E-es le-e-ebe der Re-e-e-servemann, d-de-er treu gedient h-ha-ahat sei-ei-eine Zeit – Ha, Oskar, prost! Ha, Scheiße! ... Sauf, Mensch! Sauf! ... Der Re-eservemann –!«
Ich erhob mich. »Ja«, sagte ich, »ich handle wieder, Scheiße!«

Und tat's auch. Aber der ganze Elan war gewissermaßen weg. Ein gleichgültiger Händler war ich geworden. Gelang ein Geschäft, war's gut, gelang es nicht, war's auch gut.
Mit Schorsch traf ich einmal Hobrecker auf der Straße. Sein Vermögen war zerronnen. Er war wieder arm geworden, oder, wie er sich ausdrückte: Es wickelte sich wieder schiefer.
Wir zechten mit ihm bis tief in die Nacht, und er nahm uns noch in sein Hotel mit.
Rotwein und kalte Platte ließ er auftischen. Er bekam auch hier alles wie überall. Wir tranken und aßen und wurden lustig.
»Mensch, Oskar! Ich sage dir, du bist ein Grünschnabel! ... Augenblicklich sitze ich in der Tinte, aber in einigen Tagen habe ich wieder Tausende ... Da kannst du mal kommen«, sagte Hobrekker.
Er redete von großen, geheimnisvollen Bildergeschäften, von einer Verbindung mit ukrainischen Ölquellen-Ausbeutern und begeisterte sich selber an diesen Phantasien. Er erzählte weitschweifig und drastisch von seinen Liebesabenteuern.
»Krieg! Was heißt Krieg? ... Willy Hobrecker hat bald einen Sitz in der Großindustrie!« rief er weinheiser.
Ich sah ihn an. Wie er dastand, wieder in seinem zerschlissenen braunen Anzug, in ramponierten Lackschuhen, wie er einen Pakken Versatzzettel herauszog und ausgelassen heiter aufzählte: »Frackanzug, Smoking, zwei Schiffskoffer, ein goldenes Uhrband, eine goldene Taschenuhr, Straßenanzug, Paletot, Alster, Zylinder, Bücher, ein Dutzend Hemden, vierzehn Paar Schuhe, zwei goldene Etuis, drei Spazierstöcke mit Elfenbein- oder Silbergriff« und stürzend herauslachte: »Mein Vermögen liegt eingemottet und gut verwahrt!« das war überwältigend.
Als wir von ihm gingen, war schon grauer Morgen. Schorsch hatte eine halbausgetrunkene Flasche Burgunder mitgenommen und sagte in einem fort: »Das bringe ich der Maria ... Das wird sie freuen ... Das gibt Blut.«

Ich stapfte heim durch die öden Straßen und dachte unablässig: Eigentlich lebt nur der richtig ... Der hat's schön ... wie die Lilien auf dem Felde.
Selma machte sich bereits für das Geschäft fertig und sah mich vorwurfsvoll an.
»Ich schiebe wieder ... Du brauchst bald nimmer ins Büro«, warf ich hin.
Zwei Tage später las ich zufällig in der Zeitung, daß ein Lehramtskandidat Wilhelm Hobrecker aus Remscheid wegen Bilder- und Scheckfälschungen verhaftet worden sei. Später verurteilte man ihn zu mehreren Jahren Gefängnis. Seitdem habe ich ihn völlig aus den Augen verloren und nie wieder etwas gehört von ihm.
Maria Uhla hatte bereits einen Knaben geboren. Während sie im Mütterheim lag, schreinerte Schorsch aus dünnen Brettern spärliches Mobiliar zusammen, und an einem Tag fuhren wir mit Handkarren die Habe von Sendling nach Schwabing, wo mein Freund nach langem Suchen ein Atelier gefunden hatte. Als ich an diesem Abend heimkam, lag Selma auf dem Diwan und wand sich vor Schmerzen.
»Es muß dieser Tage angehen«, stöhnte sie.
Ich lief zum Arzt, holte die Hebamme und legte die Gebärende ins Bett. Ich ging im Atelier nebenan unablässig auf und ab, ließ ständig Wasser auf dem Gasapparat kochen und war der ab und zu herauskommenden Hebamme behilflich. Schließlich aber mußte doch das Sanitätsauto kommen. In der Klinik gebar Selma ein Mädchen. Ich lief herum und machte Geschäfte. Erst am andern Tag besuchte ich Mutter und Kind. Verlegen spielte ich den hocherfreuten Vater.
Das auch noch! Noch eine Kette mehr! dachte ich auf dem Heimweg. Ich entschloß mich, möglichst viel zu verdienen, um eine große Wohnung mieten zu können. Ich zerrannte wieder die Tage mit Schleichwaren und hatte für nichts Zeit. Selma war nun den ganzen Tag um mich. Das Kind schrie und strampelte. Ich wagte es

kaum anzusehen, ich berührte es nur nach schwerer Überwindung, denn ich hatte Angst, ihm weh zu tun. Seit meiner frühesten Jugend machen mich hilflose Kreaturen selber hilflos. Ja, ich fürchte sie fast.
»Gehst du schon wieder fort! Bleib' doch da«, sagte Selma fast jeden Abend.
»Ich muß Geschäfte machen ... Wir müssen aus dem Dreck heraus«, redete ich mich hinaus. Erst wenn ich auf der Straße war, atmete ich auf. In die ›Dichtelei‹ oder in den ›Simplizissimus‹ ging ich.
Der Rote-Kreuz-Mann und seine Frau trafen mich und gratulierten mir. Ich schnitt ein gewaltsam fröhliches Gesicht.
Der Professor behagte mir schon eher. Er sagte mit leicht besorgter Miene: »Ein Künstler soll keine Kinder haben.« Und wie um mich zu trösten, setzte er bittersüß hinzu: »Aber nun ... Es gibt ja auch Ausnahmen.«
Wir gingen nachdenklich nebeneinander her. Ich versuchte mit unsicheren Worten mein Glück vorzulügen.
»Wissen Sie, Herr Professor, eigentlich muß ich immer Reibungen haben, dann erst treibt's mich zum Schaffen«, sagte ich. Er lugte fast forschend auf mich und sagte eigentümlich fragend: »Reibungen? ... Ich hör' da einen seltsamen Ton heraus, Lieber ... Aber«, dabei hielt er eine Sekunde inne und seufzte unmerklich, »seinen Dämon hat jeder ... Ein Dichter mehr wie ein anderer Mensch.«
Ich schwieg. Er sagte auch nichts mehr, bis wir auseinandergingen. –
Um jene Zeit lernte ich eine Studentin kennen, die oft zwischen den Künstlern saß und eine auffällige Abneigung gegen mich an den Tag legte. »Kommt schon wieder dieser gräßliche Kerl«, hörte ich sie einmal sagen. Ich achtete nicht darauf. Im Gegenteil, das Fräulein gefiel mir von Anfang an ausnehmend. Ganz unvermerkt versuchte ich, ihr von außen her näher zu kommen. Die Kunstgewerblerin, welche mir damals die Aushilfe bei der Kohlenmarken-

stelle gesagt hatte, war ihre Freundin. Die kannte ich schon länger und gab ihr einmal einige Gedichte und eine Novelle von mir.
»Und – und zeigen Sie's auch dem schwarzen Fräulein«, sagte ich in hastiger Verlegenheit und lachte ein wenig. Die Kunstgewerblerin nickte spitzfindig und lächelte ebenfalls. Nach wieder einigen Tagen traf ich beide auf der Straße, ging auf sie zu und fragte, wie meine Sachen gefallen hätten.
»Sehr gut«, erwiderte die Kunstgewerblerin, aber aus der Art, wie sie es sagte, hörte ich wohl heraus, daß sie nichts gelesen hatte.
»Und«, wandte ich mich an die Studentin mit sonderbarer kindlicher Dreistigkeit, »und ... Ihnen hat das Zeug wohl gar nicht gefallen, oder?« Merkwürdigerweise spürte ich, wie mir dabei die Röte ins Gesicht stieg.
»Ja, doch, ich hab's gelesen ... Sie können sehr viel«, gab sie zurück.
»Wirklich?« fragte ich und verbarg meine heftige Aufwallung.
»Ja, wirklich ... Das, das ist wunderschön: Denn uns ist aller Fremdheit letztes Wesen eingepflanzt von Kind auf, und aller Nächte Süße schweigt an uns vorbei«, sagte sie. Um ja nicht meine Freude zu zeigen, machte ich dummwitzige Bemerkungen und meinte breit herauslachend: »Ja, wissen Sie, die meisten Schleichhändler sind lyrisch veranlagt ... Das kommt bloß davon, weil sie meistens in der Nacht herumlaufen müssen ... Die Dunkelheit ist sehr anregend.«
Die Kunstgewerblerin fand das sehr amüsant und auch das Fräulein lächelte gezwungen.
So fing ganz langsam etwas an, was alle Dichter schon besungen haben und eine wirkliche Entscheidung für mich wurde. –
Fast täglich besuchte ich damals Schorsch in seinem neuen Atelier. Maria Uhla war eine überglückliche Mutter. Trotz aller Not bewahrte sie ihre echt frauliche Heiterkeit. Plötzlich mußte sie sich hinlegen und starb nach wenigen Tagen infolge einer Gebärmutter-Infektion. Nach dem Begräbnis packte mein Freund einen

Rucksack und ging einige Wochen in die Berge. Er schien völlig zerrüttet.
Und, als ob wir stets das Gleiche durchzumachen hätten, – auch Selma erkrankte kurz darauf. Ihre schwere Influenza ging auf das Kind über. Beide mußten ins Krankenhaus.
Geld auftreiben hieß es, Geld, unter allen Umständen. Ich bezog wieder massenweise von meinen Lieferanten und hetzte herum. Der Holländer half mir schließlich mit einigen hundert Mark. Ich kam zu Selma.
»Hast du endlich Geld?« fragte sie.
»Ja, nur keine Angst«, antwortete ich ihr und zeigte ihr die Scheine. Sie atmete auf wie erlöst.
»Du bist ein guter Kerl«, sagte sie weich. Sie streckte die Arme nach mir aus und küßte mich.
»Ja, ja, ja . . . lob mich nicht, lob mich nicht . . . Ich tu' ja bloß, was sich gehört«, sagte ich fast abwehrend und verließ sie bedrückt.
Am andern Tag kam mein Bruder Maurus, der schon seit einer Woche auf Urlaub zu Hause war. Ich freute mich aufrichtig darüber. Wir redeten wie ehedem von Büchern und Dichtern. Er war ausgesöhnt. Später kam auch Nanndl nach langer, langer Zeit wieder einmal, und wir besuchten zu dritt Selma im Krankenhaus.
Abends um elf Uhr sollte Maurus wieder abfahren.
»Mensch, hau doch einfach einem Unteroffizier oder einem Offizier eine herunter . . . Verweigere einfach den Befehl oder fahr nicht mehr hinaus!« sagte ich zu ihm. Er lachte matt und ironisch und schüttelte den Kopf.
»Ja, das kannst du machen . . . Ich kann das nicht«, erwiderte er.
»Wirst du sehen, du bist keine drei Monat mehr draußen«, sagte ich wiederum, »es kommt unbedingt der Friede oder die Revolution.«
»O, du Esel!« spottete er ungläubig.
Wir aßen in einer Wirtschaft und wurden vergnügt. Ich erzählte von meinen Schiebergeschäften in überheblichen Tönen.

»Soso . . . Naja, sowas ist sicher einträglicher wie dichten«, rief er daraufhin und setzte spitz hinzu: »Ein schlechter Geschäftsmann bist du sicher nicht . . . Betrügen kannst du . . .«
»Ach was, wenn er nichts hat! . . . Es kann ihm doch keiner helfen«, meinte Nanndl. Heiter bummelten wir durch die nächtlichen Straßen.
»Jaja, dir geht's sicher nie schlecht! . . . Du lügst dich mit einer vollsaftigen Gemütlichkeit durchs Leben . . . Hmhm«, spöttelte Maurus und schüttelte ab und zu den Kopf.
Wir begleiteten ihn zum Bahnhof. Ab fuhr er wie hundert andere. Direkt vor Verdun kam er. In die heißeste Front.
»Oskar«, sagte Nanndl beim Auseinandergehen und schaute mir kindlich treuherzig in die Augen, »ich glaub', du mußt noch viel Unglück durchmachen.«
Ich lachte gewaltsam auf und spielte den Glücklichen.
»Ah! . . . Unglück! Das gibt's überhaupt gar nicht! . . . Jeder ist selber schuld, wie es ihm geht! . . . Mir geht's sehr gut . . . Komm doch öfter«, sagte ich darauf und ging.

XVII
Es geht an

Während ich meinen unsicheren Geschäften nachging, beim Holländer Nächte und Tage trinkend verbrachte, in den Künstlerkreisen verkehrte, während die Zeit hinstrich über all diese Kleinlebigkeit des Einzelnen, ich immer wieder eine Flucht in eine unbekannte Stadt überlegte und willenlos der langsamen Zerrüttung unseres Ehelebens freien Lauf ließ, begannen sich mit einem Male die Ereignisse in der Öffentlichkeit zu jagen.
Die Parlamentarisierung Deutschlands hatte angefangen, die Mißerfolge und das Zurückgehen unserer Truppen wurden ruchbar, die Kaiserfrage blitzte auf, offen berichteten die Zeitungen

über den Zerfall Österreichs, Magyaren und Tschechen wurden der Feigheit bezichtigt, und als schreckhaftes Zeichen des nahen Niederbruches erschienen die ersten feindlichen Flieger über München. Alarm gab es. Erst schaute alles neugierig zum Himmel, die Straßenbahnen blieben stehen, kein Mensch forcht sich sonderlich. Beim zweiten Mal aber schrak man auf und die Unruhe kam ins Rollen.

»Der Massenmord muß aufhören!« forderte selbst der biederste Bürger.

»Der Kaiser ist an allem schuld! Der muß weg!« ging überall herum.

Ludwig Thoma und Großadmiral Tirpitz sprachen in öffentlichen Versammlungen für eine restlose Nationalverteidigung. Der Admiral schwang forsche Phrasen, der Dichter hielt eine sehr schlechte, spießbürgerliche Rede. Eigentlich waren die Leute bloß hingegangen, um die Persönlichkeiten zu sehen. Niemand interessierte sich mehr für die neuste Parole.

»Nationalverteidigung!? Nichts wie wieder ein neuer Schwindel! Bloß, daß die Kleinen sich die Köpfe einschlagen lassen und die Großen noch mehr ergattern!« konnte ein Mann in einer Bräuhalle unangefochten in die Menge schreien. Die meisten nickten: »Recht hat er!« Viel heftiger rumorte es jetzt. Jeder Erlaß wurde mit höhnischer Gleichgültigkeit übergangen. Mit der Parlamentarisierung wurde auch die Presse freier. Außerdem brach eine neue Reichstagswahlperiode an. Flugblätter und Plakate, Umzüge und neue Lebensmitteldemonstrationen gab es. Tafeln trugen die Leute mit, darauf stand ›Friede und Brot‹, ›Brot und sofortigen Frieden‹, und neue Zusammenstöße ereigneten sich da und dort. Viel, viel kühner war die verbitterte Masse. Rottungen gehörten zum täglichen Bild. Durch die Amnestie waren die Revolutionäre wieder frei und arbeiteten mit aller Macht.

Mit jedem Tage fühlbarer, geriet die Maschinerie der so fest geglaubten Ordnung aus den Fugen. Es war, wenn man die dunklen,

dichten Massen durch die Straßen ziehen sah, wirklich fast so, als sei ein drohender Strom aus seinem eingedämmten Bett gebrochen und überflute alles.
Jetzt gab es jeden Tag eine Neuigkeit. Ich ließ alles im Stich. Fast wie im Fieber vergingen mir die Tage. Mit Schorsch rannte ich zu jeder Versammlung. Nur ab und zu kam ich in die Künstlerkreise. Die schienen unberührt. Die gleichen, immergleichen Diskussionen über Expressionismus, van Gogh und Cezanne wurden da Abend für Abend geführt. »Der Kunst geht's am allerersten an den Kragen!« warf ich dreist und bissig dazwischen: »Die muß ausgerottet werden!« Es kam kein Widerstand. Höchstens lächelte da oder dort jemand ironisch.
Eisner sprach in der Schwabinger Brauerei als Kandidat der Unabhängigen und griff seinen Gegenkandidaten von den Sozialdemokraten, Erhard Auer, heftig an. Bissig, heiser und mit einem fanatischen Elan rechnete er mit seinen Gegnern ab. Alles um ihn herum war dicht besetzt. Kopf an Kopf. Er stand auf dem Podium inmitten der hockenden Leute und gestikulierte mitunter wild. Langes Haar, das fast bis auf seine Schultern herabwallte, einen noch zerzausteren Bart hatte er jetzt. Wie ein Apostel sah er aus, nur daß er einen Kneifer trug. »Sie sehen mich so, wie mich Stadelheim der Freiheit übergeben hat!« rief er ungefähr und es klang eine gewisse Eitelkeit aus den Worten. Tosender Beifall umbrauste ihn. »Die Revolution, meine sehr verehrten Anwesenden, wird diese Wahl zuschanden machen. Andere Mächte werden auf einmal auftreten und dem betrogenen Volk die Richtung weisen!« rief er abermals mit starkem Pathos: »Und wer seine Stimme jenen Bewilligern der Kriegskredite gibt, jenen Verbrechern, die das ganze Elend dieses blutigsten Massenmordes mitheraufbeschworen haben! – wer das Auerlicht wählt, der bestätigt dieses Verbrechen als rechtmäßig!«
»Nieder mit den Verrätern!« schrie es von allen Seiten.
»Hinter Schloß und Riegel mit Auer!« folgte darauf.

»Hoch die USPD!« schloß es. Nach einer Mahnung, keinen Zug zu bilden, verließen die Massen den Saal.
Etliche Tage darauf hielten die Demokraten eine Versammlung im Wagnersaal. Der verstorbene Professor Max Weber erging sich über die politische Neuordnung Deutschlands. Für die Einheit des Reiches, für Abdankung des Kaisers, für die völlige Neuorientierung der äußeren Politik sprach er. »Der Ruf, der jetzt in Bayern so gefährlich umgeht, der Ruf ›Los von Preußen‹ ist ein Verbrechen und eine Dummheit!« rief er einmal. Groß, ruppig, mit einem Bratenrock, solid und badisch-demokratisch stand der hochgewachsene Mann da. Gewandt und männlich parierte er die Zwischenrufe.
»Die Antwort, ob eine Nationalverteidigung kommt oder nicht, muß die Front geben!« sagte er trocken. Gegen den Militarismus redete er scharf, Tragen der Kriegslasten durch Besteuerung des Besitzes forderte er.
»Es ist ein Unsinn, es wäre ein Verbrechen, es ist unmöglich, daß die bürgerliche Gesellschaft durch eine Revolution in einen Zukunftsstaat auf sozialistischer Grundlage überführt werden kann!« rief er kalt in die einstürzenden Oho-Rufe. »Den Feind hätten wir im Land und später eine Reaktion in schlimmster Form!« antwortete er. Gelächter erhob sich auf Seiten der zahlreich erschienenen Revolutionäre. Hitzige Zwischenrufe gab es, in der Diskussion sah ich zum ersten Mal Erich Mühsam wieder. Er schrie zeternd: »Man frage doch die Fronttruppen, wie sie zum Frieden stehen!« und forderte die Frauen auf, immer mehr und immer mehr Friedensdemonstrationen zu machen. Ich zitterte am ganzen Körper, als ich auf dem hohen, halbüberkuppelten Rednerraum stand und schrie ungeschlacht: »Die Revolution wird kommen! Sie kommt! Ich fordere die Soldaten auf, den Befehl zu verweigern und aus den Kasernen zu gehen!«
Eine Schimpfflut und ein Sturzbach von Beifall kamen aus der Tiefe. Ich brach unvermittelt ab und ging schnell die Stufen hinun-

ter. Da stand auch einer, der seinerzeit, als man ihm den Gestellungsbefehl zusandte, sich geweigert hatte, ihm Folge zu leisten. Der schrie noch lauter: »Jawohl! Die Gewehre vernichten! Einfach aufhören mit dem Schwindel!«
»Schäbige Deserteure!« bellte und zischte es da und dort. So betitelten uns andern Tags auch die Zeitungsberichte.
»In drei Tagen geht's los! Es lebe die Weltrevolution!« plärrte ein Ungesehener von der Galerie herab auf die Aufschauenden. Die meisten Leute lachten.
»Jaja, der Frieden kommt jetzt schon ... Das Hauptquartier hat ihn doch schon angefordert ... Sowas geht nicht von heut auf morgen«, hörte ich einen dicken, gemütlichen Bürger sagen. Das erschütterte mich fast. So ruhig, so sich auf die ›Leitung‹ verlassend, sprach er's, als mache die schon alles gut. Und wie wunderbar das klang: »Das Hauptquartier hat ihn schon angefordert.« Komisch, dachte ich, zuvor forderte es eine Million neue Soldaten oder Kanonen, jetzt fordert es den Frieden! Ich bin bloß neugierig, ob es nicht noch die Revolution auch anfordert. –
Am andern Tag – mit dicken Lettern stand's in den Zeitungen – kam plötzlich die Nachricht vom Kieler Matrosenaufstand. Zum ersten Mal stand es schwarz auf weiß da: ›Auf allen Kriegsschiffen flatterten nach wenigen Stunden die roten Fahnen. Die Admiralität hat sich den Anordnungen des Soldatenrates unterstellt. Die anrückenden Truppen gingen zu den Meuternden über.‹
Schorsch lief mir schon von weitem entgegen mit dem Zeitungsblatt in der Hand. Auf seinem Atelier standen wir gewiß eine halbe Stunde und lasen immer wieder. »Mensch, in Deutschland! Daß es sowas in Deutschland überhaupt einmal gibt, hätt' ich nie geglaubt!« rief Schorsch immer wieder.
»Jetzt glaubst du's doch bald, daß die Revolution kommt!« sagte ich. »Jaja, jetzt schon ... Ich bin ja neugierig«, gab er zu.
Wenn ich's ganz ehrlich sagen soll, wir waren fast mehr erstaunt als hingerissen davon.

Am selben Abend hatten die Unabhängigen im kleinen Saal des Hackerkellers eine Versammlung einberufen. Als wir hinkamen, hieß es, die Massen seien auf die Theresienwiese. »Du«, sagte Schorsch ganz seltsam, »am End' geht's heut schon an.« Wir kamen schweißtriefend unter der Bavaria an und hörten eben Eisner über eine dichte Menge in die Dunkelheit schreien: »Ich verpfände meinen Kopf, daß München sich schon in den nächsten Tagen erhebt!« Er schwor es förmlich. Mich überrieselte es. »Kiel! So losgehen wie in Kiel!« schrien einige und machten auch Anstalten, dies zu tun.
»Lockspitzel! Nicht provozieren lassen!« warnte ein Mann mit wahrer Stentorstimme.
»Abwarten!« hörten wir da und dort. Und schließlich ging man doch wieder auseinander. Die meisten Leute brummten. Einer sagte sackgrob: »Der damische Hund! Der sagt auch ewig, es geht an, und tut doch nichts ... Bloß, daß er Anhänger kriegt!« Auch ich war enttäuscht. Überall klang das Kieler Beispiel als Aufmunterung von Ohr zu Ohr. Und kein Mensch konnte den wirklichen Grund angeben, warum man nicht jetzt, gleich, sofort anfange mit der Revolution. Das machte mißtrauisch.
Die Zeitungsberichte am andern Tag über diese Versammlung im Dunkeln waren ziemlich ironisch.
»Siehst du, so machen die's, wenn nichts geschehen ist ... Alles wird lächerlich gemacht und die ganzen Leute werden wieder abspenstig«, schimpfte ich Schorsch gegenüber und kochte vor Wut. Es bliebe nichts übrig als der Einzelterror, meinte ich. Es war mit mir in jenen Tagen fast so, als läge ich in einem ewig schüttelnden Bottich und würde unausgesetzt hin und her geworfen. Alle nächstliegenden und nüchternen Dinge besorgte ich mechanisch. Selma besuchte ich und redete gleichgültig mit ihr. Kaum war ich von ihr weg, hatte ich auch schon wieder alles vergessen. Das Fräulein hatte eine Bürostelle angenommen. Abends traf ich es, redete genauso nebenher. Mit dem Professor unterhielt ich mich

über alles mögliche und war nie dabei. Geschäfte machte ich, beim Holländer trank ich, herum lief ich. Alle Ruhe war weg. Keinen Gedanken konnte ich fassen. Hin und wieder, ganz plötzlich, horchte ich auf, wirklich wie ein witternder Hund.

»Was soll nicht alles meine Sache sein!« brummte ich dann wieder verbissen, wie um mich aufzuhalten, aus mir heraus. Aber das war doch so grundfalsch, so dumm! *Alles* war doch meine Sache, *alles* was sich bewegte!

Ja, was wollte ich denn eigentlich? –

Fragt einen sinnlos Wütenden, was er will, wenn er sich auf seinen Gegner stürzt! Fragt, was der Eingesperrte will, wenn er in den Zellen nebenan Rebellierende hört, wie sie den Wärter überwältigen, die Gänge durchrennen und entkommen!

Bewegung, Beunruhigung, nur keinen Stillstand, das vielleicht wollte ich.

Am Ende hatte Pegu wirklich recht, als er damals sagte: »Du bist Nihilist! Solche Leute sind nichts für eine Revolution!«

Das Ungewöhnliche hatte mich aus der gewöhnlichen Bahn gerissen. Es ging an! Es war – poetisch ausgedrückt – schon so, als stünde man in einem Meer und warte, bis einen eine riesige Welle ganz hoch, ganz woanders hintrage.

Was dann kam, war ziemlich gleichgültig. Wenigstens für mich.

Ich las das ›Programm der Bolschewiki‹, las Landauers ›Aufruf zum Sozialismus‹ wieder, las revolutionäre Flugblätter und Broschüren. Ach, da wiederholten sich bloß die ewig gleichen Wortwendungen! Was interessierte mich das. Immer losgehen, einfach los! So fing alles bei mir an und hörte auf. –

XVIII
Es kracht in allen Fugen

Es läutete sehr früh am Morgen. Verschlafen reckte ich mich im Bett und knurrte. Ich wollte nicht aufmachen. Es schlug krachend an die Ateliertür. Ich sprang endlich auf und öffnete. Selmas Vater stand da. Erst zwei- oder dreimal hatte ich ihn flüchtig gesehen. Er war verwitweter Kleinschlossermeister. Seine Kinder hatten ihn verlassen, nur mit dem ältesten Sohn, der Werkmeister war, hauste er zusammen. Aber keiner kümmerte sich um den anderen, jeder lebte für sich. Seit langer Zeit gehörte der Alte einer frommen Brudergemeinde an, trieb Bibelforschung und glaubte an Somnambulismus.

»*Den?* . . . Den willst du heiraten?! . . . Der hat ja einen Verbrecherkopf! . . . Wirst schon sehen, wie lang der Herrgott zuschaut . . . Schnurgrad gehst du in die Verdammnis!« hatte er damals zu Selma gesagt, als sie ihm von unseren Eheabsichten erzählte. Erst als das Kind zur Welt kam, ließ er sich wieder sehen. Er sagte wenig, brummte nur ab und zu irgendeinen Bibelspruch heraus, der meistens etwas drohend klang. Die meiste Zeit schielte er fast höhnisch auf mich und lächelte sehr sonderbar. Auch jetzt hatte er dieses Lächeln wieder, nickte zitterig mit seinem großen, struppigen Graukopf und sagte: »Jaja, jetzt geht's schon an . . . Sie hat mir's ja nicht geglaubt.« Er richtete seine eingesackten, wässerigen Augen auf mich.

»Was denn?« fragte ich mürrisch.

»Jaja, aus sechs Trübsalen wird er dich erretten, und in der siebenten wird dich kein Übel rühren«, plapperte er heraus und blieb krumm stehen.

»Sie liegt im Krankenhaus«, sagte ich und schaute ihn wütend an, weil er so hämisch grinste.

»Ich hab's schon erfragt . . . Ich weiß's schon«, gab er zu und ließ mich nicht aus den Augen.

»Wollen wir hingehn?« fragte ich.
Er nickte und redete etwas von den sieben Engeln mit den sieben Plagen. Ganz abwesend schien er zu sein. Ich ließ ihn stehen, ging ins nächste Zimmer und zog mich an.
»Glauben Sie vielleicht an keinen Herrgott?« fragte er mich unvermittelt, als ich aus der Kammer kam.
»Jaja, schon«, gab ich gleichgültig zurück und wollte gehen.
»Na also, warum haben Sie's dann geheiratet?« fragte er abermals. Ich mußte ein wenig lachen und meinte: »Das hat doch mit dem Herrgott nichts zu tun ...?«
Er schaute mich stumpf und öde an und nickte ein paar Mal: »Soso, soso ...« Seltsam eingelernt, ohne Betonung plapperte er wieder heraus: »Der Geist aber saget deutlich, daß in den letzten Zeiten werden etliche von dem Glauben abtreten, und anhangen den verführerischen Geistern und Lehren der Teufel ...« Er hielt inne und erzählte so, als sei er ganz mit sich allein beschäftigt: »Das ist der Mondlauf ... Die selbige von Ingolstadt hat siebenunddreißig Nägel und Glasscherben gespien ... Da-das heißt man alsdann Hexenglauben, net? ... Net wahr? ... Aber ihr werd's es schon sehen ...« Ich erinnerte mich an die Geschichte mit der Besessenen, die Glasscherben und Nägel spucken mußte. Er erzählte sie meistens im Zusammenhang mit Bibelsprüchen.
»Ach was! ... Geh'n wir jetzt«, sagte ich ärgerlich und riß die Tür auf. In sich hineinbrümmelnd folgte er.
Im Krankenhaus, vor Selmas Bett, fragte er kaum, wie es gehe. Gleich fing er wieder mit den Bibelsprüchen an, vom baldigen Anbruch des tausendjährigen Reiches redete er und verwob seltsame Erklärungen damit.
»Wie geht's dann dir?« fragte Selma.
»J-ha, mir ...? ... Das siehst ja! ... Ich brauch' mich nichts fürchten«, stieß er heraus und musterte uns beide ungefähr wie ein Mensch, dem der Himmel offen stand, und der sich freut über die verdammten Höllenmenschen um sich.

Wir ließen ihn reden.
»Was ist's denn mit eurer Revolution?« fragte mich Selma zwischendurch.
»Ja, die wird nimmer lang aus sein«, meinte ich teilnahmslos. Der Alte lachte und schielte auf uns. Er deutete mit dem ausgespreizten Zeigefinger auf mich und sagte auf einmal: *»Der?* . . . Der lauft dir ja doch davon! . . . Wirst es schon sehen! . . . Mir hast ja nie was geglaubt . . .«
Selma lächelte. Ich schnitt ein peinliches Gesicht.
»Lauter Schmarrn redest du daher!« murrte jetzt Selma den Alten an. Aber der hörte nicht. Er hockte da und schaute leer in die Leere. Die verwutzelten Hände hatte er lässig gefaltet und auf den spitzen Knien liegen. Er schien wirklich nicht mehr auf der Welt zu sein. Seine schmutzigen, zerschlissenen Kleider hingen an ihm, teilnahmslos war sein faltiges, bärtiges Gesicht, stumpf waren seine Augen. Die Kranken rundherum schauten fast furchtsam auf ihn. Tonlos zitierte er schon wieder: »Und kündlich groß ist das gottselige Geheimnis: Gott ist offenbaret im Fleisch, gerechtfertigt im Geist, erschienen den Engeln, geprediget den Heiden, geglaubet von der Welt, aufgenommen in die Herrlichkeit.«
Ich ging mit ihm.
Auf den Straßen sah ich große gelbe Anschläge mit fetten Lettern, die vor Ausschreitungen warnten. Verfügungen waren es gegen die zu erwartenden Demonstrationen. Sozialdemokraten und Unabhängige forderten die Massen auf, heute nachmittag um drei Uhr auf der Theresienwiese zu erscheinen.
»Ja, ich muß jetzt gehen«, sagte ich zum Alten und ließ ihn in die Straßenbahn steigen. Eilsam suchte ich Schorsch auf.
»Heut kann sich was entscheiden«, meinte mein Freund, als wir uns auf den Weg machten. Wir trafen etliche Bekannte. Eine Arbeiterin riß jeden Verfügungsanschlag herunter. Ab und zu schrie sie: »Hoch die Revolution!« Schutzmann war keiner zu sehen. Je näher wir der Wiese kamen, desto mehr Menschen wurden es. Alle

hatten es eilig. Vor der Bavaria waren dichte Massen und wuchsen von Minute zu Minute. Auf den Hängen und von den Treppen des Denkmals herab redeten Männer. Da und dort sah man eine rote Fahne aufragen. »Hoch!« schrie es, dann wieder »Nieder!« Die Menge schob sich unruhig ineinander, Gedränge entstand. Wir fanden endlich Eisner, der weither von einem Seitenhang herunterschrie ... Wenn er einen Augenblick Atem holte, klangen die Stimmen der anderen Redner auf. Immer mehr und immer mehr Leute kamen. Unabsehbar war die Schar der Zusammengeströmten, wie ein Ameisenhaufen, schwarz und bewegt.
»Herrgott, heut ist ja ganz München da ... Da wär' doch was zu machen! Hoffentlich gehen sie heut nicht wieder heim und tun nichts«, sagte ich zu Schorsch. Ein bärtiger Hüne in Militäruniform hatte es gehört, lächelte überlegen und meinte superklug: »Nana, heut gehn wir net hoam ... Heut geht's ganz wo anders hin ... Gleich werd's losgehn.«
»Es lebe der Friede!« schrieen in diesem Augenblick um mich herum die Leute. »Frie-ie-iede!« pflanzte sich fort und scholl weithin. Und brausend riefen alle: »Hoch Eisner! Hoch die Weltrevolution!« Ungefähr eine Minute war es still. Von der Bavaria herüber drangen Beifallsrufe. Wir drängten uns über den Hang hinauf. Plötzlich schrie Felix Fechenbach in Feldgrau laut und beinahe kommandomäßig in die bewegte Menge: »Genossen! Unser Führer Kurt Eisner hat gesprochen. Es hat keinen Zweck mehr, viele Worte zu verlieren! Wer für die Revolution ist, uns nach! Mir nach! Marsch!« Und mit einem Schlage gerieten die johlenden Massen ins Vorwärtsdrängen. Wie eine kribblige, schwarze Welle wälzten sich die tausend und abertausend Menschen hangaufwärts auf die Straße; weiter ging es im Schnellschritt, an geschlossenen Häusern und herabgezogenen Rolläden vorbei, den Kasernen zu. Wir marschierten, eingekeilt von einer dahinstürmenden Menge, fast ganz an der Spitze, kaum fünf Schritt weit entfernt von Eisner, den ich unablässig betrachtete. Er war blaß und schaute todernst

drein; nichts redete er. Fast sah es aus, als hätte ihn das jähe Ereignis selber überfallen. Ab und zu starrte er gerade vor sich hin, halb ängstlich und halb verstört. Arm in Arm mit dem breitschulterigen, wuchtig ausschreitenden blinden Bauernführer Gandorfer ging er. Diese Gestalt bewegte sich viel freier, derb auftretend, fest, und so eben wie ein bayrischer Bauer dahingeht. Um die beiden herum war der Stoßtrupp der Getreuesten.
Der Marsch hatte begonnen und war unaufhaltsam. Keine Gegenwehr kam. Alle Schutzleute waren wie verschwunden. Aus den vielen offenen Fenstern der Häuser schauten neugierige Menschen auf uns herunter. Überall gesellten sich neue Trupps zu uns, nun auch schon einige Bewaffnete. Die meisten Menschen lachten und schwatzten, als ging's zu einem Fest. Hin und wieder drehte ich mich um und schaute nach rückwärts. Die ganze Stadt schien zu marschieren. Wir erfuhren auch schon, daß Matrosen die Residenz genommen hatten.
»Da, da! Geht's schneller! Da geht's los!« schrie wer hinter uns, und alles fing zu laufen an. Ein wüstes Gedränge entstand. In die aufgerissene Tür der Guldeinschule stürmten wir. Auf einmal standen wir festgestaut in einem dunklen Gang.
»Halt!« brüllte wer. »Ha-a-alt!« wiederholte sich brüchig und ging unter.
»Da, Hund!« plärrte es vorne, und ein ungeheurer Tumult entstand. Ich stemmte mich mit beiden Ellenbogen und wollte weiter. Aber schon schoben sich die Vorderen wieder zurück und drückten uns auf die Straße. Jäh knallte ein Schuß und riß für eine Sekunde eine Stille auf, die gleich wieder im Geheul und Schrittgemeng unterging. Wie auf ein Signal stürmten jetzt die Rotten in den Gang, auch Bewaffnete sah ich jetzt. Durcheinandergerede, Schreie, und plötzlich riß einer oben das Fenster auf, schwenkte eine rote Fahne heraus und schrie: »Die Mannschaft hat sich für die Revolution erklärt! Alles ist übergegangen! Weitergehen, Marsch, marsch! Weiter!«

»Bravo! Hoch! Hoch die Revolution!« johlten alle auf der Straße, und aus der Guldeinschule kamen Soldaten mit und ohne Gewehr, an den Läufen rote Sacktücher. Im Sturmschritt bewegte sich der Zug durch die Stadt. Da und dort zweigten Trupps mit bewaffneten Soldaten ab und verschwanden in einem Haus. Beim Übergang, an der Donnersberger Brücke, geriet zum erstenmal ein Zahlmeister in Uniform in die Menge. Die Epauletten wurden ihm heruntergerissen, einige zerrten ihn hin und her. Der Mann begann zu weinen und hob bittend die Hände. Der Hüne wollte über ihn herfallen, ich stieß alle weg und hielt ihn auf.
»Laß ihn laufen! Der kann auch nichts dafür!« brüllte ich aus Leibeskräften. Der Hüne glotzte erst erstaunt und nahm eine drohende Haltung gegen mich ein. Andere gesellten sich zu ihm.
»Geh, Mensch!« schrie ich dem verdatterten Zahlmeister zu. Er war aber so verwirrt, daß er stehen blieb.
»Bürscherl!« knurrte der Hüne mich an und packte meinen Arm. Seine Augen funkelten. Da schrie wer ganz in der Nähe: »Rauft's nicht! Das ist der Graf! Weitergehn!« Und als ich aufsah, stand ein Syndikalist zwischen mir und dem Hünen, schimpfte wie ein Rohrspatz, und der Zwischenfall war vorüber.
»I hätt glei gor gmoant, du bist oana vo dö andern!« lachte der Hüne und schlug mir fest auf die Schultern: »Nana, du host scho recht . . . Dö Kloana konn ma ruahi laafa lossn! Nix für unguat, Kamerad!« Wir faßten einander gemütlich unter und marschierten weiter. Der Zahlmeister war verschwunden.
»Aba, woaßt ös, gor a so menschli derf ma net sei!« sagte mein Begleiter manchmal.
Die meisten Kasernen übergaben sich kampflos. Es kam auch schon ein wenig System in dieses Erobern: Eine Abordnung stürmte hinein, die Masse wartete. In wenigen Minuten hing bei irgendeinem Fenster eine rote Fahne heraus, und ein mächtiger Jubel erscholl, wenn die Abordnung zurückkam.
Jetzt zerteilte sich der Zug auch, eine Menge zog dahin, die andere

dorthin. »In der Max II-Kaserne wollen sie schießen«, raunte es von Ohr zu Ohr. Das trieb uns erst recht an.
Aber es kam anders. Der Posten warf sofort sein Gewehr weg und ging mit uns. Durch das große Tor liefen wir, geradewegs in den weiten Hof. Merkwürdig, da stand ein Offizier älteren Jahrgangs vor gradlinig aufgestellten Soldaten und kommandierte Übungen. Er kam nicht einmal dazu, sich umzudrehen. Einer schlug mit aller Gewalt von hinten auf seinen Kopf und trieb ihm den Helm bis tiefer unter die Ohren. Lautlos sank der Getroffene um, und schon in der nächsten Sekunde schlugen die Soldaten wie auf Befehl ihre Gewehre auf den Boden, daß sie krachend auseinanderbrachen. Lachend liefen sie über. »Aus ist's! Revolution! Marsch!« hörte ich im Tumult. Ein Älpler juchzte wie beim Schuhplatteln. Seitlich in einem Menschenhaufen hielt einer eine Rede und forderte auf zur Gründung eines Soldatenrates. Der Zug marschierte ins Freie, gegen die Militärarrestanstalt. Die war rundum verschlossen und lag still da. Leitern und Wagendeichseln wurden herbeigeschleppt, Steine flogen gegen die vergitterten Fenster, Drohrufe erschollen, einige Soldaten schlugen mit Gewehren und Beilen auf die verschlossene Tür, und schon wollte alles Sturm laufen. Da tat sich die Tür auf, und alles jagte in den Gang. Ich wurde förmlich mitgeschleift und fand mich erst oben in den kalten, dumpfriechenden, lärmerfüllten Gängen wieder. Noch heute sehe ich, wie sich die Zellentüren öffnen und die Häftlinge herauskommen. Einer schaute uns groß und fremd an, zuckte und fing plötzlich herzzerreißend zu schluchzen an. Dann fiel er matt einem kleinen Mann an die Brust und klammerte sich an ihn. In einem fort heulte er: »Da-ankschön! Dankschön! ... Ver-vergelt's Gott, vergelt's Gott!«
»Rache!« gellte es und wiederholte sich: »Rache den Schindern!« Sofort fingen Leute an, die Wärter und Beamten zu suchen. Drunten hörten wir einen Heidenlärm und Niederschlagen von Stöcken und Gewehrkolben. Dann wieder schrie wer: »Ruhe! Ruhe!«

Anscheinend lynchte man wen. Sehen konnte ich nichts. Bloß so nebenbei sagten Leute: »Die sind schon hin!«
Über allen Lärm hinweg schrie es dröhnend: »Alles raus! Truppen rücken an!« Kopflos, in wildem Galopp stürzte alles ins Freie, und erst drunten erfuhr man, daß gar nichts sei. Da und dort standen Rotten mit je einem Redner, der sofortige Bildung von Soldatenräten forderte. Endlich ging es der Stadt zu. Die Straßen schienen zu eng, alles und jeder flutete mit. Ab und zu kam ein Offizier ins Gemenge, Stöße gab es, die Epauletten wurden ihm heruntergerissen, die Kokarde. Keiner setzte sich zur Wehr. Die meisten waren verstört und totenblaß. Einige gingen sogar gleich mit dem Zug.
Am Isartorplatz rannte ich in den Friseurladen, zu Nanndl. »Revolution! Revolution! Wir sind Sieger!« schrie ich Nanndl triumphierend an. Sie ließ die Brennschere fallen und strahlte. Ich war schon wieder weg.
Gegen acht Uhr abends ungefähr landeten wir über der Isar, im Franziskanerkeller. Dort erfuhren wir, daß die Mehrheitssozialdemokraten unter Auers Führung mit Musik, ganz züchtig und geordnet, durch die Stadt gezogen waren und sich am Maxmonument zerstreut hatten. Ein wüstes, bellendes Gelächter erscholl bei dieser Kunde. »Scheißkerle! Schulbuben!« spottete jeder.
»Das ist die Armee der Reaktion!« schrie wer, und »Jawohl! Jawohl!« antwortete es von allen Seiten. Unschlüssig stand die gestaute Masse da. Es hieß, Eisner würde im Saal sprechen. Die Revolution hatte gesiegt. Alles war in ihren Händen, Post und Telegraph, Bahnhof und Residenz, Landtag und Ministerium.
Ich hatte Hunger. »Gehn wir in die Wirtsstube und essen und trinken was«, sagte ich zu Schorsch. Wir drängten uns durch und traten in das rauchige Lokal. Da saßen breit und uninteressiert Gäste mit echt Münchnerischen Gesichtern. Hierher war nichts gedrungen. »Wally, an Schweinshaxn!« rief ein beleibter, rundgesichtiger Mann der Kellnerin zu. Dort aß einer, dort spielten sie Tarock wie immer. Niemand kümmerte sich um uns.

»Mensch! Sowas!« konnte ich nur herausbringen, so verblüfft war ich. Wir bestellten Bier und Wurst und schlangen alles hastig hinunter. Ich horchte aufmerksam, ob nicht doch irgend jemand wenigstens *ein* Wort über die Geschehnisse sagen würde. Nichts, gar nichts von alledem!
»Wally, an Schweinshaxn!« *Dies* schien hier die einzige Situation zu sein. –
Als wir aus dem Lokal kamen, waren die Massen weg. Wir eilten in die Stadt. Dort erfuhren wir, im Mathäserbräu sei Arbeiter- und Soldatenratswahl.
Überall auf den Straßen herrschte regstes Leben. Trupps und Rotten standen da und dort. Gerüchte flogen durch die Luft. Keine Trambahn fuhr.
Vor der Residenz gingen viele Menschen auf und ab wie bei einem Bummel. Hin und wieder schrie jemand Drohungen zu den dunklen Fenstern empor. Die rote Fahne wehte schon über der Wache. Ich verließ meinen Freund und holte das Fräulein.
»Revolution und Friede ist!« sagte ich abgehetzt, und wieder gingen wir zur Residenz. Dort trafen wir den Holländer und Marietta. Die Neugier hatte sie hierhergetrieben.
»Jetzt ist's aus mit dieser schönen Herrlichkeit!« sagte ich mit versteckter Schadenfreude. Auf den reichen Mann war's gemünzt. Der verstand es nicht.
»Ja, fabelhaft«, sagte Marietta nur immerzu. Erst tiefnachts machten wir uns auf den Heimweg. Nachdem das Fräulein gegangen war, ging ich mit dem Holländer. Bei ihm tranken wir die ganze Nacht. Als ich beim Morgengrauen nach Hause torkelte, waren die Straßen Schwabings leer und still. Da und dort schoß es in der Ferne. Die Stadt schlief. Die Revolution schien zu rasten. Der mächtige graue Himmel hing ruhig über den Häusern. –
»Bewegung! Krach! Krach! Krach! Be-wee-e-gung!« bellte ich auf einmal sinnlos in die Stille, wankte, rülpste und ging wieder weiter. Auf meinem Atelier angekommen, setzte ich mich hin und schrieb

an Selma: ›Ich mag Dich nicht mehr! Ich hab' Dich nie mögen! Es war alles bloß gelogenes Mitleid! Laß mich allein! Geht jeder seinen eigenen Weg!‹ Alles war aufgebrochen, alles war anders geworden, nun mußte es auch bei mir anders werden! Ich schnellte plötzlich erschrocken über diesen wahnwitzigen Gedanken auf und zerriß den Bogen. Brummig legte ich mich ins Bett.
Am andern Tag klebten die Litfaßsäulen voll von Erlassen der neuen Regierung. In der Stadt war es ruhig. Lastautos mit Bewaffneten fuhren herum, Maschinengewehre standen vor den öffentlichen Gebäuden, Militärpatrouillen sah man. Sogar von den Frauentürmen herunter wehte die rote Fahne.
An den Bäckerläden standen lange Ketten. Alles kaufte panikartig Brot ein. Die heißen, dampfenden Wecken festumklammert, liefen die Leute davon, fast so wie Diebe.
Im Landtag hielt der Arbeiter- und Soldatenrat unter Eisners Leitung seine erste Sitzung ab und wählte die provisorische Regierung des Freistaates Bayern. An der Spitze der Abendausgabe der ›Münchner Neuesten Nachrichten‹ stand groß der Bericht über die Abdankung des deutschen Kaisers und den Thronverzicht des Kronprinzen. ›Der Reichskanzler: Max, Prinz von Baden‹ war noch darunter zu lesen.
Die Kunde ging um, der König von Bayern sei in Leutstetten gefangen genommen worden, und jemand sagte: »Und glei werd er derschossen!« Erst einige Stunden später erfuhr man, daß Ludwig III. mit Familie per Automobil nach Schloß Wildenwart übergesiedelt sei und abgedankt habe. –
Ein alter Mann las die Zeitung auf der Straße, wurde blaß und sagte jammervoll laut: »Entsetzlich! Entsetzlich – Wir sind vernichtet!« Er wankte wie in einer Ohnmacht.
»Was denn?« fragten Herumstehende. Er reichte die Zeitung einem jüngeren, nebenstehenden Mann, und der las laut die Waffenstillstandsbedingungen vor. Alles verstummte und bekam benommene Gesichter.

Ein Arbeiter mit hungerschmalem Gesicht und in zerfranster Militäruniform rief jäh in die Leute: »Das ist die Rache für Brest-Litowsk!« Er ging weiter. Keiner sagte etwas darauf.
Neugierig und fröhlich tummelten sich die Leute auf den samstäglichen Straßen.

XIX
Verwirrung

Die Tage verflogen wie zersprengte Minuten. Im Krankenhaus war ich gewesen. Selma ging es sehr schlecht. Abgemagert, totenblaß lag sie da, mit unruhigen Augen. Ihre keuchende Brust ging auf und ab. Alle Mitkranken schauten auf sie wie auf eine bald Sterbende.
»Da, heut Nacht hab' ich lauter Zettel geschrieben, weil ich gemeint hab', ich stirb' ... Um vier Uhr in der Frühe wollten sie mich in die Kammer hinausführen, wo alle drinnen sterben ... Da, les, es war schrecklich«, sagte sie schweratmend. Ich blätterte die bleistiftbeschriebenen Zettel durch. Auf einem stand: ›Lieber Oskar, mach Dir keinen Kummer, wenn ich sterbe. Heirate das Fräulein.‹ Mir gab es einen Stich. Ein anderer Zettel lautete: ›Alles Glück ist kurz, schau, daß das Kind ein freier Mensch wird.‹
Ich faßte mich und schaute dumm drein. Selma lächelte und hielt meine Hand.
»Ach, Unsinn! Das geht schon vorüber«, sagte ich. Eine Pause entstand. Ich wußte absolut nichts zu sagen. In meinem Kopf drehte sich alles.
»Das Kind ist kerngesund, sagt die Schwester ... Wir sollen es bald hinaustun«, meinte Selma wiederum.
Ich riß mich aus meinen Gedanken.
»Jaja ... Ich muß es heimtun ... Das ist das beste«, hastete ich mechanisch heraus.
Ich ging heim und schrieb einen langen Brief an meine Schwester

Theres, in dem ich das Kind ankündigte. Ich lobte Selma und stellte unsere Ehe als etwas ganz Besonderes hin. Während ich die Sätze niederschrieb, dachte ich in einem fort, das ist ja alles nicht wahr, das ist ja purer Lug, aber ich wollte keinen über mich triumphieren lassen. Sie sollten nicht recht behalten mit ihren damaligen Mahnungen. Lieber die dicksten Phrasen, bloß keinem sein Unglück zeigen, am allerwenigsten den Geschwistern. Es schauderte mir vor der Zukunft, aber ich schickte den Brief ab. Dann suchte ich den Professor auf. Ich brannte vor Neugier, was der wohl alles zur Revolution sagen würde.

»Was sagen Sie jetzt, Herr Professor?« fragte ich: »Das hat keiner geglaubt.« Er zuckte die Achseln und schien fast ein wenig verlegen zu sein. Wir gingen durch den kahlen, verlassenen Englischen Garten.

»Ich bin vielleicht zu alt dazu, Lieber«, meinte er nachdenklich, »aber das ist ganz gut, daß dieses ewige Herumparlamentieren endlich aufgehört hat ... Was hat man gemacht? Geschwatzt ... Nichts als geschwatzt ... Das mit den Räten leuchtet mir ein ... Ich meine so etwas wie eine Ständevertretung ... Das ist sicher besser, weil es unmittelbar aus dem Volks herauswächst ... Nur – ob sich eben die richtigen Männer finden werden.«

Zum erstenmal kam es mir vor, als sei dieser fest in sich beschlossene Mann unsicher. Eigentlich kam mich eine geheime Lust an, nun auf einmal mit meinen revolutionären Sprüchen auszupakken. Allein ich hielt mich zurück und wußte nicht warum. Ich sprach nichts mehr über die Ereignisse und sagte vorsichtig tastend: »Bei mir fängt jetzt auch was ganz Neues an, Herr Professor ... Ich glaub', Sie werden das alles ablehnen und nicht verstehen ... Ich glaub' nämlich, ich hab' alles bis jetzt falsch gemacht ...« Ich wollte mit ihm über meine verpfuschte Ehe reden, ich hatte einen großen Wunsch, zu erfahren, was er sagen würde, wenn ich auf einmal von Selma wegginge. Eigentümlicherweise aber wagte ich es doch nicht.

»Soso ... Na, was wird denn alles geschehen?« fragte er halb lächelnd.
»Ja ... ja, da-darüber kann ich eigentlich gar nichts sagen«, wich ich aus, und er forschte nicht mehr weiter. Ich ärgerte mich über meine Feigheit.
Sonst bist du immer der blutigste Revolutionär, dachte ich, dieser Mann ist auch nur ein Mensch wie du, ißt wie du, geht auf den Abort wie du und stirbt eines Tages wie du, warum hast du denn eine solch dumme Angst vor ihm? Ich haßte ihn zeitweise und fürchtete ihn doch, ich liebte ihn und war ihm doch fremd, völlig fremd. Jedesmal nahm ich mir fest vor, ihm klar heraus zu sagen, was meine Ansicht sei, jedesmal aber log ich ihm und mir etwas vor.
Dabei war der gute Mann weder eine faszinierende Persönlichkeit noch ein versessener Parteigänger, der alle meine Auffassungen schlagend widerlegte. Geistige Freiheit schien ihm höchst schonenswert, und mein sonstiges Tun und Lassen kümmerte ihn nichts. Das Stipendium verpflichtete mich zu nichts, ja, es war ihm schon zuwider, wenn ich mich dafür bedankte. Seine ganze Sympathie galt nur meinen Gedichten.
Was also machte mich denn ihm gegenüber immer und immer wieder zum scheinheiligen Schulbuben? Er schenkte mir doch faktisch Geld, und von Kind auf hatte ich wahrgenommen, daß man nur für handfeste Arbeit Lohn bekommt. Reine Guttaten waren mir fast unverständlich, und das bißchen Verseschreiben war doch eine recht fragwürdige Gegenleistung. Aus bloßer Verehrung spickt man doch schließlich keine Gans! Ich stand wirklich vor einem Rätsel.
Und wie es mir da erging, so war's bei allen anderen Dingen.
Ich hatte geheiratet und mußte für meine Frau sorgen. Ihr einfach davonzulaufen, das ging doch nicht. Das gehörte sich einfach so, überall so! Hingegen hatte ich mich in den wenigen Wochen in das Fräulein verliebt und, ohne Übertreibung, furchtbar. Das machte

mich zeitweise völlig verwirrt. Ich vergaß alles. Alle Tage liefen wir stundenlang herum und redeten unablässig. Wenn es stockte, bekam ich Herzklopfen. Ein wahrer Schwindel befiel mich, alles in mir rumorte. Ich fühlte den Arm meiner Begleiterin, streifte leicht ihre Hüften. Hitze und Kälte stiegen abwechselnd auf, ich wollte über sie herfallen wie ein ungeschlachtes Tier und nahm mich fest zusammen. Ich dachte mit dumpfer Verzweiflung an Selma und fing schnell wieder ein Gespräch an. Mittendrinnen lachte ich oft tölpisch auf. Meine Zähne schlugen aufeinander. »Frieren Sie?« fragte das Fräulein. »Nein-nein, das ist immer so . . . Ich bin jetzt immer so gehetzt«, log ich.

Ich konnte nicht mehr schlafen. Ich lief nächtelang herum, überlegte hin und her und ging schließlich wieder mit Dirnen. Sie widerten mich an, aber, ach was, bloß die Unruhe loskriegen, dachte ich. Doch die blieb. Eine Hure war so dick, daß ich davonlief vor grausigem Ekel. Taumelnd wankte ich auf der Straße dahin. Du gehörst am Ende doch ins Irrenhaus, ging mir durch den Kopf. Ich ließ die Huren. Wie ein wildgewordener Stier rannte ich sozusagen durch die Revolution, durch Tag und Nacht. Immer größer wurde die Verwirrung. Ganz heimlich suchte ich ab und zu die Kirche auf und versuchte zu beten. Dumm und einfältig. Auch das half nichts, gar nichts. Schrecklich. Ich versuchte mit aller Kraft einen ordentlichen Entschluß zu fassen, allein sogleich zerbröckelte alles wieder. Ich wurde mürrisch und ratlos.

Schorsch kam und sagte: »Du, jetzt ist die Polizei erledigt. Jetzt gehn wir hin und holen uns unsere Papiere und sagen dem Spitzel Fuchs richtig die Meinung.« Wir gingen auch schon. Auf einmal sagte ich: »Ach was, das ist ja lauter Unsinn! Auf das kommt es doch gar nicht an!« Wir streunten durch die bewegte Stadt.

»Diese ganze Revolution ist nichts«, murrte ich: »Einen einzigen Tag haben sie ein wenig Krach gemacht und jetzt! Was tun sie jetzt? . . . Jetzt fangen sie schon wieder an mit dem Aufräumen und ist gar nichts da zum Aufräumen!«

»Depp!« schimpfte mein Freund.
»Hast du vielleicht schon was gespürt von der Revolution?« fragte ich plump.
»Nein, das nicht . . . Ja, aber das geht auch nicht so schnell«, war die Antwort.
»Ich auch nicht . . . In der gleichen Scheiße hocken wir noch«, schimpfte ich. Ich lief auf einmal weg, holte das Fräulein und besuchte mit ihm Selma. Wir nahmen das Kind und brachten es nach Berg zu meinen Leuten.
Auf dem Dorf war es wie immer. Jeder arbeitete, die Erlasse hingen zerregnet im Gemeindekasten, kein Mensch sah sie an. Niemand kümmerte sich hier um die Ereignisse. Keiner sagte auch nur ein Wort davon.
Meine Mutter lachte uns an, als wir in die niedere Küche traten, mein Bruder Maurus, der erst kurz vom Feld heimgekommen war, hackte Holz im Hof, Theres nähte in der Stube. Wir tranken Kaffee, und alle schauten das schreiende Kind an.
»Da! Da hast du es jetzt mit deinem Heiraten, Herr Ehemann«, spöttelte Theres. Mutter erkundigte sich nach Selma.
»Geht's in der Stadt drinnen recht zu?« fragte Maurus gleichgültig.
Ich wollte erzählen. Er lächelte ironisch: »Die Hauptsach' ist, daß der Krieg aus ist . . . Die machen auch nichts besser.«
»Aber jetzt regieren wir!« prahlte ich dumm.
Er sah mich hämisch an und rief: »Ihr? . . . Da wird gewiß was Gescheites draus! . . . Da heraußen kümmert sich ja doch keiner was drum.« Und weil ich schwieg, fing er abermals an: »Das sind ja lauter Esel! . . . Da hat keiner einen Dunst vom Land . . . Und so naiv wie die Kerle sind! . . . Jeder Bauer hat jetzt sein Militärgewehr im Haus . . . Da pass' auf, wie's da kracht, wenn die kommen und was wollen! . . . Sollen nur so fort machen!« Er schüttelte den Kopf: »Solche Esel! . . . So verrückte Deppen!«
Wir verabschiedeten uns. Hinten beim Dorf gingen wir über die

stoppeligen, winterstarren Felder. Ein Hase lief aufgescheucht eine Ackerfurche entlang, Raben flogen krähend in der Luft, die Postkutsche fuhr auf der Straße, und aus meinem Schuldorf Aufkirchen liefen die Kinder.
»Herrgott, das tut direkt wohl«, sagte ich stehenbleibend und holte Atem, »mir graust vor der Stadt.«
Eine leichte Traurigkeit empfand ich.
»Da machen sie Kriege und Revolutionen und rennen herum und kämpfen, lassen sich totschießen für fixe Ideen, machen Gesetze, verbieten und verhaften ... Und da heraußen, rundherum geht alles den gewöhnlichen Gang: Der Bauer ackert, das Korn wächst, es wird Winter und Sommer, die Menschen fangen an und sterben, und alles ist friedlich und schön ... Zu was eigentlich dieser ganze Rummel?« sagte ich abermals und schaute das Fräulein an. Ganz ruhig und frei wurde es in meinem Hirn. Ein jäher Wunsch flog in mich hinein. Ich wollte das Fräulein umschlingen. Auf einmal aber sagte ich beinahe hastig: »Aber wissen Sie, so allein da heraußen sein – ich würde sterben vor Langerweile ... Es ist schon gut, daß immer Unruhe ist ... Immer muß Revolution sein!«
Das Fräulein lächelte und meinte: »Sie wissen ja selber nicht, was Sie wollen.«
Wir gingen weiter, und ich schlug einen leichteren Ton an. Die Fahrt nach München verlief mir viel zu schnell.
Da war schon wieder ein Wirbel. Eisner hatte eine Zusammenarbeit mit dem Berliner Auswärtigen Amt abgelehnt und mit einem bayrischen Sonderfrieden gedroht. Ein ungeheurer Sturm erhob sich in den darauffolgenden Tagen in der norddeutschen Presse.
Pegu schrieb einen Brief. Er war von den Revolutionären am 9. November aus dem Militärgefängnis befreit worden und stand mitten in der wildesten Bewegung in Berlin. Dort ging es viel heftiger zu. Straßenkämpfe gab es. Es war fast ein wenig komisch mit diesem wilden Durcheinander: Nach hartem Hin und Her hatten die bittersten Feinde – Mehrheitssozialdemokraten und Unabhängige –

die provisorische Reichsregierungsgewalt übernommen und nach einer Konferenz mit den Bundesregierungen die Wahlen zur Nationalversammlung beschlossen. Jeden Tag waren die Zeitungen voll von wirren Erlassen, die bald kein Mensch mehr las.

»Ruhe und Ordnung! Friede! Kein Blutvergießen! Keinen Brudermord! Nie wieder Krieg!« tönte aus all diesen Kundgebungen. Man war durch und durch pazifistisch von links bis rechts, aber man bekämpfte sich mit allen Mitteln, man schoß aufeinander wie im Krieg. Jede Partei predigte Versöhnung, strebte aber unentwegt nach alleiniger Macht.

Auf der einen Seite standen die Ebert, Scheidemann, Landsberg, Barth, Haase und Dittmann mit den von Wels und alten Offizieren geführten Truppen, auf der anderen der Spartakusbund mit Liebknecht, Rosa Luxemburg und Ledebour und den Massen. »Nieder mit der Nationalversammlung! Gegen die Landtagswahlen in den Ländern! Alle Macht den Räten!« war die Parole der rebellischen Tausend und Abertausend. Der Spartakusbund hatte eine offene Zentrale in Berlin gegründet, und so trug sich die Bewegung in alle Länder, Provinzen und Städte.

Auch in München gruppierten sich die neuen Parteien und begannen ihre Wahlarbeit. Auch hier stauten sich die Massen in den Sälen. Einmal hörten sie auf Eisner und Toller, dann wieder auf die Mehrheitssozialdemokraten Auer, Schneppenhorst und Timm. Mehr und mehr aber gewannen die Spartakisten Mühsam, Levien und Leviné Anhang. Die riefen offen zum Kampf gegen die Regierungen auf. Die Eroberung der Macht durch das Proletariat forderten sie. Um sie herum scharten sich die Unzufriedenen und wälzten sich durch die Straßen. Das blieb nicht still, das wollte alles keine Ruhe, das lief so dahin und wartete auf das Notwendigste, auf Essen, Schuhe, Kleidung, Wohnung und Rache für erlittenes Unrecht. Ganze Familien waren dabei, Vater, Mutter, Tochter, Sohn und Schulkind.

Dann kam wieder Polizei oder die republikanische Schutztruppe

auf Lastkraftwagen. Drohend richteten sich die Maschinengewehre auf die weichenden Züge, eine Salve knallte in die Luft, alles lief, alles schrie, stürmte wieder vor und lief beim zweiten Krachen abermals schreiend und fluchend auseinander.
»Bluthunde! Massenmörder! Verräter!« klang es von überall her. »Nieder! Nieder!« dröhnte es tausendstimmig durch die Straßen. Das Vertrauen zu Eisner schwand langsam, die Verbitterung wuchs. Die Zeitungen logen und hetzten. Die Zensur war abgeschafft. Alles konnte erzählt werden. Die unsinnigsten Gerüchte fanden Glauben und steigerten die Unruhe.
Einmal rannten Scharen in die nächtliche Stadt und besetzten sämtliche Zeitungsdruckereien. Im Hofraum des ›Münchner Tageblattes‹ hielt Mühsam eine Rede über die nunmehrigen Maßnahmen und die solchermaßen sozialisierte Presse. Die alten Redakteure wurden abgesetzt, und schon wollte man mit der Arbeit für das neue Blatt beginnen. Die Druckereiarbeiter schienen gewonnen, denn ihnen war Beteiligung am Reingewinn versprochen worden. Auf einmal aber erschienen Eisner und der damalige Polizeipräsident Staimer mit einer Truppe Sicherheitswehr. Ein Blutbad drohte. Eisner verschwand im Zeitungsgebäude, und als er wieder auftauchte, erfuhr man, daß er heimlich in die Druckereiräume gegangen sei und die Arbeiter heimgeschickt habe. Bestürzt sah sich alles an. Dann gellten Hohnrufe und Flüche auf. Eisner und Staimer fuhren weg, die Truppe zog ab, verärgert zerstreute sich die Menge. Am andern Tag erschien nur ein einziges Flugblatt, dann aber gab es wieder jeden Tag die üblichen Tagesblätter. Uneingeschüchtert logen sie weiter.
»Da hast du es! Das ist die Revolution Eisners!« schimpfte ich, als Schorsch mir begegnete: »So ist die deutsche Revolution! Wenn man anfangen will – gleich kommen die Herren Regierer mit Soldaten, und wenn nicht gefolgt wird, wird geschossen! Nett, nett sowas!«
Ich verwünschte alles in Grund und Boden. Ich war traurig und

verbissen. Diese Münchner Revolution war ein Gaudium für ihre Gegner. Sie war langweilig, sie war harmlos, sie war unerträglich. Sie war eine Posse, und noch dazu eine schlechte. Der König war abgesetzt, ja! Überall entfernte man mit großem Eifer die Hoflieferantenwappen. In den Versammlungen redeten sie große Töne, dann zog man wieder mit Fahnen und Geschrei durch die Straßen wie ein polternder Veteranenverein. »Nieder!« und »Hoch!« schrie man und wußte kaum warum. Die Reichen lebten noch genau so herrlich und in Freuden, sie hatten sich mit Hamsterwaren eingedeckt, saßen in den Hotels und Restaurants, kein Mensch krümmte ihnen ein Haar. Drohende Erlasse gegen das Schiebertum klebten überall, aber die Gemeinten lachten höhnisch darüber. Die Bürger schimpften schon wieder, die revolutionsfeindlichen Parteien trieben dreisteste Hetze, die Zeitungen spotteten über Eisner, die Studenten konspirierten, und die Arbeiter wurden verhaftet oder beschossen, wenn sie mit Forderungen kamen.
Die Intellektuellen und die Künstler rührten sich jetzt. Der ›Künstlerrat‹ hielt eine große Versammlung im Deutschen Theater ab. Reform der Akademie, der Kunstgewerbeschule, Reorganisation des Kunstunterrichts sollten besprochen werden. Eisner erschien und sprach eine Stunde lang glänzend. Kaum aber hatte er geendet, war auch schon alles durcheinander. Man beschimpfte sich gegenseitig, man hinderte sich am Reden. Dem sprach man die Berechtigung ab, sich Künstler zu nennen, dem andern schickte man Einladungen zur Kirchweih. Ein wahlloses Gezeter gegeneinander hub an. Jeder schrie, jeder fuchtelte, jeder redete auf seinen Tisch ein. Es war höchst drollig. Der Maler Stanislaus Stückgold erzwang sich endlich das Wort, stieg, trotzdem ihn die wüstesten Drohungen umzischten, auf die Bühne, stellte einen Stuhl auf den Rednertisch, legte sich breit drauf und schaukelte ihn, während er sprach, immerzu langsam hin und her, auf und nieder, daß es Eisner, der ein Stuhlbein in der Hand hielt, ab und zu etwas emporwippte.

»Sie sind überhaupt kein Maler! Sie können ja nicht einmal einen Pinsel in die Hand nehmen!« schrie wer.
»Dekorationskitschje!« plärrte ein rotbärtiger Mensch aus einer Ecke und warf die Fäuste.
»De-koration?!« übertönte endlich Stückgold alle: »Jawohl, sähr richtig! Ich bin Dekorationsmalär! . . . Wo-os hoben Sie überhaupt, meine Häärn?! . . . Zu wos disse Aufreggung! . . . Woos ist Kiinsdlär? . . . Prolätariär!« Und er zeigte mit dem Finger auf seine Stirn, dann auf seinen Leib: »Hier ist Hirn, hier ist Bauch und Magän – dos ist Kinsdlär! Prolätariär!« Ein tolles Geschrei übertönte ihn. Ein Tumult, ein wahrer Orkan von Geschrei folgten. Endlich ging man auseinander.
In der Wohnung des damaligen Finanzministers Jaffé war eine Zusammenkunft. Einen ›Rat geistiger Arbeiter‹ wollte man gründen. Ich ging hin. Man erwog die Aufklärungsarbeit durch die Presse, Schulreform und Mitbestimmung der Intellektuellen bei sonstigen kulturellen Fragen.
Recht gewichtig lief der schmalgesichtige Katzenstein herum, dort saß Karl Wolfskehl; in einer Ecke, sehr bescheiden, lehnte Rilke; der Lyriker Wolfenstein mit seiner schwarzen Hornbrille kam mir zu Gesicht. Lauter feine, gebildete Leute sah ich hier, bei denen man roch, daß sie nie mit dem Volk was zu tun gehabt hatten. Schon wieder kam mir der Ärger. Ein nicht sehr großer, festunterwachsener Mann in pfarrermäßiger Kleidung, mit breitem Gesicht, rotem Vollbart und gefurchter Stirn trat vor. Er schnaubte nervös und schien sehr geladen zu sein. Sehr kritisch sah er auf all diese Leute.
»Es müßten Flugblätter zur Aufklärung und zur Beruhigung geschrieben und verteilt werden«, meinte Katzenstein.
»Es muß unbedingt beruhigend auf die Massen eingewirkt werden«, wiederholte ein Literat mit spitzer Stimme. Die Masse sei undiszipliniert, das Volk auf dem Land sei verhetzt, die Stadt drohe auszuhungern, redete man herum. Beim Wort ›Landbevöl-

kerung‹ schnellte ich auf einmal auf und schrie ungeschlacht ein paar unsinnige Brocken in die erschreckte Versammlung.

»Auf dem Land kümmert sich kein Mensch um die Revolution! Und wenn da einer von den Herren, die hier sind, hinausgeht, lacht man ihn aus!« brüllte ich bissig und glitt schon wieder in Verwirrung: »Überhaupt muß erst einmal gegen die reaktionäre Bürgerschaft vorgegangen werden ... Die republikanische Schutztruppe ist nichts wie ein Studentenheer, das man auf die Arbeiter hetzt ... So geht das nicht! Kein Arbeiter versteht mehr, was eigentlich gewollt wird, weil alle so geistig daherreden!«

Die meisten standen auf und redeten auf mich ein. Nur der Mann mit dem Vollbart sah wie befriedigt nach mir.

»Um Gotteswillen, Graf, wir dürfen keine Hetzreden halten, sonst gibt's ein Blutbad!« sagten Katzenstein und Wolfenstein hastig: »Solche Brandreden sind äußerst gefährlich!« Alles suchte mich zu besänftigen. »Ist doch auch wahr! Das ist überhaupt nichts als Geschwätz und keine Revolution!« schimpfte ich aus purer Abneigung gegen diese Gesellschaft: »Lauter Literaten!«

»Hans Ludwig Held!« rief der Versammlungsleiter und jener festunterwachsene Mann erhob sich und hielt eine mächtige Rede gegen den Intellektualismus.

»Mein Vorredner hat recht!« rief er: »Was er über das Landvolk sagt, stimmt! *Sie,* meine Herren, dürfen sich auf dem Land nicht sehen lassen!« Da und dort entstand entrüstete Unruhe.

»An uns liegt's, meine Herren! Revolution kann nicht aus dem Hirn wachsen, sie muß vom Menschen kommen!« fuhr er fort und fand phantasievolle Ausdrücke über die neue Zeit, kam dann ins Religiöse und zitierte polternd Mystiker. Ich schlich mich unbemerkt davon. Daheim fand ich einen Brief von Pegu. Auch da stand wieder der Satz: ›Es kommt auf die Menschen an!‹

Ich hielt es nicht aus, so allein. Ich wollte zum Fräulein gehen, aber es war schon sehr spät. Ich lief zum Holländer und trank viel, daß mich die ganze Tischrunde anstaunte.

Dieses Saufen hatte fast stets den gleichen Verlauf: Zuerst saßen wir gemütlich zusammen, wurden heiterer, dann ausgelassen, und wenn ein bestimmtes Stadium erreicht war, fing eine unerklärliche Gereiztheit an. Nicht selten endete alles mit einem wüsten Streiten und Schimpfen.

Marietta sprang auf einmal aus einem unwichtigen Anlaß auf, versetzte dem Holländer eine schallende Ohrfeige, schlug Krach, die beiden rauften, dann fing Marietta das Demolieren an und lief schließlich mit zwei Malern weg. Der Holländer und ich blieben allein zurück. Im Rauchzimmer saßen wir uns eine Weile schweigend gegenüber. Der reiche Mann war sehr bedrückt, zupfte und zwirbelte in einem fort an seinem dünnen Schläfenhaar und verzog manchmal ärgerlich sein Gesicht. Ich war nicht betrunken und empfand sehr deutlich, daß der Mann mit mir reden wollte. Aber was ging mich das alles an. Ich wollte gehen. Er hielt mich zurück.

Ich setzte mich wieder.

»Hm, das ist ja sehr dumm alles«, murmelte ich nebenbei. Er schwieg.

»Sie sind ein reicher Mann, ich bin ein bäuerlicher Prolet ... Wir stehn weit auseinander ... Eigentlich sind wir Feinde, aber sehn Sie, da auf einmal – da sind wir ganz gleich ... Sie sind im Dreck und ich bin im Dreck«, sagte ich nachdenklich.

»Ach was, reicher Mann! Prolet! Ach was, ach was!« wehrte der Holländer ab.

»Jaja, das ist ja auch nicht weiter wichtig«, sagte ich und setzte in bezug auf Marietta beiläufiger hinzu: »Die wird übrigens gleich kommen ... Passen Sie auf, sie kommt herein und erzählt zur Ablenkung eine Räubergeschichte.« Ich bereute meine Offenheit, aber der Holländer sagte nichts darauf und ich war sehr froh. Vom nächsten Monat ab sollte, wie mir der Professor gesagt hatte, mein Stipendium ein heimgekehrter Student bekommen, und ich mußte wieder schleichhandeln. Es ging kein Geschäft mehr. Außerdem mußte Selma in ungefähr acht bis zehn Tagen aus dem Krankenhaus kommen. Ich war also wieder sowas wie ein Hund, der kuschen mußte. Kuschen und sich möglichst geschickt durch alles Widerwärtige winden. Das wahrhaftige graue Elend kroch wieder langsam heran. Am liebsten wäre ich jeden Tag und jede Nacht so beim Holländer gesessen und hätte gesoffen, immer gesoffen und an nichts weiter gedacht. Es läßt sich also leicht denken, warum ich froh war.

Auf einmal läutete es und wirklich kam Marietta. Tatsächlich erzählte sie, an der Ecke habe jemand geschossen. Wir beiden Männer sahen uns einen Moment vielsagend an. Ich erhob mich. Der Holländer brachte mich zur Tür und sagte, mir die Hand drückend: »Kommen Sie bald wieder.« Ich nickte und ging.

Jeden Tag, tief am Nachmittag, kam ich ins Krankenhaus und endlich einmal sagte Selma: »Morgen komme ich heraus.«

Ich lief heim, besorgte Essen, räumte das Atelier auf, überzog Selmas Bett frisch und arbeitete aufgeregt herum. Ab und zu blieb ich stehen, besann mich und sagte so, als wäre nun alles in Ordnung: »Jaja! . . . Hm, das muß doch gehen.«

In aller Frühe stand ich auf, lief zu Schorsch, lieh mir Geld und kaufte Blumen, stellte einen Strauß in das Schlafzimmer, den anderen auf den Tisch im Atelier. Ich fuhr zum Krankenhaus und holte Selma. Wir redeten wenig auf dem ganzen Weg. Es fiel ihr auf, daß ich so verstört war.

Als wir zu Hause angelangt waren, sagte ich ihr, daß ich bei ihr nicht mehr bleiben könne. Es begann nun eine unbeschreiblich furchtbare Zeit. Tränen, Bitten und Haß wechselten bei ihr ab. Sie durchheulte ganze Nächte, sie durchschrie ganze Tage. Ich wurde vor Mitleid und Abscheu ganz hilflos und rannte die meiste Zeit davon.

Auf einem Wohnungsvermittlungsbüro erfragte ich endlich ein Atelier. Erst vor zwei Stunden hatte es die jetzige Mieterin angemeldet. Sie erschrak, als ich kam.

»Das Atelier gehört jetzt mir«, sagte ich kurzweg auf alle ihre Einwände. »Ja, aber ich hab' noch ziemlich viel Holz und Kohlen da«, meinte sie beteuernd.
»Holz und Kohlen gehören zur Wohnung und nicht zur Person ... ich war nämlich selber schon bei der Kohlenstelle und kenne mich aus in diesem Gesetz«, sagte ich fachgewandt.
»Jaja, also morgen, bitte, morgen können Sie einziehen ... bitte nachmittags«, flehte die Bildhauerin förmlich: »und Holz und Kohlen muß ich also dalassen ... Hoffentlich kriege ich in der anderen Wohnung wieder so viel.«
»Sicher, sicher«, sagte ich und einigte mich schließlich mit ihr, daß ich heute noch meine Möbel bringen könnte. Eine Weile ging ich unschlüssig in der Stadt herum und nahm schließlich beim Kohlenhändler den Handkarren zu leihen.
Selma saß zusammengebrochen auf dem Diwan und schaute schier geisteskrank drein. Ich redete lange sehr behutsam mit ihr, und sie wurde ruhiger und gefaßter. Ich schleppte einen Tisch, einen Stuhl, meine Schreibmaschine, meine Kleider und Bücher und den Diwan auf die Straße hinunter, lud alles auf, und als ich zur Bildhauerin kam, hatte sie schon geräumt. Mit einer Stecknadel war an die Wand ein Zettel geheftet, darauf stand: ›Ich habe gleich geräumt und wünsche Ihnen alles Gute.‹
Ich setzte mich auf den Stuhl und ließ mich gehen. Das Auseinandergehen hatte mich ziemlich mitgenommen. Müde und zerrieben war ich. Ich ließ alles so, wie ich es in der Eile hereingestellt hatte, stehen, brachte den Karren zurück und ging in die Stadt. Ich wollte niemanden sehen von meinen Bekannten. Eine unruhige Bedrückung trieb mich straßauf, straßab. Ich wollte in den Landtag gehen, aber der Posten ließ mich nicht durch. Einen radikalen Arbeiter, den ich erst vor einiger Zeit kennen gelernt hatte, traf ich zufällig. Ich ging eine Strecke Wegs mit ihm und diskutierte.
»Diese Revolution ist schlimmer als das Königreich«, sagte ich. Er gab mir recht.

»Aber laß dir nur Zeit, wir haben bald die Macht ... Erst müssen Waffen her«, sagte er.
»Ja, aber du bist doch Pazifist?!« fragte ich.
»Jaja, das schon ... Aber wir wollen ja bloß einen proletarischen Abwehrkampf gegen die Gegenrevolution ... da kann man kein Pazifist sein«, gab er mir zurück.
»So ... soso, ich hab immer gemeint, Pazifismus ist Ablehnung jedes Krieges und aller Gewaltanwendung ... Also haben eigentlich die Militaristen recht gehabt«, erwiderte ich.
Er sah mich an und wußte nicht mehr weiter.
»Ja, wenn wir einmal die Macht haben, dann gibt es auch keinen Krieg mehr«, sagte er nach einer Weile wieder und fragte: »Oder was meinst denn du?«
»Generalstreik! Einfach einen ganz radikalen Generalstreik. Die Reichen und die Bürger spüren ja noch gar nichts von der Revolution ... Wenn kein Wasser, kein Licht, kein Brot, überhaupt gar nichts mehr da ist, dann ist's aus mit der Gegenrevolution ... Da braucht man nicht schießen, bloß keinen Streich mehr tun«, antwortete ich finster.
»Jaja, jaja, das stimmt schon, das stimmt, aber das macht ja keiner mit«, sagte er, »sowas muß von allen gemacht werden, sonst hat's keinen Wert ... Die Mehrheitssozialdemokraten sabotieren ja doch wieder alles ... Drum ist's besser, wir schauen uns um Waffen.«
»Und da, beim Schießen, da machen alle mit?« fragte ich boshaft und traurig zugleich.
»Ja, da sicher.«
»Dann sind wir alle verloren ... Die Revolution und wir ... alles«, erwiderte ich und ging.

XX
Der Dummkopf greift ein

Der Satz, daß ein dummer Mensch meistens Glück hat, schien bei mir zuzutreffen. Mit der Zeit war ich in den verschiedensten Kreisen bekannt geworden. Fast jeder Revolutionär kannte mich wenigstens dem Namen nach, die Schwabinger Dichter und Künstler beneideten mich ob meiner Freundschaft mit dem reichen Holländer, andere schöngeistige Kreise hatten von mir gehört, in Zeitschriften war schon allerhand erschienen und vor einigen Wochen auch ein Gedichtheft, der Professor warb überall warm für mich, der Rote-Kreuz-Mann genauso und das Fräulein auch. Außerdem ging damals besonders durch das bessere, kunst- und literaturinteressierte Bürgertum ein eigentümlicher Schwarm für Talente aus dem Volk. Nicht selten hielt man sich in den Salons sogenannte Renommier-Proletarier. Es war nicht recht einzusehen, aus welchem Grund, ob aus uneingestandener Angst oder aus verkniffener Schläue.
Nach und nach richtete ich mein Atelier wohnlicher ein. Der Holländer schenkte mir einige Möbelstücke und orientalische Behänge, und ich war täglich sein Gast. Da jede Aussicht, zu Geld zu kommen, vorläufig gewichen war, schulte ich mich sozusagen zum Unterhalter des reichen Mannes heran. Darin entwickelte ich unzweifelhaft eine große Fertigkeit, denn bald war ich die beliebteste Figur in diesem gewitterigen Hausstand. Mit gut erlernter Naivität, die nie ihren Eindruck verfehlte, mit unanfechtbarer Abgebrühtheit begegnete ich jenen oft und oft aussteigenden Reizzuständen, die einem Zank und Krach vorausgingen und verscheuchte sie oft mit ein paar Worten. »Jaja, machen wir wieder Krach!... Los, schlagen wir Skandal! Es passiert sowieso zu wenig!« sagte ich bei solchen Gelegenheiten meistens zu Marietta und dem Holländer, und – ob sie wollten oder nicht – sie fingen zu lachen an. Die Gemütlichkeit war wieder hergestellt. Dadurch na-

türlich hatte man mich gern und immer lieber. Ich hegte auch schon einige leise Hoffnungen, die leicht zu erraten sind.
Glück hatte ich auch noch wo anders. Vor kurzer Zeit war ich einmal bei einer Dame eingeladen gewesen, bei welcher mich der Professor sehr empfohlen hatte. Sie war bekannt als Gönnerin junger Dichter und Künstler, galt als sehr reich, hauste allein mit einem Dienstmädchen in einer merkwürdig großen, auserlesen geschmackvoll eingerichteten Wohnung und hielt auch so etwas wie einen schöngeistigen Salon. Der Revolution brachte sie gewissermaßen eine menschliche Sympathie entgegen, wenngleich ihr alles daran fremd war. Eine ausgesprochene Neigung hatte sie für neue Malerei und besaß sehr gesuchte moderne Bilder. Außerdem dichtete sie und hatte schon einige Bücher herausgebracht.
Wir unterhielten uns gut und ich konnte öfters kommen. Die Dame interessierte sich für meine privaten Dinge und nahm überall regsten Anteil. Sie schien auch über meine unglücklichen Verhältnisse reichlich unterrichtet zu sein, und bald darauf gab sie mir unerwartet ein Stipendium von monatlich zweihundert Mark. Ich konnte nun für Selma und das Kind sorgen.
Es war seltsam, dieser Gönnerin gegenüber hatte ich nicht soviel Scheu und war in vielen Dingen ganz offen. Das brachte uns einander näher. Sie nahm sogar eines Tages das Kind zu sich, bis meine Mutter es holte und für immer auf dem Lande draußen behielt.
Jetzt bewegte ich mich schon wieder freier. Ich dichtete und lief in der Revolution herum. Es mußte was geschehen, viel mehr geschehen! Ich lechzte förmlich danach.
»Jung hat geschrieben. In Berlin geht's los! Liebknecht macht den Schwindel nicht mehr mit«, sagte einmal Schorsch zu mir: »Spartakuskämpfe kommen.«
»Ach was, das ist dummes Zeug«, schimpfte ich und fing wieder mit meiner Idee vom allgemeinen Streik an: »Generalstreik, bis die Bürger und alle Gegenrevolutionäre zu Kreuz kriechen ... Dann muß ganz neu angefangen werden ... Terror ist Unsinn.«

»Das ist doch auch Terror, Idiot!« brüllte Schorsch.
»Ja, aber ohne Blutvergießen«, erwiderte ich.
Komisch, bis jetzt war ich eigentlich immer nur überall mitgelaufen, schon dabei, aber doch als Außenstehender, jetzt auf einmal wollte ich wirklich mitmachen. Programm hatte ich mir zwar noch keines zurechtgedacht, desto mehr jedoch schwirrten fixe Ideen tagtäglich durch meinen Kopf.
Ich schrieb hochtrabende Manifeste und wollte sie als Programm der ›Einzelnen‹ herausgeben. Der Rat geistiger Arbeiter war schon begründet. In der Wohnung des Freiherrn von Bernus fand eine Zusammenkunft statt, bei welcher Paul Ernst, den man zum Vorstand gewählt hatte, eine Rede hielt. Drinnen saßen die Leute und horchten auf den Vortrag, heraußen im abgedunkelten Saal gingen einige herum und beredeten allerhand. Katzenstein fragte mich, ob ich Flugblätter schreiben könnte. Ich sagte zu und wollte mich erkundigen, was da zu schreiben wäre. »Ist gut, ich komme drauf zurück«, sagte Katzenstein und war schon wieder bei wem anderen. Er flitzte herum und hatte es höchst notwendig. Etliche Tage darauf bekam ich vom Verlag Georg Müller einen Brief, ich sollte hinkommen und die Redaktion einer zu gründenden Zeitschrift übernehmen. Mir schwoll der Kamm. Siehst du, sagte ich zu mir selber, wie berühmt du schon bist, und ging hin. Ein Herr Neuhöfer und ein Freiherr von Gemmingen empfingen mich. Der erstere führte das Wort. Die süddeutschen Belange wollte er sehr gewahrt wissen, gegen das Preußentum müßten scharfe Worte gefunden werden. Kurt Eisner schien das Richtige gemacht zu haben, als er seinerzeit die Zusammenarbeit mit dem Reichsaußenministerium ablehnte.
»Also so eine Art Krachzeitschrift?« fragte ich.
»Nein-nein, schon politisch, aber schneidend, verstehn Sie, schneidend! Nicht langweilig«, sagte Herr Neuhöfer.
»Dann kaufen Sie doch den abgewirtschafteten ›Simplizissimus‹, meinte ich, kaufen Sie ihn und machen Sie ihn grade zum Gegen-

teil ... Jetzt hat er die ganze Zeit den Krieg verherrlicht und auf einmal, wenn wir ihn haben, muß er ganz radikal das Gegenteil tun ... Er muß pazifistisch, spartakistisch, bayrisch und alles, was wir wollen, sein ... Das ist doch gewiß ein Witz.«
Der Herr schien über meine Unfähigkeit genügend aufgeklärt zu sein und sagte, ich bekäme noch Bescheid. Ich ging.
Diese Sache aber hatte mich auf einen Gedanken gebracht. Ich suchte den Holländer auf. Wir tranken mannhaft, und so während der Unterhaltung sagte ich einmal: »Wissen Sie was ... Man müßte jetzt eine ganz radikal-satirische Zeitschrift aufmachen, die alles derart verspottet, daß die Revolutionsbonzen endlich eine richtige Revolution machen ... Diese jetzige Zeit, dieses ganze saudumme Hin und Her ist doch ein gefundenes Fressen für eine solche Zeitschrift ... Es müßte sowas wie ein neuer ›Simplizissimus‹ werden, verstehn Sie?«
»Gut«, sagte der Holländer auf einmal zu meiner großen Verwunderung. »Gut! Der Gedanke ist nicht dumm ... Ich hab' in Frankfurt einen Buchhändler, das ist ein guter Freund von mir ... Der kann uns da Bescheid geben ... Fahren wir morgen nach Frankfurt, und wenn sich's machen läßt, ich geb' sofort das Geld dazu ...«
Ich fand vor Erstaunen das Wort nicht gleich und willigte sofort ein.
»Das wird nichts als ein Saufgelage«, meinte Marietta ironisch, aber es blieb beim Entschluß.
Ich ging heim, schlief die ganze Nacht nicht, packte in meinen zerschlissenen Koffer meine paar Sachen, und am andern Tag fuhren wir nach Frankfurt. Im Frankfurter Hof stiegen wir ab, ich bewohnte ein luxuriöses Zimmer herüben, der Holländer drüben, dazwischen lag ein Bad. Förmlich berauscht war ich über einen solchen Auftakt. Ich sah mich schon als allgewaltigen Redakteur in einem palastartigen Zeitungsgebäude. Es war alles fast wie ein Traum. Einen schäbigen grünen Anzug hatte ich und eingelegte

Lackschuhe, die mich ungeheuer drückten. Der Holländer war wie gewöhnlich nach der neuesten Mode gekleidet.
An einem Schreibtisch werde ich sitzen, dicke Zigarren rauchen, phantastisch viele Klingelknöpfe werden mir zu Diensten stehen, Unterredakteure, Dichter, Berichterstatter, Liftboys und Diener werden fliegend meine Befehle ausführen, gefürchtet werde ich sein bei den Oberen, geliebt vom Volk – es war überhaupt gar nicht auszudenken, was alles kam. Ich legte mich nicht hin, wie mir der Holländer geraten hatte, um ein wenig auszurasten. Ich bürstete in einem fort meinen Anzug aus, putzte mit dem Sacktuch meine Lackschuhe blank, kämmte mich und hielt mich bereit. Abends wollten wir mit den Bekannten soupieren und dann bei ausgesuchten Weinen die Sache besprechen. Der Holländer klopfte. Ich stürzte zur Tür.
»Fertig?« fragte er.
»Ja, ja, wir können schon gehn«, hastete ich heraus und wir suchten den prunkvollen, hellbeleuchteten Speisesaal auf. Wenngleich ich mein ganzes Selbstbewußtsein aufbot, das mörderische Drükken meiner Schuhe gewaltsam mißachtete und eine kühne Legerität an den Tag legte – es entging mir nicht, wie herablassend mich jeder Kellner maß. –
Auf dem Tisch, an den wir uns jetzt setzten, war für mehrere Personen gedeckt. Eine Unmasse großer und kleiner Teller standen da. Besteck, wie eine possierliche Skala, lag säuberlich daneben. Wenngleich ich von den Mahlzeiten beim Holländer schon allerhand gewohnt war, überlegte ich fort und fort, zu was nun dieser ganze vielfache Kram gehöre. Das beschäftigte mich vollauf. Ich konnte nicht recht klar werden. Aber, sagte ich mir, die Augen offen halten, ist alles!
»Hier ist's sehr schön«, murmelte ich nebenbei: »Wirklich wunderschön.«
Der Holländer hörte nicht. Er studierte mit aller Aufmerksamkeit die Weinkarte. Befriedigt murmelte er ab und zu irgendeinen

Weintitel: »Hm-m-hm, Deidesheimer Hassert, vierzehner ... Hm-hm, schau-schau! ... Schiersteiner Hölle, Wachstum Groroder Hof ... M-hm-hm, Wachenheimer Riesling neunzehnhundertfünfzehn ... Wehlener Abtei, Wachstum Ehses-Koppelkamm ... hm-hm ... sehr schön, schön! ... Sehr schön!«
Dann kamen die Gäste. Der Buchhändler Tiedemann mit einer gutgeformten Blondine, der lange schwarzhaarige, sehr geräuschvolle Maler Starcke mit seiner Frau und der Maler Rudolph Lewy mit seinem roten unverblüffbaren Gesicht. Der Holländer machte mich bekannt. Jeder maß mich ironisch. Wein wurde bestellt, andächtig probiert und gutgeheißen. Der Kellner brachte ein märchenhaftes Hors d'oeuvre. Austern waren dabei. Ich lugte unbemerkt und flink herum, wie sie verzehrt würden und nahm die Muscheln, lutschte genau wie jeder andere den kalten Schleim hinunter. Ein Ekel stieg mir zwar jedesmal auf, aber ich schluckte mit aller Gewalt.
Das Essen kam. Man trank und wurde munterer. Ich lachte und der Schweiß stand mir auf dem Gesicht. Ich fuhr mit der Serviette darüber. Alle sahen sich etwas komisch an.
Nach dem ganzen Gefresse brachte der Kellner kristallgläserne Schalen mit Wasser, die mir größtes Kopfzerbrechen machten. Ich stockte und wartete vorsichtig ab. Solche Idioten, dachte ich, jetzt saufen sie gar noch Wasser und griff schon nach der Schale. Da auf einmal sah ich, daß der Holländer seine Handspitzen ins Wasser steckte und sich an der Serviette abtrocknete. Schnell machte ich es ihm nach. Es verlief alles ohne Zwischenfall. Ich atmete auf.
Lustig, gesättigt und zu neuen Taten angeregt, erhob man sich und ging in die Bar. Starcke erzählte unablässig von Sternheim, man lachte. Lewy machte Witze, und endlich eröffnete der Holländer seinem Freund Tiedemann die Zeitschriftenangelegenheit.
»So, hm«, machte Tiedemann und sah mich von der Seite an. Ich versuchte großzügig mein Programm darzulegen, wurde aber komischerweise unsicher und langsam zerglitt alles. Kein Mensch

hatte Interesse. Man trank und trank bis weit über die Polizeistunde. Zuletzt lagen wir alle im abgedunkelten Empfangsraum des Hotels, jeder war berauscht, jeder lallte.
»Mensch, bin ich dun!« brummte ab und zu Tiedemann und ließ seinen Kopf auf die Brust herabsinken. Verärgert und kleinmütig soff ich in einem fort den öligen Whisky und verwünschte die ganze Gesellschaft. Marietta hatte also recht gehabt. Was wollte ich eigentlich hier?
Am andern Tag, als wir nach einem Spaziergang durch die Stadt ins Hotel zurückkamen, übergab mir der Kellner ein Telegramm aus Berlin. ›Sofort herkommen! Hier geht es los! Wichtig!‹ ließ mich Schorsch wissen. Ich war bestürzt und froh zugleich, borgte mir vom Holländer Geld und fuhr auf der Stelle nach Berlin ab.
Pegu empfing mich auf dem Anhalter Bahnhof. Wir sanken uns buchstäblich in die Arme.
»Was ist denn los?« fragte ich und zeigte ihm das Telegramm. Er lächelte.
»Ach was! Gar nichts!« murmelte er.
Ich fing furchtbar zu fluchen an, daß die Leute nach uns schauten. Wir fuhren zu Jung. Eigentlich hatte Berlin das gewöhnliche Gesicht. Die Straßenbahnen fuhren, die Leute liefen hastig, nur da und dort sah man Lastautos mit bewaffneten Soldaten und schließlich auch Stacheldrähte vor Häusern. Bei Jung erfuhren wir von Liebknechtversammlungen und daß es in den nächsten Tagen losgehen sollte. Man hockte im Atelier, das Grammophon spielte, man diskutierte über Artikel in der ›Roten Fahne‹ und trank Schnaps. Abends besuchten wir eine Versammlung der Syndikalisten. Für ein Zusammengehen mit Liebknecht, gegen ein Zusammengehen wurde gesprochen. Jemand stürzte in den Saal und verkündete, daß man etliche Häuser weiter ein Pogrom inszeniert habe. Einen Juden habe man meuchlings erschossen. Tatsächlich hörte man auch einige Schüsse krachen. Es wurde sehr unruhig im Saal. Ich stieg auf die Rednertribüne und schrie etwas von Gene-

ralstreik und Menschsein. Da und dort stimmte man bei, aber schon leerte sich der Saal. Draußen auf den dunklen Straßen standen Gruppen. Die typischen Gerüchte raunten sich von Ohr zu Ohr. »Nieder mit Ebert-Scheidemann!« bellte da und dort jemand. Dann kamen starke Militärpatrouillen und räumten.

Andern Tags sollte eine mächtige Kundgebung der Spartakusleute sein. Schorsch erzählte von geheimen Anwerbungen zu Kampftrupps. Wenn man durch die Straßen fuhr, sah man hin und wieder Rottungen. Damitten sprach ein Mann für die Diktatur des Proletariats und forderte wie ein anbietender Kaufmann die Männer auf, sich mit ihm zum Kampfbund zu begeben. Die meisten machten Witze, hörten halb hin und gingen wieder, neue kamen. Abends gingen wir zu einer Versammlung, wo Liebknecht sprechen sollte. Es waren aber solche Massen erschienen, daß wir schon auf der breiten Treppe umkehren mußten.

»Was ist's eigentlich?« fragte ich einen Spartakisten.

»Kampf bis aufs Messer! Die Diktatur wird dieser Tage steigen!« sagte er.

»Und dann?« fragte ich.

»Liebknecht und Rosa werden die Sache schon schaukeln«, antwortete der Mann.

Verdrossen ging ich mit Pegu.

»Das ist alles dummes Zeug! Immer dieses Geschieße! Es muß anders gemacht werden und zwar sofort!« sagte ich zu Pegu.

»Hm«, machte der.

Ich fuhr nach München ab. Einige Tage nach meiner Ankunft suchte ich meine Gönnerin auf und setzte ihr einen großen Plan auseinander. Nämlich es müßte gegen den Terror gesteuert werden, war meine dürftige Ansicht. Es müßte etwas getan werden, das das ganze Volk eint zur endgültigen Republik. Bevor nicht Friede in allen Schichten geschaffen sei, könnten die Staatsmänner nichts machen, und letzten Endes drohe ein unsägliches Blutbad.

»Und – was wollen Sie jetzt tun?« fragte die Dame.
»Sehr einfach!« sagte ich: »Ich halte eine große Versammlung und rede in diesem Sinn. Dann müssen die ganzen Intellektuellen bearbeitet werden, daß sie genau so einwirken, besonders die Universitätsprofessoren ... Es muß erreicht werden, daß alle Schichten erst einmal vollkommen einverstanden sind mit der neuen Zeit, dann geht es auch vorwärts ... Vorläufig muß unbedingt eine Versammlung abgehalten werden und eine Art Bund freier Menschen gegründet werden ... Dazu brauche ich Geld.«
Der Dame leuchtete das ein. Sie zögerte nicht und gab mir zweitausend Mark für diese Zwecke. Das machte mich völlig kopflos. Ich stand auf einmal mitten in einem Unternehmen und mußte nun unbedingt etwas tun. Ich schrieb Flugblätter und ließ sie drucken. Gleich zehntausend von jedem Stück. Ich lief zu einer Plakatdruckerei und ließ ein Riesenplakat herstellen, folgenden Wortlauts:
›Menschen aller Stände! Große öffentliche Versammlung! Gegen den Terror! – Um das Menschsein! Redner: Oskar Maria Graf, München.
Männer und Frauen! Arbeiter, Soldaten, Bürger, Künstler, Wissenschaftler, Studenten! Mitglieder aller Parteien! Menschen aller Stände! Vier Jahre wurden Menschen sinnlos hingeschlachtet. Vier Jahre erstickte die Herrschaft der Gewalt Vernunft und Menschsein!
Nach vier Jahren des Schreckens, Blutens, Sterbens siegte die Revolution und brachte den Frieden, öffnete die Tore des neuen Lebens.
Während die Regierungen bemüht sind, Ordnung und Ruhe zu schaffen, während jeder von uns an die Arbeit geht, wühlen Hetzer und Querköpfe, verbreiten Unruhe und versuchen das Volk aufzustacheln zu neuen Gewaltakten, bewaffneten Aufständen usw.
Volk! Nach vier Jahren Mord soll kein Ende sein?
Volk! Versammle dich! Sag nein! Jeder, der das Menschsein noch nicht vergessen hat, komme!

Nicht eine Partei soll gegründet werden, die nur ihr Interesse vertritt, Menschen rufen hier, die das Wohl des Volkes im Auge haben.

Die Kameradschaft zur Gründung des Bundes ,Freie Menschen'‹

Am andern Tag klebten die Plakate. Ich stellte mich heimlich vor die Litfaßsäulen und schaute sie mit größter Bewunderung an. Eine prickelnde Eitelkeit beseligte mich. Noch nie stand mein Name so groß gedruckt irgendwo. Ich telegraphierte an Pegu. Er kam am andern Tag.

»Neues Etablissement! Bund freier Menschen! Geld ist da! Alles klappt!« sagte ich. Er riß Maul und Augen auf, als er die Plakate las.

»Mensch, du bist ja der reinste Gegenrevolutionär!« rief er.

»Ah! . . . Im Gegenteil! Es muß jetzt wieder anarchistisch gearbeitet werden! Nur mit dem Einzelnen . . . Bevor wir nicht brauchbare Menschen haben, kann auch keine Revolution werden!« klärte ich ihn auf. Er schüttelte fort und fort den Kopf.

Ich war in einem Wirbel. Durch einige mir bekannte Studenten und Studentinnen ließ ich die Flugblätter austragen. Das Fräulein, Pegu und ich steckten sie ebenfalls in jeden Briefkasten. Massenandrang mußte es geben zur Versammlung. Pimperlwichtig war ich.

Der Tag der Versammlung kam immer näher.

»Haben Sie denn schon Ihre Rede?« fragte die Dame.

»Jaja, selbstverständlich«, erwiderte ich. Nicht ein Wort wußte ich. Genau so fragten das Fräulein und Pegu. Ich raste bloß herum. Was ich sagen wollte, würde sich schon ergeben, dachte ich, die Hauptsache ist, einen vollen Saal.

Die zweitausend Mark verrannen wie nichts. Heimlich war mir schier Angst vor diesem Überstürzen. Dann kam also das große Ereignis. Der ganze Mathäsersaal war so gedrückt voll, daß man nicht durchkam, und draußen stand der halbe Garten Kopf an

Kopf. Ich trat auf die Rednertribüne. Ein Student war der Versammlungsleiter. Er klingelte und sagte ein paar Worte. Dann kam ich. Das Fräulein saß zur Rechten und stenographierte.
»Versammelte! Menschen! Rebellen! Bürger!« schrie ich erst einmal und überlegte einen Augenblick. Es fiel mir schon fast nichts mehr ein. An den Tischen räkelten sich die Leute.
»Ich habe Sie hierhergerufen, um ein klares Wort gegen den Terror zu sagen! Terror ist Krieg! Niemand von uns will den Krieg und das Blutbad! Ich war in Berlin und habe Liebknecht gehört, habe Pogromversammlungen gesehen! Nichts als Verwirrung ist überall!« Zwischenrufe brachten mich daraus. Ich wußte absolut nicht mehr weiter und war froh, daß ein solcher Skandal entstand. Nicht lang genug konnte mir der Versammlungsleiter läuten.
»Haut ihn runter!« schrien Leute, weit hinten drohte ein Arbeiter derart, daß eine kleine Rauferei entstand. Rechts plärrten die Kommunisten auf mich ein. Ich schrie mit aller Macht: »Ich bin gegen jeden Terror! Komme er her, wo er herkomme!« Es wurde immer tumultuöser, und zum Schluß stand Joseph Sontheimer, ein Mann, der früher die Freidenkerbewegung begründet hatte und nun radikaler Spartakist war, auf dem Podium und riß die Führung der Versammlung an sich.
»Den kennen wir schon! Er ist ein harmloser Tolstoianer und sehr verworren!« fing er an, und weil nichts anderes zu machen war, rief ich auf einmal: »Schluß. Die Versammlung ist aus!« Ebenso der Versammlungsleiter. Jetzt wurde es ganz bedrohlich. Ich blieb einfach stehen und schaute dumm in das Toben, ließ Sontheimer reden. Die Diskussionen gingen durcheinander, und als man nach längerer Zeit auseinanderging, schrie es von allen Seiten: »Der Lausbub hetzt halb München daher und sagt nichts! Durchhaun soll man ihn!«
Bedeppt wanden wir uns aus dem Menschengewühl und fuhren eiligst nach Schwabing. Am andern Tag schimpften alle Zeitungen über eine derartige Lausbuberei. Ich überdachte nur eins: Wie

kommst du nun mit der Dame ins Einvernehmen? Das Geld ist fast weg und nichts ist geboten worden. Es mußte doch eine Abrechnung vorgelegt werden, wenngleich nichts Derartiges verlangt worden war.
Also gründete ich in aller Eile einen ›Bund freier Menschen‹. Schorsch, Pegu, ich, das Fräulein, eine andere Studentin, ein Arbeiter – das war alles. Ich ging zur Dame, spielte den vom Mißerfolg Unangefochtenen und eröffnete ihr, sie sei Ehrenmitglied des Bundes. Sie war gar nicht weiter übel gesinnt, nur hatte sie kein Interesse für unsere Gründung, dennoch sagte sie so halbwegs zu allem ja. Ich kündigte an, daß sie bald den Rechenschaftsbericht über unsere Ausgaben und unsere Arbeit erhielte. Sie wehrte ohne alles Mißtrauen ab und ich verließ sie aufatmend.
»Wir müssen ein Programm ausarbeiten«, sagte ich zu Pegu. Wir setzten uns hin und dachten nach. Siedlungen auf rein sozialistischer Grundlage war unser Hauptziel. ›Gründung von Siedlungen, dadurch, daß man abgewirtschaftete Bauerngüter erwirbt, sie gemeinschaftlich führt und gemeinschaftlich den Nutzen davon hat‹, hieß der Passus.
Wir kamen ab und zu in meinem Atelier zusammen, wußten aber nicht recht zu welchem Zweck. Mir wurde es mit der Zeit schon unheimlich, daß unserer Gönnerin keine wirklichen Taten gezeigt werden konnten. Einmal endlich brachte Pegu zwei radikal sozialistisch gewordene Freideutsche – Koch und Kurella – mit, die siedeln wollten. Ich sah gleich, daß sie es ernst meinten mit ihren Absichten, und das war mir sehr recht. Sie wiederum vermuteten, wir hätten massenhaft Geld oder dachten vielmehr, wir könnten durch unsere Beziehungen solches herbeibringen. Sie setzten uns ihre Pläne auseinander.
»Gut«, sagte ich, »das ist sehr fein. Wir können schon vermitteln . . . Wir sehen unsre Aufgabe ja auch nur so an, daß wir vor allem jeden sozialistischen Plan tatkräftig fördern . . . Bei uns läuft sozusagen alles zusammen.« Dann nannte ich die Dame, und die

beiden erhielten kurz darauf von ihr und von noch anderen Leuten eine größere Summe. Sie kauften auch wirklich ein größeres Bauerngut in Blankenburg, bezogen es mit mehreren Studenten und Kunstgewerblerinnen und fingen rein sozialistisch zu wirtschaften an. Leider aber hatte keiner von ihnen eine Ahnung von Bauernarbeit, die Siedlung wurde Unterschlupf verfolgter Revolutionäre, und zuletzt mußte sie wieder aufgegeben werden. Ich sah sie nie und interessierte mich auch nicht weiter dafür.

Die Studentin hatte ich vor einiger Zeit bei der Dame untergebracht. Sie bewohnte unentgeltlich ein Zimmer dort und hinterbrachte allerhand, was nur unter uns bleiben sollte. Die Dame wurde mißtrauisch und erbat meinen Besuch. Sie lag krank danieder und empfing mich in ihrem Schlafzimmer. Es kam zu einer mir sehr peinlichen Aussprache wegen des verbrauchten Geldes. Auch hörte ich deutlich heraus, daß die Dame mit meiner höchst zweifelhaften Haltung ihr gegenüber nicht einverstanden war. Ich geriet in die Enge durch ihre offenen Fragen, gab zu, gab immer mehr zu, daß ich die übergebenen zweitausend Mark leichtsinnig für mich und meine Kameraden verwirtschaftet hatte und sagte schließlich: »Wissen Sie, es ist bei mir immer so, ich hasse jeden Menschen, der Besitz und Geld hat! . . . Ich hasse auch das Geld . . . Eigentlich sind wir Feinde . . . Ich kann auch nichts gegen mich machen!«

Die Dame fand das sehr offen und war zufrieden. Das Stipendium lief weiter. Ich ging heim und resümierte: Aus der Zeitschrift ist nichts geworden, die Versammlung war eine Blamage, der ›Bund freier Menschen‹ ein widerwärtiger Unsinn.

Ich schwor mir, kein Unternehmen mehr anzufangen, und begann wieder zu dichten. Ich wollte zeigen, was ich könnte, und lud allerhand Leute zu einem Vorleseabend in meinem Atelier ein. Rilke, der Holländer mit Marietta, Karl Wolfskehl, die Dame mit einer Freundin, lauter feines Volk kam. Aber der Ofen rauchte derart, daß die Herrschaften schon nach kurzer Zeit gleichsam die Flucht

ergriffen. Ich war unglücklich darüber und wollte mich nun endgültig zurückziehen. Das Zutrauen zu mir selber verlor ich und haßte jeden auftauchenden Entschluß. »Ach was, Dummkopf! Idiot! Idiot!« knirschte ich bei jeder solchen Gelegenheit.
Es fingen wieder die Saufgelage beim Holländer an, und ich machte wie ehedem den Unterhalter. Der Mann ließ sich eine Villa in Nymphenburg bauen. Die war schon fast fertig. In einigen Wochen wollte er sie beziehen. Dumm, dachte ich, dumm, jetzt hast du auch keine gemütliche Wirtschaft mehr in der Nähe.

XXI
Stürme überall

Weihnachten kam heran. Jetzt waren so ziemlich alle Soldaten von der Front zurück, und Heimkehrfeiern zu ihren Ehren gab es. Die waren eigentümlich: Da sprach meist zuerst einer, der den Heldenmut unserer unbesiegten Truppen pries und patriotische Floskeln einschaltete, dann folgte der andere Redner, der die Feldgrauen als Kämpfer für die Revolution begrüßte. Gustav Landauer hielt im Nationaltheater eine Ansprache und rief den Soldaten zu: »Ihr, die ihr vier Jahre lang gezwungen worden seid, euer Leben für ein sinnloses Völkerschlachten zu opfern! Die Stunde der Freiheit hat geschlagen – nun kämpft für euch selber!«
Die Tausende bevölkerten die täglichen Straßen, hatten keine Arbeit, warteten, murrten und wußten nicht, wo aus und wohin.
Zuckungen gingen durch ganz Deutschland. Im Ruhrgebiet waren Unruhen ausgebrochen. Ich traf Arbeiter in der Stadt, die mir schon von weitem entgegenlachten. »Ah, der blamierte sanfte Heinrich vom Mathäser!« spöttelten sie und erzählten, daß sie eine zehntägige Arbeitspause machen müßten, weil kein Betrieb mit Kohlen beliefert werden könnte.
»Und kriegen den Lohn voll ausbezahlt, weil's die Regierung ange-

ordnet hat«, sagten sie freudestrahlend, »jetzt hat man Zeit zum Politisieren.«
Der Kampf um die Landtags- und Nationalversammlungswahlen war entbrannt. Alle Größen der parlamentarischen Parteien hielten ihre Agitationsreden. Stürmische Versammlungen folgten einander. Flugblätter übersäten die Straßen, grelle Plakate schrien von Wänden und Litfaßsäulen herunter. Mit aller Hartnäckigkeit trieben die Spartakisten ihre Gegenbewegung, verkündeten fanatisch Wahlenthaltung und machten Demonstrationen.
Es gärte an allen Ecken und Enden.
In Berlin hatte die Beschießung der sogenannten Volksmarinedivision seitens der Regierungstruppen den Auftakt zu den großen Spartakuskämpfen gegeben. Abermals wurden die Zeitungsbetriebe besetzt, Riesenkundgebungen für die Division und gegen die Regierung der Volksbeauftragten durchwogten alle Städte, und nach einer ganz kurzen Krise traten die drei Unabhängigen Barth, Haase und Dittmann zurück. Noske, Wissel und Löbe gesellten sich zu Ebert, Scheidemann und Landsberg.
Verschwörerisch ging es in München zu. Immer mehr und immer mehr flüchtige Spartakisten aus Berlin kamen an, stellten sich mit Mühsam, Levien und Leviné vor die Massen und schrien ihre Bannflüche in die stickig-vollen Säle. Ein Anschlag, unterzeichnet von fast allen derzeitigen bayrischen Ministern, rief zur Bildung einer ›Bürgerwehr‹ auf. Eisners Name war ohne dessen Einverständnis daruntergesetzt worden. Einen ungeheuren Skandal gab es im provisorischen Nationalrat, aber schier über Nacht entstand die besagte Wehr. Alle republik- und revolutionsfeindlichen Elemente sammelten sich darin, besonders Studenten und beschäftigungslose Offiziere. Die mehrheitssozialdemokratischen Minister Auer und Timm erwiesen sich als hauptsächliche Förderer. Auf Mühsam gab ein Unbekannter am zweiten Weihnachtsfeiertag fünf Schüsse aus der Dunkelheit ab. Die ersten antisemitischen Flugblätter tauchten auf. Meistens sah man sie in kleinen

Milch- und Gemüseläden oder auch heimlich an die Wände geklebt. Moritatenähnliche Legenden über Eisners Herkunft und seinen vermeintlichen Reichtum verbreiteten sich.
Anfang Januar erfuhr man von den Aufständen in Bremen. Jakob Knief, ein Mann von großer Tatkraft, wirklicher Kühnheit und umfassendem Wissen, der damals im Januar Anno 18 gleicherzeit mit uns in München verhaftet worden war, leitete sie. In Berlin tobte offener Krieg. Grausige Nachrichten liefen ein: Kanonen donnerten auf den Straßen, Flammenwerfer arbeiteten, Maschinengewehre knatterten. Noske hatte den Belagerungszustand verhängt, den Polizeipräsidenten Eichhorn entsetzt, die Zeitungen wieder zurückerobert, Ledebour und Meyer verhaftet und gegen Liebknecht und Rosa Luxemburg Steckbriefe und Prämien erlassen.
Jetzt flammte München auf. »Nieder mit der Blutregierung Ebert-Scheidemann-Noske!« durchgellte jeden Tag. Ernst Toller sandte ein Telegramm an die Berliner Regierung: ›Scheidemann, Ebert, Noske, Mitglieder der Regierung, Berlin. – Sie müssen erkennen, daß Sie seit Tagen an jedem Tropfen Blut, das noch vergossen wird, schuldig sind. Wenn das deutsche Volk selbst einen Ludendorff nicht zur Verantwortung zieht, Sie wird es vor ein Volksgericht stellen, und kein deutscher bewußter Arbeiter wird sich finden, der nicht sein dreimal Schuldig spricht. Daß Sie keine Sozialisten sind, wir wußten es längst. Aber wir wissen nicht mehr, ob Mütter Sie geboren haben.‹
Immer wildere Züge bevölkerten die Straßen. Einmal kam ich über den Lenbachplatz und sah ein dichtes Menschengemeng hastigen Schrittes lärmend in den Promenadeplatz einbiegen.
»Was ist's denn?« fragte ich mitlaufend.
»Eisner hat Mühsam, Levien und noch zehn Genossen nach Stadelheim bringen lassen«, erfuhr ich. Schon waren wir vor dem Ministerium. Hin und her drängte sich alles. Hinter dem verschlossenen Tor, hieß es, stünden schußbereite Maschinengewehrschüt-

zen. Man ratschlagte einige Minuten. Auf einmal kletterte ein Matrose auf dem Kandelaber zum Balkon empor, schwang sich drüber und verschwand unter lautem Jubel in der Tür. Kurz darauf erschien er mit Eisner, der furchtbar erregt auf uns herunterschrie: »So holt sie euch, in Gottes Namen! Sie sind enthaftet!« Er verbat sich energisch derartige diktatorische Druckmittel der Straße und drohte wie ein berserkerischer Schullehrer mit dem ausgestreckten Zeigefinger. Wenn er sich nicht geschworen hätte, in München keine Berliner Zustände aufkommen zu lassen, ergriffe er andere Maßregeln, und ein anderes Mal lasse er schießen, ließ er verlauten. Toller stand bleich und verstört hinter ihm und bewegte die Arme. Ein ohrenbetäubender schimpfender Lärm erhob sich, das dumpfe Rollen von Lastautos dröhnte, im Eilschritt zogen wir ab. Ich ging mit bis zum Marienplatz, die Menge zog nach Stadelheim und holte die Verhafteten heraus. Schorsch traf ich. Der war durch die Promenadestraße abgebogen, um heimzugehen. Plötzlich hatte es aus der Hypotheken- und Wechselbank geschossen. Eine Maschinengewehrsalve war es gewesen. Niemand wußte etwas Näheres. Ein Arbeiter lief uns mit aufgeregtem Gesicht entgegen.
»Die Kasernen haben verstärkte Bereitschaft! Am Bahnhof sind Maschinengewehre aufgestellt«, erzählte er hastig. »Man kennt sich nicht mehr aus! . . . Grad ist's, wie wenn der Eisner auch ein Gegenrevolutionär wär' . . .«
Es war schon Abend, als wir zum Stachus kamen. Haufenweise liefen Leute in die Prielmayr- und Schützenstraße, dem Bahnhof zu. Jäh krachte von dorther eine Salve, und die Vorwärtsrennenden jagten schreiend zurück, und im Nu war der ganze Platz dicht voll Menschen, die erregt durcheinanderredeten, schimpften, schrien und jammerten. Die Schützen hatten in die Menge geschossen, sechs Tote und fünfzehn Verwundete waren am Platze geblieben.
»Los! Nicht davonlaufen! Sturm machen auf den Bahnhof!« rief ein Matrose und brachte die Zurückflutenden zum Stocken. Aber

schon rasselten durch das Karlstor und vom Promenadeplatz her Lastautos mit Soldaten. Ohnmächtig betroffen hoben alle die Gesichter, dann flohen die Zusammengeströmten kopflos. Erst am Sendlingertorplatz sammelte sich wieder ein Zug und marschierte durch die Müllerstraße. Ich hatte Schorsch verloren, lief hin, lief her, kreuz und quer durch die Stadt und landete todmüde auf meinem Atelier. Am andern Tat gegen Mittag kam Schorsch und brachte mir das Ergebnis der Landtagswahlen.
»Heut soll ein Putsch sein ... Der Landtag wird gestürmt«, erzählte er.
»52 Mehrheitssozialdemokraten, 38 Demokraten, 31 Zentrumsleute und bloß 4 Unabhängige«, las ich aus der Zeitung und setzte bedrückt hinzu: »Grausam! ... Jetzt ist alles verloren ... Der Putsch gibt nichts wie Leichen ... Siegen tun wir nicht.«
Es klopfte. Pegu kam. Einige Augenblicke schwiegen wir einander an.
»Das geht trotzdem alles zum Teufel«, sagte Pegu nach einer Weile.
Ich schüttelte ungläubig den Kopf.
Schorsch knirschte.
»Ich bin ganz dumm im Kopf«, brummte er verdrossen: »Ich will nichts mehr sehen und hören ... Es ist zum Verzweifeln ... Eigentlich sollten heute in der ganzen Stadt Trauerglocken läuten ...«
Wir tranken Tee und gingen bedrückt auseinander.
Ich ging nicht mehr aus dem Atelier. Mit aller Gewalt wollte ich mich verkriechen. Das war ein wahrhaftiges Martyrium. Die Stunden schienen nicht zu verlaufen. Unruhe und Neugier quälten mich. Dann wieder, wenn ich über alles nachdachte, packte mich die Wut, und ich überlegte die merkwürdigsten Attentatspläne. In einer Frühe klopften mich Schorsch und das Fräulein aus dem Schlaf und brachten die Nachricht von der Ermordung Liebknechts und Rosa Luxemburgs.

»Jaja, jaja, jetzt kommt dann der Eisner, der Mühsam, der Gandorfer, der Levien und der Toller und der Leviné, und so geht's weiter ... Paß nur auf! ... Und dann fangen sie langsam mit den Kleinen an ... Es ist direkt wunderbar, wie die Leute arbeiten. *Die* wissen genau, was sie wollen«, räsonierte ich bissig, »aber uns wird's doch nie einfallen, die Herren auch so nacheinander wegzuräumen. Wir haben ja Charakter! Wir sind ja ethisch! Ach, wir sind ja so anständige Menschen!«
»Du Depp, du hast doch selber immer gegen den Terror gewettert!« warf mir Schorsch an den Kopf.
»Ja damals! Jetzt ist das ganz anders! ... Es kommt keiner als Revolutionär zur Welt! Bei dem einen geht's schneller, bei dem anderen langsamer«, verteidigte ich mich.
Das Fräulein mußte lachten über unser wirres, hitziges Disputieren. Ich nahm die Zeitungen und durchflog sie.
»Idioten!« rief ich beim Durchlesen der empörten Artikel über Liebknechts und Rosa Luxemburgs Ermordung: »Da schreien sie jetzt von Bluthunden und Mördern! ... Noske ist bloß konsequent! Die Spartakisten predigen andauernd die Eroberung der Macht durch Waffengewalt, aber wenn gegen *sie* wer kämpft und sie besiegt, heißen sie's Verbrechen! Wer Kampf will, kann sich doch nicht beklagen, daß der Gegner auch kämpft!«
»Ja, du Rindvieh! Noske und Ebert geben sich doch noch immer als Sozialisten aus und schießen ihre eigenen Leute nieder ... Verstehst du denn nicht! *Das* ist doch das Gemeine!« wetterte Schorsch. Ich begriff blitzschnell und sagte nichts mehr.
»Logik gibt's in Bayern anscheinend gar nicht«, spöttelte das Fräulein.
Pegu kam jetzt mit einem Berliner Flüchtling daher. Der Mann gebärdete sich ziemlich geräuschvoll und redete noch verworrener daher. Er hatte einen Klumpfuß und humpelte immerfort herum. Er hatte keine Unterkunft, und ich überließ ihm meine kleine Kammer oben.

Nach langem Diskutieren sagte Pegu lächelnd zu mir: »Schreib du deine Verse! ... Revolution liegt dir nicht.«
»Tja«, meinte ich verdrießlich, »am besten wird's sein, ich richt' mich wieder als Bürger ein.« Ich tat es auch so halbwegs. Alle Ereignisse schob ich gleichsam wieder beiseite. Immer größer wurde meine Liebe zum Fräulein. Jeden Tag kam es, wir unterhielten uns, kamen einander immer näher und waren sehr glücklich. Ab und zu durchstreifte ich völlig unbeteiligt die Stadt und suchte allerhand Wirtschaften auf. Beim ›Soller‹ traf ich den Hünen wieder, der am 7. November mein Nebenmann gewesen war. Er erkannte mich sofort und hockte sich zu mir.
»Mensch, was treibst denn du jetzt?« fragte ich ihn.
»Ich? ... Ich bin jetzt mein Selbstversorger«, erwiderte er spitzfindig lächelnd: »Die Revolution ist auch nichts wie Schwindel ... Bloß für die Herren ... Gute Nacht, Proletarier.«
»Selbstversorger? Wieso?« fragte ich. Er beugte sich näher an mein Ohr und lispelte: »Wildhandel treib' ich.«
»So ... Ja, wie denn?« wollte ich wissen, und er erzählte mir halblaut, immer vorsichtig herumspähend, von seiner neuen Beschäftigung. Einen Karabiner hatte er sich verschafft, Munition dazu, ein Rad und einen Rucksack.
»Jede Nacht geh' ich los ... Schad', daß jetzt das Radfahren nimmer geht ... Ist weit hinaus«, sagte er wieder so halblaut. In Freimann und in den umliegenden Wäldern wilderte er, weidete die Beute gleich aus, packte sie in den Rucksack und verkaufte sie in der Stadt.
»Bis jetzt ist mir noch kein einziger Jäger untergekommen und wenn – der ist gleich weg ... Damisch bin ich und leid' Hunger, solang's Wild gibt ... Die Herren da im Landtag haben den Staat genommen, ich sag' bloß: Rehbock, du gehörst mir, basta«, rechtfertigte er sich, und mir leuchtete das sofort ein.
»Dir trau ich, Kolleg', du bist nicht falsch ... Magst mitmachen?« fragte er treuherzig. Ich nickte und versprach, einmal zu kommen.

Dieses Räuberleben reizte mich ungemein. Meine ganze Jugend tauchte in meinen Gedanken wieder auf. Ich malte mit die romantischsten Abenteuer aus. Wie einfach, wie einfach, gestand ich mir auf dem Heimgang in einem fort, wie einfach man zu Verdienst kommen kann. Sehr schön, wunderschön! Hunderte und Tausende standen hungrig auf der Straße, denen wollte ich auf der Stelle diesen guten Wink geben. Das war doch gewiß eine praktische sozialistische Tat. Einigen Arbeitern konnte ich auch alles so überzeugend darlegen, daß sie wirklich zu wildern anfingen.
›Der Anarchist‹ hieß ich überall. ›Selbsthilfe‹ war meine neue Lehre. So begeistert war ich, daß ich sofort wieder einmal ein Programm auszuarbeiten begann, das ich vervielfältigen und geheim unter den Arbeitslosen verbreiten wollte. Sonderbarerweise sagte ich keinem meiner Bekannten etwas von meinem Plan.
Eine mir selber rätselhafte Findigkeit entwickelte ich in der Ausheckung meiner Leitsätze. ›Die Revolution stellte deine Not nicht ab, Kamerad, darum befolge diese kurzen, wirklich praktischen Ratschläge eines Wohlmeinenden‹, fing mein beabsichtigter Flugzettel an, und dann skizzierte ich in einigen Nächten den Aufbau meines Programms folgendermaßen: Organisierung von Wildererbanden, Regelung des Verkaufes der Beute durch kameradschaftliches Zusammenwirken aller Berufe, Aushebung von Unterständen in den Waldgegenden als Unterkunft für die Wilderer, Geheimzeichen unter den ›Selbstversorgerverbänden‹ und endlich Verwertung der Reh- und Hirschhäute.
Ich wollte mich mit dem Hünen in Verbindung setzen. Er sollte die Hauptleitung aller Verbände übernehmen, ich wollte der geistige Mithelfer sein.
Indessen, die Zeit brachte mich schon wieder aus dem Geleise. Tausend Dinge passierten. Eisner kam von der Berner Sozialistenkonferenz und hielt eine seiner besten Reden, dann zog er an der Spitze eines mächtigen Demonstrationszuges durch die Stadt, um gegen die Lügen der Presse über sein Wirken in Bern Stellung zu

nehmen. Die Wahlen waren vorüber, die Nationalversammlung war in Weimar zusammengetreten, die provisorische Reichsverfassung angenommen und Ebert zum ersten Präsidenten der deutschen Republik gewählt.

Mein Zimmerherr, Pegu, Schorsch und ein uns bekannter Arbeiter kamen aufgeregt. Der Arbeiter erzählte, daß durch sämtliche Münchner Großbetriebe die warnende Losung gegangen sei, gegenrevolutionäre Matrosen aus Berlin kämen und planten einen Putsch und die gewaltsame Absetzung Eisners. Als Führer wurde der Matrose Lotter, ein Mitglied des bayrischen Nationalrates genannt, als Anstifter Auer und die Mehrheitssozialisten. Es brodelte schon wieder in mir. Gleich trieb es mich auf die Straße. In der Stadt herrschte eine eigentümlich aufgewühlte Ruhe, die erst recht nervös machte. Wir rannten ziemlich kopflos herum, wollten Mühsam aufsuchen, wollten die Spartakusgruppe aufmerksam machen. In der Stadt wurden Handzettel verteilt. ›Landvogt, Deine Uhr ist abgelaufen!‹ lauteten sie. Vor dem Gewerkschaftshaus stand ein Menschenhaufe und redete murmelnd durcheinander. Es hieß, die Garnison München sei für Eisner und schlage alles nieder. Andere wieder erzählten, das Leibregiment und die Pioniere seien auf der Seite der Putschisten. »Waffen! Waffen!« schrien einige. Auf einmal kamen etliche Spartakisten die Pestalozzistraße heruntergelaufen und warfen wild die Arme.

»Bahnhof und Telegraphenamt ist schon besetzt von den Gegenrevolutionären!« hastete einer atemlos heraus. Vor dem Landtag sei ein Feuergefecht, erzählte ein anderer. »Auer ist der Verräter!« schrie ein Spartakist pathetisch und schwang die Faust, indem er noch mehr brüllte: »Zu den Waffen! Die Revolution ist in Gefahr!«

»Ja, was denn! Wo denn?« fragte es erregt da und dort. Die Masse schob sich durcheinander, wir liefen mit einem Zug dem Sendlingertorplatz zu. Dort kamen uns andere Spartakisten entgegen und erzählten, daß schon alles vorbei sei.

Wieder wilde und wirre Fragen, alles stockte, horchte.

»Die Landtagswache hat in die Putschisten geschossen, und alle sind sie davongelaufen!« schrie einer, und ein hundertstimmiges »Bravo! Hoch!« antwortete ihm.
»Die Schutztruppe hat den Bahnhof und das Telegraphenamt schon wieder gesäubert!« hörten wir abermals.
»Bravo! Hoch! Nieder mit der Gegenrevolution!« erscholl es ringsum.
»Haltet euch bereit!« brüllte der Redner, und langsam zerstreute sich der Zug.
Ich war wütend und schimpfte meine Kameraden, weil sie mich wegen nichts und wieder nichts aus meiner Arbeit gerissen hatten.
Und weil ich nun schon einmal auf dem Weg war, suchte ich den Holländer auf. Die Wohnung war schon geräumt. Packer und Dienstmädchen standen in den kahlen Räumen. Marietta kam und sagte: »Da, wenn du die Vorhänge und Teppiche brauchst, nimm sie mit.« Ich griff in den Haufen, untersuchte und schleppte drei große Packen nach Hause.
»Laß dich bald sehen, wir sind schon in Nymphenburg«, meinte Marietta, ins Auto steigend. »Ja«, rief ich ihr gedankenlos nach und dachte nur an meinen neuen Besitz. Wunderbare Behänge und Teppiche, alles echt, alles türkisch! Mensch, flitzte mir durchs Hirn, du richtest dir eine Moschee ein! Alles wird mit Eisentüren vermacht, und rausgegangen wird nicht mehr!
Es war wirklich merkwürdig mit mir. Ständig schwankte ich zwischen diesem Wechsel: Entweder sich vor der Welt vergraben – denn eigentlich hatte ich zu Zeiten fast so etwas wie Furcht vor ihr – oder sich von ihr ins Ungefähre tragen lassen. Jedes Ereignis – ob's nun das Wildern des Hünen, die Idee für ein Gedicht, die auftauchende Reaktion, die verpfuschte Revolution oder die Teppiche waren – ergriff mich sofort derartig, daß ich es mit einer fast drolligen Vehemenz in mir zu verarbeiten versuchte. Gleich entwarf ich Pläne, gleich baute ich aus, stellte die waghalsigsten Überlegungen an und machte Programme. Das blieb so von Jugend auf.

Schon daheim überlegte ich oft und oft, wie ich mir verhaßte Menschen vernichten könnte, es gab da ganz genau zurechtgelegte Mordpläne auf meinen Bruder Max, auf den Briefboten oder auf diesen und jenen Bauern. Später richteten sich diese ausgeklügelten Absichten auf den Meister oder auch auf eine politische Persönlichkeit. Es war doch auch meistens so, war der Träger einer feindlichen Sache weg, fiel diese Sache selber zusammen. Brachte ich Max um, gab es keine Prügel mehr; räumte ich den Briefträger weg, verklatschte mich niemand mehr; wenn keine Bauern mehr waren, konnte man in ihren Gärten und auf ihren Feldern machen, was man wollte; hörte der Meister auf, war es mit dem Schinden zu Ende, und endlich: schoß ich Ludendorff nieder, so mußte der Krieg aufhören, knallte man die Reaktionäre nacheinander weg, war die Reaktion erledigt. Nichts einfacher als diese Einsicht.
So hitzig konnte ich mich in meine Pläne versenken, daß ich manchmal wirklich schon meinte, ich stünde mitten im Ausführen. Alle Widerstände schienen mir lächerlich, alle Bedenken wichen, und was nach einer solchen Tat kommen sollte, beschäftigte mich nicht weiter. Stunden, ja Tage und ganze Wochen frönte ich einem solch eigentümlich-scharfen Nachdenken. Plötzlich aber schob sich irgend etwas anderes in meine arbeitenden Gedanken, ein Eindruck, ein gelesenes Buch, ein Erlebnis, ein Ärger, und rätselhaft schnell verflogen die eben noch gefaßten Entschlüsse, alles ging wieder von vorne an.
Ich kam mir hin und wieder buchstäblich vor wie der selige Tartarin von Tarascon. Unablässig stand ich im abenteuerlichsten Hin- und Herwogen der Geschehnisse, die kleinsten Dinge wurden groß und unheimlich, aufregend, romantisch und gewaltig, im nächsten Augenblick aber schon wieder lächerlich und sinnlos, dumm und langweilig. –
Ja, eine Moschee! Sich verkriechen in einer Moschee! Eine fabelhafte Bleibe in einem unansehnlichen Haus! Das war mein neuer Antrieb. Die Selbstversorgerverbände waren vergessen. Mit wah-

rem Fanatismus fing ich an, mich einzurichten. Nichts, gar nichts mehr interessierte mich.
Bloß – leider wühlte rundherum der Sturm.

XXII
Die Rebellion

Nämlich eines Morgens – ich wollte mir gerade Drahtstifte kaufen – lief wie ein Lauffeuer in alle Winkel und Ecken der aufgepeitschten Stadt: »Kurt Eisner ermordet! Minister Auer schwer verwundet, Zentrumsabgeordneter Ofel tot, Major Jareis angeschossen! Schießerei und Panik im Landtag!«
Man schrieb den 21. Februar. Der Landtag sollte heute eröffnet werden. Es war klarkalt. Ich rannte, so wie ich war, ohne Hut und Mantel, weiter. Alles in mir war durcheinandergewühlt.
Die Glocken von allen Türmen fingen zu läuten an, die Trambahnen hörten mit einem Male zu fahren auf, da und dort stieß jemand eine rote Fahne mit Trauerflor zum Fenster heraus, und eine schwere, ungewisse Stille brach an. Alle Menschen liefen mit verstörten Gesichtern stadteinwärts. Je weiter ich kam, desto aufgeregter wurde die dumpfe Hast. Vor dem Landtag ballte sich ein schwarzer Menschenknäuel, Soldaten und bewaffnete Zivilisten waren darunter. Ich stürmte weiter in die Promenadestraße, an den Mordplatz. Da hatten sich Hunderte schweigend um die mit Sägespäne bedeckten Blutspuren Eisners zu einem Kreis gestaut. Fast niemand sagte ein lautes Wort, Frauen weinten leis und auch Männer. Etliche Soldaten traten in die Mitte und errichteten eine Gewehrpyramide. Dem einen rannen dicke Tränen über die braunen Backen herunter. »Unser Eisner! Unser einziger Eisner!« klagte eine Frau laut auf, und jetzt wurde das Weinen vernehmbarer. Viele legten Blumen auf den Platz, immer mehr und immer mehr. Plötzlich fuhr vorne am Promenadeplatz ein vollbesetztes

Lastauto mit dichten Fahnen und Maschinengewehren vorüber, und laut schrie es herunter: »Rache für Eisner!« Furchtbar wie ein Sturmsignal klang es, und furchtbar, wie ein gellender, verzweifelter Aufschrei brach es aus den Hunderten: »Rache! Rache für Eisner!« Mir lief es kalt über den Rücken. Ich ging weiter.
Der Promenadeplatz war dicht übersät von Menschen, immer wieder dröhnten Lastautos daher, und jetzt fielen die ersten Flugblätter herunter:
›Arbeiter und Soldaten! Die Gegenrevolution hat zum ersten großen Schlage ausgeholt, indem sie den gehaßtesten Führer der sozialistischen Revolution niederstreckte! Die Bürgerwehr, die Weiße Garde, der Mittwochputsch, das sind die Etappen zur Erwürgung der sozialistischen Revolution!
Ihren Ausdruck fand das Wühlen in der verleumderischen Hetze einer feilen Presse, die, heuchlerisch Ruhe und Ordnung predigend, die Atmosphäre für den Meuchelmord schuf.
Arbeiter und Soldaten? Man will euch wieder unter das alte militaristische, kapitalistische Joch beugen! Jetzt gilt es handeln, die Revolution zu retten! Auf zum Generalstreik! Heraus aus den Betrieben! Nieder mit der Bourgeoisie und ihren verbrecherischen Helfershelfern! Hoch die sozialistische Revolution!
Unabhängige sozialdemokratische Partei: Schröder, Kämpfer, Weiß, Paula Mayer, Fechenbach.‹
Fast gierig las man's. Ich sah Zitternde, ich sah Wutblasse und Blutgierige. Überall wiederholte sich das gleiche Schreien nach Rache. Die Massen kamen ins Treiben, der Strom floß durch die Stadt. Das war anders, ganz anders als am 7. November. Wenn jetzt einer aufgestanden wäre und hätte gerufen: »Schlachtet die Bürger! Zündet die Stadt an! Vernichtet alles!«, es würde geschehen sein. Die tausend kleinen Stürme hatten sich vereinigt, und ein einziger dumpfer, dunkler, ungewisser Losbruch begann. Ich spürte es an mir am genauesten: Noch nie war ich so völlig Massentrieb gewesen wie jetzt, noch nie so eins mit den Tausenden.

Auf die Theresienwiese jagten die Züge. Unter der Bavaria redeten viele; Toller trug ein Gedicht vor. Die Frauen wurden ergriffen davon, die Männer schrien nach Waffen. Dann wurde verkündet, im Zeughaus seien sie. Ein dichter Haufe zog dahin ab, ich lief mit dem Zug wieder in die Stadt. Voran marschierten Matrosen und Soldaten wie zum Sturm. Die roten Fahnen wehten. Die verschlossenen Türen des Deutschen Theaters wurden eingeschlagen, die Scheiben klirrten, es krachte, und alles peitschte in den Saal.
»Der Arbeiter- und Soldatenrat tagt von heut ab in Permanenz!« brüllte ein Matrose. Zuerst war es ein unbeschreibliches Durcheinandertrampeln, ein wirres Schreien und kommandomäßige Rufe, dann ordnete sich der Trubel nach und nach. Die Räte hatten sich zusammengefunden, die Leute setzten sich, hinten stand alles, und die Galerien füllten sich derart, daß sie jeden Augenblick herunterzubrechen drohten. Ich war so eingekeilt zwischen Körper, daß ich nichts sah als Rücken, Nacken und Haare, Mützen und Hüte. Ab und zu hörte ich wen reden, dann wieder Beifallrufe und eine dumpfe Bewegung rundum. Ich drückte mich hinaus. »Gegen die Zeitungen!« rief ich einigen zu, und die wanden sich ebenfalls mit mir ins Freie. »Mensch, Strobel!« schrie ich, als ich mich im Trupp, der mir gefolgt war, umsah. Der Kamerad vom Bund freier Menschen war's. »Die red'n schon wieder und machen nichts!« brummte der. Wir liefen die Bayerstraße lang und sahen schon von weitem Rauchsäulen und aufschlagende Flammen.
»Endlich brennt die Pestbude!« sagte ein Arbeiter neben mir. Strobel war schon wieder im Gewühl verschwunden. Ankommend sahen wir einen Flammenberg auf der Straße, um welchen lärmende Menschen förmlich tanzten. Man hatte die herausgekommene Auflage der ›Münchner Zeitung‹ herausgeschleppt und angezündet. Vor den Eingängen postierte schon republikanische Schutzwehr. In der Paul-Heyse-Straße, über dem Tor der ›München-Augsburger Abendzeitung‹, war ein großes Papierplakat angebracht: ›Vom Arbeiterrat besetzt‹. Ich ging durch die Postenkette.

»Halt, was wollen Sie? Raus da!« hielt mich ein Soldat an.
»Mensch, Genosse, red doch nicht mit deinem ›Sie‹ daher ... Ich muß da hinein, ich möcht' zum Ehrhardt!« rief ich. Er ließ mich ohne weiteres durch. Ich wollte gar nichts, nur mich freuen, daß dieses Blatt jetzt auch abgetakelt war. Ich ging über die Treppen hinauf, in den Redaktionsvorraum. Es war kein Fräulein mehr da, wie früher, als ich täglich meine Buchrezensionen einlieferte. Auf der Tür zur Hauptschriftleitung stand ›Sitzungszimmer des A.- und S.- Rates, Zutritt verboten‹. Ein früherer Redakteur kam daher und wurde gleich freundlich.
»Ah, Herr Graf, wollen Sie zum Arbeiterrat?«
»Nein-nein«, lächelte ich boshaft, »es freut mich bloß, daß alles jetzt uns gehört.«
Der Mann machte ein peinliches Gesicht und versuchte zu lächeln: »Hm, wissen Sie, wir waren ja auch bloß Angestellte ...«
»Jaja, bezahlt, bezahlt zum Lügen«, warf ich boshaft hin und ging in den Raum des Arbeiterrates. Da waren mehrere mir bekannte Genossen. Einige schrieben, andere liefen aus und und ein mit Blättern in der Hand.
»Ah, Servus, Graf«, rief Ehrhardt, und ich grüßte ebenso.
»Braucht ihr mich? ... Ich kann was schreiben«, sagte ich.
»Nein, vorläufig nicht ... Da werden bloß Flugblätter für auswärts gedruckt«, klärte mich Ehrhardt auf. Ich gab ihm meine Adresse und ging.
»Kamerad«, sagte ich drunten zum Posten, »laß nicht jeden durch ... Bei mir hast du's ja nicht weiter falsch gemacht, aber paß auf, da kann sich sonst alles einschleichen.« Der Mann musterte mich feindlich und knurrte mir nach.
Die Straßen waren voll. Die Betriebe lagen still, der Generalstreik hatte begonnen. Über den Häusern knatterten Flugzeuge, machten kühne Schleifen und Stürze und warfen Flugblätter ab, die den Belagerungszustand ankündigten. Abends um sieben Uhr sollten die Straßen leer sein. Ich beeilte mich, in die Stadt zu kommen.

Am Stachus stieß ich auf eine Rottung, in deren Mitte ein Redner erzählte, im Deutschen Theater sei die Räterepublik ausgerufen worden. ›Wer raubt, stiehlt, plündert oder etwas gegen die jetzige Regierungsgewalt unternimmt, wird erschossen‹, warnte ein Anschlag. Ein anderer verbot alle Lustbarkeiten und kündigte den Landestrauertag an.
Ruhelos liefen die Menschen herum, immer wieder sammelten sie sich, jedesmal stieg ein neues Gerücht auf.
Die Redaktionen der ›Münchner Neuesten Nachrichten‹, des ›Bayrischen Kuriers«, des ›Münchner Tageblatts‹, der ›Bayrischen Staatszeitung‹ und der mehrheitssozialdemokratischen ›Post‹ waren von Mitgliedern des Zentralrates besetzt und erschienen nicht. Nur die unabhängige ›Neue Zeitung‹ gab es. Sie wurde den Verkäufern förmlich aus der Hand gerissen. Eisners Leiche, hieß es, sei bereits im Ostfriedhof aufgebahrt. Fast in allen großen Sälen der Stadt waren Versammlungen zur Feier des Ermordeten. Als ich wieder in die Promenadestraße kam, lehnte an der Gewehrpyramide ein mit Trauerflor umrahmtes Bild Eisners, und ein Berg von Blumen und Kränzen lag drum herum.
Kalt war es, dunkel wurde es. Ich hatte Hunger und Durst und war müde. Als ich zu Hause ankam, traf ich meinen Zimmerherrn, der gewichtig erzählte, es seien Geiseln festgenommen worden. Er humpelte aufgeregt auf und ab und sagte in einem fort: »Jetzt müssen wir uns ranhalten! ... Bloß in München ist noch was zu machen mit der revolutionären Bewegung. Draußen steht die Weiße Garde, herinnen konspirieren die Konterrevolutionäre ... Wenn nicht sofort alle Proleten bewaffnet werden, sind wir verratzt ... Die Studenten auf der Universität haben alle ›Bravo!‹ gebrüllt, als Eisners Ermordung bekannt wurde ... Zustand von Revolution! ... Na, die Kotzbude ist schon geschlossen ... Alle werden zusammengefangen ... Es müssen übrigens sofort Guillotinen arbeiten.«
Er redete daher wie der höchste Mann im Staat. Während er so hin

und her humpelte, musterte ich ihn unvermerkt. Unwillkürlich ging mir durch den Kopf: Genau wie er ist die ganze deutsche Revolution. Sie hat auch einen Klumpfuß und hinkt. Ich mußte auf einmal laut auflachen und rief: »Du bist ein Symbol, Mensch! Du bist ein echtes Symbol!« Er drehte seinen dicken Kopf rasch nach mir, hielt einen Augenblick inne und sagte kurz: »Quatsch nicht, Mensch! Mach keine Witze jetzt!«
Er kam vom Landtag. Dort war die Gründung eines revolutionären Künstlerrates beschlossen worden, den er vorgeschlagen hatte.
»Der entwirft wohl die neuen Guillotinen?« fragte ich boshaft. Er überhörte mich und rief noch lauter: »Du mußt unbedingt mitmachen! Wir nehmen Presse, Theater, die Kinos, die Universitäten, die Kirchen und Akademien in die Hand.«
»Wer regiert den eigentlich?« wollte ich wissen. »Der Zentralrat! Das mit der Regierung ist nur eine Beruhigungspille ... Elfmänner-Ausschuß hat die Macht ... Unser Künstlerrat untersteht überhaupt niemand ... Wir können machen, was wir wollen«, klärte er mich auf. Er hielt sofort eine Rede über die wahre Diktatur und ich wurde allmählich ärgerlich über das Geschwätz.
»Zeig mir deine Hände, Mann!« sagte ich auf einmal drohend und erfaßte seine fleischigen, kurzen Finger: »Du hast nie eine Schaufel in der Hand gehabt, bist nie in der Fabrik gewesen! ... Haben dich vielleicht die Arbeiter geholt? ... Geht's ohne dich nicht? ... Die Guillotinen gehören wohl für Leute wie dich!?«
Er wurde sichtlich bestürzt, fing dann wüst zu poltern an, nannte mich einen Gegenrevolutionär und drohte spaßhaft: »Wenn du nicht ein großer Dichter wärst, würde ich dich auf der Stelle denunzieren ... Gib acht, daß ich dich nicht an die Wand stellen lasse!«
»Du?!« lachte ich geringschätzig heraus: *»Du?!* O je, o je!« Und gleich wurde ich wieder gehässig: »Jaja, das ist ja auch das leichteste an Arbeit, zu denunzieren und an die Wand stellen lassen.«
»Nein, Spaß beiseit', wir haben wirklich wichtige Aufgaben ... Es

gibt eine Masse zu tun«, fing endlich der Klumpfüßige abermals an: »Ich mach jetzt die revolutionären Arbeiterfeiern im Deutschen Theater ... Nächstens bring ich Spartakusdichtung ... Da will ich auch was von dir vortragen.« Ich nickte nur noch teilnahmslos, und der Mann humpelte schließlich zur Tür hinaus.
Alleingelassen, dachte ich lang darüber nach, wie ich nun der Revolution nützlich sein könnte, aber es fiel mir nichts Gescheites ein. Mein Magen fing zu knurren an. Die Wirtschaften waren zu und Essen hatte ich keins da. Geld erst recht nicht. Mir fiel der Holländer ein. Ich machte mich trotz der Polizeistunde auf den Weg nach Nymphenburg. Während des Dahingehens überlegte ich unablässig meine revolutionäre Verwendbarkeit. Ganz von ungefähr kam mir die Versammlung im Mathäser wieder in den Sinn. »Ach was, du machst ja doch wieder lauter Dummheiten«, brummte ich mir selber zu, und Begeisterung und Ernst verflogen. Hunger hatte ich, weiter nichts.
Die Straßen waren unbelebt. Hin und wieder stieß ich auf eine Patrouille. »Wohin?« fragten die Männer. »Nach Nymphenburg, Genossen! ... Ich hab' mich verspätet«, erwiderte ich leger und sie ließen mich gehen. Diese Vertrauensseligkeit wunderte mich. Ich zweifelte schon wieder die ganze Revolution an. –
Je weiter ich aus der Stadt kam, desto finsterer und stiller wurde es. Nicht einmal mehr erhellte Fenster sah ich. Kalt fegte der Wind um die Ecken und warf sich auf mich. Unbehagliche Heimatlosigkeit empfand ich.
Marietta und der Holländer empfingen mich allerfreundlichst. Der überelegante Maler Davringhausen wohnte seit einiger Zeit bei ihnen und war, schien es, Hausfreund hier. Wir tranken etliche Schnäpse, und ich besah mir die Räume. Jeder war ein wahrer Schmuckkasten. Wie ein unwirklicher, sehr seltsamer Traum kam mir all dieser ausgesuchte Luxus nach einem solchen Tage vor.
Wir setzten uns in eine gemütliche, holzgetäfelte Stube an einen erlesen gedeckten Tisch. Alte Wikingerschiffsmodelle hingen von

der Decke herab. Ein ernster Diener servierte schweigend. Wir tranken und aßen. Ich erzählte und erzählte. Vom Eßzimmer gingen wir ins geräumige Rauchzimmer, an das eine Art Wintergarten, ein glasüberdachter Raum mit chinesischen Vasen und exotischen Pflanzen, stieß. Wir fläzten uns behaglich in die breiten Polstersessel, und jeder blies den Rauch seiner Zigarette in die Luft. Der Diener brachte Sekt, der Holländer entkorkte, die Pfropfen knallten. Er goß die perlende Flüssigkeit in die hohen, schlanken Gläser.

»Es wird jetzt vielleicht soweit kommen, daß die Vermögen beschlagnahmt werden«, sagte ich nebenbei.

Der Holländer bekam einen Moment ein unbehagliches Gesicht. Davringhausen lachte hell auf und nannte alles einen Unsinn. Er witzelte snobmäßig.

»Ach was, wir sind ja Ausländer!« rief Marietta. Sie erzählte zum weiß Gott wievielten Male die Geschichte von ihrer Verhaftung wegen Spionageverdacht und erging sich in Betrachtungen über ihre Pariser Bohemezeit. Jeder kannte jedes Wort schon auswendig. Es langweilte. Dennoch lachte Davringhausen immerzu entzückt und ich wollte ihm nicht nachstehen. Für eine solch ergiebige Gastfreundschaft mußte man doch dankbar sein.

Der Holländer hockte träg mit weitausgestreckten Beinen da und verzog nur ab und zu die Mundwinkel.

Die Langeweile kroch immer mehr heran, wurde immer schlimmer und quälte zuletzt. Ich war überreizt, deprimiert, zerfahren und nervös. Meine Augen brannten schlafhungrig, meine Gedanken schienen ausgelargt, die Geschehnisse des Tages schwirrten noch immer durch meinen zerhetzten Kopf. Ich trank jedesmal, wenn mich das Gähnen ankam, trank wieder, wieder und wieder, um schneller in meine jetzige Umgebung und vor allem in eine Heiterkeit hineinzukommen. Hatte ich die einmal, dann ging ja alles. Schlafen und rasten konnte man hier nicht. Es waren schon Lükken ins Gespräch gekommen, im Handumdrehen konnte ein

Krach aufsteigen, denn Marietta sprach eigentlich nur noch allein in den leeren Raum hinein. Wurde ihr unsere Interesselosigkeit bewußt, war es gefehlt. Ich griff verzweifelt zum Sektglas, trank, trank und soff.

Irgendwo in der Nacht draußen krachte jetzt ein langhingezogener Kanonenschuß. Das wirkte fast wohltuend. Wir hoben alle vier zugleich die Köpfe und horchten.

»Was ist denn das?« fragte der Holländer hastig.

»Schießen! ... Ein Schüßchen! ... Ein Schüßleinchen!« witzelte Davringhausen pallenbergisch und zog seine schöngebügelten Hosen höher.

»Weißt du! ... Das sind ja lauter Idioten! ... Revolutionen können nur Franzosen machen«, sagte Marietta dämlich. Ich horchte noch immer. Es war wieder still.

»Na, das soll uns nicht abhalten, auch fernerhin vertrauensvoll in die Zukunft zu blicken«, meinte Davringhausen forciert ironisch und nahm das Sektglas. Auch ihm lag anscheinend sehr viel daran, eine gute Stimmung herbeizuführen. Er prostete Marietta zu und lächelte wieder. Dann schwang er sich elastisch auf, ging ans Grammophon, ließ es spielen, nahm Marietta an der Hand und rief: »Gnädige Frau, darf ich bitten! ... Ein Tänzchen! Ein Tänzleinchen ...« Schon drehten sich die beiden.

Herrgott, Herrgott, wie kindisch, wie langweilig, wie verblödet so ein Reichtum die Menschen macht, dachte ich in einem fort. Der Holländer gähnte und schnitt ein unlustiges Gesicht.

»Die haben sicher die Räterepublik angeschossen in der Stadt drinnen«, sagte ich zu ihm. »Hm, jaja, dieser Lausbub von Arco!« murrte er. Ich sah, er war ärgerlich, wahrscheinlich empfand er dumpf eine Störung seines Lebens, seiner Bequemlichkeiten. Mir kam blitzschnell ein Trost in den Sinn.

»Weißt du was? Das ist sehr einfach!«rief ich ihm laut zu: »Du bist Ausländer und erklärst einfach deine Villa und den Garten für eine neutrale Räterepublik. Dann belästigt dich kein Mensch mehr!«

Davringhausen hatte es gehört und lachte hell auf: »Fabelhaft, hahaha, großartig!« Der Einfall verfehlte seine Wirkung nicht, alle wurden mit einem Male lustig. Der Holländer sprang auf und jauchzte schier: »Sehr fein! Ausgezeichnet! Kinder, das muß gefeiert werden!« Er läutete dem Diener.

»Was denn?« fragte Marietta.

»Räterepublik Marietta!« erwiderte ich. Der Holländer klärte sie auf.

»Entzückend!« sekundierte Davringhausen. Der Diener kam und mußte mehr Sekt bringen. Der Hausherr ging selber in den Keller und holte eine neue Flasche Whisky. In bester Stimmung setzten wir uns abermals zusammen und fingen von neuem zu trinken an.

»Graf, du bleibst jetzt bei uns ... Was geht dich der ganze Rummel an!« erklärte Marietta zwischendurch einmal. Ich nickte. Langsam kam ich wieder in mein gewohntes Unterhalter-Element.

»Jawohl, jawohl! Man fügt sich, man biegt sich«, prostete ich mit breiter, fetter Stimme der Hausherrin zu: » Es lebe die Scheiße!« Wieder ließ Davringhausen das Grammophon spielen, wieder tanzte er mit Marietta. Es wurde lauter, immer lauter. Zu guter Letzt sprangen wir alle vier wie wildgewordene Indianer im Raum herum und machten einen furchtbaren Spektakel, Gläser fielen auf den Boden und zerklirrten, jeder nahm irgendein faßbares Stück, fuchtelte herum und schlug an die Wand oder auf die Messingplatte des Rauchtisches. Ich setzte die volle Sektflasche an die Lippen und schluckte krachend, schwang sie und torkelte wie ein ungeschlachter Bär im Kreise herum.

»Wir wollen uns mit Schnaps be-e-erauschen – wir wollen unsre Wei-eiber tauschen, wir wollen uns mit Dreck beschmie-ieren und überhaupt ein freies Leben fü-ühren!« grölten wir alle besoffen. Alles verschwamm mir, es würgte mich, ich hielt an mich, jagte plötzlich durch die Tür, stürzte in den Abort und erbrach mich. Es war, als kämen Därme und Magen mit herauf. Ich lehnte an der Wand und hielt meinen heißen Kopf. Vor der offenen Tür gaukel-

ten die anderen drei herum, lachten, stupsten mich ab und zu und schrieen durcheinander. Schließlich nahmen sie mich wieder in die Mitte, schleppten mich abermals zurück ins verwüstete Rauchzimmer und ließen mich in einen weichen Polsterstuhl fallen.
»A-a-ahach!« stöhnte ich wie ein Pferd: »A-a-ahach! ... Ja, jetzt ist's besser! Whisky her! Her zum Saufen! Auf, auf! ... Mensch, das Leben ist eine Kotzschüssel! Her! ... A-ah!« Ich trank. »Auf geht's! Krach! Weitermachen!« plärrte ich heiser und schüttete immer wieder den Whisky in mich hinein. Auf einmal kam wieder der Schwindel über mich, ich hörte unbeschreiblichen Lärm, er brach ab, ich wankte und fiel lang hin.
Erst am andern Tag fand ich mich halbausgekleidet, mit verklebtem Gesicht, in seidene Steppdecken gewickelt, auf einem Divan im Turmzimmer Mariettas. Mein Kopf brummte, mein Mund stank wie eine Jauchegrube. Ich stand schnell auf, suchte meine verschmierten Kleider zusammen, zog sie an, wusch mich im Abort notdürftig und kam ins Frühstückszimmer hinunter. Da saßen bereits die Drei und lachten mir schallend entgegen. »Herrgott, war das eine Sitzung heut nacht, wunderbar!« plapperte ich und erregte schon wieder die größte Heiterkeit. Wenngleich ich mir den Grund nicht recht erklären konnte, schmeichelte dies doch meiner Eitelkeit. Und, dachte ich mir, die Leute sind ja wunderleicht zu unterhalten, da kannst du dich einnisten.
Ich setzte mich hin, trank voll Behagen den starken Kaffee, verschlang mit größtem, gierigstem Appetit die weichen Eier, den zarten Schinken und die Butterbrote. Langsam kam ich sozusagen wieder zu mir. Erst gegen Mittag kehrte ich in die Stadt zurück. Öfter, immer öfter kam ich in die Holländervilla und wohnte zuletzt ganz dort.
Rührend war es, wie man kurze Tage darauf Eisner begrub. Ein unübersehbarer Zug setzte sich von der Theresienwiese aus in Bewegung. Von allen Gauen Bayerns war das Volk zusammengekommen. Voran marschierten die Penzberger und Haushamer Berg-

leute in ihrer schwarzen Tracht, dann folgten Tausende und Abertausende. Nicht nur die vielen, vielen Abordnungen führten Kränze mit sich, ich sah weinende Arbeiterfrauen und hart dreinschauende Proletarier, die für den Toten eine letzte Blumengabe trugen. Das ganze revolutionsfeindliche München gaffte. Die geeinten Unteren marschierten, die Masse zeigte sich groß und ungeheuer. Seit dem siebenten November hatte ich nie wieder einen solchen Riesenzug gesehen.

Auf dem winterlichen Holzgehäuse des Springbrunnens am Sendlingertorplatz hockten Kopf an Kopf Zuschauer. Auf einmal krachte das Dach und brach mit der Last durch, unter furchtbarem Geschrei fielen alle in das eisigkalte Wasser und arbeiteten sich raufend und schlagend wieder heraus. »Soll'n nur alle dersauf'n, die reaktionären Hund'!« brummte ein Arbeiter. Alles belachte den Zwischenfall.

Der Ostfriedhof war so voll, daß nichts zu sehen war als Köpfe und Fahnen. Gustav Landauer hielt die Gedenkrede, aber keiner hörte ihn, viele feierten den Toten. Es war wirklich, als das letzte Hoch auf die Revolution erschallte, als schrie die Erde selber.

XXIII
Im Sturm und im Sumpf

Das Fräulein fuhr eines Tages nach Berlin zu seinen Eltern. Lästig, nun hatte ich keinen Menschen mehr, mit dem ich mich von Zeit zu Zeit aussprechen konnte. Pegu war schon länger in Blankenburg und tauchte nur hie und da auf. Zu meinem klumpfüßigen Zimmerherrn war eine Berliner Freundin gekommen, die mit ihm droben im kleinen Kämmerchen zusammenhauste. Der Mann war den ganzen Tag irgendwo im Landtag oder in der Stadt, seine Geliebte immer mit ihm. Um Schorsch waren stets die merkwürdigsten Leute. Allein traf ich ihn nie. Ein halbfertiges Ölbild stand auf seiner Staffelei im Atelier, er hatte die Arbeit liegen gelassen, und der Naturapostel Gusto Gräser logierte bei ihm. Der war gekommen und nicht mehr weggegangen. Die meiste Zeit lag er faul auf dem Diwan, klagte, er sei krank, und wenn er sich aufrichtete, fing er an in predigerhaftem Ton allerhand Stellen aus chinesischen Philosophen, aus Nietzsches Zarathustra und aus seinen eigenen Aufzeichnungen zu zitieren. Er war Vollblutvegetarier, hatte lange, wallende Christushaare, einen ebensolchen Voll- und Schnurrbart, trug eine Art Toga aus Sackleinwand auf dem Leib, die mit Holzstäbchen zusammengehalten war, darüber einen breiten Ledergürtel, darunter eine ganz kurze Hose und an den Füßen Ledersohlen, die er mit Spagatschnüren festgebunden hatte. Er aß nur Obst, Gemüse und Brot und trank Wasser. So sanft war er, daß er nicht einmal seine Läuse und Flöhe tötete; so völlig hatte er sich der Natur genähert, daß er wie eine Ziege stank. Er gab vor, sich nur in Quellwasser zu waschen, und da es in der Stadt keine Quelle gab, wusch er sich überhaupt nie. Er predigte selbstverständlich gänzliche Abkehr von der Zivilisation, trug in seinem umgehängten Lederbeutel braune, viereckige Blätter, auf denen seine Ideen in aphoristischer Form gedruckt waren und verkaufte oder verteilte diese ab und zu.

Ich kam einmal zu Schorsch und erschrak förmlich über die Verwüstung seines Ateliers. Schweigend und feindlich glotzte ich Gräser an. Mein Freund zog sich an, um mit mir zu gehen. Er knöpfte sich die Weste ein.

»Knöpfe ... Das ist ... a-ah ... das ist sinnwidrig ... sehr sinnwidrig«, murmelte der Apostel.

»Komm«, sagte Schorsch und ging mit mir.

»Mensch, was hast du denn da für ein Ungeziefer bei dir?« fragte ich ihn auf der Treppe.

»Ich bring' ihn nicht mehr los«, war die Antwort. »Was? ... Schmeiß ihn doch einfach hinaus!« rief ich.

»Heut abend hat er eine Versammlung ... Da gehn wir alle hin«, erzählte mein Freund statt jeder Antwort. Ich polterte. Wir trafen einen anderen Bekannten Schorschs, sehr elegant, mit Hornbrille, ungewöhnlich breitmäulig lächelnd. Ein beschäftigungsloser, spintisierender, literarischer Adeliger aus Berlin war es, der auch in Revolution machte. Äußerst beweglich war er, einen koketten Gang hatte er.

»Ado von Achenbach«, stellte Schorsch ihn mir vor.

Wir gaben uns die Hände. Der kleine Mann fing sofort zu diskutieren an. Ich erinnerte mich, ihn einmal im ›Simplizissimus‹ und in der früheren Wohnung des Holländers gesehen zu haben. Er erzählte, im Rätekongreß sei vor einigen Tagen eine Polizeiabordnung gewesen und habe Mühsam und Levien verhaftet, nach einigen Stunden aber wieder entlassen.

»Überhaupt – jetzt geht's wirklich aufs Letzte ... Entweder Räterepublik oder Reaktion ... Die Gewerkschaftler und Mehrheitssozialisten hintertreiben schon wieder ... Es ist noch immer Diktatur des Proletariats, aber kein Mensch kennt sich aus«, redete er weiter und reichte uns auswärtige Zeitungen. Die schrecklichsten Lügen standen darin. Der ›Vorwärts‹ erzählte von einem Bürgerkrieg in München, von einem mörderischen Gemetzel der Münchner Unabhängigen und Spartakisten unter den Führern der bayrischen Sozialdemokratie. Die ›Vossische Zeitung‹ erklärte Arco, den Mörder Eisners, als unzurechnungsfähig. Andere Blätter stellten es so hin, als sei in München kein ruhiger Bürger seines Lebens mehr sicher. Das ›Berliner Tageblatt‹ sprach schon von einer Räterepublik Bayern.

Die Rumpfregierung war noch da und arbeitete mit dem Zentralrat zusammen. Noch war alles unentschieden. Haussuchungen nach aufgespeicherten Lebensmitteln wurden gemacht, ein Erlaß Tollers hatte angeraten, die großen Hotels zu inspizieren und dort beschlagnahmte Vorräte den Lokalen der Arbeiterviertel zuzuteilen, eine Aufforderung an alle Bürger zur Waffenablieferung war ergangen, sonst nichts. Kreß von Kressenstein, der deutschnationale Verleger Lehmann, höhere Offiziere, Studenten und sonstige rechtsstehende Persönlichkeiten waren als Geiseln im Hotel ›Bayrischer Hof‹.

»Oberst Epp sitzt in Koburg und wirbt Freiwillige für die Weiße Garde ... In Württemberg und Baden, überall sind Noske-Anwerbestellen ... Alle auswärtigen Studenten lassen sich einreihen ... Die Münchner Garnison steht sehr wacklig«, berichtete Achenbach pessimistisch.

Flieger kreisten in der Luft.

»Was machen denn die?« fragte ich.

»Die bringen Aufklärungsflugblätter aufs Land«, erfuhr ich.

»Wie steht's denn da draußen?« erkundigte ich mich abermals.

»Solang Gandorfer* bei uns ist, geht's ja noch leidlich, aber meistens sind die Bauern verhetzt und wollen nichts mehr liefern«, sagte Achenbach.

»Und hier ist alles uneinig«, brummte ich. Mir graute.

»Servus!« sagte ein sehr blasser, hagerer junger Mensch mit schmalem Gesicht und gesellte sich zu uns.

»Ah, Tautz! Servus!« grüßten Schorsch und Achenbach und fragten nach neuen Nachrichten.

»Der Generalstreik soll vorläufig abgebrochen werden ... Bewaffnung wird beraten, Landauer und Marut sind Kultusräte«, erzählte er. Dann kamen wir auf die Versammlung Gräsers zu sprechen und wurden heiterer.

»Das muß eine Gaudi werden«, rief Tautz.

»Ja und dann gehn wir alle mit zu Schorsch und ekeln den Kerl raus«, schlug ich vor.

»Überhaupt, warum erscheint ihr so wenig im Künstlerrat, ihr Drückeberger!« räsonierte Tautz.

»Ich bin Privatperson ... Und überhaupt diese ganzen Künstler,

* Der Bruder des blinden Ludwig Gandorfer, welcher mit Eisner am 7. November zusammenging und inzwischen gestorben war.

da bin ich mißtrauisch ... Zu was überhaupt immer der Unterschied: Künstler und Proletarier? ... Entweder man stellt sich in eine Reihe mit dem Arbeiter oder man bleibt weg ... Wenn's so ist, brauchen wir keinen Künstlerrat«, warf ich ein.

»Wir sind doch Proletarier!« meinte Tautz und forderte mich abermals auf, im Landtag zu erscheinen. Ich nickte beiläufig.

Wir gingen auseinander und trafen uns abends in der Gräser-Versammlung alle an einem Tisch, der Zimmerherr mit seiner Freundin, Tautz, Achenbach, Schorsch und ich. Der Saal war ziemlich voll. Geraucht sollte nicht werden. Wir rauchten. Es ging auch bereits laut zu. Vorne saßen schwärmerische Mädchen mit Gretchenfrisur, alte Jungfern, Wandervögel, idealistische Sonderlinge und dergleichen. Auch biedere Biertischler, Parteigesichter, typische Spartakus-Gestalten und anderes Volk war da.

»Was soll denn der Quatsch! ... Der Kerl muß ausgeräuchert werden!« polterte mein Zimmerherr: »Solche Grasfresser verwirren bloß!«

»S-s-st! ... S-s-st!« mahnten die Vorderen immer wieder und warfen böse Blicke auf uns.

Gusto Gräser kam hereinmarschiert und stieg aufs Podium.

»Ziegenbock!« plärrte wer. Alles lachte. Andere wieder entrüsteten sich. Gräser machte eine halb segnende Armbewegung und fing seine monotone Predigt an. Ein unverständliches Sammelsurium von Zitaten und verschrobenen Meinungen ergoß sich über die Anwesenden, begleitet von Beifall, Gelächter, Hohnrufen und Klatschen.

Vom Geist der Gewaltlosigkeit fing der Apostel an.

»Ach was Geist! Schnaps brauchen wir!« schrie ich lausbübisch. Unser Tisch fing zu lachen an. Der Lärm wurde stärker. Gusto Gräser redete unbeirrt weiter.

»Grasfressen und faulenzen ist sinnwidrig!« stichelte ich abermals.

»Jawohl! Diktatur des Proletariats!« sekundierten einige am

Tisch. Schon stimmten die anwesenden Spartakisten bei. Die Wandervögel gurrten wütend, die Jungfern und Mädchen zischten gehässig.
»Nieder mit der Natur! Es lebe die Technik!« schrie mein Zimmerherr: »Spartakus marschiert.«
»Wir sind keine Menschen mehr –«, rief Gräser, das andere ging unter.
»Nein, Viecher!« warf ich ins Toben.
»Der große Mittag kommt!« salbaderte der Apostel abermals.
»Auf dem Lokus!« schrie Tautz. Nichts hörte man mehr, nichts als ein verworrenes, schimpfendes Redegeräusch. Jeder trompetete jetzt seine Meinung aus. Drollig war es, Gräser stand machtlos oben und schüttelte nur noch ab und zu den Kopf. Ein fanatischer Spartakist stieg auf den Tisch und hielt die übliche Propagandarede: »Proletarier! Die Weltrevolution marschiert! Schließt die Reihen um Spartakus! Nieder mit der Bourgeoisie und mit dem verräterischen mehrheitssozialistischen Gesindel! Die Macht kann nur mit Gewalt erobert werden! Hoch Liebknecht! Hoch Rosa Luxemburg und Lenin!«
Alles stimmte bei und ging lachend auseinander. »Sehr unterhaltlich! Wunderbar!« hörte man von allen Seiten. Wir gingen mit Schorsch auf sein Atelier und warteten Gräser ab.
»Der muß raus!« stimmten wir alle überein.
Gräser kam, und wir fingen an, ihn zu verspotten; grob, gemein und absichtlich verletzend stichelten wir auf ihn. Er murmelte bloß ab und zu ein sanftes Wort.
»Also, bitte, Natur! Natur, Herr Nachbar! Morgen bitte Lager nehmen im Englischen Garten!« sagte ich zuletzt fast drohend, und endlich gingen wir. Erst nach zwei Tagen räumte Gusto Gräser das Feld. Man sah ihn in der Stadt herumlaufen. Stets verfolgte ihn ein Rudel Kinder. Wir erfuhren, daß er sich in einem Ziegenstall eingenistet hatte.
Es tauchten um jene Zeit massenhaft solche Sonderlinge auf. Ei-

ner trug einen langen Zopf und Strohhut, sehr enge, karierte Hosen und eine ebensolche Joppe. Er suchte die Menschenaufläufe und lispelte dann jedem ins Ohr: »Christus sind wir! Seid ruhig, ihr Menschenkinder! Hämmert nicht euer eigenes Kreuz!« Und ebenso hurtig verschwand er wieder. Ein anderer – sehr verwahrlost gekleidet, mit bezwickertem, bissigem Gesicht – saß meistens in den Cafés herum und rechnete. Auf lange, weiße Blätter malte er Tabellen, und wenn ihn wer ansprach, erklärte er ihm schnaufend, wenn jeder täglich nur neunzig Gramm Roggenbrot und zehn Gramm Fleisch äße, wäre kein Elend mehr. Besonders wütend war er gegen die Konditoreiwaren. Stand er vor einer solchen Auslage, dann schimpfte er drauflos: »Da, da, Herr Nachbar, da! ... Sehn Sie's nicht ein! ... Dieser Luxus ist unser Ruin ... Der Zuckerbäkker ist der größte Verbrecher ... Gegen die muß man vorgehen ...«

Christenmenschen predigten in Versammlungen, Nacktkultur-Anhänger verteilten ihre Kundgebungen, Individualisten und Bibelforscher, Leute, die den Anbruch des tausendjährigen Reiches verkündeten, und Käuze, die für Vielweiberei eintraten, eigentümliche Darwinisten und Rassentheoretiker, Theosophen und Spiritisten trieben ein harmloses Unwesen. Einmal nachts ging ich über den Stachus. Ein magerer Mensch schoß auf mich zu, steckte mir hastig einen Zettel zu und lief eilends in der trüben Dunkelheit weiter. Ich trat unter eine Laterne und besah den Wisch. Nichts weiter stand darauf als: ›Der Jude spricht dazwischen! Deutsche, besinnt euch!‹

Zu alledem stieg die Gärung in den Massen immer mehr. Die bürgerlichen Zeitungen erschienen zwar wieder, aber der Zensurrat redigierte sie. Die sozialistischen Parteien bekämpften sich unablässig und mit größter Hitzigkeit. Im Hotel Wagner tagte eine proletarische Versammlung in Permanenz. Spartakisten und Unabhängige hielten dort ständig Reden, Mehrheitssozialisten wurden niedergeschrien. Resolutionen wurden abgefaßt, Abord-

nungen zusammengestellt, die ihre Forderungen stets sofort dem Zentralrat im Landtag überbrachten. Ein fortwährendes Aus und Ein, ein dauerndes Hin und Her war es.
Einmal kam ich mit Schorsch wieder zu einer solchen Permanenztagung. Auf der Galerie standen wir. Ein energischer Matrose führte das Wort. Auf einmal zerteilten sich drunten die Massen, auf einmal brach der Redner ab, und durch eine erschreckte Menschengasse marschierte Polizeiwehr, ging vor bis zur Tribüne, erstieg sie und nahm darauf Aufstellung. Ein Trommler trommelte in einem fort, und die Soldaten richteten ihre Karabiner schußbereit in den Saal. Panisch erschreckt rannten die Leute ineinander, jeder suchte sich hinter seinem Vordermann zu decken. Der Matrose fuchtelte und schrie. Ein Soldat schob ihn weg und schoß plötzlich in die Luft. Jetzt wurde es lebensgefährlich. Ein furchtbares Gedränge enstand. Schreie, Rennen, Trampeln, Brüllen und dazwischen gellende Klagerufe. Der wilde Menschenknäuel schob sich den Ausgängen zu. Wer nicht mitkam, wurde überrannt. Über die wüst um sich schlagenden Liegenden stampften die Fliehenden. Wir auf der Galerie stürzten entsetzt auf die Notausgänge und Fenster, drückten sie durch und bemerkten auf einmal drunten auf der Straße ebenfalls Polizeimänner, die auf uns heraufzielten. Ein unbeschreiblicher Schrecken fuhr in alle, wieder jagten wir zurück, liefen über die Treppen hinunter und fielen wie ein durcheinandergeworfener Haufe auf den wirren Menschenknäuel.
»Obacht! Ich bin tot!« jammerte jemand unter uns. »Hilfe! Ich werd' zertreten! Hilfe!« schrie es unter meinen Füßen. Ich stemmte mit aller Kraft meine Ellbogen auseinander, drückte den Kopf in die Brust, schloß die Augen und warf die Leute um, stieß immer härter, bekam Hiebe auf Kopf und Buckel, stieß noch mehr, beugte mich und riß ein blutüberströmtes Mädchen hoch, das heulend meinen Hals umklammerte. Ich stürmte vorwärts, hörte und sah nichts mehr. Viele hatten meine Arme erfaßt und drohten mich mit meiner Last niederzudrücken, ich ließ die Arme sinken und mich

weiterschieben. Das Mädchen hing an mir und schrie mich taub, ihre Backe lag hart auf meiner Backe, ihr warmes Blut rann mir in den Hals. So kam ich zum Ausgang. Da stand eine kleine Allee von Polizeisoldaten und ließen jeden nur einzeln durchgehen. Jeder wurde abgegriffen, nach Waffen untersucht und weitergestupst. Einen solchen Stoß bekam ich, daß ich samt dem Mädchen in den Dreck fiel. Einige Sekunden schleiften uns Vorangehende, endlich stand ich wieder, und das Mädchen war weg. Alles glotzte und gaffte. Ich wischte mich ab und holte Atem. Um mich herum fuchtelten und schimpften die Leute auf die Polizeisoldaten ein.
»Deppen! Rindviecher! Was macht ihr denn?« plärrten alle.
»Wir sind doch Revolutionäre! Warum schießt ihr auf uns?« bellten wieder welche.
»Geht heim! Sauhunde! Idioten!« zeterte wieder ein anderer.
»Wer hat euch geschickt? ... Was, der Staimer? Der Verräter! Laßt euch nicht mißbrauchen! Geht heim! Zieht ab! Schießt lieber die Gegenrevolutionäre nieder!« hallte es durcheinander. Und – es war fast komisch – auf einmal wurden die Polizeitruppen leger, ließen die Gewehre sinken und redeten mit den Vorderen.
»Ja no, wir sind nicht gegenrevolutionär! ... Es hat geheißen, hier gibt's einen Putsch ... Nachher gehn wir halt wieder«, hörte ich, und die Soldaten gingen zusammen und zogen ab.
Hinter ihnen her marschierten wir in dichtem Haufen dem Stachus zu. »Zur Luisenschul' um Waffen!« hieß es. »Sofort Streik!« brüllte ein anderer. »Zum Zentralrat!« schrien andere. Die Trambahn surrte heran. Sie wurde aufgehalten. Im Nu war ein Kletterer auf dem Dach und riß die Kontaktstange heraus. Der Wagen stand, der andere ebenso. »Streikt! Geht heim! Raus aus den Wagen!« brüllten alle und jeder. Die Trambahnführer rissen gemütlich ihre Lenkhebel heraus, stiegen herunter vom Wagen und gingen heim. »Uns ist's gleich, mir streiken schon«, brummten sie. Weiter ging es, eine Menge zog zum Landtag, eine über den Bahnhof zur Luisenschule.

»Halt! Halt!« schrie uns die Landtagswache entgegen und legte schon wieder an. Wir stockten, viele liefen davon.
»Nicht schießen! Abordnung zum Zentralrat!« rief ein Matrose.
»Ganz gleich! Auseinandergehen! Niemand darf in den Landtag!« schrie die Wache zurück. Immer mehr Leute bröckelten von uns ab. Etliche Minuten starrten wir stumm auf die drohenden Gewehrläufe.
»Nichts zu machen!« raunten die zwei Matrosen, die uns führten: »Auf zur Luisenschule!« Wir machten kehrt. Ich ging weg, die Briennerstraße hinunter, und kam allein vor das Landtagsportal.
»Zum revolutionären Künstlerrat ... Graf heiß' ich«, sagte ich zum Posten. Der ließ mich durch. Nach einigem Herumsuchen und Fragen fand ich das Sitzungszimmer und trat ein. Es waren nur etliche Leute da, Tautz, Achenbach, Stückgold, der Bildhauer Pillartz und mein Zimmerherr. Lässig wie bei einem Unterhaltungsabend saßen sie herum. »Mensch! Bist du doch mal da!« rief mir Tautz zu und verzog seinen Mund hämisch.
»Wer ist das?« fragte Stückgold mit einer Handbewegung.
»Graf! ... Oskar Mariechen!« klärte ihn mein Zimmerherr auf.
»Auch revolutionär? ... Was macht er? ... So, Literat! ... Jaja, können wir brauchen«, meinte Stückgold abermals.
»Ihr hockt da und draußen geht's zu auf Mord und Totschlag«, schimpfte ich und berichtete. Alle horchten interessiert auf. Sie schienen nicht das mindeste zu tun zu haben. Als ich auserzählt hatte, ging ein Diskutieren an, die meisten schimpften gegen die Mehrheitssozialisten, mein Zimmerherr forderte sofortige Absetzung Staimers. Es wurde mir immer unklarer, zu was man hier zusammensaß.
»Ja, was treibt man denn hier eigentlich?« fragte ich.
»Morgen ist Sitzung wegen unsre neuen Maßnahme«, kauderwelschte Stückgold und lehnte sich in den Tisch, indem er den anderen listig zuzwinkerte: »Der junge Genosse gefällt mir ... Hat sehr ki-ihne Augen ...«

Alles fing zu lachen an. Mein Zimmerherr ging in den Nebensaal, ich hörte Schreibmaschinenklappern, dann kam der Mann heraus und gab mir einen getippten Ausweis, auf welchem stand, ich sei Künstler und Mitglied des revolutionären Rates, hätte überall Zutritt und wäre an keine Polizeistunde gebunden. Ich überflog den Wisch, legte ihn zusammen, steckte ihn ein und sagte: »Wenigstens etwas! ... Wenn ihr mich wirklich braucht, gebt halt Nachricht ... Ich geh' wieder.«
»Schon wieder zum Saufen nach Nymphenburg?« fragte Tautz mit leicht ärgerlicher Spaßhaftigkeit.
»Ja, vielleicht, je nachdem! ... Was soll ich denn auch hier tun? ... Ich verderb' euch ja doch bloß alles«, gab ich zurück.
»Komm nur öfters! ... Es gibt schon Arbeit!« riefen mir noch einige nach, als ich durch die Türe ging.
Ja, ich ging wieder nach Nymphenburg. Warum sollte ich auch nicht? Mir war's angenehm und anderen schadete es nicht! Und, offen gestanden, ich kam mir ziemlich überflüssig in der revolutionären Bewegung vor. Zutrauen hatte ich zu nichts und niemanden und von mir selber erwartete ich am allerwenigsten.
Als es »Nieder mit dem Krieg! Weg mit dem Militarismus!« geheißen hatte, war ich völlig dabei, denn das ging mich ganz an, das begriff ich, weil ich es von Jugend auf haßte. Unter all den späteren Parolen und Schlagwörtern konnte ich mir nichts Rechtes vorstellen. Ich war einer von den Millionen, der nur tätig wird, wenn es um seinen Nutzen geht, der kämpft, wenn er zur Verteidigung gezwungen wird, der sich bloß dann einsetzt, wenn er einen handgreiflichen Sinn hinter der Sache wittert, die er will. Wenn ich genau nachdachte, kam es mir vor, als faßten die meisten Führer den Massenmenschen viel zu kompliziert auf und redeten ihm Dinge in den Kopf, um die er nie ohne Zwang sein Leben in die Schanze wirft. Deshalb bezweifelte ich im Grunde den Erfolg der revolutionären Bewegung, ja noch mehr, bezweifelte sogar größtenteils sie selber. Ich war wohl begeistert, wenn sich etwas bewegte, das von

denen ausging, die wie ich waren, ich wurde hingerissen von den Massen, nie aber von den Führern. Und ich tat schließlich auch manches, aber faktisch war's doch immer das gleiche: Ich lief mit, wenn alle losgingen, ich schrie mit, wenn alle schrien, ich stürmte, wenn man stürmte, sonst fast nichts.
Also fing ich an, Säufer zu werden. Das Leben in der Holländervilla war dazu wie geschaffen. Dort verlief der Tag stets so: Das Frühstück war gewissermaßen eine stärkende Vorbereitung, durch soundso viele Tassen starken Kaffee und genügende Unterlagen kam man ins Wache und zu sich. Meist war's schon elf Uhr, und der langweilige Vormittag diente dazu, mit dem Auto in die Stadt zu fahren und die während der vorangegangenen Nacht kaputtgeschlagenen Dinge, wie antike Spiegel, chinesische Vasen, alte Zierkrüge, Porzellan, Miniaturbilder, Leuchter und dergleichen neu zu kaufen. Marietta besuchte noch die verschiedenen Modegeschäfte, kaufte ebenfalls alles mögliche, und zum Schluß wurde bei Böttner, einem vornehmen Frühstückslokal in der Theatinerstraße, ein ausgiebiger Lunch eingenommen, der stets ziemlich lange dauerte. Angeheitert fuhren wir alsdann wieder zurück nach Nymphenburg zum Mittagessen. Die raffiniertest zubereiteten Speisen gab es, und langsam fing das Trinken an. Ich habe nie wieder einen bewanderteren Weinverabreicher und Trinker angetroffen als unseren Gastgeber. Er war ein wirkliches Genie darin, er vollbrachte wahre Wunderleistungen. Eine ganz bestimmte Skala von Weinen, von denen jeder die Stimmung mehr steigerte, wurde durchprobiert. Da kamen erst die leichten, dann moussierende, seltsam erheiternde, endlich schwerere und volle und schließlich wieder welche, die alle Hemmung in einem lösten. Es war wunderbar, wie dieses sorgfältig ausgedachte Durcheinander der Getränke in jedem wirkte. Von der angenehmen Behaglichkeit glitt man in die Sentimentalität und Sangeslust, Melancholie wechselte mit einem heftigen Drang, seinen ganzen Zynismus brillieren zu lassen, man geriet allgemach in einen gewissen Schwebe-

zustand, aber das Hirn war ungeheuer lebendig, die Gedanken jagten gleichsam in eine immer kühnere Klarheit, jeder wurde witzig, schlagfertig und sprudelnd gesprächig, Zoten flogen auf, erfinderische Grobheiten zerschwirrten, messerscharf wurde die Unterhaltung, hitzige Ereiferung und lächelnde Überlegenheit besiegten einander abwechselnd, alles Ordinäre und alles Tiefsinnige kam zum Vorschein – es schien, als schwimme man in einem lauwarmen, immerzu prickelnden Wasser und würde fort und fort von den hohen Wellen auf und nieder getragen.
Manche Nachmittage waren auch eintönig. Keiner wußte mit seiner Zeit was anzufangen, faul zerlag man etliche Stunden auf einem Sofa und las gleichgültig, willenlos wartete man auf neue Trinksensationen, Kaffee wurde in Mariettas Turmzimmer getrunken, sie trug Gedichte vor, es kam irgendein Besuch, und man diskutierte, oder der Holländer klimperte ein wenig auf dem Flügel, Davringhausen versuchte ein Bild zu malen, ich unterhielt die Hausfrau. Es kam auch vor, daß man mit dem Auto in der Gegend herumfuhr, aber eigentlich war alles nur ein Warten auf das nächste Gelage. Ständiges Sattsein, Sorglosigkeit und ein Reichtum, der sofort jeden Wunsch erfüllen kann, sind die verheerendsten Willensvernichter. Ich verlebte wahre Katzenjammerstunden und brachte doch nie einen ändernden Entschluß auf. Manchmal ging ich allein in die Stadt und suchte mein Atelier auf. Das kam mir fremd vor wie eine verbrauchte Erinnerung. Verstaubt war es und roch nach eingeschlossenem Moder. Ich ging wieder. Auf der Straße begegneten mir Pegu und Tautz. Lachend trat ich in ihre Mitte und schlang meine langen Arme um ihre Nacken.
»Schon wieder besoffen?« fragte Tautz spitz lachend.
»Nein-nein, bloß gemütlich, wunderbar gemütlich!« grölte ich sogleich breit und maskenhaft ordinär heraus: »Ich bin ja so verkommen, sooo verkommen, wißt ihr! . . . Aber es ist ja so wunderschön, sooo wunderschön, diese ganze Scheiße! . . . Wunderschön! . . . Gewaltig!« Ich plapperte unentwegt weiter und wieherte

von Zeit zu Zeit schüttelnd auf. Die beiden konnten nichts tun als lachen.
»Mariechen, du bist eine Nulpe!... Zier dich bloß nicht mit deinem bohememäßigen Aufspielen!... Du bist ein absoluter Kleinbürger, ein ganz schäbiger Bourgeois, sonst nichts!« warf Tautz mit spaßhaftem Ernst dazwischen, und »Richtig!« brummte Pegu. Aber sie kamen nicht auf gegen mich, denn das war ja auch mit dem Trinken reif geworden in mir: Ich nahm gar nichts mehr wichtig, radikal gar nichts mehr. Gleich trompetete ich fettstimmig spöttelnd weiter: »Jaja, ich hab's ja ewig gesagt!... Jaja, ich bin ein absoluter Kleinbürger, ein ganz minderwertiger Bourgeois!... Jaja!... Im Nebenberuf drollige Figur und Säufer!... Sehr richtig! Sehr richtig!« Und unverletzbar, abgebrüht, niederträchtig gemein schmetterte ich geräuschvoll weiter: »Jaja, der Mensch ist ja so was Großes, so was furchtbar Großes!...Frißt Leichen und Gras, säuft Wasser, Bier und Wein, zeugt Kinder und krepiert schließlich, jaja!... Das-das ist unerreicht bis jetzt, ganz unerreicht!... Jaja, und plötzlich kommt er manchmal auf die Idee und ärgert sich darüber!... Seltsam, nicht?... Jaja, sehr seltsam!... Und diese Ärgerlichen heißt man dann Revolutionäre, nicht?... Sehr schön! Wunderbar!« Ich plapperte und plapperte, und lachend gingen wir auseinander.
Nie war ich ganz nüchtern, nie völlig betrunken, ständig dumpfte ich in einem gänzlich gleichgültigen Zwischenzustand dahin und atmete jedesmal förmlich auf, wenn man sich in der Holländervilla zum Abendessen zusammensetzte. Nach diesem fing ja wieder das Zechen an. Da wurde man wieder fidel, und ich konnte meine zotigen clownhaften Unterhalterspäße anbringen.
Im Eßzimmer begann's, im Rauchzimmer oder im Wintergarten nahm das Gelage seinen Fortgang und bei besonders lustigen Gelegenheiten auch drunten im gotischen Weinkeller. Das war ein kühles, rundes Gelaß mit hoher Deckenwölbung. Rundum verdeckten Regale die Wände, gefüllt mit uralten, leicht angeschim-

melten Weinflaschen, darin die ältesten, besten Jahrgänge. In der Mitte stand ein kleiner, alter Eschentisch, um ihn herum leere Fässer, auf denen man hockte. Seitlich plätscherte ein Wasserhahn immerfort seinen dünnen Strahl in ein kleines Steinbecken. Wir bespritzten uns gegenseitig und überschwemmten schließlich den ganzen Keller mit Wasser, warfen die Weinflaschen an die Tür und gingen mit Fässern aufeinander los. Patschnaß gingen wir endlich in geschlagener Frühe wieder zu Bett.

Oft und oft gab es Krach. Aus reiner Überreiztheit oder weil ein Wort, das sie ärgerte, gefallen war, schlug Marietta dem Holländer eine hinein, spuckte ihn an und belferte auf uns los. Der Mann schlug wieder, und bald war man im schönsten Raufen. Ich überwitzelte alles, und manchmal löste sich der Sturm auch in Gelächter auf, aber das kam immer seltener vor. Meistens saßen Davringhausen und ich da, schauten unangerührt auf die Balgenden und machten ab und zu aufmunternde Zwischenrufe.

»Jawohl! Haut's zu! Alles muß in Fetzen gehn! Immer Krach! Krach! Bewegung! Be-eweeegung! Krach! Kra-a-ach!« plärrte ich besoffen und taumelte torkelnd herum, schwang meine Arme und überschrie das Getobe. Der Rauchtisch fiel scheppernd um, die Gläser zerklirrten, peng! tat's, und der Spiegel oder die Fensterscheiben krachten scherbenspritzend auseinander, die Stühle flogen, die zerfetzte Türfüllung brach hinaus, und der schwere Vorhang sackte nieder.

Zum Schluß lag alles verwüstet durcheinander, und die Balgerei hatte ein Ende. Wir Gäste gingen schlafen, Marietta rief nicht selten das Auto an und fuhr zu Schwabinger Malern in die Stadt, und der Holländer legte sich zu Bett. Anderntags kam die Hausherrin allein oder mit etlichen Leuten, manchmal holte sie auch der Holländer heim. Dann frühstückte man wie immer, machte Witze über den gestrigen Sturm und belachte die zerscharrten, zerkratzten Gesichter und die demolierten Möbel. Das Leben ging von vorne an.

Mein Bruder Maurus kam eines Tages zum Holländer und erbot sich, beste Konditorware zu liefern. Wir schauten uns mit verkniffen-schnüffelnden Blicken an und redeten einige gleichgültige Worte.
Ich dachte: Verlang nur Unsummen und schröpf den reichen Hund gehörig!
Er hatte leicht zitternde, spöttische Mundwinkel und meinte genau so mit seinem Geschau: Sei ein Hecht, Mensch! Ein echter Hecht! Friß alle auf und niste dich nur fest ein hier. Hecht heißt's sein hier!
Wenngleich einer den andern bemißtraute, verstanden wir uns gleichsam im Atmen schon. Maurus lieferte massenhaft feinste Torten und bestes Gebäck. Die Kundschaft rentierte sich.
Mit der Zeit gewöhnte ich mich völlig an dieses Getriebe. Jede Situation meisterte ich, war das unentbehrliche, belebende Element bei Unterhaltungen und Gesellschaften und gehörte hierher wie der Hund zur Hütte, wie der Wein auf den Tisch.
Abends manchmal fuhren wir in die Stadt, soupierten in der ›Bonbonniere‹ oder im ›Simplizissimus‹, ein Rudel Lebeweiber und Männer, Maler, Dichter und Künstler speisten mit, Marietta rezitierte unablässig Gedichte von Lichtenstein und van Hoddis und ließ sich bewundern. Nach der Polizeistunde fuhr eine ganze Autokolonne in die Villa zurück. Weitergetrunken wurde, mitunter auch gepokert, Skandal gab es, die Mitgekommenen standen mit peinlichen Gesichtern herum oder verließen fluchtartig die gastliche Stätte. Ich lachte mein schmetterndes Gelächter über alles hinweg.
Ereignisse, Gegenwart, Zukunft, Politik, Massen, Revolution waren aus meinem Gedächtnis gewischt, nur die Minute galt noch. Wenn ich dösig durch die Stadt fuhr, tauchten alle früheren Dinge wie etwas weit Weggeschobenes, Gewesenes im Hirn auf und wurden Anlässe zu einem Witz oder einer saftigen Zote. Es schien ja auch immer das gleiche zu sein: Wer regierte, wußte man nicht

recht, die Parolen der Sozialisten änderten sich täglich, das Leben schob sich gewissermaßen ewig hin und her, Versammlungen, Aufläufe, Schießereien und Putschgerüchte trieben einander.
Und ich? Ich war wirklich eine Privatperson und ein Säufer, sonst nichts. Der Sumpf hatte mich geschluckt.
So verlief der März, und der April brachte die ersten wärmeren Tage.

XXIV
Stückwerk

»Graf! Graf!« schrillte Mariettas Stimme drunten auf. Abgehackt klang's. Jäh riß ich die Augen auf.
»Ja!« gab ich an und schwang mich hastig aus dem Bett. Widerwärtig, wenn man so aus dem Schlaf gerissen wird! Dösig schlüpfte ich in die Hose.
»Oskar Maria!« schrie Davringhausen hell-ironisch, und auf den Teppichen hörte ich dumpfe, schnelle Schritte. Die Tür ging auf, der Vorhang zerteilte sich.
»Na, kleines Ferkel! Na!? ... Rasch, rasch! Komm! ... Herr Tautz will dich sprechen! Telephon!« sagte Davringhausen und ging schon wieder: »Komm schnell, wir frühstücken schon! Kriegst nichts mehr!«
»Jaja, gleich, gleich! ... Sofort!« stieß ich schlafverwirrt heraus, knöpfte eilends meine Weste zu, warf die Joppe um und lief hinunter ans Telephon.
»Ja, hier Graf! ... Was ist's denn?« fragte ich ziemlich mürrisch in den Sprechtrichter hinein.
»Mariechen! Besoffnes Scheusal, bist du da? ... Ja, hör mal, komm sofort in den Landtag zum Künstlerrat! ... Arbeit gibt's, Schwein!« hörte ich Tautz.
»Jaja, ich komm schon! ... Servus!« erwiderte ich, hing ab und ging frühstücken.

»Na, was macht die Politik? ... Bist du Minister geworden?« fragte Davringhausen lachend und schob eine Schnitte Butterbrot in den Mund. Alle sahen mich so gespannt spöttisch an.
»Da, da schau! ... Feiertag ist wieder einmal!« meinte der Holländer und schob mir die ›Münchner Neuesten Nachrichten‹ hin.
»Räterepublik ist«, sagte Marietta kurz, und ich überflog die vorderste Seite der Zeitung. Eine riesige Kundgebung stand darauf, dicke Lettern waren drüber: ›An das Volk in Bayern!‹
»Mensch! Mensch?! Da geht's wild auf! Da muß ich sofort hinein!« stürzte ich heraus und las flugs weiter: ›Die Entscheidung ist gefallen. Bayern ist Räterepublik. Das werktätige Volk ist Herr seines Geschickes.‹ So ging es weiter. Der heutige Palm-Montag – der 7. April – war zum Nationalfeiertag erhoben und die ganze Kundgebung vom revolutionären Zentralrat unterzeichnet.
»Arschlöcher!« knurrte der Holländer. Ärgerlich war er. Ich freute mich heimlich und dachte, jetzt geht's dir auch dran, Bursche. Hurtig schluckte ich den dicken Kaffeerest hinunter und erhob mich.
»Ich geh mit«, entschloß sich Davringhausen, und wir gingen. Ich hatte es höchst pressant. Über die froststeifen Wiesen lief ich, daß mein Begleiter kaum nachkam. Wunderbar frühjahrsblau war der Himmel, erste Stare sangen, Flieger blinkten in der Sonne und keine Straßenbahn fuhr. Schweißtriefend kamen wir in der Stadt an. Im Landtag herschte eine schwirrende Nervosität. Im Torgewölbe standen Soldaten und bewaffnete Zivilisten und schichteten Munition vor die Maschinengewehre. Es sah aus, als wolle man sich befestigen gegen kommende Angriffe. Niemand beachtete uns, jeder flitzte wichtig hinum und herum, Worte wie »Weiße Garden! München umzingelt! Nosketruppen im Anmarsch!« flogen von Ohr zu Ohr. Gangauf und gangab liefen Menschen, verschwanden in den Sitzungssälen und kamen wieder heraus. Wir kamen in den Saal des Künstlerrates, der diesmal fast voll war. Bekannte und unbekannte Gesichter sah ich, Schorsch, Achenbach,

Tautz, meinen Zimmerherrn, Wolfenstein, Georg Kaiser, Schwabinger Maler und Literaten. Stückgolds Stimme drang aus irgendeiner Gruppe. Auch hier war ein unablässiges Kommen und Gehen. Jeder musterte den eleganten Davringhausen mit mißtrauischen Blicken. »Bügelfaltenhengst«, hörte ich wen sagen.

»Mensch, du mußt jetzt mit mir! Ich bin Zensor beim ›Bayrischen Kurier‹! Komm mit! ... Ich kann's allein nicht machen«, sagte Achenbach, und nach kurzen Worten ging ich mit ihm dorthin.

»Du bist grad die richtige Figur für diese bayrischen Pfaffen ... Die versuchen nämlich immer passive Resistenz«, meinte Achenbach auf der Straße halb unsicher und halb großmannssüchtig.

»Soso, jaja, ich mach' alles«, brummte ich gleichgültig.

Die Redaktion war leer, als wir ankamen. Achenbach hing Hut und Mantel an die Wand, zog ein langes Manuskript aus der Brusttasche und ging an den Tisch. Da lag der Fahnenabzug. Ich hatte nicht abgelegt und hockte uninteressiert da.

»Das muß heut in die Zeitung«, sagte Achenbach. »So«, brummte ich wieder. Ein Metteur kam zur Tür herein und grüßte beiläufig. Sachlich ging er an den Redaktionstisch, ergriff den Fahnenabzug und fragte: »Ist das jetzt erledigt?«

»Jawohl, das setzen wir als Spitzenartikel in die heutige Nummer«, erwiderte Achenbach. »Gut«, sagte der Metteur und ging. Wir waren wieder allein, und Arbeit gab's anscheinend gar keine sonst. Achenbach tappte nervös hin und her und sagte zwischendurch manchmal: »Das muß nämlich alles erst straff organisiert werden.« Ich stand eine Weile dumm da, dann setzte ich mich und suchte gelangweilt zu ergründen, zu welchem Zweck ich eigentlich hier sei. Grade wollte ich dieserhalb fragen, da ging die Tür auf, und hereinspaziert kam ein Mann in meiner Größe mit kurzgeschnittenem grauen Schnurrbart und solchem Stoppelhaar, biederem Gesicht und legerer Kleidung. Ihm folgte auf Fußbreite ein halbbeleibter, rotgesichtiger, sehr erhitzter Pfarrer. Beide traten entschlossen vor Achenbach und begannen sofort eine Debatte.

»Herr von Achenbach, Sie haben da einen Artikel in die Druckerei gegeben ... Also, wir möchten schon gleich sagen, das geht nicht ... Das erlaubt uns unsere Gesinnung als christkatholische Mitbürger nicht ... Nein-nein ... Wie gesagt, wir können das nicht dulden ... Nein-nein, da-da –« fing der Pfarrer mit heftigen Gestikulationen an, und der andere Mann sekundierte sogleich: »Herr Zensurrat, nein-nein, das-das verbietet uns unser Glaube ... Sie haben doch auch eine Überzeugung, nicht wahr? ... Wir-wir ...«

»Das ist ganz gleich, das ist vom Zentralrat angeordnet, und Sie haben sich zu fügen ... Die Verantwortung übernehme ich ... Der Artikel ist lediglich eine Auseinandersetzung«, warf Achenbach ein.

»Nein! Also nein ... Ich bin hier schon weit über ein Jahrzehnt Chefredakteur und kann nicht ... Der Artikel wendet sich nicht nur gegen die Katholiken, gegen unseren Glauben – er wendet sich überhaupt gegen jeden Glauben, gegen den protestantischen und jüdischen und mohammedanischen ... Er ist eine schwere Verletzung der Religionsfreiheit ... Sie können uns nicht zumuten, daß wir als katholisches Blatt Atheismus predigen ... Das kann auch der Herr Landauer nicht gewollt haben«, rief der Pfarrer wieder und beteuerte fort und fort: »Nein, nein-nein, das –«

»Ich hab' doch schon gesagt, Sie brauchen doch die Verantwortung gar nicht übernehmen ... Und übrigens, das ist damit nicht gesagt, daß, wenn wir einen Artikel bringen, der sich gegen die verschiedenen Religionen als Dogmen wendet, daß das dann eine Verletzung der Religionsfreiheit ist ... Wir wenden uns eben an denkende Leser, an das Proletariat ... Jeder kann sich selber entscheiden«, begann Achenbach in seiner konzilianten Dozierungsart und schien den höchsten Gefallen daran zu haben, sich mit den Herren zu unterhalten. Er las, solang ich von ihm wußte, Kierkegaard und die Mystiker und war eine echte Diskussionsratte. Die Redaktionsherren waren aber nicht zu erweichen.

»Selbst entscheiden . . .? . . . Nein-nein, wir als Katholiken haben unseren Gott und unseren Glauben . . . Das geht nicht, wir haben uns schon lang entschieden, Herr von Achenbach . . . Wir möchten da nicht lang herumstreiten . . . Wir bitten, uns zu Herrn Landauer zu führen . . . Lieber legen wir überhaupt unser Blatt in Ihre Hände, lieber geben wir alles auf«, beharrte der Pfarrer.
»Unsere Überzeugung . . . Sie können uns wie unseren Herrn Jesus ans Kreuz nageln . . . Wir Katholiken sind immer schon verfolgt worden . . . Nein, nein, wir können es mit unserem Gewissen vor Gott nicht vereinbaren . . . Auch wir sind bloß Arbeiter, wir haben gar nichts gegen die Regierung, aber wir können das nicht . . . Der Artikel ist eine schwere Versündigung gegen die Religion«, fing schon wieder der andere an. Achenbach kam fast gar nicht mehr zu Wort. Er fuchtelte herum, lächelte dann wieder und spielte mit seinem Browning, unsicher war er geworden, er wollte nicht verletzen und doch wieder den wilden Mann zeigen.
»Ja, Herrgott, ja . . . Ich bin doch beauftragt . . .! . . . Der Artikel muß heraus! Er ist angeordnet!« schrie er hell und begann, wahrscheinlich, weil er sah, wie wenig er einschüchternd wirkte, fast elegant drohend: »Ich kann Sie ja an die Wand stellen lassen . . . Bedenken Sie doch! . . . Das ist Widerstand gegen die bestehende Gewalt! . . . Ich bin Beauftragter dieser Regierungsgewalt!«
Aber die Herren waren nicht ängstlich, im Gegenteil, ich sah sogar, wie der Pfarrer fast ein wenig mitleidig lächelte und gleich wieder sagte: »Ja, das können Sie ja tun . . . Das gewärtigen wir mit festem Glauben . . . Wir leugnen unsere Religion nicht . . . Nein-nein, wir bitten uns zu Landauer zu führen . . . Wenn die Verhandlungen nichts ergeben, treten wir zurück und überlassen Ihnen alles . . . Aber, nein, nein, das-das tun wir nicht . . . Lieber, lieber sterben wir in Jesu . . . Bitte zu Landauer.«
Achenbach lächelte ein wenig und zögerte schon. Auf einmal sprang ich auf und trat vor die beiden, die kochende Wut zischte in mir.

»Was?! Was ist das?! Ja, Himmelherrgottsakrament, Kruzifix, was bilden Sie sich denn da ein!« schrie ich überlaut, und die Herren fuhren zusammen, wandten sich geradezu hilfesuchend an Achenbach. Aber ich war schon im Zug.
»Was?! Im Krieg haben Sie den ganzen Schwindel drucken müssen, den Ihnen Ludendorff befohlen hat, im Krieg haben Sie gepredigt, es müssen Menschen umgebracht werden um Gottes willen? Im Krieg haben Sie jede Lüge gedruckt und geschwindelt! Und jetzt auf einmal kommen Sie mit Ihrem Glauben daher! Sie sind Katholiken? ... Ich bin auch einer! Aber so was Verrottetes und Verlogenes hab' ich noch nie gesehen! Sie sind ja die größten Pharisäer! ... Das gibt's ganz einfach nicht! Der Artikel wird gedruckt und zu Landauer wird nicht gegangen! Verhandlungen gibt es nicht! Regierung ist Regierung! ... Da kann ja jedes Waschweib daherlaufen und zum Landauer wollen! ... Nichts gibt's, gar nichts! Wir gehn nicht!« polterte ich und schäumte schon.
»Um Gottes willen, Herr von Achenbach, diese Gotteslästerungen, dieses Fluchen! Nein!« jammerten die Zwei. Ganz konsterniert waren sie. Immer wieder forderten sie Unterhandlungen mit Landauer. Achenbach war hilflos, wollte schon wieder disputieren.
»Quatsch nicht, Mensch! ... Wir stehn hier und haben einen Auftrag, fertig!« plärrte ich ihn an und bellte schon wieder auf die zwei Herren ein: »Im Krieg haben Sie keinen Glauben gehabt! Da war alles christlich und recht! Ja, gebetet ist worden, geschwindelt und geschachert ist worden, daß ja jeder verreckt für diese Verbrecher und Kaiser! *Sie* sind nichts anderes wie die Arbeitslosen, aus! Hier ist keine Diskussionsbude, Schluß! Sie können ja gehn!« rief ich abermals bissig und wandte mich an meinen Genossen: »Also, zu Landauer wird nicht gegangen! Tu deinen Browning weg! Die lachen ja doch bloß! ... Die wissen ganz genau, daß ihnen nichts passiert!« Ich wollte mich setzen, aber der Pfarrer und sein Nebenmann ließen nicht locker mit Landauer, sie wollten allein gehen und machten auch schon Anstalten dazu.

»Nein! Wenn Sie gehn, können Sie gehn! Wir werden sofort Verhaftungsbefehl geben!« brüllte ich und sagte zu Achenbach: »Ruf an, daß man sie sofort festnimmt! Nur keine Rücksicht! Mit uns hat man auch nie eine genommen.« Aber mein Genosse rief nicht an. Eine kurze Weile verging feindlich und stumm. Ich setzte mich und schaute zum Fenster hinaus. Endlich fingen die Herren wieder mit Achenbach zu verhandeln an, und nach langem, hartnäckigen Hin und Her, bei dem ich mich nicht beteiligte, erklärte sich mein Genosse bereit, zu Landauer zu gehen.
»Mein Amt ist damit erledigt«, sagte ich, stand auf und ging mit. Die zwei marschierten voraus, wir hinten nach. Auf der Straße raunte ich hastig Achenbach ins Ohr: »Du bist der größte Trottel, den es gibt, Servus!« Damit zog ich ab. Er sah mir ein wenig verdutzt nach und gesellte sich dann zu den zwei Herren. Später erfuhr ich von Pegu, daß Landauer wirklich die Überzeugungstreue der Herren anerkannt und den Artikel zurückgezogen hatte.
»Soso! ... Jaja, natürlich, die Freiheit über alles, wenn auch die Revolution darüber kaputt geht«, spottete ich: »Ludendorff hätte sie auf der Stelle füsilieren lassen, Noske auch, aber wir, wir sind ja menschlich.«
»Diese Räterepublik taugt auch nischt«, meinte mein Freund, »sie fliegt bald ... Die Kommunisten machen nicht mit.«
Ein schreiender Zug mit Fahnen kam auf der Sendlinger Straße daher, Levien mit seinen bespornten Reitstiefeln marschierte voran. Zum Schillerdenkmal zog die Masse, dort bestieg Levien den Sockel und hielt eine Rede. Es sah drollig aus, der Mann mit der napoleonischen Geste, dahinter die geruhige Gestalt des Dichters. Sofortige Beschlagnahme aller Bankgelder, Öffnung der Safes, Todesurteile für Widersacher der revolutionären Sache und dergleichen mehr wurde gefordert. Mich fiel unwillkürlich das Gelächter an. Ich ging weiter. An der Türkenstraße stieß ich auf einen verhutzelten alten Mann, der auffallend aufmerksam und spöttisch auf die zusammengerotteten Menschen sah.

»Oh, Verzeihung!« hastete ich etwas förmlich heraus und blieb stehen vor ihm. Er lugte mir bohrend in die Augen und lächelte: »Schad' nichts, Herr Nachbar! ... Ich bin scho' öfters auf die Fiß 'treta word'n!« Er lächelte noch mehr und deutete mit dem ausgestreckten Spazierstock auf die vielen Menschen: »Dia?! ... Dia werd'n all' no katholisch! ... Werra Sie seha!«
»Wieso denn?« fragte ich erstaunt. Der Mann ließ seinen Stock sinken und blinzelte abermals listig fragend auf mich.
»Ja no, ich will nichts g'sagt haba! Noi! Noi! ... Ich sag' gar nichts!« schwäbelte er wiederum hastig heraus und trottete eilsam weiter. Glucksend hörte ich ihn in sich hineinlachen. Einen Augenblick überlegte ich, ob ich ihn nicht verfolgen und um Aufklärung anhalten sollte, ließ es aber doch sein. Einer von den Sonderlingen, dachte ich und gab mich damit zufrieden. Vorne, vom Platz weg, wälzte sich jetzt der Menschenhaufe und zog mit Levien zum Landtag.
Ich suchte mein Atelier auf, setzte mich an die Schreibmaschine und schrieb einen langen Brief an das Fräulein. Immer und immer wieder, während ich Satz um Satz hintippte, stieß mir in den Sinn, er wird vielleicht gar nicht ankommen, es ist ganz zwecklos, daß du schreibst, aber ich machte weiter. Eine eigentümliche Sehnsucht, eine weltschmerzliche Bedrückung trieb mich an.
»Ich weiß nicht, was ich bin und wohin ich gehöre«, schrieb ich, »aber es kommt mir doch manchmal vor, als wenn die anderen auch nicht recht viel anders wären als ich. Komisch, wenn ich die norddeutschen Zeitungen lese, möchte ich immer heimlich hinfahren und diese Artikelschreiber erschießen, zuerst den, der die Redakteure bezahlt, dann die Redakteure selber. ›Bürgerkrieg in München‹, schreiben sie und ›Gewissenlose Hetzer treiben mit einer fanatisierten Minderheit einen unerhörten Terror‹; in Wirklichkeit ist bloß in allen eine ewige Ungeduld nach Frieden. Ich weiß nicht, was das für ein fürchterlich schleimiges Höllenwerkzeug ist, die Presse! Im Krieg haben sie gelogen, und als die Revolu-

tion gekommen ist, sind sie dahergekommen und haben alle geschrieben, wir haben ja müssen, wir sind ja dazu gezwungen worden, und jetzt? Jetzt lügen sie wieder genau so. Ich möchte bloß wissen, was sie nun wieder für eine Ausrede erfinden werden, wenn man sie zur Verantwortung zieht.
Hier ist kein Bürgerkrieg und die meisten Leute, die hier führen, sind eigentlich sehr ängstlich. Sie haben zweierlei Angst, einmal fürchten sie sich vor den Massen und reden sich immer wieder in einen größeren Radikalismus hinein, und dann fürchten sie sich wieder vor der eigenen Courage. Passiert ist noch keinem Menschen was hier, im Gegenteil, gleich wenn einer sich bedroht sieht, begibt er sich zu den höchsten Stellen und fängt das Verhandeln an und stets erreicht er sein Ziel.
Im alten Staat ist geschnauzt worden vom Gefreiten, vom Schaltermenschen bis zum Minister hinauf. Meistens ist man überhaupt nicht bis dahinauf gekommen, heute geht das alles anders. Es sieht fast ein wenig nach Schilda aus – die Bürger erregen sich und plustern die Backen auf und laufen zur höchsten Instanz, und *die*? Die ist ein Mann, der sofort kulant wird und fragt: ›Ja, was ist denn das? Hm-hm, jaja, da werd' ich gleich einmal abhelfen, meine Herren!‹
Es ist drollig, aber es ist menschlich. Es ist so menschlich, daß jeder Mensch davor den Respekt verloren hat. Und das wird diese Revolution vernichten helfen, denn die Unteroffiziere sind nicht auszurotten in Deutschland. Sie wollen Ordnung und siegen sicher.
Ich weiß nicht, wo ich hingehöre, hab' ich geschrieben? Jetzt weiß ich's ungefähr und jetzt ist mir wohl . . .« –
Die Straßen waren schon mit leicht angedunkelter Luft erfüllt, als ich nach Nymphenburg zurückwanderte. Auf dem Wiesenfußweg, der zur Holländer-Villa führte, hörte ich auf einmal Schritte hinter mir. Ich drehte mich um. Eine Gestalt kam daher, ein Mann war's. Ich ging langsamer, denn hinter mir her Gehende waren mir

von jeher zuwider. Der Mann hatte mich erreicht. Ich sah ihn an und er mich, und beide waren wir ein wenig verblüfft. Es war der Graukopf vom ›Bayrischen Kurier‹.
»Guten Abend, Herr Nachbar,» sagte ich. Er erkannte mich wieder völlig.
»Guten Abend«, sagte er genauso. Ich mußte ein wenig lachen. Sein Gesicht wurde gar nicht unfreundlich.
»Hm, das ist komisch ... Heut hab' ich aber einen Krach gemacht bei Ihnen«, sagte ich wiederum.
»Jaja ... das ist nicht so arg ... Das sind halt Meinungsverschiedenheiten ... Temperamentssache«, erwiderte der Mann gemütlich. Das tat mir wohl.
»Ja, ich bin schon manchmal so hitzig«, gab ich ebenso zurück.
»Sind Sie bei der Regierung?« wollte mein Begleiter wissen.
»Nein-nein, bloß ab und zu helf' ich ein bißl mit«, entgegnete ich harmlos.
»Soso ... Arbeit gäb' es jetzt genug ... Wohnen Sie da heraußen?« erkundigte er sich.
»Ja – Nein, eigentlich mach' ich bloß hie und da einen Besuch da drüben«, antwortete ich.
»Soso, bei dem holländischen Herrn da drüben? ... Da sind wir ja halbe Nachbarn ... Soso«, meinte jetzt der Graukopf und ging auf ein seitlich liegendes Haus zu: »Ich wohn' hier ... Gute Nacht ...«
»Gute Nacht«, rief ich freundlich zurück und dachte, auweh, da wenn die Nosketruppen siegen, geht's dir gleich an den Kragen. Der denunziert dich sofort.
Davringhausen war schon in der Villa, der Holländer hatte ein gutgelauntes Gesicht, und Marietta fragte heiter: »Na, was ist's mit dem Minister?« Alle drei lachten spöttisch.
»Ich? ... Ich bleib' Hofnarr bei dir«, sagte ich zum Holländer und erzählte meine Erlebnisse. Davringhausen berichtete, er sei gleich wieder gegangen, als er sich den Künstlerrat angesehen gehabt habe. Wir verbrachten in der üblichen Weise die Nacht. Ich kam

aber nicht recht in Stimmung diesmal und ging andern Tags wieder in die Stadt. Die hatte ein kriegerisches Gesicht jetzt. Überall sah man bewaffnete Zivilisten. Die Kommunisten hatten das Vereinshaus der katholischen Verbände – Leohaus – besetzt und druckten dort notdürftig ihre ›Rote Fahne‹. Vor dem Eingang waren mächtige Papierballen zu einer Art Barrikade zusammengerollt, ein Maschinengewehr stand im Hausgang, und hie und da patroullierte ein Parteimann als Wächter auf und ab. Ich ging auf ihn zu. Er erkannte mich und ließ mich durch. Im unteren Raum waren Wachlokale, Waffen aller Gattungen lagen herum, bekannte und unbekannte Gesichter sah ich, die wichtigtuerisch ineinanderredeten und dann wieder Witze machten. Droben in einem Zimmer traf ich ein hünenhaftes Mädchen mit Tituskopf, das auf den Namen Hilde hörte. Etliche Spartakusleute fragten mich nach einem zuverlässigen Drucker, ich wußte keinen, ratlos wurde hin und her debattiert. Ich ging wieder.
Im Nebenraum des Künstlerrats-Saales traf ich meinen Zimmerherrn, der den Einlauf der Nachrichten überwachte und die amtlichen Kundgebungen für die Zeitungen zusammenstellte.
»Du kommst grad recht! Geh her! Du kannst doch tippen?« fragte er mich, und als ich nickte, befahl er mir, mich an die Maschine zu setzen. Ich tat's. Er diktierte.
»Die ungarische Räterepublik entbietet den bayrischen Brüdern revolutionäre Grüße«, rief er und sah zerstreut die mit Schreibmaschinenschrift beschriebenen Blätter auf dem Tische durch. Das Telephon läutete. Er nahm den Hörer ans Ohr.
»Nachrichtenabteilung des Zentralrates! ... Hallo! ... Ja, Titus, bist du's?« rief er und nahm ein Blatt: »Hör mal ... Was ist denn das? Die Augsburger Betriebsräte sind zu Hoffmann nach Bamberg gereist zu Besprechungen! ... Eine Schweinerei das! Wer hat denn das angeordnet? ... Was? ... Nee! Druck nur ruhig! Räteregierung steht fest! ... Jaja, weiß schon ... Schneppenhorst sitzt in Nürnberg, der Schuft, jaja, stimmt ... Der Graf ist da, ja ... Hallo!

Hörst du! Ja, Noske will säubern, jaja ... Kriegt blaue Bohnen, jaja!«
Er legte den Hörer in den Halter und wandte sich wieder an mich: »Mensch, x-mal haben die Mehrheitssozialisten schon mitgemacht, immer wieder verraten sie ... Ich war doch dabei ... Schneppenhorst hat zugestimmt bei der Ausrufung der Räterepublik und jetzt sitzt er in Nürnberg und spioniert gegen uns ... Zum Kotzen das mit den Unabhängigen! Immer wieder plappern sie Einigung und gehen mit diesen Verrätern zusammen ... Das einzige ist Spartakus ... Bevor nicht die Kommunisten alles in die Hand nehmen, wird nichts ... Kein Schwein kennt sich mehr aus!«
Ich wartete auf Diktat und sagte gar nichts. Er hatte es nicht mehr eilig, zündete sich eine Zigarette an und wollte sich mit mir unterhalten.
»Säufst du noch immer?« fragte er.
»Ja, selbstredend«, gab ich zurück und stand auf. »Willst du schon wieder fort?«
»Was soll ich denn da? ... Sag Pegu, ich bin auf dem Atelier, er soll kommen«, erwiderte ich kurz und gab keine Antwort auf sein Gespötte.
Auf der Straße traf ich Schorsch.
»He! He! Graf! Schorsch! Daherein!« schrie es aus einem vorbeisausenden und kurz darauf anhaltenden Auto. Die Nymphenburger waren es. Wir stiegen ein und lunchten bei Böttner. Ausgehungert und abgehetzt war mein Freund. Er schlang alles mit gieriger Hast hinunter und trank gurgelnd. Wir erhoben uns und gingen in den Abort hinaus.
»Friß nur! Mensch, friß und sauf, soviel du kannst! Wir hängen sowieso schon halb am Galgen«, raunte ich Schorsch zu, und der nickte mit glasigen Augen. Er fuhr mit hinaus in die Villa. Auf dem Weg lasen wir auch noch Achenbach auf. Es wurde ein grausiges Gelage. Viehisch tobten wir herum. Plötzlich fing Schorsch zerrüttet zu weinen an.

»Ma-a-aria! Ma-a-aria!« heulte er zerrissen heraus und rannte wie von Sinnen zur Haustür, riß sie auf und lief in die sternhelle Nacht. Er stolperte und fiel in einen frischen Graben. Er blieb liegen und jammerte immerfort wie eine zerknirschte Kreatur auf: »Ma-a-aria! Ma-a-aria!« Er erbrach sich und griff hilflos im Kot herum. Achenbach und ich waren ihm nachgelaufen und zogen ihn heraus. Wir schleppten ihn hinauf ins Bett. Hin fiel er und fing sofort tief schlafend zu röcheln an wie ein sterbendes Tier.
»Er kann nicht allein sein! Seine Maria geht ihm ab«, murmelte ich Achenbach zu.
»Jaja, den Komplex haben wir alle ... Wir können alle nicht allein sein«, meinte dieser superklug. Jäh war die Zecherei abgebrochen und hatte eine widerwärtige Stimmung aufgerissen. Marietta ärgerte sich und schimpfte auf uns alle, der Holländer brummte mißgestimmt, und alles ging einsilbig schlafen.
Am andern Tag beim Frühstück war unser Freund wie gewöhnlich. Nur seine Hosen hatte er sich zerrissen und zog neue vom Holländer an. Nach dem Mittagessen wanderten wir zu dritt in die Stadt.
»Da! Horch! Horcht's!« rief ich wie aufgescheucht, als wir den Holländergarten verließen. Alle drei hoben wir die Köpfe. Tagggdaragg-daggg! kam's von fern herüber.
»Da ist was los!« hastete Schorsch heraus und wir fingen zu laufen an.
»Putsch! Barrikaden!« keuchte Achenbach. Vom Bahnhof herüber kamen Schüsse, dann wieder Maschinengewehrsalven und schließlich Kanonendonner. Wir rannten, was wir konnten, die Nymphenburger Straße hinunter auf den Stiglmaierplatz zu. Da jagten Menschen mit und ohne Gewehr, massenhaft. Vor dem Löwenbräukeller war ein Geraufe und Geschrei. Das Schießen war jetzt ganz nah und ungewöhnlich heftig. Immer mehr und immer mehr Leute stürmten die Dachauer Straße hinunter.
»Was ist's denn? ... Was?! Putsch!?« fragte ich einen dahinrennenden Arbeiter.

»Ja! Die Hoffmann-Regierung und die Mehrheitler!« flog abgehackt zurück. Weg war der Mann. In der Luft knatterten Flugzeuge und spieen weiße Blätterwolken. Dahin, dorthin rannten Menschenrotten und haschten nach den herabfallenden Flugblättern, balgten sich um sie, lasen und fingen wild zu schimpfen und zu fluchen an. Rotarmisten und Soldaten legten an und feuerten nach den Fliegern, schossen, schossen. Das Trommelfell drohte einem zu zerspringen.
»Schneppenhorst-Lügen! Mehrheitssozialistische Verräterei!« hörte ich, »Weitergehen! Zum Kampf! Zum Bahnhof!« Endlich bekam ich einen Mann zu fassen, der ein Flugblatt hatte, las hastig: ›An die werktätige Bevölkerung Münchens! Arbeiter und Soldaten!‹ Erschnappte noch: ›Der Zentralrat für abgesetzt erklärt‹, fing noch auf: ›landfremde Agitatoren, die nur eine eigennützige Politik verfolgen‹, dann zerriß der Mann das Blatt. »Die Schufte! Die Hunde!« knurrte er. Ich war festgekeilt und hatte meine Kameraden verloren. Ich pfiff, aber kein Gegensignal kam. Das Schießen und Krachen, das Lärmen und Rennen übertönte alles. In der Luft blinkten, über die Köpfe hinweg, unablässig kleine Funken aus den Gewehrläufen und lösten sich in Rauchwölkchen auf. Ich schob mich mit aller Mühe vorwärts, stieß um mich, lief wieder etliche Schritte und gelangte bis an den Rand des Bahnhofsplatzes. Der sah aus wie eine immerfort sich ablösende Ebbe und Flut. Von der Prielmayr-, von der Schützen-, Schiller- und Bayerstraße heraus liefen bewaffnete Massen andauernd Sturm gegen den feuerspeienden Hauptbahnhof, glitten brüllend und heulend wieder zurück und stürmten mit erneuter Erbitterung vor.
»Nie-ieder! Nie-ieder! Nie-ieder!« dröhnte auf, die Maschinengewehre knatterten, die Stürmenden jagten abermals vor und schossen, was aus ihren Gewehren herausging. Im Rauchgeschwader tauchte Sontheimer auf, schwang das Gewehr und schrie zurück: »Vorwärts! Sturm! Sturm!« Zwei Gewehre hatte er außerdem umgehängt, auf seinem Bauch baumelten zwei Feldstecher, eine

breite rote Schärpe trug er, drinnen steckte ein mächtiger Revolver. Um ihn herum pfiffen die Kugeln. »Vorwärts! Auf! Sturm!« brüllte er abermals und alles stürzte hinter ihm nach, wieder ein Kanonenschuß, Fensterscheiben klirrten, Getroffene fielen um, Boden und Häuser zitterten, die Menge, in der ich steckte, wogte weiter, vor mit den Stürmern und mit furchtbarem Geschrei in den krachenden Bahnhof.

Keine Waffe! Einfach so wie ein Fleischklumpen sich wegschießen lassen, tobte immerfort durch meinen wirren Kopf, und mit zusammengebissenen Zähnen, mit festverkrampften Fäusten ließ ich mich weiterdrängen. Auf einmal schrie ich mit aller Wut in die Ohren der Um-mich-Gestauten: »Ja, Herrgottsakrament, was ist's denn eigentlich! Gegen wen geht's denn eigentlich?!« Derart bellte ich, daß die an mich gepreßten Körper erschreckt erzitterten. Ich war nahe daran, einfach irgendwen anzupacken und ihn in Stücke zu zerreißen, bloß aus dem blindwütigen Drang heraus, nicht ganz und gar umsonst niedergeknallt zu werden. Nebenher lief immer der Gedanke: Dumm! Saudumm! Immer kommst du ins Gedräng', und nie hast du einen Zweck.

Seitdem kann ich mir ungefähr vorstellen, auf welche Art ein Feigling zu einem Helden wird.

»Gegen die Bamberger! Gegen Hoffmann, Rindvieh!« kam es zurück, und deutlich empfand ich eine Erleichterung. »Na also! Dann ist's ja gut! Nur los! Nichts wie los!« gab ich Antwort. Es ging unter. Das Schießen hatte ziemlich aufgehört, schallend schrie es durch die hohen Hallen: »Sieg! Sieg! Hoch die Räterepublik!« Der Bahnhof war genommen und von Kommunisten besetzt. Lachende Gesichter kamen in mein Blickfeld. Von der Arnulfstraße aus war unsere Masse in die Halle gedrungen, bei der Bayerstraße kam ich mit ihr hinaus. Das dichte Gemeng floß wie ein gehackter Brei auseinander, rann über den Platz und in die Straßen. Das Aufatmen aller teilte sich dem Einzelnen mit. Jetzt erst erfuhr ich, was geschehen war. Einige Mehrheitssozialisten hatten in der vorherge-

henden Nacht etliche Kasernenräte insgeheim für die Regierung Hoffmann gewonnen, im Namen der gesamten Garnison München einen Anschlag gegen die Räterepublik verbreiten lassen, das Standrecht verkündet, die wichtigsten Gebäude besetzt, den Zentralrat für abgesetzt erklärt, Mühsam, Wadler und noch irgendwelche Räte verhaftet und sie nach Niederbayern verschleppt. Hierauf forderte der Zentralrat zum Generalstreik auf, die Kommunisten übernahmen die Führung der bewaffneten Betriebe und Massen, die Putschisten wurden zurückgeschlagen, entwaffnet und davongejagt.
Ein neuer Zentralrat regierte, die Kommunisten ergriffen die Macht, die sogenannte zweite Räterepublik hub an, schier über Nacht erstand die bisher wohl begonnene, aber sehr lässig durchgeführte Organisierung der ›Roten Armee‹.

XXV
Der Zusammenbruch

Vierzehn Tage lang sammelten sich die Arbeitermassen Münchens zum Abwehrkampf gegen die herandringenden Truppenverbände Noskes und gegen die lauernden, inneren Revolten ihrer Gegner. Vierzehn Tage lang versuchten die meistgenannten neuen Machthaber, Leviné-Nissen, Levien, Eglhofer, Landauer, Toller und Axelrod, mit einem Heer von zufälligen, wankelmütigen Mitläufern und unsicheren Helfern eine kommunistische Räterepublik einzurichten. Vierzehn Tage lang hatten die Besitzenden ein unangenehmes Gefühl und schienen alle wie verkrochen.
»Jetzt kommt für jeden ein Existenzminimum«, sagte ich zum Holländer, »du bist beispielsweise Musiker! ... Du kriegst vom Staat zwanzig Mark oder etwas mehr in der Woche und ich auch.«
Der Mann bekam einige hastige Falten auf der Stirn und als ich lachte, lachte er auch gefroren. Unsere Villa war noch immer eine

unberührte Insel. Das Leben ging da wie ehemals, die Geschehnisse behinderten es nicht im mindesten. Ich kam einmal wieder zu meiner Gönnerin in der Stadt. Sie war ein wenig unruhig.
»Was wird geschehen, Herr Graf? . . . Man wird mir meine Wohnung vermieten . . . Wissen Sie, ich hab' ja gar nichts dagegen, ich will bloß meine Möbel und Bilder geschont wissen . . . Was raten Sie mir?« fragte sie mich. Ich zuckte die Achseln. Es fiel mir auch nichts weiter ein.
»Geben Sie Ihre Bilder dem Staat zur Aufbewahrung«, riet ich ihr, »es kommt sicher zu schweren Kämpfen.« Sie nickte, dachte eine kurze Weile nach und sagte aufgeheiterter: »Wir sind ja alle Menschen . . . Die Arbeiter haben sicher recht . . . Ich kann's verstehen . . . Ich selber will ja gar nichts als meine Ruhe haben.«
»Wer ruhig ist, wird auch in Ruh' gelassen werden . . . Sicher«, sagte ich und versprach, ihr bei jeder Gelegenheit beizustehen. Dasselbe taten ja auch die höchsten Machthaber. Ihre Freunde und Bekannten, wenn sie auch noch so reich waren, konnten sich auf sie berufen und waren somit geschützt.
Der Professor murrte schüchtern, lachte dann wieder nervös und erzählte von Haussuchungen in seiner Gegend. Man habe den Roten Schnaps gegeben, sei freundlich gewesen und sie seien wieder abgezogen. Es klang ein kleiner Hohn in seinen Worten.
»Jaja, Lieber, es kommt eine schwere Zeit . . . Eine ganz furchtbare Zeit«, rief er halb seufzend und sah in die Luft.
»Ich glaub', daß ein furchtbares Blutbad kommt, Herr Professor«, nahm ich das Wort auf, »aber es wär' alles zu vermeiden . . .«
»Zu vermeiden? Wie denn?«
»Wenn die angesehensten Professoren und Leute der Stadt an die Hoffmann-Regierung eine Kundgebung richteten, daß in München niemand ausgeplündert, beraubt und terrorisiert wird . . . Ich meine, wenn die wirklich großen Leute hier gegen die entsetzlichen Lügen auftreten würden, die draußen verbreitet werden und vermitteln wollten«, sagte ich.

»Aber das geht ja gar nicht ... Wir kommen doch gar nicht dazu ... Womöglich wird das als gegenrevolutionärer Akt aufgefaßt«, rief er und betonte die letzten Worte ironisch.
»Ja, dann ist eben nichts zu machen ... Die Leute sind, soweit ich sie kenne, sogar dankbar, wenn man wirklich helfen will«, meinte ich abermals.
»Ja! Ja! Lieber Graf, Sie sind auf dieser Seite ... Ich kann da nicht mit«, endete er.
Ich kam auf mein Atelier. Nebenan knirschte das Schloß auf, dann klopfte es bei mir. »Um Gottes willen, Herr Graf, Herr Graf, helfen Sie mir ... Ich war als Geisel verhaftet! ... Man hat mich wieder losgelassen, aber morgen soll ich mich wieder im Polizeipräsidium stellen und wieder interniert werden«, wimmerte mein Nachbar, ein dicklicher Maler. Er schlotterte und weinte fast.
»Aber gehn's?! ... Warum denn? ... Setzen Sie sich doch! ... Das ist ja alles dummes Zeug! ... Das ist sicher ein Irrtum!« rief ich und ließ ihn eintreten. Er berichtete, seine Nachbarin, eine hysterische Malerin, habe ihn den Kommunisten denunziert als gegenrevolutionären Spion.
»Sie kennen doch die Leute! Kommen Sie! Helfen Sie mir ... Ich will's Ihnen nie vergessen, nie!« flehte er.
»Ich kenn' zwar keinen, der auf der Polizei ist, aber kommen Sie, gehn wir hin«, tröstete ich ihn und ging mit ihm zur Polizei. Ohne weiteres fanden wir Eingang durch die Postenkette. Jeder dieser scheinbar so wilden Männer lockerte sich sofort, wenn ich sie auf gut Bayrisch anredete. Wir kamen durch, gelangten droben in eben jenes Zimmer, in welchem ich damals im Januar vernommen worden war. Das Hünenmädchen Hilde war da und noch einige hockten auf den Tischen, Männer mit Gewehren saßen herum und rauchten gemütlich Zigaretten, hinter den Stellagen standen wieder welche und suchten in Akten herum.
»Na, Graf? Was willst du denn?« fragte mich Hilde burschikos. Alle stellten sich um uns.

»Das ist doch der helle Wahnsinn, den Mann da zu verhaften! Der ist seit Jahr und Tag mein Nachbar! Ich bürge für ihn, jederzeit! Was liegt denn vor gegen ihn?« polterte ich gutmütig.
»Ja, der ist angegeben worden ... Gegenrevolutionär! ... Aber wenn du bürgst«, sagte ein Mann und rief Hilde zu: »Schreib einen Schein, daß nichts gegen ihn vorliegt.« Das Hünenmädchen ging in einen Nebenraum, ich hörte Schreibmaschinengeklapper und unterhielt mich beiläufig mit den Leuten. Hilde brachte einen Schein, der besagte, daß mein Nachbar unter dem Schutz der Räteregierung stehe. Wir gingen. Der Gerettete wollte mich am liebsten umschlingen und versprach mir alles mögliche, immer wieder dankte er mit Handdruck.
Vor meinem Atelier traf ich Pegu. Er war schweigsam und übermüdet.
»Ich kann mich auch nicht vierteilen ... Ich bin müd jetzt«, sagte er und legte sich lang aufs Sofa. Ich wußte nur zu gut, daß er Rast brauchte. Er war der gute Schatten bei jeder Aktion, er stellte die Zeitungen zusammen, die andere mit ihrem Namen deckten, er schuftete Nächte hindurch und verrichtete alle ungenannte Kleinarbeit für die Revolution, er war unermüdlich, kam, tat, was von ihm verlangt wurde, ging wieder und wanderte woanders hin.
»Da hast du meine Atelierschlüssel! ... Du kannst hier hausen ... Ich wohn' ja sowieso in Nymphenburg draußen«, sagte ich. Er nickte. Ich ließ ihn einschlafen und entfernte mich.
Durch die Straßen zogen unablässig Arbeiterbataillone mit geschultertem Gewehr. Jeder schaute ernst, beinahe traurig drein. Sie zogen dahin, hinter beladenen Lastautos her, durch die zujubelnde Menge, mit einem schwermütigen Schritt. Alte, ausgerakkerte, bärtige Arbeiter und junge Burschen mit kühnen Augen waren dabei. Groß begeistert schienen sie nicht. Die jungen Gesichter sagten ungefähr: Wir können uns doch nicht lumpen lassen! Und die alten hatten schweigende Pflichtfalten. Fast wie Anno 1917/18, in den letzten Kriegsjahren, wälzte sich dieses Heer

dahin, mit stoischem Mut, hart und bitter und so eben, weil es sein mußte.
Schamrot wurde ich. »Viel Glück, Kamerad! Da hast Zigaretten!« sagte ich zu einem Alten und gab ihm meine Schachtel. Das Herz saß mir auf der Gurgel. Er lachte halb, schlug seine Augendeckel auf und nieder und murmelte: »Dankschön.« –
Das Fräulein schickte Briefe, besorgt klangen sie. Ich ersah daraus, daß der eine oder andere verloren gegangen war und ich konnte ermessen, wie die Berliner Zeitungen über die Räterepublik logen. –
Unsere Trinkgelage wurden stumpfer und waren nicht mehr heiter. Von fernher durch die Nacht donnerten die Kanonen, die Fensterscheiben klirrten leise, die Wände zitterten ein wenig. Mir wollte der Wein nicht mehr schmecken. Die Schlachtbank, die Schlachtbank, dachte ich immerfort dumpf, und grausig malte ich mir aus, wie man sie hinmetzeln würde, die Tausende und Abertausende der Arbeiter. Gegen den Unteroffizier war nicht aufzukommen. Der kannte nichts als Krieg und Niedermachen.
»A-a-ahach, schenk mir ein! Schenk mir ein, Mensch! Laßt uns ersäufen!« stöhnte ich ab und zu und trank schnaubend.
Einmal in einer Nacht schlug der Hund an und hörte nicht mehr auf. Die Klingel ging lang. Draußen vor dem Tor lärmte es.
»Wer ist denn da?« schrieen wir drei Männer zugleich durch die offene Haustür und sahen unter dem Torlicht zwei Gestalten.
»Schorsch! Achenbach!« antwortete es. Sie waren als Sanitäter nach Dachau gewandert, man hatte sie aber wieder zurückgeschickt. Uns wurde leicht. Wir ließen sie herein. Dann läutete es wieder. Tautz, mein Zimmerherr und Pegu kamen.
Dieses Zusammenkommen lockerte die alte Heiterkeit wieder auf. Wir zechten bis zum Tagesanbruch. Hitzig diskutierten wir mitunter, der Holländer setzte sich an den Flügel, Pegu dichtete ein Lied, es fand sich eine Melodie, und alle sangen wir zuletzt begeistert:

»Brüder, wir kämpfen den Kampf um die Freiheit!
Brüder, es geht jetzt zum letzten Gefecht!
Ist es gewonnen, ist alles gewonnen!
Brüder, seid einig, und unser der Sieg!«

»Diese Revolution hat kein Lied! Das ist das Schlimme!« sagte ich. Die anderen lachten.
»Romantik! Die Revolution braucht bloß Waffen!« meinte Tautz.
»Die französische Revolution hat bei Jemappes mit der Marseillaise gesiegt«, rief ich wiederum.
»Allerdings war da ganz Frankreich revolutionär und nicht bloß eine Stadt«, warf der Holländer ein wenig spöttisch hin.
»Ja! Ha! Das stimmt!« lachte Davringhausen snobhaft: »Meine Herren, legen wir lieber das Trauerband an.«
»Wir siegen«, riefen Achenbach und mein Zimmerherr unüberzeugend.
»Wir verlieren«, sagte ich seltsam pathetisch: »Aber sie können die Revolution nicht mehr umbringen.«
»Sehr richtig«, stimmte Schorsch ihm bei, wie bei einer Versammlung. –
Am andern Tag fand in der Ludwigstraße die erste und letzte Parade der Roten Armee statt. Am Kriegsministerium vorbei defilierten die Reihen, rote Fahnen wehten und Hochrufe erschallten. Dichte Gafferscharen bevölkerten die Trottoire. Vom offenen Fenster herab sprach Eglhofer, der Kommandant der Armee. Entschlossen und ungeziert, in Matrosenuniform stand er da, manchmal hob er seine Faust. Wer ihn hörte, mußte ihm glauben.
Zur Feier des ersten Mai rüsteten die drei sozialistischen Parteien. Die Mehrheitssozialisten wollten den üblichen Umzug und Versammlungen, die Unabhängigen dasselbe und die Kommunisten Kampf bis auf den letzten Blutstropfen. Die Schulhäuser und öffentlichen Gebäude waren wie damals in den Kriegsjahren Kasernen. Aus und ein ging es dort. Trupps und Abordnungen kamen,

vollbesetzte Lastautos fuhren von dannen, hinaus zur Dachauer Front.

Im Hotel ›Vier Jahreszeiten‹ wurden Mitglieder einer antisemitischen, gegenrevolutionären Organisation verhaftet, die heimliche Verbindung mit den Regierungstruppen unterhielten und mit gefälschten Stempeln gegen die Rätediktatur arbeiteten. Die Zeitungen meldeten, daß sie als Geiseln im Luitpoldgymnasium untergebracht worden seien. –

Die Rote Armee wich der Übermacht. Von allen Seiten strömten die Bewaffneten in die Stadt zurück und brachten die grausigsten Nachrichten mit. Überall in der Umgebung hatten die Regierungstruppen schonungslos füsiliert, in Rosenheim, in Starnberg, in Puchheim, in Schleißheim und Perlach. Auch verwundete Rotgardisten, Sanitäter und völlig Unbeteiligte waren die Opfer gewesen. Die Leitung der Unabhängigen rief zur Ablieferung der Waffen und zum abermaligen Generalstreik auf. Viele gaben Gewehr und Munition ab, gingen heim und kamen nicht wieder. Das Arbeiterheer zerbröckelte. Nur ein Bruchteil hielt in Ohnmacht und Wirrsal stand. Diese wenigen, meist Kommunisten, befestigten sich notdürftig in den Gebäuden.

Flieger kamen wieder durch die Luft. Es regnete Kundgebungen der Regierung Hoffmann. Wieder war darin von gewissenlosen Hetzern, von eigennützigen Agitatoren und landfremden Phantasten die Rede. Nicht als sogenannte ›Weiße Garde‹ kämen die Truppen, hieß es, sondern lediglich als Hersteller von Ruhe und Ordnung, damit der Neuaufbau des sozialistischen Staates und die ruhige Durchführung des Rätegedankens gewährleistet werden könnte. Strenges Gericht für die Rädelsführer der irregeleiteten Arbeitermassen war angedroht, aber Menschlichkeit ließe man walten gegenüber den Verführten, denn ›Genosse Hoffmann‹ sei ›kein Reaktionär oder Gegenrevolutionär, sondern ein radikaler Vorkämpfer der sozialistischen Bewegung‹ – und außerdem stünden in Augsburg Lebensmittelzüge für München bereit. –

Die Truppen und Freiwilligenverbände Noskes und Schneppenhorsts schoben sich in die äußeren Viertel, drangen vor und kamen in das Stadtinnere. Mit nie wieder erlebtem Mut verteidigten sich die Arbeiter. Ganz München lief, ganz München erzitterte. Schrapnells surrten, Kanonen donnerten, Maschinengewehre ratterten, Panzerautos spieen Feuer, Hausecken brachen krachend ein, hilflos und verzweifelt stürzten die Leute auf die Straße, weinten und jammerten, fluchten und schrieen, wirklicher Krieg durchheulte die Luft.
»Geiselmord im Luitpoldgymnasium!« gellte förmlich von Ohr zu Ohr. Die Arbeiter hatten jene Verhafteten und zwei gefangen genommene Regierungssoldaten erschossen.
»Sontheimer tot! Eglhofer erschossen! Landauer ermordet!« war gleichsam die Antwort darauf, und jetzt fing bei den Soldaten eine wahre Treibjagd auf verdächtige Zivilisten an. Ein furchtbares Denunzieren setzte ein. Kein Mensch war mehr sicher. Wer einen Feind hatte, konnte ihn mit etlichen Worten dem Tod überliefern. Jetzt waren auf einmal wieder die verkrochenen Bürger da und liefen emsig mit umgehängtem Gewehr und weißblauer Bürgerwehr-Armbinde hinter den Truppen her. Wahrhaft gierig suchten sie mit den Augen herum, deuteten dahin und dorthin, rannten einem Menschen nach, schlugen plärrend auf ihn ein, spuckten, stießen wie wildgeworden und schleppten den Halbtotgeprügelten zu den Soldaten. Oder es ging schneller: Der Ahnungslose blieb wie erstarrt stehen, die Meute stürmte heran, umringte ihn, ein Schuß krachte und aus war es. Lachend und befriedigt gingen die Leute auseinander.
Auf großen Umwegen kam ich mit Davringhausen zu einer Bekannten in die Stadt. Dort erfuhren wir, daß Schorsch, Achenbach und viele unserer Bekannten verhaftet seien. Die Bürgerwehr hatte es sich zur Aufgabe gemacht, sämtliche Schwabinger Ateliers mit beigegebenen Soldaten durchzustöbern. Wer angetroffen wurde, verfiel der Verhaftung. Ich ließ Davringhausen bei der Be-

kannten und machte mich auf den Weg. »Mensch, vertroll dich!« raunte mir in einem Hausgang ein Arbeiter zu, der mich erkannte, und erzählte mir hastig, daß mein Atelier durchsucht worden sei. Die Genossen, die dort gewohnt hätten, seien kurz vorher weggegangen. Einer von ihnen sei auf der Straße erschossen worden. Ich gelangte – immerzu geduckt und mit mächtigen Sätzen über die Straßen rennend – bis zur Dachauer und Augustenstraße. Zwischen ängstlich an die Hauswände gepreßten Menschen wand ich mich weiter, denn am Bahnhof tobte ein besonders wütender Kampf. Vom Stiglmaierplatz herunter dröhnte ein Panzerauto und schoß immerfort. Jeder von uns stemmte sich hilfesuchend an die verschlossenen Haustüren, wir jagten Hals über Kopf in das Torgewölbe des Apollotheaters. Das Panzerauto war vorüber. Wir drückten uns wieder auf die Straße und sahen die mörderische Beschießung der von den Arbeitern besetzten Polizeistation. Es krachte, dampfte, und das Gemäuer staubte rieselnd auseinander, Fenster klirrten und Splitter flogen. Hartnäckig erwiderten die Befestigten das Feuer, allmählich ließ es nach, immer weniger und weniger Schüsse kamen aus dem Haus. Aus der Marsstraße rückte eine Abteilung Regierungssoldaten mit schußbereit gehaltenem Gewehr vor, erbrach die Tür. Kein Schuß kam mehr aus dem Innern.

»Die sind alle tot«, sagte ein Mann unter uns. Das Schießen hatte aufgehört, das Panzerauto war schon am Bahnhof vorne. Wir wollten weiter. Eine alte Frau humpelte über die Straße. Vorne an der Ecke legte ein Regierungssoldat an. Es krachte, die Frau fiel und blieb nach einigen Zuckungen liegen.

»Ja-ja! Um Gottes willen! Um Gottes willen!« schrie ein Mädchen händeringend.

»Nicht schießen! Nicht schießen!« brüllten wir alle. Ein Knäblein hatte sich unbemerkt aus uns gewunden, lief mit flatterndem roten Taschentuch auf die Leiche zu. Es knallte schon wieder. Gellend schrie der Bub, machte einige Purzelbäume und lag still.

»Mörder! Schufte!« schrieen alle ohnmächtig und verzweifelt. Fäuste hoben sich. Viele weinten.
»Weg! Weiter!« bellte es vorne. Und schon wieder legte der Soldat an. Wir rannten wie irr in den Hinterhof und warteten zusammengeduckt. Jeder schlotterte, jeder hatte ein wutblasses Gesicht. Keiner sagte ein Wort. Wir standen da, wie zusammengepferchte Tiere unter einem losbrechenden Gewitter.
»Das sind keine Menschen mehr!« murmelte nach langer Zeit ein alter Mann und rieb sich die Augen aus.
»Das sind Viecher! Das sind Metzger!« heulte das Mädchen. Erst nach Stunden wurde es etwas ruhiger. Ich wanderte weiter.
Überall zogen lange Reihen verhafteter, zerschundener, blutiggeschlagener Arbeiter mit hochgehaltenen Armen. Seitlich, hinten und vorne marschierten Soldaten, brüllten, wenn ein erlahmter Arm niedersinken wollte, stießen mit Gewehrkolben in die Rippen, schlugen mit Fäusten auf die Zitternden ein. Ich wollte aufschreien, biß aber nur die Zähne fest aufeinander und schluckte. Das Weinen stand mir hinter den Augen. Ich fing manchen Blick auf und brach fast um, sammelte mich wieder und sah einem anderen Verhafteten ins Auge.
Das sind alle meine Brüder, dachte ich zerknirscht, man hat sie zur Welt gebracht, großgeprügelt, hinausgeschmissen, sie sind zu einem Meister gekommen, das Prügeln ging weiter, als Gesellen hat man sie ausgenützt und schließlich sind sie Soldaten geworden und haben für die gekämpft, die sie prügelten.
Und jetzt?
Sie sind alle Hunde gewesen wie ich, haben ihr Leben lang kuschen und sich ducken müssen, und jetzt, weil sie beißen wollten, schlägt man sie tot.
Wir sind Gefangene! –
Mit großen, verstörten Augen schauten die Leute der Arbeitergegenden auf die Züge und preßten schweigend die Lippen aufeinander.

Ich kam nach vielen Kreuz- und Querläufen zur Ludwigstraße. Da schoß es schon nicht mehr. Das elegante Volk tummelte sich hier und in den Hofgartencafés. Gut gekleidete, beleibte Bürgerwehrler und Lebemänner mit Monokel unterhielten sich geschäftig mit Soldaten und Offizieren, feine Damen spendeten Zigaretten, Zigarren und Schokolade, kokettierten und schäkerten mit den geschnürten Leutnants.
Ein Zug Verhafteter kam daher. Sofort lief alles darauf los, schrie und johlte, spuckte, schimpfte und drohte. Feine Damen verabreichten heldenmütige Ohrfeigen, altmodische Offiziersfrauen feixten entrüstet und schwangen ihre ausgebleichten Sonnenschirme, Bürgerwehrler versetzten hinterlistige Püffe und die Lebemänner lächelten beifällig. Niemand verwehrte es ihnen.
Tage hindurch hörte man nichts mehr als Verhaftungen und Erschießungen. Einundzwanzig Mitglieder eines katholischen Gesellenvereins, die ahnungslos eine Versammlung in einem Nebenzimmer abhielten, wurden festgenommen, in einen Keller geschleppt und buchstäblich abgeschlachtet.
Die Räterepublik war zu Ende. Die Revolution war besiegt. Das Standgericht arbeitete emsig.
An die Generäle von Oven und Möhl richtete der ehemalige Arbeiter und nunmehrige sozialdemokratische Reichswehrminister Gustav Noske folgendes Telegramm:
›Für die umsichtige und erfolgreiche Leitung der Operationen in München spreche ich Ihnen meine volle Anerkennung aus und der Truppe herzlichsten Dank für ihre Leistung.‹
Jeden Abend spielten in den großen Bräuhausgärten die Musikkapellen der Regierungstruppen patriotische Lieder und Stücke und ernteten orkanartigen Beifall.
Ich wartete auf nichts mehr als auf meine Verhaftung. Ich wünschte sie mir. Ich wußte endgültig, wohin und zu wem ich gehörte. –

XXVI
Der Vorhang fällt

Merkwürdig, mein Atelier war durchsucht worden und die Häscher forschten nicht weiter nach mir. Noch merkwürdiger, drüben wohnte doch der Herr vom ›Bayrischen Kurier‹ und brauchte mich bloß anzugeben; viele meiner Feinde wußten um meinen Verbleib, aber es geschah mir nichts. Am allermerkwürdigsten, eines Tages kamen sechs Soldaten und ein Offizier in die Holländervilla, weil, wie der letztere angab, hier Sektgelage abgehalten würden. Unschwer erkannten wir aus seinem Gebaren und Fragen, daß hier versteckte Revolutionäre sein sollten.

»Und was ist mit dem da?« fragte der Offizier den Hausherrn und Marietta, auf mich deutend.

»Ich heiße Graf und wohne hier ... Hier ist mein Ausweis«, gab ich zur Antwort, »ich hab' nur dieses Arbeitsbuch ... Bäcker bin ich jetzt nicht mehr, ich bin Schriftsteller.« Der Offizier durchblätterte lässig meine Papiere und gab sie mir wieder.

»Der Herr ist Dichter ... Er ist ein Freund von uns«, sagte auch Marietta resolut. Der Offizier ließ sich in das Zimmer führen, in welchem ich gewöhnlich schlief und meine Manuskripte hatte. Er sah einige Blätter auf dem Tisch durch, sagte nichts mehr weiter und zog mit den Soldaten ab. Offenbar hatte ihn der Luxus der Villa überwältigt.

»Die können dir gar nichts machen«, meinte Marietta, »du bist einfach unser Dauergast ... Wir sind Ausländer.«

»Und wenn sie mir schon was machen ... Jetzt ist schon alles gleich«, brummte ich.

»Stiesel!« warf sie beleidigt hin. Ich sagte nichts mehr.

Meine Tage verliefen wie eine drückende Wartezeit. Dieser und jener Revolutionär kam. Ich brachte den Holländer dazu, den Flüchtenden Geld zu geben.

Einmal suchte ich mein Atelier auf. Es war verschlossen wie im-

mer. Nur die Bücher waren herausgerissen und die durchwühlten Schubladen standen offen. Ich wartete eine Zeit lang, ob mein Nachbar sich nicht bemerkbar mache. Es blieb still. Der Mann mußte weggegangen oder verreist sein. Gerne hätte ich ihn gefragt, was alles vorgefallen sei. Vergebens klopfte ich an seine Tür. Später sah ich ihn als Bürgerwehrler laufen.
Als ich wieder durch die zwei dreckigen Höfe ging, sahen mich einige Hausinwohner. Du bist auch einer von diesen roten Hunden, sagten deutlich ihre Blicke. Aber sie ließen mich gehen.
Auf der Straße ging mir immerfort durch den Kopf: Jetzt wirst du verhaftet. Da! – Jaja, der Soldat kommt schon auf dich zu.
Zugleich gespannt und gleichgültig war ich. Wenn der Mann vorüber war, fingen die gleichen Gedanken von vorne an. Trotzdem fiel mir nicht ein, nach Nymphenburg zurückzugehen. Es trieb mich herum, und ich wurde nicht ruhig.
Die Stadt hatte ein bösartiges Gesicht. An den Eingängen der öffentlichen Gebäude standen Maschinengewehre, Stacheldrähte waren gezogen oder sogenannte Spanische Reiter aufgestellt. Zwei schwerbewaffnete Posten tappten auf und ab. Das Militär herrschte. Überall streiften truppweise und einzeln Soldaten umher, ordensbesternte Offiziere gingen auf den Trottoiren oder fuhren in Autos vorüber, geschäftige Bürgerwehrler sah ich. Gewissermaßen unterirdisch ging die Verfolgung der Räteanhänger weiter. Eifrig suchte man nach Toller, Leviné, Levien, Axelrod und den anderen Führern. Immer wieder tauchten kleinere und größere Züge Verhafteter auf, immer wieder lief ihnen alles nach, und das übliche Gekläffe hub an. Ängstlich, gleichsam mit verprügelten Mienen, schlichen da und dort einige Arbeiter. Wir wechselten Blicke und gingen schweigend aneinander vorüber. Jeder wußte sein Teil.
Die Gefängnisse waren übervoll, die Erschießungen dauerten an. »Diese Wilden! Diese Hottentotten!« schimpfte am Marienplatz ein Herr und erzählte von den Zerstörungen der Kommunisten in

der Polizei. Kurz vor dem Einmarsch hatten sie die meisten Aktenstücke in den Hof geworfen und verbrannt. Am Isartorplatz erfuhr ich, daß die meisten Erschossenen im Ostfriedhof draußen lägen. Ich wollte in den Friseurladen gehen, um meine Schwester Nanndl zu sprechen. Eine grausige Zahl schlug an meine Ohren. Ich glaubte sie nicht, aber ich ging nicht zu Nanndl hinein. Ich wollte keinen Toten sehen. Ich mußte dennoch zum Ostfriedhof.
Im Leichenhaus lagen blumenüberdeckt, mit vielen Kränzen beladen und mit weißblauen Bändern geziert, die gefallenen Regierungssoldaten. Alle gingen vorbei, fast keiner sah hinein. Auch ich nicht. Rechts und links durch die Brettertore, die in die Höfe und Gärten des Friedhofs führen, wankten die vielen Arbeiterfrauen, die geknickten Männer, Mädchen und weinenden Schulkinder, auf die Abfallräume zu, wo die alten Kränze und verwelkten Blumen hingeworfen werden. Mit diesen Trauernden und Suchenden kam ich in einen langen, kellerdumpfen Schuppen mit Seitenfenstern. Auf dem schmutzigen Pflaster lagen die toten Arbeiter. Hingeschmissen, gerade, schief, auf dem Rücken oder auf der Seite. Nur die Füße bildeten eine gerade Linie mit der Wand. Es roch gräßlich nach Blut und Leichen. Man schlurfte auf den rotgefärbten Sägespänen dahin von Mann zu Mann. Um mich herum flüsterten, weinten, klagten und wimmerten die Leute und beugten sich ab und zu nieder auf die Toten, an die man Paketadressen oder kleine Pappendeckel geheftet hatte. Darauf stand der Name oder eine Nummer. Ich konnte kaum mehr atmen, ich wollte davonlaufen, aber es standen viele um mich, hinter und vor mir und schoben mich sacht weiter. Ich starrte sekundenlang an die Wand, dann wieder auf die leblos Daliegenden. Herz, Magen und Darm drehten sich mir. Ich fäustete gewaltsam die Hände und raffte mich zusammen. Ich versuchte zu zählen – bis zwanzig, bis vierzig, weiter, bis siebzig, immer noch weiter, bis neunzig, bis hundert und immer noch weiter. Ich zählte nicht mehr. Es ging nicht mehr. Meine Augen zerrannen. Mich fror, ich zitterte. Die meisten Toten waren

zerfetzt, der lag im blutigen Hemd da, dem hing aus einer trichterförmigen Halswunde ein Stück Schlagader, dem fehlte der Unterkiefer, diesem die Nase, zwei, drei und mehr Schüsse hatten den ausgelöscht, dort lag einer mit überdecktem Haupt, daneben einer mit halbem Kopf, mit ausgelaufenem Hirn, nur ein kleines Stück Wand vom Hinterschädel war noch zu sehen. Dem hatte man die Paketadresse an die Zehe gebunden, weil alles an ihm zerrissen war, alles nur Blut. Das Weinen und Jammern verstärkte sich. Furchtbar sind die Blicke der Suchenden, der Gehetzten!

Als ich herauskam, schien mir, als rieche die ganze Stadt nach Leichen. In Nymphenburg fand ich ein Telegramm vom Fräulein: ›Ankomme morgen neun Uhr. Abholen.‹ Es war Besuch da. Ich würgte das Essen hinunter, ich trank, ich redete auch, aber das war, wie mir schien, gar nicht ich. Die ganze Nacht, im Schlaf, zählte ich immerfort und sah nichts als den stinkenden, grauenhaften Kellerraum. In aller Frühe stand ich auf, gewiß eine Stunde wusch ich mich unablässig, kleidete mich endlich an und fuhr in die Stadt. Einen Blumenstrauß kaufte ich. Er roch schon wieder so wie die Luft da rundherum. Kurz vor der Perronsperre am Bahnhof rief auf einmal jemand hinter mir meinen Namen. Ich drehte mich hastig um. Ein Soldat faßte meinen Ärmel, sagte kurz: »Sie sind Herr Graf, ja?« und führte mich in die Bahnhofswache. Ich atmete fast auf. Endlich, endlich, dachte ich.

Der Offizier besah wieder lässig meine Papiere. Die herumlungernden Soldaten musterten mich hämisch.

»Zur Polizei«, sagte der Offizier. Ich wollte gar nichts sagen, brachte aber doch noch heraus: »Rufen Sie bitte Nymphenburg, Nummer –«

»Weiter«, schnitt der Soldat das Wort ab und brachte mich zur Polizei. Ruhig, fast ein wenig höhnisch trug ich auf dem ganzen Weg den Blumenstrauß vor mir her, als müßte ich ihn jeden Moment überreichen.

Ich wurde nicht vernommen, sondern gleich in den Vorraum des

Gefängnisses geführt. Dort stand ein langer Tisch, gleichgültig nahm mir der Wärter alles ab, was ich bei mir trug. Auch den Blumenstrauß notierte er als eingeliefert. Der Soldat ging. Ein anderer Wärter brachte mich in die Zelle dreizehn. Es war ein Raum mit ungefähr neun Holzpritschen, die vollauf besetzt waren. Außerdem stand auf jedem Fleck wer. Man konnte nicht auf und ab gehen, nur sich notdürftig aneinander vorbeidrängen und hin und wieder an den zwei kleinen, offenen Gitterfenstern ein wenig Luft schnappen. Eine buntgemischte Gesellschaft, hauptsächlich Arbeiter, einige Kellner und Schieber, ein Herr in hellem Sportkostüm und ein bebrillter Redakteur, umgaben mich.
»Ah, auch unschuldig?« fragte ein kecker Arbeiter ironisch, und alle lachten. Ich lachte ebenso.
»Geschoben?« erkundigte sich der eine Kellner.
Qualm, Schweißgeruch, Gestank herrschten drückend. Hinten auf dem Klosett saß immerfort ein alter, vollbärtiger Arbeiter, graunzte, drückte und klagte über seine schmerzenden Hämorrhoiden. Einige hockten in kleingepferchtem Kreis in einer Pritschenecke und spielten lärmend Tarock. Viele pfiffen, sangen, unterhielten sich, und es gab wieder welche, die einfach stumm und leer vor sich hinstarrten. Nachdem ich endlich die Situation ein wenig erfaßt hatte, wurde mir leichter. Wenigstens keine Einzelzelle, wenigstens unter einem Haufen und immer kleine Abwechslungen, dachte ich ruhig. Das Anfreunden ging schnell. Ich fragte herum und erfuhr fast stets das gleiche. »Wegen roter Umtriebe«, war die immer gleiche, gelassene Antwort. Keinem lag was dran. An das Morgen dachte niemand, jeder fügte sich, so gut es ging, ins Ganze. Von Zeit zu Zeit ging immer wieder die Türe auf, und ein Neuverhafteter wurde hereingeschoben.
»Ja, Herrgott, wir haben ja sowieso keinen Platz mehr!« schimpften die meisten.
»Wird schon leerer«, meinte der Wärter und zog die Tür wieder zu.
»Ja, wenn wieder ein Dutzend erschossen werden!« schrien die

meisten höhnisch. Und dann stand der Neuling da wie ein begossener Pudel, und alles lachte galgenfroh: »Ah, auch unschuldig, was?« Sagte er ja und wollte beteuern, so wurde das Gelächter noch stärker. Gutmütige Spöttereien mischten sich ineinander: »Jaja, mir sind ja alle unschuldig, Kamerad! Aber da brauchst überhaupt gar nichts sagen! Da geht's sehr einfach! Ob du was gemacht hast oder nicht, derschossen wirst doch! Am gescheitesten ist's schon, du sagst gleich, du hast zwanzig Weiße niederkartätscht.«

»Schmier eini!« kam es aus der Tarocker-Ecke und »Ah, haut schon! An Herzzehna! Uens gehört's!« sekundierte der andere Spieler.

In wenigen Minuten war so ein Neugekommener sicher und gehörte zu uns. Voll und immer voller wurde es. Wie die Heringe standen wir aneinander. Heiß und heißer wurde es, Läuse und Flöhe, Wanzen und Russen gab es. Ich schob mich hin und her, zog mich an den Gitterstäben des Fensters hoch und blickte in den Polizeihof hinunter. Da standen rundherum Gewehrpyramiden und Abteilungen von Soldaten, Maschinengewehre und Bagagewagen. Auch an den anderen, gegenüberliegenden Zellenfenstern sah ich hochgereckte Köpfe, es schrie herüber, es winkte. Plötzlich packte drunten ein Soldat ein Gewehr und schrie anlegend herauf: »Weg da! Weg, ihr Hunde!« Dann wurden die Fenster wieder für eine kurze Zeit leer. So vergingen die Stunden. Dunkler wurde es, Licht kam in der Decke, zwei Wärter brachten dünne Suppe und je ein Kommißbrot.

»Ja, wie ist's denn da mit dem Schlafen?« erkundigte ich mich.

»Schlafen?« lachte ein Kamerad: »Jaja, das ist sehr einfach, du hast ja deine zwei gesunden Füß' noch ... Na also ... Da stehst einmal auf dem einen, dann wieder auf dem andern, und hie und da kannst du auch Glück haben und kommst auf die Pritsche.«

Dann kam also die Schlafenszeit. Wirklich lag alles berggleich übereinander auf den Pritschen und darunter. Der Rest versuchte stehend, an die Wand gedrückt oder aneinanderlehnend, zu schlafen. Das ging aber nie sehr lange. Auf einmal fing das Rutschen an. Alles, was stand, sackte schief hin, rührte sich wieder und tappte schlaftrunken herum. Flüche knurrten, Gemurmel fing an, Unterhaltungen begannen und brachen ermattet wieder ab. Schrecklich langsam verliefen diese dunklen Stunden. Die Augen taten weh, der Körper juckte, man scharrte und stieß dabei den Nebenmann. Der murrte ein wenig und schnaufte schwer auf. Aus einer Ecke stöhnte ein Lungenkranker, der nachmittags eingeliefert worden war, keuchte, hustete wie sich erbrechend und spuckte. Dort träumte einer laut und schlug herum. Die neben und auf ihm liegenden wachten auf, weckten ihn und versuchten sich anders zu placieren. Um den Abort stritten einige, das Wasser rauschte, irgendwer schimpfte und verlangte Ruhe. Endlich, endlich wurde es langsam hell, und fahl fiel das Licht über den wüsten Schlafberg, der allgemach wieder lebendiger wurde. Eine Blechschale voll schwarzen Kaffees gab es und wieder Kommißbrot, truppweise durften ab und zu welche in die Waschzellen.

Das Fräulein war angekommen und hatte mich auf der Polizei erfragt. Es durfte aber nicht herein. Der Wärter reichte mir durch die viereckige Türöffnung eine Konservenbüchse, Brot und einige Zigaretten. Wie jeder hier, teilte ich aus. Gemeinsam wurden die Zigaretten bis zum letzten Stummel geraucht, dann streifte einer die Glut weg und zerkaute das Übriggebliebene.

»Schuster!« brüllte der Wärter draußen abermals. Der Gerufene kam heran und ging durch die offene Türe. Zwei Soldaten nahmen ihn in die Mitte und führten ihn über die steinernen Treppen hinauf.

»Mensch, endlich fangen sie doch einmal mit dem Verhören an«, sagte ein unterwachsener Arbeiter. Ich erfuhr, daß einige schon fünf und acht Tage unverhört hier waren. Manchmal kam der Geholte wieder, manchmal nicht mehr. Die einen mutmaßten, er sei erschossen worden, die andern waren der Meinung, man habe ihn in ein anderes Gefängnis gebracht. »Erschossen wird da herinnen kaum einer . . . Ja, vielleicht in den ersten Tagen! . . . Jetzt nicht mehr . . . Wir können ja von Glück sagen, daß man uns erst so spät gefaßt hat«, sagte ein alter Arbeiter und fing zu erzählen an von den Erschießungen im Schlacht- und Viehhof und im Hofbräuhauskeller. Viel mehr unschuldige, denunzierte und willkürlich festgenommene Zivilisten als Rotarmisten seien an die Wand gestellt und ohne Verhör einfach niedergeknallt worden, berichtete er. Kein Wort war erlogen. Später mußte sogar der Polizeibericht und derjenige des sozialdemokratischen Aktionsausschusses dies zugestehen.

Ich sagte, was ich im Ostfriedhof gesehen hatte.

»Ja, das sind die sogenannten standrechtlich Erschossenen«, meinte ein anderer Kamerad: »Gell, Weiber hast du unter den Toten gar nicht gesehen?«

»Nein.«

»Die hat man weggeräumt, damit es nicht so feig aussieht«, sagte er. Eine Weile verging schweigend.

»Mensch, für das hat man im Feld den Schädel hingehalten«, brummte einer.

Die Tür ging auf. Ein Neuer kam. Ein ungefähr vierzigjähriger, zerhetzt dreinsehender Arbeiter war es. Er blieb stehen und schaute, als wolle er jeden auffressen. Als wir ihn gemütlich anredeten, brüllte er auf einmal furchtbar auf, rannte an die Tür und versuchte, dran zu reißen, schrie, schrie: »Meine Frau stirbt! Meine Frau! Laßt mich hinaus!« Der Wärter kam und schimpfte herein, ging wieder. Der Mann fing gräßlich zu heulen an, rannte herum wie ein Irrsinniger, fand den Abort und zerstampfte ihn mit seinen schweren Stiefeln. Wir überwältigten ihn und beruhigten ihn, so gut es ging. Er blieb schlotternd auf der Pritsche liegen, starrte irr zur Decke, dann brüllte er wieder furchtbar auf: »Meine Frau! Die Hunde! Die Metzger! A-a-ach!« Und weinte, weinte.

Ein anderer wurde hereingeschoben, und blitzschnell war der Weinende an der Tür, aber sie klappte schon wieder zu. Der Rasende riß abermals dran und fiel bleich und wutschäumend lang hin, schlug um sich. Wir legten ihn wiederum auf die Pritsche. Einer tauchte sein Taschentuch ins ausgelaufene Abortwasser und legte es dem Schreienden auf die heiße Stirn. Der Mann fing wieder sein verzweifeltes Weinen an, und nun weinte auch der Lungenkranke hustend auf, stoßweise, immerfort.

Der Neugekommene erzählte von der Festnahme Leviné-Nissens.

»Den erschießen sie wie einen Hund!« sagte jemand.

»Aber sicher! ... Der kann noch so recht haben, er wird hingemacht!« gab ein anderer zurück.

»Der muß da herinnen in der Polizei sein«, sagte der Neue wiederum. Die neben ihm hoben die Köpfe und schauten ihn an.

»Da? Da herinnen? ... In der Polizei?«

»Ja, da herinnen ... Er muß in einer Einzelzelle sein.«

Auf einmal drängte sich jeder um den Neugekommenen, auf einmal fragte jeder, auf einmal wich die Gleichgültigkeit, auf einmal belebte sich jedes Gesicht.

»Da? Ganz gewiß? Wirklich? Da, in der Polizei?« Abermals bejahte der Neue. Jetzt wußten es alle, jetzt schaute jeder sekundenlang dem andern in die Augen, ein stockendes Schweigen setzte ein, nur die Weinenden hörte man noch, und auf einmal schrien etliche aus der Mitte: »Hoch! Leviné-Nissen!« Und wie ein jähes, aufmunterndes Signal ergriff es alle. »Schreit *das* nicht, da geht's uns schlechter«, mahnte der im Sportkostüm kläglich.

»Feigling!« plärrte ihn einer drohend an, und wie auf ein Zeichen wiederholte die ganze Zelle: »Hoch! Hoch, Leviné-Nissen! Hoch!« Und nun antwortete es auch schon aus allen Zellenfenstern rundherum, von unten bis oben, von links bis rechts, kreuz und quer, das ganze Haus schrie: »Hoch, Leviné-Nissen!« Drunten im Hof knackte es. Alles drängte sich an die Fenster. Grelles Kommandieren drang von unten herauf.

»Maul halten! Weg vom Fenster! Weg! Still mit dem Spektakel da droben! Weg, weg!« gellten Soldatenstimmen, und plötzlich knallten etliche Schüsse herauf, daß die am Fenster wie weggeschlagen in die Zelle zurückflogen. Einige Augenblicke war es still, dann schimpfte es aus allen Zellen: »Sauhunde! Dreckschlawiner, windige! Am Arsch leckt's uns!«

»Ich – ich hab's gesagt, ich hab's gesagt, jetzt geht's uns schlecht!« jammerte der Sportkostümler, aber keiner hörte auf ihn. Immer wieder rannten Wütende ans Fenster und fluchten hinunter. Eine erbitterte Kühnheit war in alle gekommen, sogar die Schieber und der ängstliche Redakteur wetterten.

Und weil es schon so war, fing ich an mit einigen, die um mich waren, die Marseillaise zu singen. Immer mehr fielen ein, die Zelle sang und wieder sang das ganze Haus. Es war bloß schade, daß die meisten nur einen Vers wußten.

»Ruhe! Ruhe, Bande!« schrillte es schon wieder im Hof drunten. Wir stimmten die Internationale an.

»Aufhören! Maul halten da droben!« drohte es noch einmal.

»An Dreck und a Photographie!« johlte einer hinunter, und von allen Seiten erscholl Gelächter.

»Und jetzt singen wir das schöne Lied: ›Schmiert die Guillotine!‹« sagte ich mutig, und weil es keiner kannte, sagte ich eifrig die Verse auf, zu jedem ging ich und lernte ihn an.

»Also, also, jetzt! Jetzt geht's an, jetzt, also!« schrie ich und schwang belustigt wie taktschlagend meine Arme: »Schmiert die Guillotine! Schmiert die Guillotine!« Alle waren dabei. Es dröhnte förmlich. Auf einmal brachen wir alle ab. Die am Fenster warnten hastig: »Jetzt kommen's!«

»Um Gottes willen, wir sind verloren!« wimmerte der Sportmensch und lehnte sich wachsbleich an die Wand. Wir drängten uns wie gewöhnlich aneinander vorüber und redeten gleichgültig.

»Ja, ja, kommen schon! Horch! Horch!« rief wer von der Türe her. Wir lauschten. Drunten hörten wir Lärm und Zellentürenschlagen. Schwere Stiefeltritte kamen über die Steintreppen herauf.

»Keiner hat gesungen!« rief einer halblaut: »Wer was sagt, ist hin!«
Jeder verstand es. Die Tür ging auf, und ein Leutnant mit dem Revolver und einer Hundspeitsche trampelte mit drei Soldaten herein.
»Wer hat hier gesungen!? Hier war's! Antwort!« fragte er schneidend. Keine Antwort. Stumm blickten wir alle auf ihn. Er fuchtelte förmlich schlaggierig mit der Hundepeitsche.
»Hier war's! Wer gesungen hat?!« Stumm blieb es. »Krieg' ich Antwort oder nicht!« drohte er.
»Hier hat keiner gesungen ... Da hinten weinen zwei«, erwiderte ihm endlich ein hünenhafter, auffallend breitschulteriger Arbeiter ruhig, und deutlich konnte man hören, wie die meisten aufatmeten. Der Offizier blieb einige Augenblicke in diesem dumpfen Schweigen stehen, machte eine rasche Kehrtbewegung, drehte noch einmal den Kopf herum und rief schnarrend: »Na wartet nur, ihr Kerle! Ihr kommt alle noch an die Wand!« Es wirkte aber nicht. Sporenklirrend verließ der Mann mit seinen Soldaten die Zelle. Wir warteten eine Weile stumm, und jeder hatte ein gleichmütiges Gesicht.
Der Redakteur sagte endlich: »Das werde ich mir mal merken.« Dann fingen auch wir wieder zu reden an.
Anfangs war es eigentlich ganz unterhaltlich hier, nur die Nächte sollten nicht gewesen sein, und wenn man beim Tag durch die Gitterfenster zum schönen, blauen Himmel hinaufschaute, wurde man mürrisch und ungeduldig. Vier bis fünf Tage war es wie ein Warten, allmählich aber fing die Zeit an, sich unerträglich zu dehnen. Es gab Stunden, da war jeder unzugänglich und brummig.
Die Angehörigen durften jetzt das Essen bringen und zum Türloch hineinreichen. Das Fräulein kam fast jeden Tag, wir wechselten etliche hastige Worte, und Schluß war es wieder. Einmal erschien auch meine Frau und jammerte mir vor. Ich konnte nichts darauf sagen und war froh, daß der Wärter nur etliche Minuten duldete.

Nach einer Woche kam ich zum Verhör. In einer Stube, wo vor jedem schreibenden Ausfrager ein Häftling seine Angaben zu machen hatte, wurden meine Personalien aufgenommen. Dann fragte mich der kleine, dicke Kommissar: »Haben Sie was anzugeben?«
»Das wollt' ich eben Sie fragen«, sagte ich frech darauf.
»Was?« frug der Polizist scharf.
»Ja, ich wollt' eben Sie fragen, was Sie über mich anzugeben haben«, wiederholte ich versteckt boshaft.
»Also Sie haben nichts anzugeben?« – »Nein.«
Wieder fragte der Mann: »Haben Sie Entlastungszeugen?«
»Ja«, sagte ich gedehnt und besann mich ein wenig, »wenn ich keine *Be*lastung hab', dann brauch' ich doch auch keine *Ent*lastungszeugen.«
»Also Sie haben einfach gar nichts anzugeben?« fragte der Kommissar kurz und griesgrämig eilsam.
»Nein.« Er schrieb. Ich mußte ein Protokoll unterschreiben.
Als ich wieder in die Zelle kam, waren neue Leute gekommen. Lauter Arbeiter. Einer stand traurig immer unterm Fenster und schaute vor sich hin. Auf Fragen antwortete er: »Ruinieren wollen sie mich . . . Ich war im Luitpoldgymnasium und hab' meine Löhnung holen wollen . . . Jetzt bin ich Geiselmörder.«
Weiter sagte er fast nichts. Er war ruhig und bedrückt. In vier Tagen war er grauhaarig. Später hat man ihn zu fünfzehn Jahren Zuchthaus verurteilt.
Mit ihm hatte man einen mittelgroßen, leicht angefetteten Bäcker eingeliefert. Er war immer guter Dinge und erzählte frei heraus, daß er die Erschießung gesehen hätte, einer habe ihm das Gewehr gegeben, und er habe es ihm gehalten, weil er austreten mußte. Später hat man ihn zum Tode verurteilt und erschossen. Pürzer hieß er. Dienstwillig war er jedem gegenüber, machte derbe Späße und hatte etwas von einem gutmütigen Tier.
Einmal schrie der Wärter zum Türloch herein: »Kastenberger!« Der Arbeiter, welcher in den ersten Tagen so hitzig nach seiner

Frau verlangt hatte, schnellte von der Pritsche auf, auf der man ihn stets liegen ließ und rannte ans Loch.
»Ihre Frau ist gestorben!« rief der Wärter gleichgültig kurz und ging. Kastenberger blieb etliche Augenblicke stocksteif stehen und glotzte geradeaus. Jeder, der um ihn stand, wartete auf einen neuen Tobsuchtsanfall, aber der Mann knickte nur ein wenig zusammen, schnaufte und kroch wieder auf seine Liegestatt. Er drehte sich zur Wand und sagte nicht ein Sterbenswort. Nachts plötzlich fing in dieser Ecke ein Geschrei an, und wir hörten dumpfe Aufschläge und ein fast röchelndes Keuchen. Kastenberger schlug seinen Kopf unausgesetzt mit aller Wucht an die Wand, und als ihn einige überwältigten, biß er einem fast den Finger ab. Es gab einen bedrohlichen Tumult. Wir schlugen Lärm und meldeten dem Wärter. Der ging wieder. Erst nach fast einer Stunde war es wieder ruhig. Am andern Tag lag Kastenberger mit einer schweren Verletzung am Kopf blutüberströmt auf dem Rücken. Er rührte sich nicht, als man ihn anredete, er ließ sich das dreckige, angenäßte Sacktuch drüberlegen, sich abputzen. Er schnaufte nur ab und zu schwer auf. Erst zwei Tage darauf wurde er weggebracht.
Das Fräulein rief einmal durch das Türloch: »Der Rechtsanwalt sagt, man wird dich wahrscheinlich in Schutzhaft nehmen.«
Am andern Tag erzählte ich ihm: »Du, ich komme in Schutzhaft.«
»Du? . . . Wer sagt's denn?«
»Niemand, aber ich komme in Schutzhaft«, antwortete ich abermals. Das Fräulein bekam ein ängstliches, trauriges Gesicht und rannte von dannen. Ich faßte mich leicht am Kopf. Ich merkte, es fing eine schleppende Blödheit an. Ich konnte nichts mehr recht auseinanderhalten. Ich lehnte mich an die Wand und schloß die Augen. Es war immer ein ewiggleiches Geräusch um mich. Jaso, jaso, jaja, jaja, ich war im Gefängnis, jaja, ja, das waren ja nur die Gespräche meiner Genossen, jaja, jaja, mhm, mhm, draußen war sonniger Himmel, jaja, mhm, auf der Polizei, jaja. Ich kam wieder mehr zu mir.

Diese eigentümlichen Zustände stellten sich immer wieder ein, immer wieder. Lahm und zerrüttet, unsäglich schlafmüd döste ich im Ungewissen dahin. Ich erlistete endlich einen Platz auf einer Pritsche und versank gleichsam in eine völlig leere, schwarze Dunkelheit. Ich schlief wie tot.
»Graf! Graf! Auf! Auf da! Raus!« rüttelte mich ein Genosse wach. Wie bewußtlos tappte ich einem Rudel Menschen nach, dann standen wir drunten im Hof vor einem Polizeiwagen, und jetzt erst, als die frische Luft auf mich einströmte, hellte sich's auf in meinem Hirn.
Wir wurden in das alte Militärgefängnis in der Corneliusstraße gefahren. Dort kam ich mit zwei Genossen in eine kleine Zelle mit einer Pritsche.
»Gott sei Dank, hier kann man liegen und schnaufen«, meinte der ältere von uns. »Wir machen es so, jeder darf eine Nacht auf der Pritsche liegen«, einigten wir uns. Da ertönten Schritte draußen, das Schloß knarrte. Ein Soldat tauchte auf und rief meinen Namen.
»Rauskommen«, sagte er, und ich folgte.
»Sie sind entlassen«, teilte er mir in der Gefängnistüre mit, »hinten draußen erwartet Sie jemand.«
Das Blut stockte einen Augenblick, ich starrte den Mann wie entgeistert an. Er schob mich ins Freie.
Das Fräulein stand auf der Straße. Wir umarmten uns wie vom Ertrinken Gerettete. »Nie, nie vergessen!« stammelte ich. Wir gingen weiter.

Epilog

Zehn Jahre war ich alt, als einer in mein Leben trat, erzogen von Soldaten, Unteroffizieren und Offizieren, und meine Erziehung in die Hand nahm. Zehn Jahre, als einer zu befehlen begann, mich anschrie, prügelte und noch mehr prügelte.
Zehn Jahre war ich alt, als ich anfing zu wissen, was Zwang ist, und anfing, ihn zu hassen, sinnlos zu hassen.
Zehn Jahre war ich alt und ging in die fünfte Klasse der Volksschule, als wir nach bestandener erster Beichte für die Kommunion vorbereitet wurden. Der Pfarrer, der uns unterrichtete, erzählte uns von der ungeheuren Wandlung, die uns der Empfang des Leibes Gottes bringen würde. Er beschrieb durch viele Beispiele die Qualen der unwürdig Empfangenden, der ›Gottesräuber‹.
Es gab da plötzliche Blitzschläge aus heiterem Himmel auf solche Sünder, lebenslängliches Unglück, Kranksein, Ruhelosigkeit, Lähmungen. Das nagende Gewissen trieb die Gottesräuber in die Welt hinaus, ließ sie Verbrechen begehen. Sie endeten nicht selten im Zuchthaus, und nach dem Tode winkte die ewige Qual, die Hölle.
Und auf der Seite der Büßenden, der Reinen, war Ruhe, Glück, waren Wunder und Verklärungen.
Ich lauschte begierig. Ich lernte. Ich hütete mich vor jeder Sünde, lebte in einer ständigen, gespannten Angst, etwas erleben zu müssen, wodurch meine Seele Schaden empfinge. Ich schlief oft bis tief in die Nacht hinein nicht und lispelte in einem fort Gebete. Ich redete einfältig mit Gott. Ich spülte nach jeder Mahlzeit meinen Mund aus, putzte fanatisch meine Zähne. Nicht nur in eine reine Seele sollte Gott Einzug halten, sondern auch in einen reinen Magen.
Ich vergaß oft alles, bekam Prügel vom Lehrer und zu Hause. Ich hatte Angst, Angst, Angst! –

Wenn ich allein war, überfiel mich eine irre Verzückung, eine besinnungslose Freude, wenn ich mir ausmalte, wie ich sei, wenn der Herr in mich gekommen wäre.
Ich spürte keine Prügel, alles um mich war verloschen. Ich hatte ein Gefühl, als sei alles schwebende Unwirklichkeit um mich. –
Doch dann kam wieder die Angst, die furchtbare Angst vor der plötzlichen Versündigung und auf einmal – ein bohrendes Mißtrauen, ein Grauen vor allen Menschen. –
Meine Mutter war sehr fromm. Sie hatte oft und oft Gott empfangen und war unverändert geblieben. Meine Geschwister waren leichtzüngig, hatten viele Male Gott empfangen, aber man sah ihnen nichts an. Alle Dorfleute waren fromm oder sündhaft, aber alle, alle hatten Gott geschluckt, oft und oft, und nichts an ihnen zeugte von einer Wandlung.
Mein Vater fluchte, daß oft das ganze Haus bebte, trank, fuhr jedes Jahr in einen berühmten Wallfahrtsort und empfing nach der Beichte den Leib des Herrn – betrank sich hernach in irgendeinem Bräu und fluchte am andern Tag genau so wie vorher, lästerte Gott. Nichts hatte ihn geändert. Alle Menschen nahmen Gott und wieder Gott in sich auf und keinen erfaßte die Verklärung, keiner hatte sich geändert. Alle blieben gleich, vollkommen gleich! –
Ich wurde irr.
Was war das?
Das! Das, daß alle gleich blieben nach dem Empfang der Hostie, daß man keinem etwas ansah?
Das, daß Gott keine Spuren an den Empfangenden zeigte? –
Ich sah meinen Vater an, meine Mutter, meine Geschwister, die Dorfleute, alle, alle.
Und auf einmal packte mich das Entsetzen.
Alle waren Gottesräuber! Allen lauerte der Teufel auf. Alle waren der Hölle verschrieben. Alle mußten ewig, ewig, ewig brennen, leiden, brennen, leiden!
Ich weinte oft tief in der Dunkelheit. Ich hatte Angstträume. Ich

versteckte mich im Heu, wenn mein Vater fluchte, und mein Herz stand oft jäh still, denn jeden Augenblick konnte, *mußte* ein Blitz aus heiterem Himmel niederstürzen. Konnte, mußte mein Vater für immer jäh verstummen oder tot umfallen. Konnte! Mußte! –
Ich versteckte mich, ließ rufen und rufen und gab nicht an. Ich aß nichts mehr. Ich schlief kaum noch. Ich schrie plötzlich in der Nacht laut auf und fühlte mich nur geborgen beim Religionsunterricht in der Schule. –
Dann kam die heilige Handlung.
Ich weiß nicht mehr, wie ich mich verhielt. Ich fühlte eine Oblate auf meiner Zunge und schluckte sie hinunter. Und riß die Augen weit auf.
Jetzt mußte ich strahlen! Jetzt mußte etwas in mir zu brennen anfangen! –
Wir schritten in die Betstühle zurück. Meine Glieder bewegten sich genau wie vorher. Ich schwebte nicht. Ich sah alles genau so, fühlte alles genau so, wie ich es immer gesehen und gefühlt hatte.
Es hatte sich nichts geändert! Nichts, gar nichts!
Der Pfarrer hatte gelogen! Gelogen!
Es gab keinen Gott in einer Hostie. Es gab überhaupt keinen! Es war alles Lüge! Lüge! Lüge! Lüge!
Es gab keinen Blitzschlag aus heiterem Himmel, keine Hölle! Meine Angst, mein Beten, mein Weinen – alles, alles war umsonst gewesen!
Es gab keinen Gott, keine Ruhe, kein Wunder, keine Verklärung! Es gab gar nichts! – *Gar nichts!* –

Niemand ist einsamer als ein werdender Mensch mit unvorbereitetem Herzen. Niemand wartet mehr auf das Wunder und auf die Liebe als er! –
Knapp siebzehn Jahre war ich alt. Shakespeare und Schopenhauer, Tolstoi und Stirner, Heine und Strindberg, Nietzsche und

Maupassant, Balzac und Wedekind, Ibsen, Zola und Flaubert hatte ich gelesen, Schiller und Grabbe, Bakunin und Herzen – Bücher und Bücher.

Ganze lange Stellen daraus kannte ich auswendig, zitierte sie oft, liebte sie, wurde bis zum Weinen bewegt durch sie und berauschte mich daran. Und sagte die Worte fast wie ein wohltuendes Gebet und kannte sie nicht. –

Durch die nächtlichen Straßen der Stadt lief ich voll ungewisser Unruhe. Immer und immer wieder drängte sich dieses *eine* dumpfe, quälende Gefühl zwischen meine verworrenen Gedanken: Du gehörst zu niemanden und niemand gehört zu dir! Du bist allein und ganz überflüssig.

Unlust und Mißmut kamen und wurden so groß, so zerfetzend, so schrecklich, daß ich schier vor meiner eigenen Jämmerlichkeit zu fliehen versuchte. Ab und zu schaute ich fast bittend auf die vorübergehenden Menschen, erschrak jäh, blickte hastig weg, wie einer, der Angst hat, das Verborgenste in sich zu verraten, ging schneller, ziellos weiter, eine Straße lang und wieder zurück, um ein Häusergeviert und wieder zurück, fing den Gang abermals von vorne an und wußte zuletzt wirklich kaum noch, wo ich war, stand, weshalb ich ging und überhaupt auf der Welt war.

»Komm mit!« sagte auf einmal eine Prostituierte zu mir. Zum ersten Mal in meinem ganzen Leben!

Ich glotzte sie an, alles an mir stockte, dann flogen und flammten meine Glieder.

Sie lächelte alt, nickte und ich ging mit ihr. Wir kamen auf ihr Zimmer. Sie knipste das Licht an. Ich wankte, fiel um sie, umklammerte sie wild, wollte sie küssen und lieben, wie nur ein junger Mensch erstmalig liebt.

»Au! Geh weg! Du zerreißt mir ja die Bluse! . . . Langsam! . . . Nur nicht gleich so stürmisch!« wehrte sie ab und verlangte Geld. Ich ließ sie aus, meine Arme, mein ganzer Körper wurden wie lahm. Dumm und stocksteif blieb ich stehen und ließ mit mir geschehen.

Sie nahm sich selber das Geld aus der Börse, entkleidete sich sachlich und legte sich hin. Es verschwamm alles, es versank. Wie ein Hitzklumpen fiel ich auf ihren kalten Leib. Nichts hörte ich mehr als ihr heiseres, häßliches Kichern.
Langsam, ganz langsam kehrte alles wieder. Die grüne Tapete, das gelbe Licht, der Diwan und das breit auseinandergeflossene, fleischige Gesicht. Ich richtete mich auf und blieb todtraurig neben ihr sitzen. Ich wollte lächeln, aber mein Gesicht schien gefroren, ich wollte reden und begann zu schlottern. Ich warf meinen heißen Kopf in ihre Brust und verschluckte das Weinen. Ich fing auf einmal an, mein Leben zu erzählen, stammelte, brach ab und umspannte noch hilfloser ihren Körper. Die Tränen brachen furchtbar aus mir.
»Nimm alles! Tu alles mit mir! Du! Du! Ich hab' dich so gern! Du! Du! Ich möcht' dich heiraten! Ich muß dich haben! Du! Du! Ich arbeit', ich mach' alles! Du! Du! Ich kann nicht mehr anders! Du! Du! Du hast es gut bei mir! Du! Du!« heulte ich in sie hinein, brüllte, schluchzte.
Es war, als zerginge ich langsam.
Sie erzitterte erschrocken, löste sich hastig los und stand auf. Ängstlich und ärgerlich sah sie mich an, murrte und brummte. Rasch warf sie ihre Kleider über, zog mich hoch, half mir ins Jakkett und brachte mich eilig auf die Straße.
»Sei doch still, Kerl! Sei still, sag ich! Still! . . . Da, da grad'aus! Geh nur! Geh! Geh bloß weiter!« waren ihre letzten Worte, und entsetzt lief sie davon.
Finster war es rundherum. Drohend ragten die massigen Hauswände in den dunklen Himmel. Ich tappte weiter. Weiter in eine grausige Verlassenheit hinein.
Die blieb und blieb. –

Die Wunder waren gestorben. Glaube und Liebe waren zu nichts geworden. Hoffnung schien Unsinn.
Zur Verlassenheit gesellten sich das Mißtrauen gegen jede innere Regung, die Feindschaft gegen die Welt und der furchtsame Haß gegen alle Menschen. Klugheit und List dünkten mir die einzigen Waffen, sich gegen alle Anstürme zu wehren. Winzig klein wurde mein Kreis und hieß nur noch: Ich.
Ganz plump: Ich. –
Schwätzer und Besessene versuchten mich zu ändern. Ich ließ mich scheinbar belehren, heuchelte Freundschaft, machte mir ihre überzeugendsten Redewendungen und Gedankenkniffe zunutze und blieb der gleiche.
Ideen und Ereignisse drangen heran. Ich verschloß mich ihnen nicht, o nein! Ich fand sie unterhaltlich und belächelte sie tief zu innerst ungläubig. Das letzte hieß ja doch immer nur: Wehre dich! Wehre dich, sonst wirst du zerstampft! Friß oder werde gefressen! Der Krieg kam und war mir nichts als eine einzige Narretei. Dieser galt es so schnell wie möglich auszuweichen. Sie geschah für irgendwen, und ich wollte nur für *mich* geschehen. –

Es war 1917. Mit beharrlichster List hatte ich mich vom Militär befreit. Ich war wieder in der Stadt. Wieder rann das Leben. Nichts hatte sich geändert. Die Fabrikarbeit, die Arbeiter, die Meister, die Logisfrau, Scheinheiligkeit, Speichelleckerei, Muckertum, Mißtrauen aller gegen alle und Berechnung auf eigenen Vorteil – alles war gleich geblieben.
Und ich?
Weshalb war ich frei?
War ich denn frei?
Nein! Tausendmal nein!
Hatte ich wenigstens etwas gewonnen? Hatte ich wem genützt durch mein Tun? Wirkte ich als irgendein Beispiel?

Nein! Tausendmal nein!
Also wieder nur die Leere. Also wieder nur das plumpe Ich.
Ein Ekel stieg auf in mir. Ein noch größerer Haß gegen mich und alles Leben um mich.
Ich schritt dumpf durch die Straßen. Es lachte jemand. Jäh zuckte es auf in mir: Jetzt aufspringen! Sich auf einen Menschen stürzen, ihn niedermachen! Viele, viele Menschen niedermachen, erwürgen! Und dann wieder eingesperrt werden, ins Irrenhaus oder ins Zuchthaus. Ganz gleich wo! Nur noch alleiniger sein, ganz allein!
Verzweifelt, ruhelos ging ich in meinem Zimmer auf und ab. Auf und ab. Die ganze Nacht.
»Was bin ich?«
»Was will ich?«
»Wem nütze ich?«
Immerzu, immerzu. Und ebenso oft: »Nichts! Nichts! Niemandem!«
Verbissen und irr.
Und plötzlich: »Und *bin* doch! *Will* doch! Nütze, nütze, nütze – nütze? – *Wem? Wem!?*«
›*Wem*‹ stand auf, übermächtig. –
Der Tag fiel durch das Fenster. Ich packte meinen Koffer, schrieb einen Brief an den Bäckermeister und wollte fliehen.
Aber zu was, wohin und vor wem denn? –
Ich zerriß den Brief, machte mich fertig und ging wieder zur Arbeit. Die ewige Gleichmäßigkeit des Weiterlebens floß über alles hin. –
Ich las wieder Bücher, ich versuchte es mit den Frauen, ich heiratete, ich vermischte mich mit allen möglichen Menschen, ich tobte und trank mit ihnen Tag und Nacht, ich galt als originell und bestärkte mit verschwiegener Eitelkeit und gewiegtem Instinkt diese Ansicht über mich – aber ich war nicht weniger verlassen. Ich fing zu schreiben an. ›Mensch‹, notierte ich mir einmal, ›das ist seit Anbeginn das Stieselhafteste und Unsinnigste, was es gibt. Jedes

Tier, jede Pflanze, der Regentropfen selbst ist vernünftiger, froher und freier. Für all dieses gibt es nur ein Sein und damit ist's genug. *Wir* aber bilden uns mehr ein, und das ist unser ganzes Trauerspiel.‹

Leben wollte ich, leben! Sein wollte ich, nur sein, sonst nichts. –

Es war kurz nach der Erschießung Levinés. Ich ging durch den Englischen Garten. Ein Arbeiter, der mit mir auf Zelle 13 gewesen war, traf mich. Wir schauten uns in die Augen, vorsichtig und fast mißtrauisch.

Er nickte kurz grüßend und wollte weiter.

»Kamerad, wir kennen uns«, sagte ich. Er hielt zögernd inne, maß mich abermals scheu und lächelte schwermütig. Jetzt schien ihm wieder alles einzufallen.

»Ja, Jesus, ja«, sagte er und ging mit mir.

Wir spazierten einsilbig durch die vielen bummelnden Leute, bogen in einen dunklen, verlassenen Weg ein und setzten uns nach einer Weile auf eine Bank. Er redete erst ganz gleichgültige Worte und lugte immerfort forschend herum, als befürchte er unsichtbare Lauscher. Es wurde still und stiller. Der Park schien leer, in den Zweigen schüttelte sich ab und zu ein schlafender Vogel, und von der fernen Stadt herüber drang mitunter das Surren der Straßenbahnen. Er holte Atem, beugte sich näher zu mir und faßte mich am Arm. Der Mond fiel auf sein verhetztes Gesicht.

»Weißt du noch? . . . Der Kastenberger?« raunte er halblaut.

Ich nickte und fragte: »Ja, was ist aus ihm geworden?«

»Er hat auf dem Transport wieder zu toben angefangen . . . Sie haben ihn erschlagen«, erzählte er.

»Hm«, machte ich kopfschüttelnd und wurde eiskalt.

»Meinen Vater haben sie im Hofbräuhauskeller erschossen . . . Meine Frau hat eine Frühgeburt gehabt und ist nicht mehr recht«, keuchte er weiter und find ein wenig zu stottern an: »Ich bin vier

Jahr' im Feld gewesen ... Dreimal verwundet ... Ich hab' nie was von der Revolution wissen wollen ... Lauter lange Zeugnisse hab' ich ... Im Betrieb hat jeder ein Gewehr gekriegt ... Ich hab's am dreißigsten April wieder dort eingeliefert ... Am andern Tag haben sie mich aus dem Bett geholt ... Auf dem ganzen Hinweg zur Polizei haben sie auf mich eingehaut ... Es-es gibt keinen Herrgott nicht!« Die Tränen kamen ihm, er schluckte, stockte. Er knickte zusammen und lehnte sich an meine Seite. Ich hielt ihn aufrecht. Er weinte zerstoßen.

»Recht hat er gehabt, der Leviné ... Wir sind zu viel für sie ... Wir sind bloß Tote auf Urlaub, jaja ... Hätten sie mich lieber auch erschossen«, stammelte er weiter. –

Ich konnte nichts sagen, ich ließ ihn lehnen, wie er lehnte, und rührte mich nicht. Er senkte den Kopf und rieb sich die Augen aus, sein Hut fiel auf den Boden. Er ließ ihn liegen. Ich streichelte ihm auf einmal etliche Male schweigend über den Kopf. Er wurde langsam ruhiger. Wir hockten da, aneinandergelehnt, in der Dunkelheit, wie zwei Übriggebliebene auf einem Stück ausgestorbener Welt.

»So verdrossen muß man nicht sein, Kamerad ... Es ist nichts umsonst gewesen«, brachte ich nach langer Zeit heraus und stand auf: »Komm, gehn wir ...«

Er atmete schwer und erhob sich ebenfalls. Wir gingen. Ich empfand leise, daß er nach und nach fester auftrat, daß sich sein Körper mehr und mehr straffte. Er blieb plötzlich stehen und hob die Faust, ganz seltsam, ganz ungewohnt.

»Wenn's wieder angeht, dann kämpf' ich ... Ich kämpf', bis ich hin bin ... Dann weiß ich wenigstens, es geht für uns!« rief er dumpf und grollend. Und eigentümlich getragen setzte er hinzu: »Die Stunde kommt!«

Ich erzitterte leicht und ließ ihn nicht aus den Augen. Er wandte sich hastig an mich und drückte mir die Hand. Stumm und eilsam ging er in der Dunkelheit weiter. Ich blieb stehen, besann mich,

wollte ihm rufen, ihm nach und schritt heimwärts. Immer heißer wurde mein Herz. Alle Bilder sah ich wieder, die sich in meine Gedanken geprägt hatten: Die Massen der Straßen, das Arbeiterheer, die düsteren Züge der Verhafteten, die Leichen der Erschossenen und diesen *einen* Kameraden. Und alles wurde noch schärfer und noch unauslöschlicher. Und dieser eine Mann mit der erhobenen Faust wurde Legion.
»Die Stunde kommt!« jubelte ich unwillkürlich.
»Es ist nichts umsonst gewesen!« wiederholte ich ergriffen.
Mein winziger Kreis zerbarst. Ich war mehr als bloß ›Ich‹. Ein großes Glück durchströmte mich. –

Aus vielen Erschütterungen waren halbe und ganze Erkenntnisse geworden. Die Furchtbarkeiten lagen Jahre zurück.
Als Handwerksbursche wanderte ich einmal durch die Dünen am Meer. Nacht war es. Plötzlich fing's zu regnen an, zu donnern, zu blitzen. Und das nahe Meer grollte. Kein Baum, kein Licht. Finsternis, nichts als Finsternis und Regen, Regen, Regen, Geheul, Blitzen, Donnern. Immer furchtbarer, grausamer. Rasender Sturmwind. Peitschender Regen.
Regen, der mich auf einmal hinwarf wie ein hilfloses Blatt. Tief in den Schlamm preßte und auf meinen zitternden Körper niedersauste mit einer Gewalt, wie ich sie nie wieder erlebte. Regen, der mich erbarmunslos begrub. Lebendig, gänzlich wehrlos, verlassen.
Und die bebende Erde, der krachende Himmel, die brennende Luft, der rasende Wind! Und das Meer zischte, heulte, türmte sich hochauf und fiel klatschend nieder. Ich schrie, brüllte, weinte. Es krachte, bebte, surrte, zischte, peitschte. Da streckte ich mich ohnmächtig aus und preßte willenlos meine Hände betend ineinander, schrie, schrie: »Gott!«
Dann verlor ich die Besinnung. –
Als ich aufwachte, war es still. Wie ein schwebender Flor lag die

Luft ringsum. Ich arbeitete mich aus dem Kot und sah in die strahlende Helle.
Und brach ins Knie. –
Vollkommen erschöpft kam ich nach langem Marsch in einer kleinen Stadt an. Etliche Mark hatte ich noch. In einem kleinen Wirtshaus blieb ich über Nacht. Als ich auf das Zimmer kam und Tinte und Feder auf dem Tisch sah, befiel mich plötzlich der Drang, an einen Menschen zu schreiben. Fast besinnungslos nahm ich aus meiner Brusttasche einen letzten Rest Briefpapier.
Alle Müdigkeit war fort. Die Feder flog. Gehackt waren die Sätze, regellos, geschleudert.
Als ich zu Ende war, überflog ich die Blätter, las einmal, zweimal – dreimal und begann zu weinen.
Übermannt von Müdigkeit legte ich mich unausgekleidet aufs Bett und versuchte zu schlafen, schloß die Augen fest, fast gewaltsam.
Aber es ging nicht.
Ich zitterte, fröstelte, zuckte.
Ich erhob mich abermals, zündete Licht an, nahm die Feder in die Hand und begann zu schreiben.
Auf einmal war mir etwas unwirklich klar. Eine seltsame Ruhe überfiel mich. Meine Glieder schmerzten. Die Augen brannten. Ich schrieb. –

> Das Ende brach zusammen hinter mir.
> Anfang hat morgenfrisch die Tore aufgetan.
> Der Boden unter meinen Füßen klingt,
> und hoffend straffen sich die Schritte.
> Noch einmal aber raste ich, um ins Vergangne auszuschauen,
> und sehe Brüder aus dem Nebel näher kommen,
> auf gleichem Weg und gleichgebeugt von Last und Prüfung.
> Auf ihre Stirnen hat das Tägliche und alle stumme Not der Zeit
> ein helles ›*Doch!*‹ geschrieben. –

Wir sehen uns nur an
und schreiten weiter, Mann für Mann.
Denn jenes Ewige, das Gott so züchtigt, weil er es
    unendlich liebt,
ist tief in unserm Blut geblieben
und strahlt uns wie ein Gnadelicht voran. –

Über ein Lächeln hinweg schickte ich an das Fräulein diesen Gruß: ›Ich liebe Dich! Ich liebe Dich unendlich! Ich komme wieder zurück sobald als möglich. Wunder und Rettung, Glaube und Hoffnung sind hereingebrochen. Ich liebe Dich! Ich liebe Dich unendlich ...‹

Nachtrag

Die Ausgabe des Buches von 1965 (Verlag Kurt Desch, München, Wien, Basel), die erste in der Bundesrepublik, versah Oskar Maria Graf mit einem neuen, zusätzlichen Vorwort, das vor allem die Wirkungsgeschichte von *Wir sind Gefangene* hervorhebt. Dieser Text, datiert »New York, USA, im Frühjahr 1965«, wird hier ungekürzt wiedergegeben.

Der Herausgeber

Dieses Buch, das nunmehr in der unveränderten Fassung* der Erstausgabe vom Jahre 1927 neu erscheint, war für meine ganze literarische Existenz von grundlegender Bedeutung. Bis dahin nämlich hatte ich mir durch ein Bändchen expressionistischer Allerweltsgedichte, einige derbsatirische Bauernskizzen im ›Simplizissimus‹ und in der ›Jugend‹ und ein Büchlein ernster Dorfgeschichten, hauptsächlich aber durch mein verwildertes Boheme-leben in München nur eine gewisse Lokalpopularität erworben, die über das Künstlerviertel Schwabing kaum hinausreichte. Im übrigen muß ich offen gestehen, daß ich damals meine Schriftstellerei noch für eine ziemlich fragwürdige Angelegenheit hielt, für eine mühelose Beschäftigung, die sich lediglich aus einem lustvollen Erzählertalent, aus sehr viel Eitelkeit, etlichen originellen Ideen und einem sehr frechen, draufgängerischen Leichtsinn zusammensetzte.

Das wurde mit dem Erscheinen von *Wir sind Gefangene* mit einem Schlage anders. Das Buch erregte ein ungeheures Aufsehen, wurde in allen Kreisen heftig diskutiert, in der tonangebenden Tagespresse und den seriösen Zeitschriften einhellig bewundert, und

* richtiger: leicht gekürzten Fassung, d. Hrsg.

in rascher Aufeinanderfolge erschienen englische, französische, spanische und russische Übersetzungen. Außer der stark nachhelfenden Propaganda des Verlages, der ein Plakat mit einem überlebensgroßen Bild von mir und dem Balkentext »Der Autor des Tages – Das Buch des Jahres« in allen deutschen Städten an die Litfaßsäulen kleben ließ, verhalfen aber vor allem die begeisterten, eingehenden Äußerungen so großer Geister wie Romain Rolland, Maxim Gorki, Thomas und Heinrich Mann, Hugo von Hofmannsthal und anderer namhafter Autoren meiner Generation diesem schnellen Ruhm erst zu einer weitausgreifenden Wirkung. Damit war ich gewissermaßen in allen Ehren aufgenommen in unsere große, ernsthafte Literatur, und nicht nur das! »Aus *Wir sind Gefangene* hallt erstmalig und unüberhörbar der ingrimmige Entsetzensschrei der von Krieg, Nachkrieg und mißratener Revolution enttäuschten Jugend und klagt uns alle an!« hieß es in einer langen Rezension des später in die Tschechoslowakei emigrierten und dort von Hitleragenten ermordeten Theodor Lessing, und ich stand auf einmal – unversehens und ungewollt – stellvertretend als Sprecher der Jugend meiner Generation in der vordersten Front der sozialen und geistigen Auseinandersetzungen jener bewegten Jahre.

Wahrhaftig – die reißende Eitelkeit, welche so ein unverhofft leichter Triumph nun einmal erzeugt, ganz weggedacht –, wenn ich mich heute, nach über dreißig Jahren, an meinen damaligen Zustand zurückerinnere, so muß ich zugeben, daß mich all dieses Überrumpelnde ungemein verwirrte, ja, ganz zuinnerst sogar schockierte, denn in all meinem Oberflächenleben beschäftigte ich mich seit langem sehr intensiv mit den Werken und Lehren meines gewaltigen Lehrmeisters Tolstoi, und das war nicht spurlos in mir geblieben. Jetzt auf einmal fing ich an, gründlich über mich und meine Stellung zur Literatur nachzudenken und landete stets bei der bedrängenden Frage: »Für was und für wen schreibt man? Ist der Schriftsteller nur da, um die höchste Sprachmeisterschaft zu erreichen, um mit subtilster Kenntnis der Psychologie irgendwelche Fälle des wirklichen Lebens verständlich zu machen und seine Leserschaft durch die Kunst seines Erzählertums zu faszinieren, oder besteht seine Aufgabe nicht vielmehr darin, mit seinem Schreiben das Unrecht auf der Welt, wo immer es sich auch zeigt, zu bekämpfen, die Menschen für soziale und moralische Einsichten empfänglich und für sich selbst verantwortlich zu machen, jeden Krieg als Verbrechen zu brandmarken, und auf die Gefahr hin, ein Leben lang verkannt und verdächtigt zu werden, stets einer Gesellschaftsordnung das Wort zu reden, in welcher gleiches Recht für jeden gilt und die Freiwilligkeit zur Einordnung in das Ganze schließlich zur sittlichen Regel wird?«

Von da ab wurde mir klar, daß ich nur noch ein Schriftsteller im letzteren Sinne, also zeitlebens ein sogenannter ›engagierter‹ Schriftsteller sein konnte, dessen Talent zugleich eine unabdingbare menschliche und soziale Verpflichtung war. Ganz gewiß nämlich lag in allem Schönen, in jeder Kunst etwas Humanes, aber dieses Humane entzückte und rührte stets nur, zerfloß wieder und blieb ohne tiefergehende Wirkung. Es drang nicht hinein in die Zweideutigkeit des menschlichen Charakters, es zerstörte nicht dessen ererbte, gedankenlos übernommenen Vorstellungen, es war nicht imstande, den feigen, meinungslosen Jedermann zu einem selbständig denkenden und handelnden Menschen zu machen. Auch die Kunst war etwas wie ›Opium für das Volk‹. Sie machte den einzelnen und ganze Völker widerstandsunfähig gegen das Sinnwidrige und Böse im Allgemeinleben, das wir in den letzten Schreckensjahrzehnten erleben mußten. Das konnte und durfte nie wieder die Aufgabe der Schriftsteller, der Künstler, der Geistigen sein! Blieben sie dabei, dann häuften sie auf die grauenhafte Mitschuld, die sie unleugbar in der Vergangenheit auf sich geladen hatten, noch unermeßlich mehr wirkliche Schuld, und das Schlimmste: Dann verläuft all ihr weiteres Mühen und Schaffen resonanzlos im blinden Nichts und bedeutet den nachfolgenden Generationen höchstenfalls noch soviel wie ein kurioses ›Hobby‹ aus der Großvaterzeit. –

Wir sind Gefangene hatte aber auch – so wie ich es heute übersehe – eine noch ganz andere, außer mir liegende Bedeutung in der damaligen deutschen Öffentlichkeit. Das Buch war ein Vorläufer all der erst kurz darauf erscheinenden, unvergeßlich starken Antikriegsromane von Remarque, Renn, Plievier, A. M. Frey usf. und leitete eine geradezu hektisch ansteigende Produktion ähnlicher Werke aller politischen Richtungen ein, die – der herrschenden Konjunktur entsprechend – für manchen Verleger ein sehr lukratives Geschäft wurden.

Mein Buch jedoch, niedergeschrieben mit der ganzen bedenkenlosen, flackernden Subjektivität eines rebellischen Dreißigjährigen, *unterschied sich von all diesen Nachfolgewerken sehr wesentlich. Es war keineswegs nur ein protestlerisches Antikriegsbuch. Es hatte sich, ohne daß ich dies ahnte oder wollte, sozusagen während des Schreibens zu einem umfassenden Dokument der höchst bewegten Zeit von 1905 bis zum Zusammenbruch der deutschen Revolution von 1918 ausgeweitet, und da sich hier einer aus der anonymen Masse nicht als überlegener Ankläger, Warner oder Mahner außerhalb seiner Gesellschaft stellte, sondern mitten in ihr verblieb und offen bekannte: »Das bin auch ich! Auch ich bin mitschuldig an der Katastrophe!«, hatte die damalige Jugend in diesem Buch ihren ungewollten Wortführer gefunden.*

Gerade *das* hatte Thomas Mann als erster und einziger in seiner Besprechung ungemein fein witternd gespürt. Möglicherweise gewann deswegen *Wir sind Gefangene* die Herzen meiner Altersgefährten und setzte in all den Jahren keinen Staub der Antiquiertheit an, denn auch heute noch bezeugen mir unzählige Briefe von Lesern aus allen Weltrichtungen, wie unverstellt und aufhellend sie in diesem Buch ihre eigene Jugend beschworen finden, und das Allereigentümlichste ist, daß seither nicht wenige Historiker die-

ses subjektive Bekenntnis als objektives Quellenwerk der damaligen Zeit benutzen.
Hoffen wir also, daß diese Autobiographie auch der heutigen Jugend einiges zu sagen hat. Vor allem deshalb, weil sie aufzeigt, daß sich die damalige Jugend trotz aller Enttäuschung und Aussichtslosigkeit tapfer zu dieser ihrer Zeit bekannte und dennoch zukunftsgläubig blieb. Daß sich diese Zukunft nicht so erfüllte, wie sie es erhofft hatte, war nicht die Schuld dieser Jugend, die immer wieder ihr Leben einsetzte in den blutigen Kämpfen für diese Ziele. Um es noch einmal zu wiederholen: Daß eine ganz andere, schrecklichere Zukunft heraufkam, war und bleibt zum großen Teil die Schuld jener Geistigen, die sich, sobald die Politik notwendigerweise ins widerliche Detail gehen mußte, sofort wieder zurückzogen, um makellose Kunst zu produzieren. –

Editorisches Nachwort

Editorisches Nachwort

Als ein ganz und gar eigenständiges, aus allen politisch-literarischen Programmen der zwanziger Jahre herausragendes Dokument, als geschichtliches Zeugnis und intime Selbstdarstellung ist Grafs Autobiographie *Wir sind Gefangene* sofort nach ihrem Erscheinen 1927 beschrieben worden. Die Anerkennung des Schriftstellers Graf hat in den politischen Zeitläufen erheblich geschwankt, der künstlerische Wert seines Gesamtwerks ist oft genug verkleinert worden, doch die besondere Aufmerksamkeit, die Grafs Förderer, Kritiker und Gegner diesem Buch widmeten, ist ihm bis heute gewiß. Es beansprucht in vielen – wenn auch nicht unüberprüft zu bestätigenden – historischen Details die Unmittelbarkeit einer Geschichtsquelle, besteht zugleich als Zeitroman im Kanon der Weimarer Literatur, etwa von Heinrich Mann, Alfred Döblin, Joseph Roth und Lion Feuchtwanger, mühelos, ist als persönliche Rechenschaft wegen der selbstkritischen Offenheit einzigartig und vermehrt die – heute kaum mehr zugängliche – Bibliothek der Arbeiterliteratur um ihr wohl herausragendes Exempel der Weimarer Zeit.

Noch heute hat der angehäufte Lebensstoff in *Wir sind Gefangene* eine unvergleichliche sinnliche Präsenz und Wucht. Der Bäckerlehrling vom Land, der mit siebzehn der bäuerlich-handwerklichen Enge entläuft, der sich in der Großstadt herunterlebt und emporschreiben will, der Gelegenheitsarbeiter, Bohemien und Unterhaltungstölpel, der Saufaus und Prahlhans, Possenreißer und Hungerleider, wie er sich in diesen Münchner Jahren vor dem Ersten Weltkrieg darstellt, er gäbe Stoff genug für ein erlebnispralles Abenteuerbuch aus Wirrnissen, Gefährdungen und Widersprüchen. Daß einer jedoch – wie Millionen andere – in den Krieg zieht und – wie kaum ein anderer – über den sprachlosen Ort des Irrenhauses aus dem Militärdienst herausfindet, macht diesen Plebejer mit seiner Geschichte zu einem »handlungstragenden Helden« (Thomas Mann). Vollends die Kreuz- und Querzüge eines Anarchisten, der die Räterepublik ersehnt und dann, als sie geschieht, an ihr versagt, um sich in der Niederlage zu den Opfern, den Versprengten und Gefangenen zu gesellen, weist diesem *Bekenntnis* einen Schlüsselwert für die deutsche Misere der mißlungenen Revolution zu.

So verdichtet sich in diesem Buch persönliches Erlebnis zu einem mehrschichtigen Symbolgehalt.

Wegen der Krassheit der Erfahrungen eines *underdog* ist diese Biographie ein Sonderfall, doch entsteht in der Erzählung über eine Randexistenz gerade das Gegenteil der aparten, bizarren Ausnahmefigur: nämlich ein in seiner Art repräsentativer Typus. Walter Jens hat die Talente des Erzählers gerühmt, »dem der Kunstgriff gelingt, auf fünfhundert Seiten nur von sich selbst zu sprechen und dennoch so etwas wie eine *comédie humaine* zu entwikkeln, bevölkert von einem Personal, das, in toto zwei Etagen tiefer als bei Balzac angesiedelt, in seiner Vielfalt einen Vergleich mit dem Figuren-Arsenal des französischen Romanciers sehr wohl besteht: Bäckergesellen und Revoluzzer, Putzmädchen und Anarchisten, Poeten und Dirnen, Professoren und Unteroffiziere, Irre und Schieber, Namenlose und – von Franz Jung bis Max Weber, von Eisner bis Rilke – Personen der Zeitgeschichte« (Nachwort zur Ausgabe 1978).

In seinen geistigen Grundlagen, der Rasanz und Stoffmasse ist das Buch, das als Autobiographie und als Roman zu lesen ist, nur noch vergleichbar mit Franz Jungs Erinnerungen ›Der Weg nach unten‹ (1961). Was der zeitweilige anarchistische Weggefährte und Freund am Ende seiner Aufzeichnungen als Zielrichtung vorstellt, könnte auch über *Wir sind Gefangene* stehen: »Ich versuche eine Analyse anzudeuten, leider nicht zu geben, einer durchschnittlichen Entwicklung an einem Einzelwesen, in seiner Stellung zur Umwelt, in der Widerspiegelung, im Strudel dieser Zeit, in der Auf-

lösung aller Tradition und Bindung, in der Unfähigkeit, der Gesellschaft dafür einen Ersatz zu schaffen.«
Scheinbar achtlos, wie ohne Absicht zur Stilisierung, im Wechsel von nüchterner Berichtssprache, emphatisch-spontanen Passagen und vergegenwärtigenden Dialogen erzählt Graf Episoden aus seiner Biographie zwischen 1905 und 1919, doch sind die einzelnen Kapitel der beiden annähernd gleich proportionierten Teile genau aufeinander bezogen, lassen sich durch die Gliederung und Zuspitzung des Geschehens als symmetrische Entsprechungen entschlüsseln. Zwischen dem zeitlichen Endpunkt der Erzählung und der Veröffentlichung des Buches liegen nur knapp acht Jahre. Zu bewundern ist bei diesem geringen Abstand der glückliche Ausgleich zwischen der Bildkraft der Schilderung und der geistigen Durchdringung des Lebensstoffes.
»Überall zogen lange Reihen verhafteter, zerschundener, blutiggeschlagener Arbeiter mit hochgehaltenen Armen. Seitlich, hinten und vorne marschierten Soldaten, brüllten, wenn ein erlahmter Arm niedersinken wollte, stießen mit Gewehrkolben in die Rippen, schlugen mit Fäusten auf die Zitternden ein. Ich wollte aufschreien, biß aber nur die Zähne fest aufeinander und schluckte. Das Weinen stand mir hinter den Augen. Ich fing manchen Blick auf und brach fast um, sammelte mich wieder und sah einem anderen Verhafteten ins Auge.
Das sind alle meine Brüder, dachte ich zerknirscht, man hat sie zur Welt gebracht, großgeprügelt, hinausgeschmissen, sie sind zu einem Meister gekommen, das Prügeln ging weiter, als Gesellen hat man sie ausgenützt, und schließlich sind sie Soldaten geworden und haben für sie gekämpft, die sie prügelten.
Und jetzt?
Sie sind alle Hunde gewesen wie ich, haben ihr Leben lang kuschen und sich ducken müssen, und jetzt, weil sie beißen wollten, schlägt man sie tot.
Wir sind Gefangene!—«

Nach der Niederlage der Revolution in Bayern, angesichts der Verhafteten, deren Zelle er zeitweilig teilt, erlebt Graf die Gefangenschaft als das Sinnbild massenhafter proletarischer Existenz. Vom Zug der Arbeiter, die auf das Standgericht, auf mehrjährige Haft oder auf Folter und Erschießung warten, wird auch seine eigene Biographie mitgerissen, einem übergreifenden allgemeinen Schicksal einverleibt. Der Schritt vom ›Ich‹ zum ›Wir‹ wird vollzogen. Mochte der Held des Buches zuvor in einen Roman von Schiebereien und rabiatem Einzelgängertum, von radikaler Revolte gegen Gemeinschaft und politischen Aktivismus verwickelt gewesen sein – »Und ich? Ich war wirklich eine Privatperson und ein Säufer, sonst nichts. Der Sumpf hatte mich geschluckt« –, so entwikkelt der Erzähler nun seine Solidarität mit den Opfern. Im Bekenntnis zu dieser allgemeinen Gefangenschaft lösen sich die vorausgegangenen, individuellen auf, werden nichtig, verlaufen ins generelle Geschick: »Ich wartete auf nichts mehr, als auf meine Verhaftung. Ich wünschte sie mir. Ich wußte endgültig, wohin und zu wem ich gehörte.«
Die anarchistischen Gemeinschaftslehren, im wilhelminischen Deutschland vor allem und am überzeugendsten von Gustav Landauer vorgetragen, hatten Graf trotz all ihrer Attraktion zuvor nicht vollständig zu binden vermocht. Erst das Erlebnis der gemeinsamen Niederlage schafft bei ihm das Gefühl gemeinsamen Schicksals. Die Solidarität mit den Geschlagenen – »die Massen der Straßen, das Arbeiterheer, die düsteren Züge der Verhafteten, die Leichen der Erschossenen« – entlockt dem Erzähler ein trotziges, widerständiges Dennoch: » ›Die Stunde kommt!‹ jubelte ich unwillkürlich. ›Es ist nichts umsonst gewesen!‹ wiederholte ich ergriffen.«
Der Schluß des Buches verweist auf den Anfang zurück, auf den Beginn als Arbeiterbiographie. Graf schildert die Fron des Bäkkerlehrlings im Familienbetrieb – seine erste Gefangenschaft: »Wir mußten schwer arbeiten. Ich wurde abends (im Winter um 11

Uhr, im Sommer um 9 Uhr) vom Gesellen geweckt. Die ganze Nacht ging es. Um sechs Uhr früh zählte mir Mutter das Brot in den Korb, legte Wecken obenauf, füllte den Rucksack für Anna, die bereits schläfrig gähnend in der Küche wartete. Und hinaus ging es in die frische Morgenluft bis zwölf Uhr mittags. Anna machte auch noch den ganzen Nachmittag Gänge. Ich mußte in der Konditorei mithelfen. Schneeschlagen neben Max, Sandtorte einrühren, Mürbteig kneten. Um fünf Uhr abends konnte ich schlafen gehen. Das war der normale Taglauf. Oster-, Pfingst- und Weihnachtszeit wurde es oft viel später. Nebenbei galt es Holz zu spalten oder Häcksel zu schneiden. Und immer dieses peitschende, drohende: ›Loslos! Los! Marschmarsch!‹ «
Mit der Flucht vor seinem älteren Bruder, den der Militärdienst zu einem Ausbund von Drill und drakonischer Strafbereitschaft gemacht hat, setzt sich diese Gefangenschaft fort: der Junge verdingt sich als Liftboy, Mühlenarbeiter, Bäcker, wird ausgebeutet und geschunden. Hinzu kommt das Ghetto der Großstadt: schäbige Unterkünfte, »eine Heimatlosigkeit und ein Alleinsein, ein Abgeschnittensein von allem«, die Miesheit einer Existenz, für die kein Platz vorgesehen ist. Die Münchner Abenteuer erweisen sich als eine Folge von Blamagen und Bloßstellungen, als eine gnadenlose Hetzjagd von Verhältnissen und Anlagen, von Milieus und Charakter, die sich wechselseitig bedingen, in ihrer Minderwertigkeit einander steigern und anstacheln. Man muß in der Geschichte der autobiographischen Literatur sehr weit, wohl bis zum ›Anton Reiser‹ des Karl Philipp Moritz (1785–1790 veröffentlicht) zurückgehen, um ein literarisches Vergleichsbeispiel für die erniedrigende Ausgangssituation eines jungen Menschen, für seine peinigende Scham und seine wütenden Selbstanklagen, für die brutale Härte der erlebten Konflikte zu finden. »Mit Ekel vor seiner Lügenhaftigkeit« mißt sich der Junge Rollen zu, die er nicht ausfüllen kann, verliert sich in Münchhausiaden von Täuschung und Selbsttäuschung, verfällt der Geldgier und dem Alkohol – Fluch und Sucht.

»Geld, das war immer das Amen und der Anfang, wo man auch hinsah. Geld war Glück und Unglück. Geld war wirklich mit der Zeit für mich etwas geworden wie ein Dämon, der das Leben beherrschte. Es war ja alles Unsinn, was die Dichter und Philosophen daherredeten von Moral, von Ethik und Charakterfestigkeit, von Idealismus und weiß Gott was für guten Eigenschaften. Diese Eigenschaften waren letzten Endes alle untergeordnet – das Geld machte sie oder löschte sie aus. Der Mensch hatte da etwas erfunden, dem er sich mit der Zeit unweigerlich mit Haut und Haaren auslieferte. Hatte er kein Geld, so war er ein Nichts, besaß er eins oder verdiente er gut, dann konnte er leicht gut und menschlich sein.« In *Wir sind Gefangene* findet sich, am eigenen Beispiel erfahren und beglaubigt, die Anschauung all jener Bauern und Kleinbürger, die im nachfolgenden Werk Grafs der satanischen Macht des Geldes nachjagen, die mit animalischer Gier ihr Eigentum behaupten – oft gegen alle Vernunft. Das Geld, das von einem Besitz ergreift, wenn man glaubt, es zu besitzen – dieses Motiv hat, wie Graf erzählt, einen autobiographischen Erfahrungsgrund, wie überhaupt in dem Selbstgericht des Erzählers von *Wir sind Gefangene* alle Modalitäten der Grafschen Gesellschaftskritik aus der Introspektion hervorgehen.

Mit der Einberufung zum Militärdienst im Ersten Weltkrieg beginnt für die Ghetto-Existenz des Plebejers, der mit höhnischem Humor Veitstänze aufführt und der Welt Grimassen schneidet, um sich in ihr behaupten zu können, eine besondere Form der Gefangenschaft. Beim Rekruten bricht schon am ersten Tag ein unerklärliches Lachen, ein infernalisches Gelächter aus. Die Clownerie führt zu einer mehrmals erprobten Unverwendbarkeit für den Drill und den Kriegsdienst. Graf versagt als Ordonnanz, als Trainsoldat und Stallknecht, wird öfter arretiert. Als er ein totes Pferd abziehen soll, verweigert er den Befehl und begräbt das Tier. Unter dem Motto »Frei werden oder krepieren« verweigert er die Nahrungsaufnahme, fällt aus dem Denksystem der Militärs: als

»Depp« und »Idiot« verschrien, unterläuft er den Kriegsdienst, wird nach einem körperlichen Zusammenbruch ins Lazarett und danach in die Irrenanstalt eingeliefert. Er entzieht sich auf die gleiche Weise wie etwa Franz Jung und Ernst Toller. Der Tölpel, der zum Soldaten nicht zu gebrauchen ist, wäre eine simplicianische Figur; doch steckt in der simulierten Geisteskrankheit wohl der Kern einer tiefsitzenden Neurose: Graf hält Rotwein für Pferdeblut, bricht »in ein wüstes Gelächter« aus, verliert für fünf Monate die Sprache. Die Verrücktheit kommt vom Krieg her; der Krieg ist die Krankheit. Innerhalb eines mörderischen Systems bietet die zeitweilige Geisteskrankheit (wie immer ihre Diagnose lauten mag) die einzige Chance zur Selbstbehauptung. Mit der Entlassung aus der Nervenheilanstalt Haar nach anderthalb Jahren endet der erste Teil des Buches: aus lauter Gefangenschaften keine Befreiung, nur eine Entlassung.
In der Fabrik fühlt er sich gefangen wie im Krieg, findet keinen Ausweg aus den Mauern um seine Existenz, empfindet sich mit seinen zweifelhaften Geldbeschaffungs-Aktionen selbst als »Hund« und »Verbrecher«, heiratet die abgelegte Freundin eines Freundes, um sich sofort wieder in Fesseln zu fühlen, schlägt berserkerhaft zu und läßt wiederum die Zeit verrinnen, als habe er an der Welt keinen Anteil. Zwischen stumpfer Gleichgültigkeit und Lebensgier pendelt er haltlos hin und her, in Schwabing um sich herum »Maler, Kabarettistinnen, verkrachte Existenzen, begabte Zuhälter, Säufer, Kokainisten und Gelegenheitskokotten, Schieber und Studenten, kunstgewerbliche Mädchen und pazifistische Dichter«. Die erhoffte Revolution soll ihm zum Ausbruch verhelfen; er vergleicht sie mit einer Welle, auf die er gewartet habe, damit sie ihn »ganz woanders hintrage«. Als sie auf der Münchner Theresienwiese ausgerufen wird, bleibt er wieder für sich, verbissen in einem Leerlauf von Schiebertum, Genußsucht und Enttäuschung über die mangelhafte Konsequenz und Tatkraft der Linken. »Es war wirklich merkwürdig mit mir. Ständig schwankte ich

zwischen diesem Wechsel: Entweder sich vor der Welt vergraben – denn eigentlich hatte ich zu Zeiten fast so etwas wie Furcht vor ihr – oder sich von ihr ins Ungefähre tragen zu lassen.« Er schwankt: hegt Mordpläne, ist für den bewaffneten Kampf, predigt den Pazifismus, will gegen »Terror« anreden und dann wieder Menschen liquidieren, zieht sich aus allem zurück und rennt, alle Sinne offen, durch die Straßen. Er spielt den Unterhalter eines reichen Holländers, zwischendurch den entschlossenen Revolutionär. In der Selbstdeutung taucht die Kritik der Revolution auf: »Ich war einer von den Millionen, der nur tätig wird, wenn es um seinen Nutzen geht, der kämpft, wenn er zur Verteidigung gezwungen wird, der sich bloß dann einsetzt, wenn er einen handgreiflichen Sinn hinter der Sache wittert, die er will. Wenn ich genau nachdenke, kam es mir vor, als faßten die meisten Führer den Massenmenschen viel zu kompliziert auf und redeten ihm Dinge in den Kopf, um die er nie ohne Zwang sein Leben in die Schanze wirft. Deshalb bezweifelte ich im Grunde den Erfolg der revolutionären Bewegung ja noch mehr, bezweifelte sogar größtenteils sie selber. Ich war wohl begeistert, wenn sich etwas bewegte, das von denen ausging, die wie ich waren, ich wurde hingerissen von den Massen, nie aber von den Führern. Und ich tat schließlich auch manches, aber faktisch war's doch immer das gleiche: Ich lief mit, wenn alle losgingen, ich schrie mit, wenn alle schrien, ich stürmte, wenn man stürmte, sonst fast nichts.«

Unabhängig von dieser Selbstdarstellung als Mitläufer, der sich mit den Massen treiben läßt, finden sich in *Wir sind Gefangene* scharf umrissene Porträts von Intellektuellen und führenden Köpfen der Revolution, außerdem eine Reihe von genau ausgeleuchteten Szenen wie in kaum einem anderen Erlebnisbericht aus dieser Zeit. Die atmosphärische Dichte erweist den erzählenden Augenzeugen als einen hochbewußten Beobachter.

Vom »Ich« zum »Wir«: diesen Bildungsweg markieren zwei Propheten des Anarchismus (wie überhaupt der Einfluß der Theorien vom freien Menschentum in dieser Autobiographie nicht hoch genug veranschlagt werden kann, auch wenn sich Graf in seiner Lebenspraxis nicht konsequent an sie gehalten hat). Der Autor hat sich, obwohl er darüber nur kursorisch Auskunft gibt, anscheinend intensiv mit ihnen auseinandergesetzt. In der Münchner Gruppe ›Tat‹ um Erich Mühsam lernte er die anarchistischen Grundschriften kennen, zeitweilig hat sich der werdende Schriftsteller als Zeitungsausträger und Flugblattverteiler betätigt. Der Anarchismus war auch das Ferment all jener politischen, kulturkritischen, lebensreformerischen Ideen, die in der Schwabinger Boheme kursierten. Der Freund Georg Schrimpf hat ihm die Auffassungen des Junghegelianers Max Stirner über die Entfesselung des Ich aus allen traditionellen Werten und Bindungen vermittelt: »Gierig hörte ich zu, und viel davon klang mir buchstäblich wie eine Verkündigung.« Mit der Schrift Stirners ›Der Einzige und sein Eigentum‹ (1845 erstmals erschienen und um die Jahrhundertwende vor allem von John Henry Mackay propagiert) lernte er die Bibel des Individualanarchismus kennen. Graf zitiert selbst die (damals berühmten) Anfangssätze, mit denen sich Stirner in einer dem Expressionismus verwandten Sprache von den überkommenen Autoritäten lossagt: »Was soll nicht alles meine Sache sein! Vor allem die gute Sache, dann die Sache Gottes, die Sache der Menschheit, der Wahrheit, der Freiheit, der Humanität, der Gerechtigkeit; ferner die Sache meines Volkes, meines Fürsten, meines Vaterlandes; endlich gar die Sache des Geistes und tausend andere Sachen. Nur *meine* Sache soll niemals meine Sache sein.« Der rabiate Egoismus, die zynische Selbstverteidigung Grafs sind gewiß aus barbarischen Kindheitseindrücken entstanden, und die Erlebniswurzel dazu ist in der späteren Bemerkung zusammengefaßt, daß ihm »als Bub von 10–12 Jahren so gründlich wie vielleicht keinem der Glaube an das Menschliche im Menschen her-

ausgeprügelt worden« sei (Notiz im Nachlaß). Doch bot Stirner die geistigen Waffen für diese Haltung des Einzelgängers an. Sich selbst geltend zu machen anstatt von jemand anderem verwendet zu werden – dieser Kardinalsatz Stirners begleitet den jungen Graf. Mit den Echos katholischer Erziehung, mit den Resten einer traditionellen Moral im Kopf war diese programmatische Selbstverwirklichung jedoch nicht durchzuhalten, nicht lebbar, sondern nur zu denken.
Der religiöse Sozialismus Tolstois, den Graf noch vor dem Ersten Weltkrieg durch einen benachbarten Buchdrucker kennenlernt, bewirkt die Wandlung zum »Wir«. Wenn Graf an die Wände der Militärzelle schreibt: »Der Einzelne muß es machen!«, so reagiert er auf den Zwang noch stirnerisch – und ohnmächtig: sein Protest treibt ihn in die Neurose. Aus dem Ungenügen an sich selbst, das er vor Stirners Forderungen an den Einzelnen empfindet, entsteht die Angst vor sich selbst, die Schrimpfs Frau Maria Uhden bemerkt und die Graf erwähnt, ohne sie zu kommentieren. Die Versuche, eine Massenversammlung gegen das drohende Blutbad 1919 zu organisieren, sind lächerlich; Graf weiß nichts zu sagen außer einigen allgemeinen pazifistischen Parolen. Aber sie setzen Leseerfahrungen mit Tolstoi in die Praxis um. Im Epilog hat Graf den Kampf zwischen Stirner und Tolstoi, zwischen »Ich« und »Wir«, der sich in dem erzählten Lebensabschnitt darstellt, noch einmal zusammengefaßt. Am Schluß steht das Bekenntnis zur versöhnenden Liebe – ganz im Sinne Tolstois. *Wir sind Gefangene* ist also auch als Partitur für diese Rivalität zweier anarchistischer Prinzipien zu lesen.

Die Autobiographie *Wir sind Gefangene* durchzieht leitmotivisch ein anderer Kampf: ums Schreiben und um die Anerkennung als Autor. Literatur ist von Graf bestimmt zur Selbstfindung, zunächst in einem enzyklopädischen Sinn als Wissen. Die wahllose Lektüre, die nur im Verborgenen möglichen und von Strafen be-

drohten Leseräusche des Jungen gelten anfangs Indianerschmökern, bald jedoch auch dem »Tierarztbuch«. Die Fluchträume, die sich ihm bieten, vereinen Phantasien und autodidaktische Selbstbildung. Der Wunsch heißt: hoch hinaus, vor allem hinaus – mit Nachschlagewerken. »Nach den Kuhseuchen kamen die Pferdezuchtbücher, die Hundekrankheiten und die Geflügelsorten, dann die Schafräude und endlich sogar die Fischzuchtwerke.« Lesen wird unter den Geschwistern Graf wie ein Wettbewerb betrieben, wobei sich über den Wissensradius des bäuerlichen Daseins Klassiker der Literatur legen, unter anderen Ibsen und Heine. Intuitiv folgt der junge Graf der (damals ihm wohl unbekannten) Devise der Arbeiterbildungsvereine: »Wissen ist Macht!«
Die Entdeckung der heimlichen Lektüre durch den ältesten Bruder ist der Anlaß zur Flucht aus dem Elternhaus. Grafs Literaturkenntnisse zu dieser Zeit: »Knapp siebzehn Jahre war ich alt. Shakespeare und Schopenhauer, Tolstoi und Stirner, Heine und Strindberg, Nietzsche und Maupassant, Balzac und Wedekind, Ibsen, Zola und Flaubert hatte ich gelesen, Schiller und Grabbe, Bakunin und Herzen – Bücher und Bücher.
Ganze lange Stellen daraus kannte ich auswendig, zitierte sie oft, liebte sie, wurde bis zum Weinen bewegt durch sie und berauschte mich daran. Und sagte die Worte fast wie ein wohltuendes Gebet und kannte sie nicht. –«
Eine seiner ersten – symbolischen – Handlungen in München: er läßt Visitenkarten mit der Berufsbezeichnung »Schriftsteller« drucken. »Das war mir soviel wie ein Ausweis und ein Schritt in ein neues Leben. Ich war, was ich sein wollte. Hier stand es schwarz auf weiß in unverwischbaren, ewig gleichen Buchstaben.« Die Literatur wird ihm zum Kampfinstrument für ein eigenes Dasein; der Weg dazu besteht aus Finten und Niederlagen, aus Anläufen in disparate Richtungen und Mißerfolgen. Er schreibt der Beliebtheit des bayrischen Schnurrenerzählers Georg Queri nach – vergebens. Er wirft zwei Dramen hin, soll für den Druck be-

zahlen und sitzt einem Bankrotteur auf. Er schneidert Witze für die ›Fliegenden Blätter‹ und die ›Meggendorfer Blätter‹ zurecht und findet keine Beachtung. Er verstreut an beliebige Zeitungen Aphorismen und Gedichte, ohne Rückantwort. Die Bekanntschaft mit expressionistischen Literaten wie Franz Jung, der 1912 seinen ersten Roman, das ›Trottelbuch‹, veröffentlichte, und dem späteren Dramatiker Richard Öhring, auch die Schwabinger Künstlerkreise konfrontieren ihn mit einer intellektuellen Moderne, der er nicht gewachsen ist, die ihm habituell fremd bleibt, mit der er sich jedoch in Vergleich setzt. In der Gedichtsammlung *Amen und Anfang* (1919) folgt er dem lyrischen Expressionismus der (vor allem in der fast zeitgleich erschienenen Anthologie ›Menschheitsdämmerung‹ vereinten) Altersgefährten, doch mit Verspätung und innerlich gleichsam abwesend. Bestimmt haben ihn seine frühen Lese-Eindrücke: die Schriftsteller des 19. Jahrhunderts, sie prägen seinen undogmatischen Realismus.

Einmal Marotte und Aufschneiderei, ein andermal Sehnsucht und Ausweg bildet die Literatur für ihn. Er verdingt sich als Rezensent, ohne die Bücher zu lesen, beschließt, nachdem der Schwindel aufgeflogen ist, ein eigenes Blatt zu gründen: ›Neuland. Eine Zeitschrift für bekennende Literatur‹. Es bleibt beim Vorsatz und bei Briefbogen, doch der Untertitel des hochstaplerischen Plans bezeichnet ein Programm, das Graf mit *Wir sind Gefangene* zum erstenmal gültig einlöst. Wie der Realist des vorausgegangenen Jahrhunderts vertraut er auf die zwingende Symbolkraft von Dingen und Ereignissen, allerdings im Sehfeld eines gebrochenen, gespaltenen Ich.

In der Vorbemerkung zur Erstausgabe beansprucht der Autor für sein Buch unvoreingenommene Sachlichkeit: »Nichts in diesen Blättern ist erfunden, beschönigt oder zugunsten einer Tendenz niedergeschrieben.« Doch ist damit nicht neutrale Objektivität gemeint: im Blickwinkel dieses – von seinen Widersprüchen obsessiv gefangenen – Selbst wird die Trennwand zwischen einem privaten

Ich und der äußeren Welt, zwischen Beobachter und Objekten niedergerissen. Es gibt für die Deutung des eigenen Lebens keinen Schutz- und Schonraum, in dem sich die Widersprüche ordnen könnten; der beginnende Schriftsteller ist Treibgut der Geschehnisse und seiner Anlagen, wird durcheinandergewirbelt von einer doppelten Dynamik der Zeit und der eigenen Bestimmung. Die Erzählung folgt diesem ständigen Ortswechsel, dem Taumel der Bewegung, die der Autobiograph vollzieht und die an ihm vollzogen wird. So ist Graf Richter über sich und zugleich Verteidiger seiner Sache. Das Schreiben, der Weg zur Selbstfindung, verläuft auch über den Haß auf die Literatur; der Erzähler nimmt sich selbst als Mittelpunkt und sieht sich am Abgrundsrand der Geschichte. Die Hoffnung auf die helfende Kraft des Schreibens und die Wut auf die Literatur liegen im Erfahrungshorizont dieses 33jährigen Autors dicht beieinander.
Graf hat dieses *Bekenntnis* einige Jahre später in der proletarisch-revolutionären ›Linkskurve‹ verteidigt. In einer *Antwort an einen und viele Genossen* referiert er den politisch-moralischen Vorwurf eines Bolschewisten: »Ein schöner Revolutionsheld! Der geht mit seinem Liebchen Sekt saufen und läßt andere für sich kämpfen . . .« Er bestätigt den Sachverhalt und fügt hinzu, er habe so geschrieben, »1. weil mich alle sogenannte Literatur anekelte, 2. weil ich sie grundverlogen fand und endlich 3. weil es mir darauf ankam, an meinem Beispiel *den* Typ ganz wahrhaftig und schonungslos zu zeigen, auf den einst die deutsche Revolution gehofft hat, auf den heute noch die meisten Genossen hereinfallen«. Die selbstkritische Offenheit fällt mit der Polemik gegen eine Literatur zusammen, die davon nichts wissen will, die entweder von der »bürgerlichen« intellektuellen Höhe herabredet oder von einer »dogmatischen« Tendenz her urteilt. Literatur übersteigt in Grafs Verständnis die Realität nicht zugunsten eines Stils, auch ist sie nicht Widerspiegelung, sondern Erfahrungsmuster. »Gerade weil ich das Buch in Ichform schrieb, forderte ich euch und forderte ich

alle heraus, denn mir kam und kommt es immer beim Schreiben darauf an, den Menschen darzustellen, wie er in Wirklichkeit ist, mit seinen Schwächen, seinem Dreck, seiner Verlogenheit und all seinen inneren und äußeren Hemmnissen.«

In der Fortsetzung seiner Autobiographie, die 1967 erstmals unter dem Titel *Gelächter von außen* erschien, erzählt Graf, wie ›Frühzeit‹, der erste Teil des Buches, entstand. Aus dem mündlichen Stegreifvortrag von Episoden habe sich der Wunsch nach Aufzeichnung ergeben: »Das, was ich da so herumerzählte, kam mir wie eine Ansammlung von unerheblichen, lächerlichen Bagatellen vor, die meinen Nimbus schnell zerstören konnten, falls man ein Buch daraus machen wollte. Dennoch schrieb ich sie – weiß der Teufel, was mich auf einmal darauf gebracht hatte? – einmal in kaum drei Wochen ganz im geheimen gleichsam als Erinnerungsnotizen für später nieder. Sie handelten lediglich von meiner Flucht von zu Hause bis zu meiner Irrenhauszeit und endlichen Entlassung aus dem Heeresdienst. Daß dieses primitiv Hingeschriebene publikumsinteressant, buchreif und überhaupt für einen Verleger reizvoll sein sollte, hielt ich für hirnverbrannt. Ich versteckte das Manuskript wie etwas Verbotenes, dachte bald nicht mehr daran und vergaß es fast ganz. – «
Wieland Herzfelde veröffentlichte das – von Graf im Rückblick ironisch abgetane – Manuskript ohne beachtlichen Erfolg 1922 in der ›Roten Roman-Serie‹ des Malik-Verlags. Erst die Erweiterung um den zweiten Teil, ›Schritt für Schritt‹, die Schilderung des Bohemiens, Gelegenheitsarbeiters und dilettierenden Schriftstellers in den letzten Kriegsjahren und in der Münchner Räterepublik, verschafften der Selbstbiographie kollektive Gültigkeit, beglaubigten den Lebenslauf eines sozialen Außenseiters als zeittypischen, über sich hinausweisenden. Zu der stürmischen Resonanz, die dieses Buch – wie kein anderes von Graf zuvor und danach – bei der Kritik hervorrief, trug wohl auch der Zeitpunkt der Veröffentli-

chung bei. Das konservative Bürgertum, von der Schrecksekunde der Revolution in Deutschland längst erholt, konnte über diesem Bericht einer labyrinthischen Wirrnis seinen zeitlichen wie politischen Abstand zu den Ereignissen und die wiedergewonnene Machtposition ermessen. Die liberale Öffentlichkeit, die den ehemaligen Kommandanten der Roten Armee vor Dachau, Ernst Toller, als Dramatiker hymnisch feierte, hat mit dem Beifall für die höhnischen Repliken des nicht-intellektuellen Schriftstellers, für die sarkastischen Bissigkeiten eines radikalen Plebejers wohl ihre tolerante Indifferenz beglaubigt. Der zersplitterten, domestizierten Linken boten die Katastrophen und Gefangenschaften in dieser Autobiographie anschauliche Erlebnisnähe und Exempelkraft.

In der Mitte der Weimarer Republik als 14. Buch Grafs publiziert (im Jahr der Erstveröffentlichung erschienen weitere drei Bücher des Autors), steht es am Kreuzungspunkt diverser ideologischer Wertungen, die sich auf die Offenheit und Ehrlichkeit des Schriftstellers, auf seine dokumentarische Genauigkeit, auf das Verbürgte der Konfession einigen konnten. Angeführt wurde der Chor der positiven, ja begeisterten Kritikerstimmen von Thomas Mann: »Ich kann nicht sagen, wie die Originalität des Buches mich gereizt und belustigt hat. (...) Ein proletarischer Golem tappt lehmschwer, staunt, wird wild, schlägt drein, hilft sich listig und plump durch die Zeit, die ihn beschmutzt und erniedrigt und doch mit vielem ihr Eigenen auf seiner Seite ist.« Und weiter: »Er treibt es unmöglich und erregt Lachen und Kopfschütteln; aber er gewinnt dabei unser Herz, und wenn Kunst, wie ich wahrhaben möchte, das Unmögliche ist, das zu gewinnen weiß, so ist es ein wahres Kunstwerk, das ungefüge Buch, in dem er sich erlöst!« Vor allem Schriftsteller haben sich dieses Buches angenommen. Zu Thomas und Heinrich Mann, Hugo von Hofmannsthal, Maxim Gorki und Romain Rolland, der es »in seiner Aufrichtigkeit« nur noch mit Rousseaus ›Bekenntnissen‹ vergleichbar fand, kamen

Arnold Zweig und Bruno Frank hinzu. Walter von Molo schrieb: »Selten wird ein Dichter wagen, so aufrichtig seine menschlichen und geistigen Schwächen einzugestehen. So offen seinen Ehrgeiz zu bekennen und die krausen Wege zu zeigen, mit denen er hintenherum Erfolg gesucht hat. Weil aber Graf bis ins letzte sich jede Maske abreißt, weil er sich ganz klein macht und sich ganz aufgibt, darum wird er groß.« Einschränkende Kritiken, vor allem auf eine behauptete »Morallosigkeit« bezogen, fallen demgegenüber kaum ins Gewicht.

In *Gelächter von außen* behauptet Graf, daß sich auch Adolf Hitler des Buches angenommen habe: »Hitler hatte wieder einen Anlaß, in seinem ›Völkischen Beobachter‹ gegen den ›verrotteten Systemstaat‹ zu wettern, in welchem ›ein von der allbeherrschenden verjudeten Literatur-Clique gefördertes Buch Erfolg haben kann‹, worin ein ›gänzlich charakterloses Subjekt in schamlosester Weise seine gemeine Drückebergerei im Weltkrieg als Heldentat hinzustellen wagt‹, und kündigte mir den Galgen an. Getreulich wiederholten die nationalsozialistischen Versammlungsredner in München diese Drohung.« Bisher konnte diese besondere Art der Literaturkritik nicht ermittelt werden, so daß vorläufig offenbleibt, ob Graf sich in der Erinnerung nicht geirrt hat.

Der Text ist identisch mit dem der Erstausgabe von 1927 im Drei Masken Verlag, München; allerdings wurden zahlreiche Druckfehler sowie verschiedene Verschreibungen von Namen stillschweigend korrigiert. Bei Unklarheiten über orthographische Eigenarten Grafs wurde zum Vergleich die zweite Ausgabe herangezogen. Sie ist 1928 im Verlag der Büchergilde Gutenberg in Berlin erschienen und sehr sorgfältig durchgesehen. In dieser und den späteren Ausgaben ist der Text leicht gekürzt.

Wilfried F. Schoeller